CB014603

A Acústica Musical em Palavras e Sons

Flo Menezes

A Acústica Musical em Palavras e Sons

Ateliê Editorial

1ª edição, 2004
2ª edição revista, 2014

Dados Internacionais de Catalogação na Publicação (CIP)
(Câmara Brasileira do Livro, SP, Brasil)

Menezes, Flo
    A acústica musical em palavras e sons / Flo
Menezes. – Cotia, SP: Ateliê Editorial, 2003.

    Biliografia.
    ISBN 978-85-7480-649-5

    1. Música – Acústica e física 2. Música –
Estudo e ensino 3. Som I. Título.

03-6827	CDD-781.23

Índices para catálogo sistemático:
  1. Acústica musical   781.23
  2. Música: Acústica   781.23

Direitos reservados à
ATELIÊ EDITORIAL .
Estrada da Aldeia de Carapicuíba, 897
06709-300 – Cotia – SP – Brasil
Telefax: (11) 4612-9666
www.atelie.com.br / contato@atelie.com.br

Printed in Brazil
Foi feito o depósito legal
2014

SUMÁRIO

PREFÁCIO

Este livro trata, *grosso modo*, de questões da física acústica, mas não foi escrito por um físico, matemático ou acústico. Foi, ao contrário, escrito por um compositor.

É distante já a época em que numa mesma pessoa poderiam agregar--se funções e atividades tão distintas. A nossa era é de especificidade, de dedicação e concentração máximas em objetos bem circunscritos e delineados do saber ou, no caso das artes, mais precisamente da estética.

Mas os entrecruzamentos são inevitáveis, e a interseção das artes contemporâneas com as novas tecnologias e com os instrumentos de análise, medição e especulação das ciências é inelutável e até mesmo imprescindível para a criação de obras substanciais.

No caso específico da composição, o objeto principal com o qual o músico se defronta é objeto também de uma ciência específica, precisamente da *acústica* propriamente dita, e isto é, de certa forma, um privilégio tanto para o músico quanto para o amante da música. Pois que se a linguagem musical é, como bem pontuava Arnold Schoenberg, incondicionalmente atrelada ao seu desenvolvimento técnico – na atualidade tanto quanto ao longo da história do fazer musical –, é vantagem para o músico, e em especial para o compositor, que a inter-relação da música com a física acústica seja mais acirrada do que a das artes plásticas com a física que destina seus esforços na compreensão e análise dos fenômenos relacionados à ótica, para darmos apenas um exemplo. E isto não somente, como haveria de se supor, com relação exclusivamente ao âmbito específico de atuação da música eletroacústica, na qual certos conhecimentos de questões acústicas revelam-se como absolutamente imprescindíveis e indiscutivelmente válidos, mas também na prática da música instrumental, tanto no nível da composição quanto no da interpretação.

Entretanto, o "recorte" sobre a matéria em comum – o *som* –, por parte do músico, é, em alguns aspectos fundamentais, substancialmente diverso do efetuado pelo cientista da física acústica. Inevitavelmente a visão do músico, melhor dizendo, sua *escuta*, é distinta da abordagem puramente acústica, uma vez que se vê imbuída continuamente de uma confrontação com seus próprios questionamentos estéticos, os quais, diga-se de passagem, sempre impregnaram o espírito especulativo do físico acústico. Com a diferença, no entanto, que o músico situa-se em posição, em geral, muito mais próxima de uma visão atual do ouvir, apreciar e, consequentemente, investigar o som do que o cientista, o qual pode se deixar levar – e geralmente assim o faz – por uma postura mais acadêmica e, por mais paradoxal que isto possa parecer, menos especulativa em relação à escuta dos sons.

Nesse sentido, o presente livro não tem a pretensão de ser um tratado de acústica. Ainda que levando em consideração todas as questões mais fundamentais abordadas pelos principais livros sobre a matéria, ele pretende constituir, isto sim, um *tratado da escuta*, ou seja, da forma como ouvimos ou, melhor ainda, podemos ouvir os sons. É claro que, para isso, se faz necessário considerar, por vezes, aspectos eminentemente específicos da acústica, e que aparentemente não se correlacionam com uma escuta fenomenológica dos sons, tais como os mecanismos fisiológicos da audição, as peculiaridades que concernem à propagação das ondas sonoras na atmosfera, e assim por diante. São aspectos que interagem com outros mais tangíveis de maneira indireta, sem os quais não se poderia entender certos fenômenos, estes, sim, diretamente relacionados com o ato concreto da escuta. Mas quando se trata de questões relevantes para a escuta do músico ou mesmo do ouvinte comum, será sobretudo uma postura condizente com a música especulativa que imperará sobre a visão tradicional da acústica. Este é tipicamente o caso, por exemplo, da classificação dos tipos de sons, na qual a composição contemporânea advoga uma concepção essencialmente diversa da que é promulgada em praticamente todos os volumes que tratam do assunto, quando escritos por físicos e não por compositores (como, aliás, é o caso da esmagadora maioria dos tratados do gênero). Tal é também o caso da questão que concerne aos atributos sonoros e em especial à visão que se tem do *timbre* enquanto conceito acústico, sem falarmos da abordagem detalhada do fenômeno das durações.

Destes aspectos diferenciadores de nossa abordagem origina-se a designação adjetiva de seu título: acústica *musical*. A rigor, uma tal terminologia é tão questionável quanto falar de "psicoacústica". Em toda abordagem histórica das questões acústicas, jamais os fenômenos diretamente correlacionados à percepção humana dos espectros sonoros deixou de ter lugar de honra, e todo estudo da acústica compreende, necessariamente, questões eminentemente "psicoacústicas". De forma semelhante, seria redundante ou talvez presunçoso – segundo o ângulo a partir do qual se vê a questão – adjetivar a abordagem acústica como sendo, em certo sentido, "musical". Mas nossa abordagem é voltada, sobretudo, ao músico e ao amante da música, mais ainda, ao amante dos sons – incluindo aí, obviamente, o próprio físico acústico, o qual poderá nutrir algum interesse pela leitura de nosso trabalho, desprovido todavia, propositalmente, de complicadas fórmulas e de detalhadas enunciações matemáticas –, constituindo algo que seria muito mais próximo do que Pierre Schaeffer, pai da *musique concrète* (primeira forma de música eletroacústica), teria designado por *acoulogie* ("aculogia"), a qual teria por objeto de estudo os mecanismos da escuta e seu campo perceptivo, bem como as propriedades dos *objetos sonoros*, constituindo as bases daquilo que o inventor da música concreta designara por *solfejo experimental*. Nossa abordagem, porém, deu preferência a uma designação menos estranha ao leitor comum – afinal, quem haveria de supor do que se trata um livro sobre "aculogia"? –, além de eleger como pontos igualmente indispensáveis de seu percurso aspectos que costumeiramente fazem parte da abordagem teórica e tipicamente *acústica* do universo dos sons, aos quais já nos referimos de algum modo, e que foram abordados por Schaeffer – em que pesem o inestimável valor e o pioneirismo de sua proposta – apenas *en passant*, quando não de forma bastante insipiente.

É preciso salientar, nesse contexto, a proposital exclusão, no percurso da escrita, de questões acerca das particularidades acústicas das diversas famílias instrumentais. Poderíamos mesmo, nesse contexto, questionar a organização de grande parte dos tratados de acústica a esse respeito: por que somente delas e não de outras "famílias" instrumentais, generalizando, como o fez brilhantemente Schaeffer, o conceito mesmo de "instrumento"? A mesma exclusão ocorre em relação aos tipos de microfones ou aparelhos eletrônicos específicos (mais apropriados a uma abordagem circunscrita a técnicas de estúdio), ou até mesmo aos procedimentos típicos da composição eletroacústica (tais como filtragens, processos de síntese, de espacialização dos sons etc., que deveriam ser abordados, a nosso ver – como aliás eu mesmo já procurei fazer –, por trabalhos que relacionassem tais recursos com a própria estética da composição, sem a qual tornam-se esvaziados de sentido). Sob tal ângulo, este trabalho se diferencia, pois, de abordagens puramente acústicas dos fenômenos sonoros, da mesma forma que pontua sua diversidade frente às abordagens exclusivamente estéticas do som, ainda que estas possam embasar suas investigações em certos conceitos da acústica (tal como o fizeram notadamente Schaeffer e, posteriormente, François Bayle ou Denis Smalley). Assim é que, se nosso trabalho se distingue, por um lado, dos tratados de acústica pelo crivo perceptivo mais condizente com a estética da composição musical, nem por isso nossa visão deixa de constituir, por outro lado, um livro que trata das questões acústicas propriamente ditas, imbuídas, porém, de sólida discussão estético-musical (nas quais fazemos menção inclusive a inúmeros termos schaefferianos – não a todos, porém fazendo uso dos que de fato se inserem na perspectiva de um entrecruzamento entre a acústica e a composição –, ao mesmo tempo em que propomos objetivamente uma redefinição terminológica de alguns deles).

Trata-se sim, em suma, de um livro de acústica, porém de *acústica musical*. E pontuando com precisão a especificidade de sua abordagem, ele não deixa de querer se distinguir, em prol da fluência e visando sobretudo ao interesse e ao fluxo da leitura, de todos os livros sobre acústica que conhecemos. Ao contrário do que ocorre na literatura corrente sobre o assunto, optamos pela omissão quase que permanente das referências precisas às fontes das informações aqui presentes – com exceção das eventuais referências dos exemplos gráficos reproduzidos ao longo do texto –, as quais foram expostas, porém, com a máxima objetividade, seriedade e cientificidade possível, referências estas que, nos tratados que discorrem sobre o assunto, tornam aqueles volumes de leitura amarrada, excessivamente referencial e pouco fluente. As referências bibliográficas ao final do volume devem satisfazer o leitor curioso e crítico no que tange à veracidade científica das informações aqui veiculadas. Evitou-se, assim, qualquer nota de rodapé ou qualquer citação, em prol de uma total fluência da exposição teórica. Ainda que a exposição cronológica de boa parte dos conceitos da física acústica tenha se norteado pelos principais livros do ramo – dentre os quais vale aqui ressaltar, em particular, tanto o excelente livro de Campbell & Greated (1987: *The Musician's Guide to Acoustics*), ao qual o leitor deve se reportar caso deseje aprofundar seus conhecimentos específicos de acústica, e no qual se baseou consideravelmente o itinerário da abordagem aqui delineada sobre os conceitos acústicos propriamente ditos, quanto os já históricos livros de Barbour (1953: *Tuning and Temperament – A Historical Survey*) e de Backus (1968: *The Acoustical Foundations of Music*), bastante úteis em suas exposições acerca das escalas e afinações –, o presente trabalho constitui um recorte essencialmente musical, diríamos mesmo *composicional* das questões acústicas. Pois se os conceitos de acústica que embasam nossa abordagem são já de uso científico comum, os conceitos estéticos encontram por vezes aqui, ao contrário, sua primeira formulação, como, por exemplo, quando revisitamos e revisamos a terminologia de Schaeffer com relação à "massa tônica" (para a qual propomos *fusão tônica*), introduzindo a noção inovadora de *modulação de timbre*. Mas mesmo aí, o leitor não terá dificuldade em detectar a proveniência de tal ou qual conceito – cujas referências, nesses casos (ao contrário das noções mais "neutras" da acústica), são sempre pontuadas com suficiente clareza –, tomando plena consciência da evolução estética das noções aqui abordadas e de como nossa abordagem em particular se insere no contexto histórico.

Esta fluência do texto, no entanto, é por assim dizer "contrabalançada" pelas eventuais interrupções que o leitor é convidado a fazer no decurso de sua leitura, não para certificar-se das referências científicas acerca dos conceitos acústicos abordados, mas antes para abrir espaço à *experimentação de sua escuta*. Ao contrário da grande maioria dos volumes sobre acústica que conhecemos, o presente livro, que se quer como *tratado da escuta*, não poderia deixar de ser acompanhado por um CD com exemplos sonoros de boa parte dos fenômenos acústico-musicais discutidos, ilustrando as palavras escritas com sons ao mesmo tempo em que induzindo o leitor a tornar-se um *leitor-ouvinte*, algo bastante inovador ou ao menos deveras incomum – arriscamo-nos a dizer – nesse âmbito de atuação teórica, atitude esta que faz eco à magnífica iniciativa de Schaeffer nos anos 1960, quando publicou seu *Solfège de l'Objet Sonore* (1967) para ilustrar sonoramente seu *Traité des Objets Musicaux* (1966).

Daí então o sentido total e polissêmico do título: uma acústica musical *em palavras e sons*, pois que se no decurso de nosso trabalho a percepção acústica da fala e dos fenômenos concernentes à linguagem verbal (irmã de sangue da linguagem musical) ganha por vezes destaque, fazendo jus a esta significativa área de atuação da expressão linguística humana e ao papel que lhe é conferido no contexto da música contemporânea, ao mesmo tempo em que instituindo com seu enfoque uma discussão quase que correlata e de certo modo independente do universo dos "sons" propriamente ditos, nossa exposição se dá, simultaneamente, por meio da palavra escrita e do som exemplificado em sua mais tangível realidade: o ato concreto, porém ao mesmo tempo de tão alto grau de abstração, em que consiste a escuta.

1. O SOM NO MUNDO: SUA ESSÊNCIA E SEUS ITINERÁRIOS

1.1. As Fontes ou Proveniências dos Sons

1.1.1. Vibrações dos sons e harmonia das esferas

A primeira constatação acerca do fenômeno acústico e da existência dos sons diz respeito a esta dupla lei inexorável: *sem movimento não pode haver som, e todo movimento produz som*, sejam estes percebidos ou não por nosso mecanismo auditivo. Como as moléculas estão em contínuo movimento, a produção de sons é, na verdade, ininterrupta, da mesma forma como, já desde os tempos mais remotos, conjecturava-se sobre a existência, em nível macroscópico, de uma *harmonia das esferas*, decorrente do *perpetuum mobile* dos astros. A rigor, *não existe silêncio*, como bem afirmara certa vez John Cage, em época agora já bem mais próxima da nossa. O silêncio, tal como o conhecemos, traduz-se como fenômeno eminentemente humano e está relacionado quer seja às nossas limitações fisiológicas na percepção dos sons, quer seja a seu caráter estrutural na música, enquanto cesura ou pausa de alguma ideia musical num dado contexto da composição (CD 1).

Os movimentos relacionados ao fenômeno sonoro são denominados *movimentos vibratórios* e, uma vez detectados pelo osciloscópio (aparelho que teve suas origens num equipamento mecânico inventado em 1849 por

Guillaume Wertheim), configuram um gráfico de *deslocamento temporal* similar ao abaixo representado, ou simplesmente *forma de onda*, em que se observam *picos* (ou *cristas*) e *depressões* (ou *vales*) da onda sonora correspondentes à projeção da amplitude resultante no eixo do tempo:

Exemplo 1

Gráfico de deslocamento temporal de uma corda
Dó do violoncelo tocando um E^b_2*

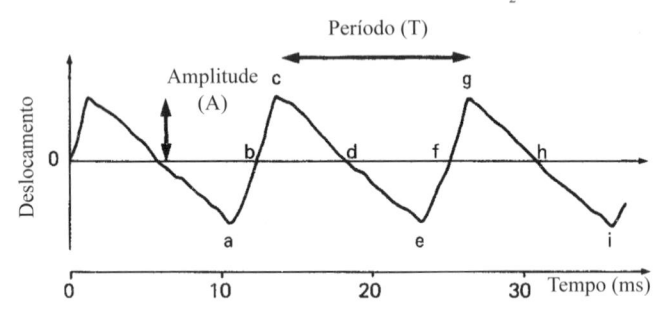

[Cf. Campbell & Greated, "1. The Creation and Transmission of Musical Sounds", p. 9.]** © OUP

Neste gráfico, vemos que a linha *abcde* representa um *ciclo* completo de um movimento para cima e para baixo do desenho. Devido ao fato de este movimento vibratório ser regular, com repetição quase idêntica dos ciclos no decorrer do tempo, diz-se que este tipo de movimento constitui uma *vibração periódica*.

1.1.2. Elementos discretos da vibração: período e frequência

Uma vibração, tal como demonstrada acima, é chamada de *periódica* caso o movimento se repita de forma quase exata após um certo intervalo de tempo *T*. Tal intervalo de tempo é denominado *período* ou *ciclo* da vibração. No Exemplo 1, temos como possíveis ciclos ou períodos os segmentos *abcde*, *cdefg*, ou, iniciando-se pela fase positiva da amplitude da vibração, o segmento *bcdef*.

As vibrações sonoras são discutidas mais em termos de frequência do que de período, uma vez que o conceito de frequência tem maior proximidade com o fenômeno musical. E, nesse contexto, é de grande utilidade a medição do tempo pela unidade do *milissegundo* (1/1000 segundo, abreviado como *ms*).

* Neste livro, foi adotada a seguinte convenção: Dó = C; Ré = D; Mi = E; Fá = F; Sol = G; Lá = A; Si = B; sendo que a oitava central possui o Lá 440 Hz do diapasão = A_4. Dessa forma, quando nos referimos às notas de uma escala, por exemplo, fazemos uso da nomenclatura por letras (por exemplo: C_4, B^b_2, $G^{\#}_5$ etc.); em outros casos, faremos uso, visando à clareza, da nomenclatura por extenso das notas (Dó, Si bemol, Sol sustenido etc.).

** Os exemplos foram extraídos do livro *The Musician's Guide to Acoustics* (ISBN 0-19-816-505-6), de Murray Campbell e Clive Greated, Reino Unido, Oxford University Press (OUP), 2001. A partir do *Exemplo 1* apenas indicaremos o capítulo e a página, onde se encontra o gráfico. (N. do E.)

A *frequência* de um som (para a qual usa-se a abreviação *f*) é, por definição, o *número de ciclos ou períodos da vibração que se completam dentro de um segundo*. Se um som possui, por exemplo, 440,2 períodos por segundo, diz-se que sua frequência é, por princípio, de 440 ciclos por segundo (de forma abreviada: 440 cps). Se dizemos "por princípio", é porque por vezes o cálculo, mesmo em contextos musicais (como no caso das elaborações eletroacústicas em estúdio), leva em consideração os períodos "quebrados" dos sons, uma vez que, dependendo das circunstâncias, uma variação de 0,2 ciclo por segundo pode ocasionar interessantes fenômenos auditivos num dado contexto sonoro (tais como batimentos etc.).

A íntima relação entre período e frequência é expressa pela equação:

$$f = \frac{1}{T}$$

Se observarmos dois períodos do Exemplo 1, vemos que eles duram juntos cerca de 25 ms, ou que cada período isoladamente dura exatamente 12,8 ms. Aplicando tais valores na equação acima, e se substituindo a unidade de 1 segundo por 1000 milissegundos, tem-se 1000/12,8 = 78. Diz-se pois que a frequência deste som é de 78 *Hertz* (abreviado *Hz*), em homenagem ao físico alemão Heinrich Hertz (1857-1894), que descobriu no século retrasado as ondas eletromagnéticas e a relação entre período e frequência.

Pode-se, inversamente, estabelecer a *duração do período* a partir da frequência do som em questão, onde teremos:

$$T = \frac{1}{f}$$

Substituindo a unidade de 1 segundo por 1000 milissegundos, a duração de um único período de, por exemplo, uma nota Lá 440 Hz é de apenas 2,3 ms, pois:

$$T = \frac{1000}{440} = 2,3 \text{ ms}$$

1.1.3. Tipos de som: som senoidal, som tônico (ou composto), som complexo (ou mistura) e ruído; periodicidade e aperiodicidade

Na realidade, porém, a grande maioria dos corpos geradores de sons aos quais associamos uma determinada nota musical não produz vibrações *estritamente* periódicas, mas introduzem, ao contrário, flutuações consideráveis no período da vibração, que geralmente só podem ser detectadas após certo tempo e, consequentemente, vários ciclos. Tais microvariações são percebidas pelo ouvido como uma fatura ou textura típica da qualidade do som "periódico", e comumente são associadas à própria "vida" do som. Podemos dizer que este tipo de vibração, que parece periódica por muitos ciclos, mas que apresenta flutuações num maior intervalo de tempo, é denominado *vibração quase-periódica*.

Constatemos, pois, que a grande maioria dos sons não é nem exatamente periódica, nem totalmente estável em dinâmica (amplitude), o que pode ser facilmente constatado por uma atenta observação do Exemplo 1: existem mínimas diferenças no contorno gráfico de cada pico do som.

Vibrações periódicas, ou, melhor ainda, quase-periódicas, são associadas à percepção de uma determinada nota musical, e por isso denominadas de *sons de altura definida*. Tais sons são, na terminologia da composição musical contemporânea desde o advento da música eletroacústica em 1948, denominados de *sons tônicos* (*sons toniques*) de acordo com Pierre Schaeffer (o pai da música concreta), ou de *sons compostos* (*zusammengesetzte Klänge*) de acordo com Herbert Eimert (o pai da música eletrônica) (CD 2).

A onda sonora mais simples de que se tem notícia é conhecida pela matemática como *curva* (ou *onda*) *senoidal* e representa o tipo mais simples de vibração: o chamado *movimento harmônico simples*. Por isso, dizemos que se trata de um *som senoidal*. Seu nome deriva de sua representação gráfica: se projetarmos o seno desta onda no tempo, em intervalos absolutamente regulares, vemos que tal onda reproduz um movimento de total homogeneidade e continuidade, em progressão contínua, totalmente periódica e regular, em que a projeção no tempo de um giro completo de 360° resulta num ciclo da onda, como nos demonstra o Exemplo 2a e 2b. No Exemplo 2a, temos a representação do giro da circunferência projetado no tempo; no Exemplo 2b, temos a projeção da amplitude da forma de onda em relação a um deslocamento circular de um "ponteiro" que perfaz no tempo, em 12 segmentos iguais no sentido anti-horário, os 360° da circunferência.

Exemplo 2

Representação de um som senoidal

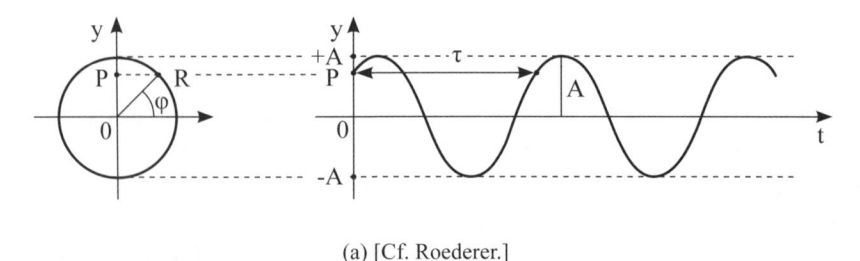

(a) [Cf. Roederer.]

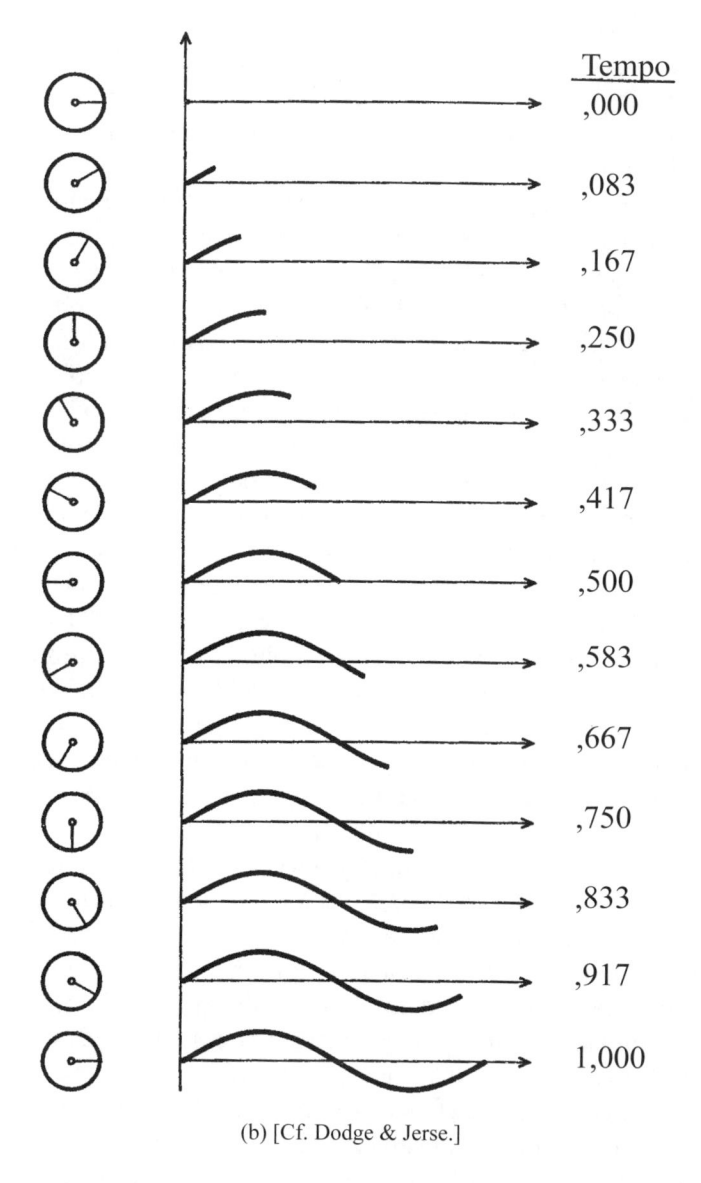

(b) [Cf. Dodge & Jerse.]

Tal som, entretanto, inexiste isolado na natureza e só pode ser gerado eletronicamente. O som do diapasão, por exemplo, aproxima-se bastante do som senoidal, mas não chega a gerar somente uma única vibração deste tipo. A rigor, a escuta do som senoidal é apenas hipotética ou teórica, pois as deformações que o som senoidal sofre na própria membrana de um alto- -falante ou mesmo no mecanismo interno de nosso veículo fisiológico da audição (o ouvido) originam pequenas interferências naquilo que deveria ser o som em seu estado mais puro. Até mesmo uma simples modulação de amplitude em uma única frequência senoidal ocasiona um "deslocamento" de energia e a leve percepção de frequências circundantes (chamadas de *sidebands*, em inglês). Podemos dizer que o som puro existe factualmente, porém que nossa capacidade auditiva não está praticamente apta a captá-lo em sua total pureza (CD 3).

A bem da verdade, podemos dizer que o som senoidal ou não existe na natureza, ou na natureza é só ele que existe de fato, uma vez que os demais sons (não-senoidais) são resultado de *sobreposições de sons senoidais* em seu *espectro sonoro*, analisado em detalhes a partir da *análise espectral* que se inicia por volta de 1928. Todo som que não é senoidal é, na verdade, um somatório de sons senoidais. Se tal sobreposição de sons senoidais se dá em proporção de *números inteiros*, a sensação periódica que existe no som senoidal isolado é preservada e temos então um *som tônico* ou *composto*, de altura definida. Cada som senoidal componente do espectro resultante é um *parcial* deste som, e como parcial, cada componente senoidal é um *harmônico* da frequência fundamental (em geral, a mais grave) deste som, ainda que a presença discreta (porém marcante) de parciais ligeiramente inarmônicos nos espectros dos sons naturais não deva ser negligenciada (CD 4).

Porém, se a sobreposição de sons senoidais não se dá em proporção de números inteiros, dizemos que se trata de um *espectro não-harmônico* ou simplesmente *inarmônico*, e perde-se a sensação de uma altura (nota musical) definida. Neste caso, cada som senoidal componente do espectro é apenas um *parcial* do som resultante. Ou seja: *todo harmônico é um parcial, mas nem todo parcial é um harmônico* (CD 5).

E aí se tem talvez a maior distinção entre uma abordagem meramente acústica dos fenômenos sonoros e uma que leve em consideração o universo da composição musical contemporânea.

Objetos que vibram de maneira *não-periódica* ou simplesmente *aperiódica*, sem nenhum modelo definido e regular de repetição, possuem espectros inarmônicos e geram sons indefinidos em altura, sem poderem ser associados a uma determinada nota musical (Exemplo 3). Ao contrário do som harmônico, no qual se tem um *espectro discreto*, em que a energia só poderá ser encontrada, em uma banda de frequências, em determinadas frequências harmonicamente correlatas aí presentes, no caso de tais sons aperiódicos consideravelmente densos a energia existe de modo dissipado por toda a gama de frequências de uma determinada banda, resultando daí um *espectro distribuído*. Tais fenômenos sonoros são denominados pela acústica, genericamente, por *ruídos*.

Do ponto de vista da composição contemporânea, entretanto, é de fundamental importância a distinção entre duas categorias de sons de altura indefinida, distinção esta que o estudo da acústica prefere ignorar: o pri-

Som aperiódico, sem modelo periódico definido

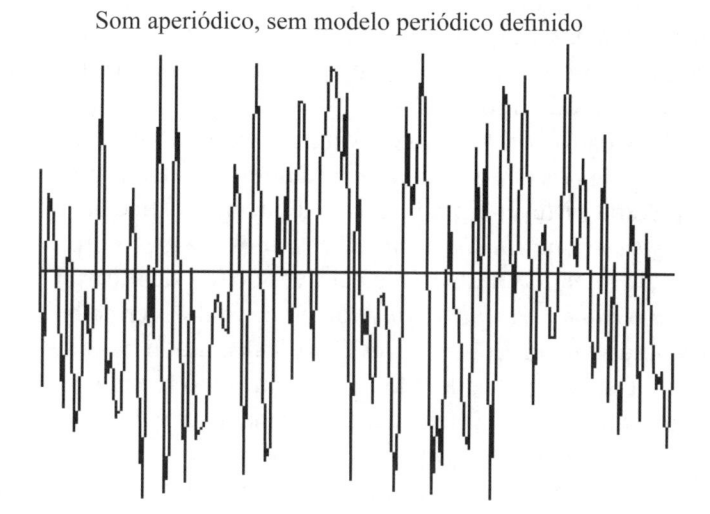

meiro tipo diz respeito a sons cujos componentes espectrais (sons senoidais) estão em relação inarmônica, porém nos quais o ouvido pode ainda discriminar a presença de tal ou qual frequência que se destaca em meio ao aglomerado sonoro. É como se se tratasse de um som tônico "desafinado" em sua constituição interior. Tal som é aperiódico, porém não chega a ser de tal forma saturado em componentes senoidais que o ouvido só ouviria uma certa "massa" sonora de timbre não-harmônico (para utilizarmos outro termo de Pierre Schaeffer, conceito que abordaremos mais tarde). Dizemos, nesse caso, que se trata de um *som complexo* ou *inarmônico*, ou, de acordo com a terminologia empregada na Alemanha por Herbert Eimert, de uma *mistura* (*Tongemisch* ou *Sinustongemisch* = mistura de sons senoidais). Exemplo de sons complexos são os gongos e sinos, ou ainda os pratos e o tam-tam (tocado em intensidade média ou baixa). Somente quando o som aperiódico contiver um número elevado de componentes senoidais em uma determinada faixa frequencial ou banda de frequência, implicando certa *saturação* sonora naquele âmbito do registro das alturas sonoras, é que percebemos então um *ruído* propriamente dito. Entre o *som complexo* e o *ruído*, temos uma gradação do som não-saturado ao som saturado, em que o extremo da saturação se dá quando um som contiver sons senoidais *em todas as frequências audíveis* pelo homem, gerando o que comumente se designa por *ruído branco*, em analogia ao fenômeno da cor branca (mistura de todas as cores). O ruído branco caracteriza-se por uma distribuição uniforme do espectro, em que o mesmo tanto de energia pode ser encontrado entre duas quaisquer frequências de distância fixa entre si, independentemente de sua localização no campo das alturas (como, por exemplo, entre 200-400 Hz, e 5 000-5 200 Hz). O ruído branco estende-se, pois, com densidade de energia espectral constante por toda a gama das frequências audíveis. Exemplo de ruído branco é, na natureza, o som do mar e, nas máquinas, o do motor de avião ou o da televisão fora de sintonia (CD 6).

Por associação ao ruído branco, designam-se ainda alguns ruídos específicos de *ruídos coloridos*, oriundos – como bem definira o linguista e foneticista Werner Meyer-Eppler, principal mentor intelectual dos primórdios da *elektronische Musik* ao final dos anos 1940 – de processos de transformação linear do ruído branco através do uso de filtros. Destaca-se, aí, o chamado *ruído rosa* (*pink noise*; ou ainda ruído "vermelho", segundo a designação de Meyer-Eppler: *rotes Rauschen*), usado bastante em testes de acústica de salas, que nada mais é que um ruído branco com diminuição gradual da amplitude (intensidade) de cada parcial do grave ao agudo, em que se tem uma diminuição geral de 3 dB por oitava (CD 7). O *ruído azul* (*blue noise*) possui constituição dinâmica praticamente inversa à do ruído rosa, com aumento gradual de amplitude dos parciais proporcional ao aumento de suas frequências. Há ainda o *ruído marrom* (*brown noise*), cuja denominação na verdade se origina não da analogia à cor, mas sim da correlação do comportamento dinâmico dos parciais com o *movimento browniano* das moléculas.

Para a acústica basta, pois, a distinção entre *som simples* (*puro*), *som complexo* (som não-senoidal) não-saturado e *ruído*. Tudo aquilo que não é nem som senoidal, nem ruído, é, para a acústica, um som *complexo*. Mas entre o som puro e o ruído saturado, a composição musical contemporânea fez e faz (desde os primórdios da música eletroacústica até nossos dias) uma importantíssima distinção entre aquilo que designa por som *composto* ou *tônico* e aquilo que chama de *mistura* ou som *complexo* propriamente dito. Entre um e outro, tem-se a diferença, essencial para a música, entre o fenômeno da *periodicidade* e o da *aperiodicidade* ou, em outros termos, entre a *harmonicidade* e a *inarmonicidade*, que resultam, respectivamente, na sensação de *altura definida*, de uma parte, e de *altura indefinida*, de outra. Entretanto, como veremos mais tarde – quando tratarmos especificamente do conceito schaefferiano de *massa* –, o fato de um som ser *inarmônico*, de altura indefinida, não significa que ele não seja localizável no campo das alturas e que não possa ser, de alguma forma, associado à percepção da altura sonora.

Por outro lado, a *aperiodicidade*, em geral associada exclusivamente aos ruídos, já se faz na verdade presente na percepção do som inarmônico sem que implique necessariamente saturação. E tal é justamente o caso do *som complexo* propriamente dito (ou *mistura*), o qual desempenhou papel crucial nas pesquisas harmônicas efetuadas pelos compositores da vertente de música eletrônica no início da década de 1950, quando então tais criadores, advindos da música instrumental serial (tais como Karlheinz Stockhausen, Herbert Eimert, Karel Goeyvaerts, Gottfried Michael Koenig, Henri Pousseur e outros), viram nos recursos eletrônicos a chance de poderem determinar serialmente a composição espectral de cada som de suas obras. Se o ruído foi de fundamental importância para a música contemporânea em geral e, em especial, para a música concreta (Pierre Schaeffer, Pierre Henry, Iannis Xenakis e outros), o som complexo ou inarmônico assim o foi naquela fase primordial da música eletrônica de cunho estruturalista. Assim é que a música eletroacústica, nas formas da música concreta e da música eletrônica, privilegiou, desde seus primórdios, toda a gama dos sons aperiódicos, das misturas aos ruídos.

Assim sendo, faremos uso da terminologia mais apropriada à composição musical, adaptando as noções de acústica a nossos propósitos artísticos. O Exemplo 4, na página seguinte, ilustra em detalhes os diversos tipos de som e as diferenças entre as terminologias empregadas na acústica e na composição.

Há ainda que observar que é possível, para além desta tipologia de base, abordarmos os sons tendo em vista suas características morfológicas e tipológicas para a composição levando-se em conta a *simultaneidade* de diversos tipos de sons, tal como o fez exemplarmente e de modo pioneiro, no seio da música eletroacústica, Pierre Schaeffer, ao elaborar seu *Tratado dos Objetos Musicais* e seu *Solfejo do Objeto Sonoro*. É nesse contexto que poderíamos resumidamente ainda falar, a partir da proposição pioneira de Schaeffer, dos seguintes tipos de som:

* *grupo tônico*: conjunção simultânea de diversos *sons tônicos*, como no caso de um acorde, em que o ouvido é capaz de identificar os sons de altura definida isoladamente (CD 9);
* *som nodal* ou *nó*: conjunção simultânea de diversos *sons tônicos* em uma região estreita de frequências, como no caso de um *cluster* ou "cacho de notas" (inventado pelo compositor americano Henry Cowell entre 1916 e 1929), em que o ouvido é incapaz de identificar os sons isoladamente (CD 10);
* *grupo nodal*: conglomerado de distintos *nós* separados no registro das alturas, como no caso de dois *clusters* tocados ao piano, cada qual com uma mão, um ao grave, outro ao agudo do instrumento (CD 11);
* *estria* ou *som estriado* (possível tradução para *son cannelé*, "som canelado"): conjunção de um *nó* ou de um *grupo nodal* com um ou mais *sons tônicos* que se destacam de forma isolada, em que o ouvido consegue perceber sons isolados de altura definida em meio à complexidade dos demais agrupamentos ou "cachos" de sons (CD 12).

Exemplo 4

Tipos de som: do som mais simples ao mais complexo (CD 8)

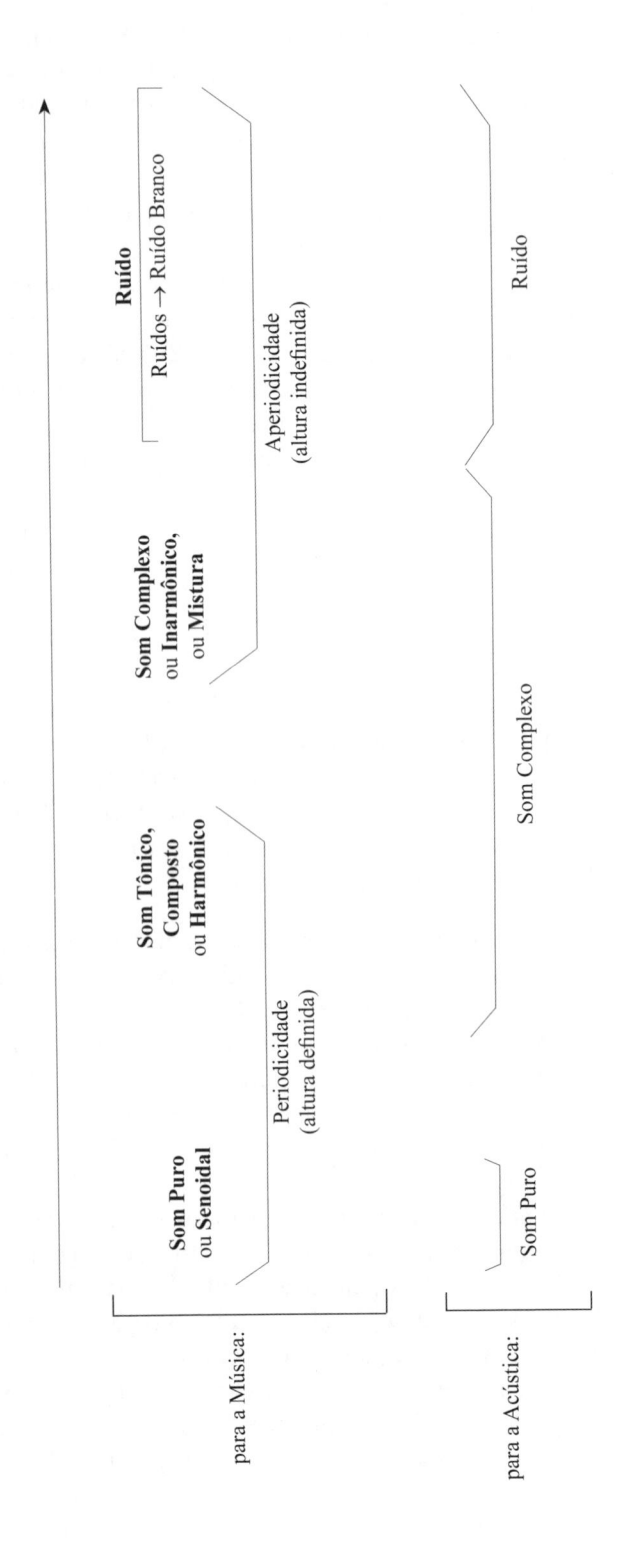

1.1.4. Amplitude da onda sonora

No gráfico de deslocamento temporal, pode-se medir não só a frequência da vibração, mas também sua *amplitude*, vulgarmente conhecida como intensidade ou volume do som. A amplitude da vibração é definida como *o deslocamento máximo da posição de repouso* (marcado no Exemplo 1 pela barra vertical entre o zero e o pico da onda). Por definição, *amplitude* é o tanto de alteração positiva e negativa na pressão atmosférica que corresponde às compressões e rarefações das moléculas de ar durante a vida (propagação) do som. É comum dizermos que a amplitude de uma onda corresponde a todo o deslocamento, de cima a baixo, do desenho da onda, mas trata-se de um mal-entendido: a distância total percorrida do ponto mais alto (pico) da vibração, também conhecido como *crista da onda*, ao mais baixo é de duas vezes a amplitude (amplitude positiva e negativa).

A amplitude é medida em *Newtons por metro quadrado* (N/m^2), sendo que o limite mínimo de audibilidade representa uma amplitude de aproximadamente 0,00002 N/m^2. No limite oposto, a amplitude de 200 N/m^2 representará o limite máximo de audibilidade, no qual temos a sensação de que todo o nosso corpo (não somente nossos ouvidos) está percebendo a intensidade do som. Mais tarde trataremos em detalhes das amplitudes e intensidades.

1.1.5. Regime estacionário e transitórios (ou transientes)

As vibrações não começam imediatamente com amplitude máxima, mas necessitam de vários ciclos e, consequentemente, de algum tempo para atingi-la. A natureza desse tipo de evolução inicial do som depende de seu *ataque*. Ataques mais abruptos ou duros atingem mais rapidamente a amplitude máxima do som, ataques mais brandos ou moles precisam de mais tempo para isto.

Qualquer parte que indique alguma alteração da amplitude é denominada *transitório* ou *transiente*. Por definição, o ataque é o *regime transitório inicial*, ou *transiente de ataque*. Em contrapartida, as partes que representam uma certa estabilização da intensidade, com amplitude constante, constituem o *regime estacionário* ou *sustentação* do som. Em geral, mesmo na sustentação de um som considerado como bastante estável dinamicamente têm-se pequenas variações de amplitude, e praticamente apenas sons gerados eletronicamente são capazes de uma total estabilidade em amplitude por longos períodos. São tais variações mínimas do som em momentos que ele aparentemente se comporta de modo estável que conferem uma certa riqueza ao espectro sonoro. A rigor, portanto, não existem absolutamente regimes rigorosamente estacionários na esmagadora maioria dos sons. De qualquer forma, a estabilização em amplitude de um som em seu regime de sustentação é, estatisticamente, claramente distinguível de fases essencialmente dinâmicas e instáveis do evento sonoro, tais como seu fim e, principalmente, seu início.

1.1.6. Envelope dinâmico ou curva de envelope

As linhas superior e inferior do Exemplo 5 representam o que deno-minamos por *envelope dinâmico, envelope de amplitude, envoltória* ou *curva de envelope (dinâmico)* do som, e que, de modo geral, retrata todo o desenvolvimento dinâmico do som de seu nascimento à sua morte. Quando observamos a curva de envelope do som, atentamos para o modo através do qual o som cresce e decresce, e não para os detalhes do movimento vibratório em cada ciclo.

Exemplo 5

Primeiros 100 ms de (a) uma corda de violoncelo; (b) uma corda de piano; (c) uma membrana de percussão

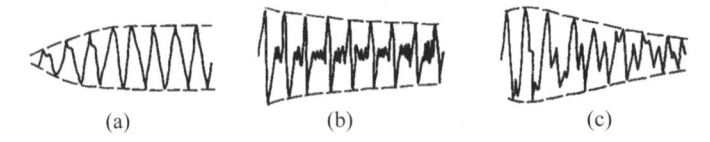

[Cf. Campbell & Greated, "1. The Creation and Transmission of Musical Sounds", p. 12.] © OUP

A curva de envelope da corda do piano, exemplificada abaixo (Exemplo 6b), é particularmente interessante, pois cresce em amplitude já quando não se esperava mais que houvesse força dinâmica do som. Tal fato decorre da mútua interferência no comportamento dinâmico de cada um de seus componentes senoidais, os quais ressoam em sua privilegiada caixa de ressonância.

Exemplo 6

Envelope de amplitude durante os primeiros 5 segundos de (a) uma corda de violoncelo em vibração; (b) uma corda de piano em vibração; (c) uma vibração de membrana percussiva

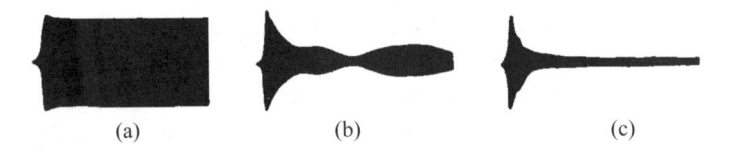

[Cf. Campbell & Greated, "1. The Creation and Transmission of Musical Sounds", p. 13.] © OUP

De acordo com o modelo de envelope dinâmico traçado por Herrmann Helmholtz (1821-1894) – que está para a acústica assim como Freud para a psicanálise –, o som possui, em geral, três fases essenciais, correspondentes a seu início, meio e fim: *ataque, regime estacionário* e *extinção*. Com o passar dos tempos, um maior detalhamento na morfologia sonora ocasionou uma descrição mais atenta, ainda que genérica, do envelope dinâmico, em que o som passa a ter, *grosso modo*, quatro fases principais: o *ataque* (em inglês: *attack*), momento inicial do som; a *primeira queda* ou *decaimento* (*decay*), perda de energia ocorrida logo após a grande energia liberada em geral no transiente de ataque; o *regime estacionário, de permanência* ou *sustentação* (*sustain*); e a *queda final* ou *extinção* (*release*), momento de esvaecimento do som. Tais nomenclaturas são responsáveis pelos módulos ADSR dos sintetizadores, nos quais pode-se estipular o tempo de cada uma dessas fases dinâmicas dos sons (ao mesmo tempo em que podem suscitar certa confusão, na medida em que o termo *decay* pode designar tanto a extinção final no modelo de Helmholtz quanto o decaimento que precede a sustentação no modelo atual de envelope). Assim é que, de modo esquemático, essas quatro fases – das quais, como veremos, apenas a relativa à sustentação não consiste em um *transiente* propriamente dito (no exemplo seguinte, representado por *t*) – correspondem, em geral, a todo o desenvolvimento temporal de um som (CD 13).

Exemplo 7

Envelope dinâmico de um som: (a) estilizado na forma de representação dos módulos de síntese; e (b) com sua correspondência em forma de onda de um som

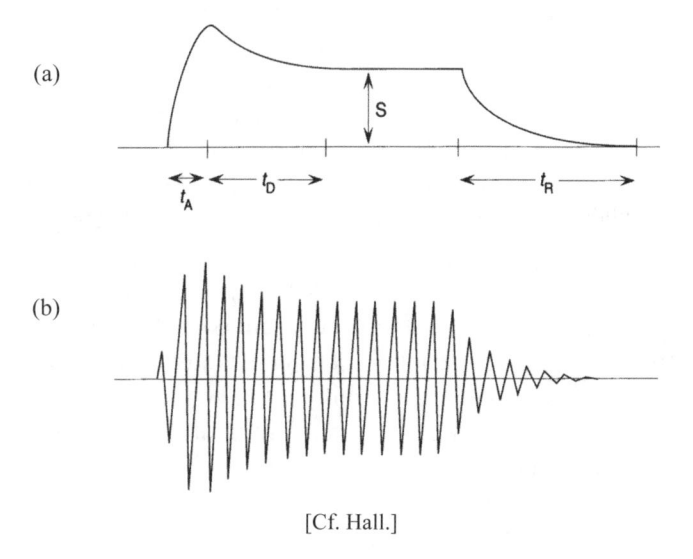

[Cf. Hall.]

Quando falamos do envelope dinâmico de um som, reportamo-nos ao seu desenvolvimento dinâmico global, resultante de cada envelope dinâmico particularizado de cada um de seus elementos senoidais constituintes. Sabe-se, por exemplo, que nos sons instrumentais tradicionais há uma tendência natural segundo a qual os harmônicos superiores demoram mais tempo para aparecer e se extinguem antes das frequências mais graves do espectro. Tais frequências agudas possuem, assim, um ataque mais brando (doce ou suave) e uma extinção mais curta. Como quer que seja, a resultante da interação entre todas as curvas de envelope de todos os parciais de um som é que faz com que percebamos um envelope dinâmico global com tais ou quais características morfológicas.

Em geral, quando percebemos um som com ataque pronunciado, vemos que sua amplitude decai após certo tempo. O intervalo de tempo após o qual a amplitude das oscilações cai pela metade em relação ao valor inicial do pico de amplitude em meio ao ataque é definido como *meio-tempo de decaimento*.

Nem todo som possui todas essas fases com clareza. Em geral, um som de flauta, por exemplo, quase não possui ataque (Exemplo 8, página seguinte). O piano, por outro lado, tem ataque pronunciado, mas não possui sustentação, fundindo o decaimento com a extinção. O pianista jamais poderá sustentar o som do piano em plena produção de sua energia, como o pode fazer, por exemplo, o violoncelista. No máximo, pode prolongar sua vida, prorrogando sua morte ao manter a tecla ou o pedal acionado. Em livre analogia, poderíamos dizer – apelando à compreensão dos pianistas – que tocar piano traduz-se num contínuo "exercício de eutanásia" do som. Uma longa discussão se desenvolve, entretanto, sobre as possíveis interferências do toque pianístico (também designado por *touché*) no timbre do instrumento. Se em geral pode-se afirmar que o pianista não pode exercer controle minucioso sobre a qualidade de emissão dos sons do piano (como o faz, por exemplo, um violinista), com exceção de sua amplitude e do fraseado entre as diversas notas, pesquisas recentes demonstram, ao contrário, que percutir uma tecla com maior força altera, na realidade, a amplitude de oscilação das cordas respectivas, produzindo um maior volume sonoro mas também diminuindo proporcionalmente o tempo de contato do martelo com as próprias cordas, de forma que se fará notar um considerável aumento da proporção de harmônicos superiores (que seriam abafados pelo feltro do martelo). Em consequência disso, o timbre torna-se mais brilhante.

Observamos, por fim, um curioso paralelo: a dinâmica do som aproxima-o enormemente da própria vida. Tal como a vida, ele tem um início, um desenvolvimento e um fim. Nasce, molda-se ao meio ambiente, se desenvolve e morre. Mas ao contrário da biografia humana, para a qual a morte certamente conta mais que o nascimento, no som é, como veremos mais tarde, a fase de nascimento (seu ataque) que adquire maior importância em sua caracterização tímbrica.

Envelope dinâmico de um som de flauta, no qual
praticamente inexistem *ataque* e *decaimento*

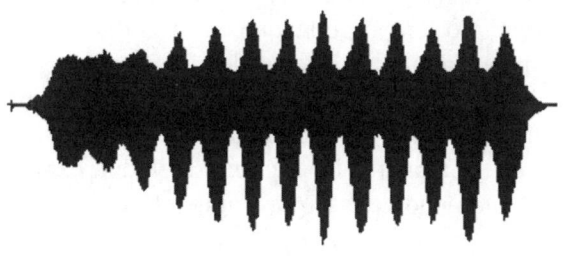

[Cf. Hall.]

Mas se este aparente paradoxo é verdadeiro, mesmo aí a existência do som acaba se aproximando da vida. Em se tratando do momento de maior variação espectral, mas ao mesmo tempo do momento mais importante para o reconhecimento sonoro, o ataque e sua instabilidade aproximam de modo inexorável o som do humano e das energias psíquicas: no que possui de mais instável, possui também de mais particular.

1.1.7. Fase da onda

Observando o Exemplo 9, nota-se que um período de onda possui duas *fases*, uma positiva e outra negativa, correspondentes, respectivamente, aos deslocamentos acima e abaixo do eixo zero no gráfico.

Exemplo 9

Deslocamento gráfico de um único período de uma vibração de corda
de violoncelo com amplitude de 2 mm e período de 12,9 ms

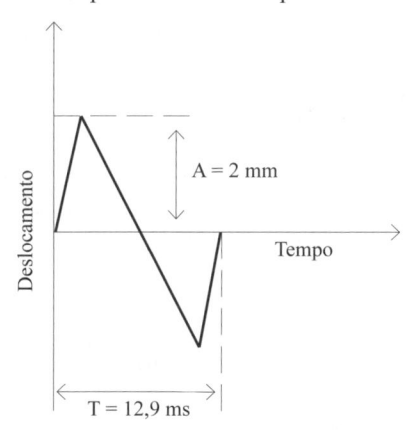

[Cf. Campbell & Greated, "1. The Creation and Transmission of Musical Sounds", p. 14.] © OUP

Por mais que se espere, quando de um ataque simultâneo de uma nota idêntica por um naipe orquestral, que os músicos executem suas respectivas partes de modo absolutamente sincrônico, eles, individualmente, jamais o farão de forma exata, considerando o início da nota: haverá sempre uma inevitável "expansão" do tempo de ataque entre as diversas entradas dos músicos em pelo menos algumas dezenas de milissegundos.

Os fenômenos derivados dessa "dessincronia" estão ligados à *fase* da vibração, e podem ser comparados, em nível macroscópico, a um cânone entre vozes distintas. Imaginemos a seguinte melodia, exposta de modo bem ilustrativo do fenômeno de fase por Campbell & Greated.

Exemplo 10

(a) Uma canção (*round*) londrina (*London's burning*); (b) deslocamento de fase

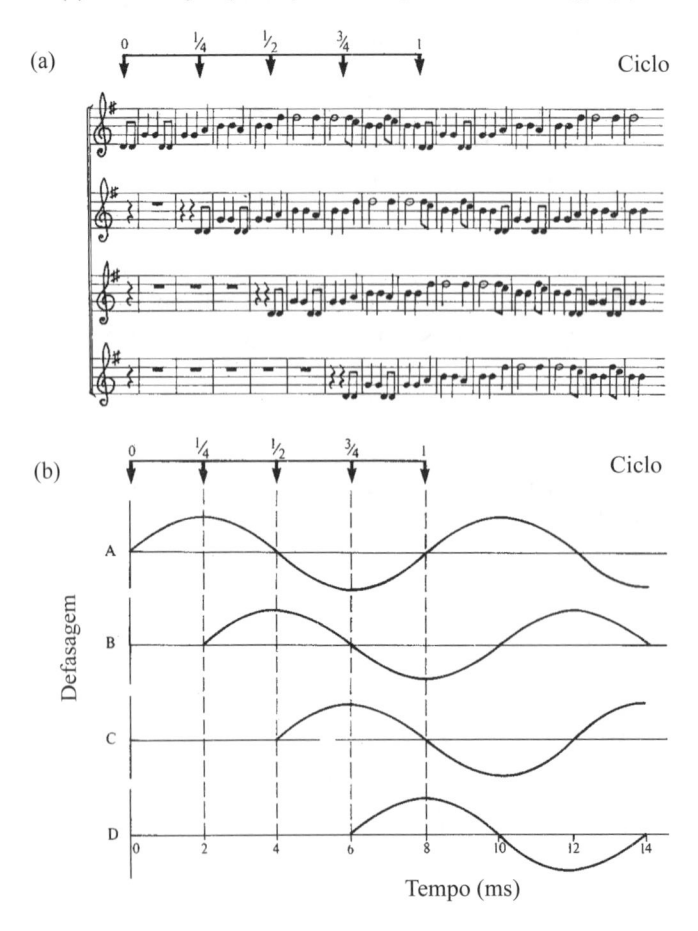

[Cf. Campbell & Greated, "1. The Creation and Transmission of Musical Sounds", p. 15.] © OUP

Se considerarmos a melodia até seu término cíclico, temos, analogamente, um "período" completo. Caso todas as vozes começassem a cantar simultaneamente, estariam plenamente *em fase*, iniciando e terminando cada ciclo (período) da melodia de modo sincrônico. Mas o cânone presume, justamente, um fenômeno de *defasagem* entre as vozes. No caso específico deste cânone, tem-se uma *diferença de fase* de um quarto de período entre as vozes. Na oposição mais gritante, entre as 1ª e 3ª vozes ou entre as 2ª e 4ª vozes, tem-se um fenômeno de total *oposição de fase*. Ou seja, as vozes A em relação a C, ou B em relação a D, estão em defasagem por exatamente meio ciclo, considerando um ciclo da melodia, neste caso, como contendo 8 compassos: ambas as vozes têm zero no mesmo instante, mas caminham em suas "amplitudes" em movimento contrário, anulando--se como um espelho.

De um modo geral, tais fenômenos podem ocasionar alterações drásticas na forma como percebemos os fenômenos sonoros. Para tanto, é claro que as alterações serão avaliadas conforme as características do âmbito nos quais se inserem. No caso de um cânone, a oposição de fase não chegará a anular o som, mas ocasionará certa "confusão" na percepção do contorno melódico da figura, gerando o que, em música contemporânea, designa-se por *difusão de fase*, em analogia ao fenômeno acústico.

Já no âmbito dos deslocamentos de fase entre duas ondas sonoras senoidais, a oposição de fase – como verificaremos mais tarde, quando tratarmos dos batimentos – ocasiona uma anulação completa do som percebido, enquanto que, paradoxalmente, seremos incapazes de dizer se dois instrumentos estão, ao tocarem juntos a mesma nota, em defasagem por um quarto ou por meio ciclo. Helmholtz observara, em 1862, que a mudança da qualidade do som (composto) depende essencialmente da amplitude dos parciais, e não da relação entre suas fases. Um pouco antes, em 1843, Georg Ohm afirmara, por sua vez, que os sons musicais dependeriam apenas e tão somente da distribuição de energia de seus harmônicos, não possuindo nenhuma relação com as diferenças de fase entre esses parciais. Talvez tais afirmações tenham sido exageradas, mas uma diferença mínima como a ilustrada na página seguinte é, de fato, negligenciável pela escuta.

No Exemplo 11, ambas as notas dos violoncelos estão em defasagem de apenas 2 ms entre si. Uma vez que a duração do período é de 13 ms, tal defasagem significa 2/13 de um único ciclo. Em tais casos, é conveniente considerarmos um ciclo como sendo um giro completo de 360° (cf. Exemplo 2). Uma diferença de fase de meio ciclo corresponderia então a:

$$\frac{1}{2}(360°) = 180°$$

Deslocamento da fase (defasagem) entre duas cordas de violoncelo

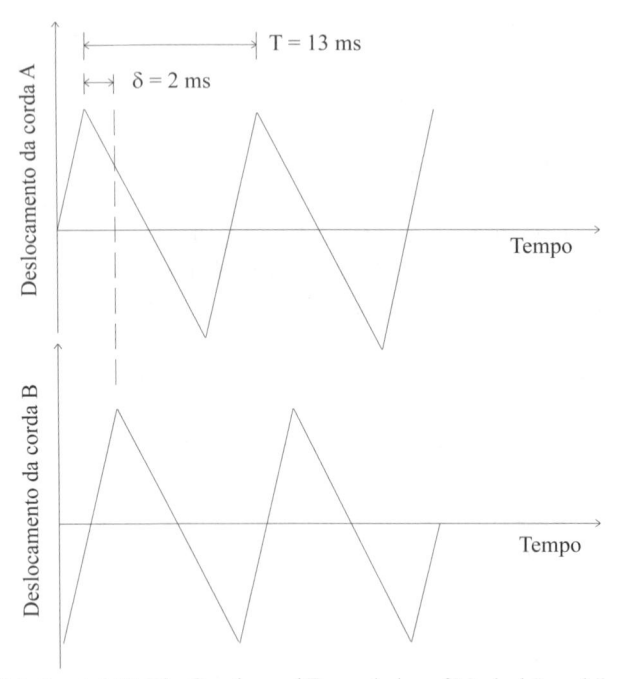

[Cf. Campbell & Greated, "1. The Creation and Transmission of Musical Sounds", p. 17.] © OUP

No caso de nosso Exemplo 11, os dois violoncelos estão em defasagem de:

$$\frac{2}{13}\,(360°) = 55°$$

Assim como todo som varia de modo contínuo em seu comportamento dinâmico (mesmo se tal variação for mínima e quase imperceptível), sendo possível uma total estabilidade dinâmica exclusivamente se fizermos uso da geração eletrônica do som, apenas instrumentos eletrônicos são capazes de manter uma mesma diferença de fase durante um maior espaço de tempo. Ínfimas *flutuações* (ao que Pierre Schaeffer deu o nome de *allures*) são inerentes à grande maioria dos sons existentes, e em particular àqueles gerados por seres humanos, dando margem a constantes deslocamentos nas relações de fase entre sons distintos e simultâneos. Como alterar a relação de fase implica diminuição ou aumento do tamanho do período, e como o tamanho do período está relacionado à frequência do som, deduzimos que existem constantes variações em frequência, ainda que mínimas, de sons que julgamos, a princípio, estáveis frequencialmente.

Por tal razão, dez violoncelos adquirem uma outra qualidade sonora do que um único violoncelo amplificado. Um naipe de cordas confere um "corpo" e um timbre ao som que seriam impossíveis sem a relação de defasagem decorrente de tais variações mínimas entre os instrumentistas, efeito este que é conhecido por *chorus effect*. Ou seja, ainda que a relação de defasagem entre dois sons possa ser imperceptível, seu efeito acumulativo não o é. Ao contrário, é ele que dá consistência a certos naipes da orquestra ocidental, tal como ocorre com as cordas (CD 14).

1.1.8. Análise de sons compostos (harmônicos) e de sons complexos (inarmônicos)

O mero posicionamento de um microfone na captação de um som pode alterar significativamente a representação gráfica de sua onda correspondente. Basta, por exemplo, posicionarmos o microfone mais próximo do cavalete de um violoncelo para que tenha lugar uma configuração bem mais complexa do nosso Exemplo 1:

Exemplo 12

Modelo de vibração de uma certa captação de som de violoncelo tocando E^b_2

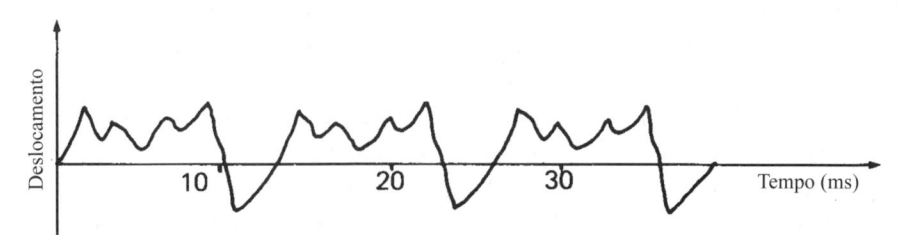

[Cf. Campbell & Greated, "1. The Creation and Transmission of Musical Sounds", p. 17.] © OUP

No século XVIII, Daniel Bernoulli (1700-1782) afirmou que a vibração de um corpo sonoro pode ser vista como sobreposição de seus "modos simples" (em outros termos, de seus harmônicos) com diferentes amplitudes. Um pouco mais tarde, em 1822, o matemático francês Jean--Baptiste Joseph Fourier (1768-1830) chega a uma definição acerca das vibrações periódicas, estabelecendo o chamado *Teorema de Fourier* e as *Séries de Fourier*. Segundo esse teorema, todo som de altura definida pode ser descrito por seus múltiplos harmônicos em relação de número inteiro com uma fundamental, e pode ser representado por um somatório de funções ortogonais (seno e co-seno). Por mais complexo que um som periódico seja em sua configuração, ele será sempre *o resultado da soma de toda uma série de sons (curvas) senoidais*, constituindo uma *série harmônica natural* (no Exemplo 13, ilustrada a partir da fundamental

Dó; no exemplo sonoro, a partir do Ré na mesma oitava), produto da ressonância do primeiro harmônico ou som fundamental, e na qual se observa que, a cada oitava, existe o dobro de parciais harmônicos em relação à oitava inferior, num contínuo adensamento dos intervalos do grave ao agudo.

Exemplo 13

Parciais ou *harmônicos* da *série harmônica* de C_2 = 65,4 Hz (notas pretas = ligeiramente diferentes do sistema temperado a que se refere a notação tradicional) (CD 15)

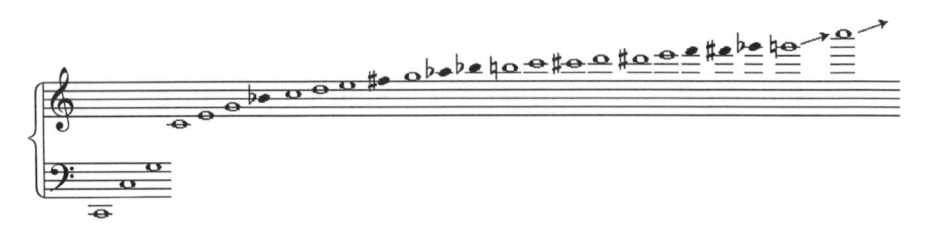

A constatação da existência de uma *série harmônica natural* veio consagrar algo já longamente previsto e intuído ao longo da história, e que foi chegando à sua formulação definitiva através da contribuição de diversos pensadores. Assim o foi em 1636 com Marin Mersenne (1588-1648), padre e matemático francês, o primeiro teórico a fundamentar o estudo da harmonia no fenômeno da ressonância natural, e, um pouco mais tarde, com John Wallis (1616-1703), que induz em 1677 a vibração de uma corda por simpatia com harmônicos de sua frequência fundamental. No século seguinte, Jean Le Rond d'Alembert (1717-1783) sugeriria que um som natural não seria puro, mas "complexo" (leia-se aqui: *composto*), resultante da sobreposição de diversos harmônicos derivados de uma série de vibrações, dedução esta não longe das conclusões de Joseph Saveur (1653-1716), considerado o pai da acústica moderna, que descobrira pela primeira vez um meio de calcular o número absoluto de vibrações de um determinado som de altura definida e a calcular a frequência dos batimentos produzida por duas notas soando simultaneamente. Helmholtz, por fim, forneceria a explicação do porquê de cada som que não o som senoidal ser composto por sons puros (senoidais): cada partícula de ar pode efetuar somente um único movimento a cada vez, correspondente a um dos parciais constitutivos do espectro sonoro.

O conceito matemático de sobreposição de sons senoidais, inicialmente pensado por Fourier somente para os sons compostos, acabou posteriormente sendo generalizado e estendido igualmente aos sons complexos e aos ruídos, ainda que a proporção entre os sons senoidais não corresponda, nesses casos, a números inteiros, mas antes a *números irracionais* – ocasionando o cálculo computacional baseado na equação de Fourier para a síntese sonora, primeiramente através da laboriosa técnica conhecida por DFT (abreviatura do termo inglês *Discrete Fourier Transform*) e, posteriormente, com a simplificação desse procedimento (efetuada em 1965 por J. W. Cooley e J. W. Tukey), sem abrir mão de sua eficácia, designado por FFT (*Fast Fourier Transform*). Dessa forma, todo som que não seja um som senoidal puro é, forçosamente, um somatório de sons senoidais. O que distinguirá um som periódico de altura definida de um aperiódico de altura indefinida serão, pois, as proporções em que se encontram os sons senoidais constituintes desses espectros.

Em nosso Exemplo 1, o ciclo de 12,8 ms correspondia a uma vibração de 78 Hz. Tal frequência é então denominada *frequência fundamental*. Fourier define que um som de altura definida, gerando uma curva complexa e não senoidal, é equivalente à curva de sua frequência fundamental, somada a uma outra curva com exatamente duas vezes a frequência da fundamental, mais uma terceira exatamente três vezes a frequência da fundamental etc., resultando numa representação simétrica da forma de onda, se compararmos as fases negativa e positiva da onda:

Exemplo 14

Representação de um período da sobreposição de ondas na proporção de números inteiros a partir da frequência mais grave, na razão: *f, 2f, 3f, 4f, 5f* e *6f*

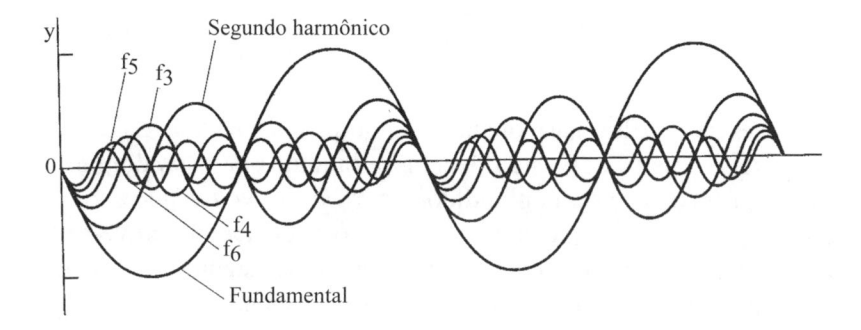

Assim sendo, no espectro harmônico, todo e qualquer componente será uma *curva senoidal com a frequência igual a um número inteiro em relação à frequência fundamental*. Por definição, *todo conjunto de sons senoidais, cujas frequências constituem uma série harmônica, acarreta em sua sobreposição uma onda sonora composta e periódica, cuja frequência de repetição coincide com a frequência da fundamental*. Em tal processo, as ondas senoidais podem isoladamente variar livremente em amplitude e ocorrer até mesmo deslocamentos de fase, alterando, por conseguinte, a forma da onda resultante.

Os sucessivos componentes senoidais – parciais – contendo frequências de 2, 3, 4... vezes a frequência fundamental são conhecidos como, respectivamente, 2º, 3º, 4º... *harmônicos*. O 1º harmônico do espectro é também a própria fundamental do som. É comum a confusão acerca desta terminologia, designando-se erroneamente por 1º harmônico o primeiro parcial que se sucede à frequência fundamental; mas devemos ter clareza de que já a frequência fundamental constitui o primeiro parcial harmônico do espectro de um som periódico.

O modo costumeiro de representar a força (amplitude) dos diferentes harmônicos é o *espectro harmônico*, que, ao contrário da forma de onda (que representa a projeção da amplitude no tempo), corresponde à distribuição de energia (amplitude de cada parcial) em relação às frequências:

Exemplo 15

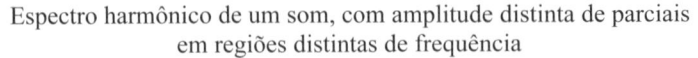

Espectro harmônico de um som, com amplitude distinta de parciais em regiões distintas de frequência

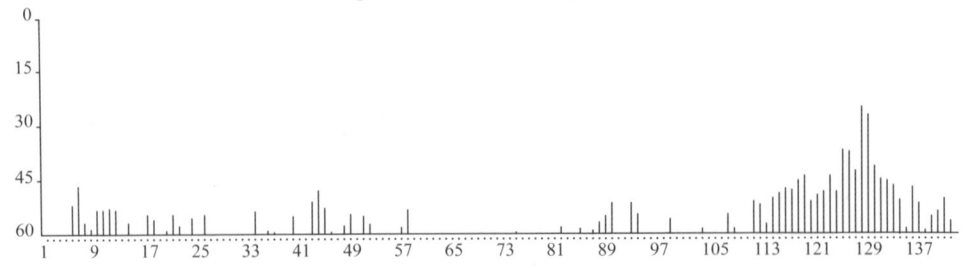

Através do espectro harmônico, vislumbra-se o *envelope espectral* do som, ou seja, o perfil delineado pela amplitude dos parciais do grave ao agudo, e que não deve ser confundido com o *envelope dinâmico* ou *curva de envelope* do som (de que já tratamos), através da qual descreve-se todo o desenvolvimento dinâmico-temporal do som de seu ataque à sua extinção. O envelope espectral é, na verdade, um retrato instantâneo do som em um de seus momentos, não dando conta da evolução geral no tempo de sua amplitude resultante, mas antes de sua constituição harmônica e da relação em amplitude entre seus parciais em um dado momento.

Na representação por forma de onda, será a soma das amplitudes dos componentes senoidais que ocasionará a ondulação resultante. No Exemplo 16, bem simples e ilustrativo, a curva resultante (a) nada mais é que a soma das amplitudes do 1º harmônico ou fundamental (b) com o 2º harmônico, de dobro da frequência e metade da amplitude da fundamental (c).

Análise de uma curva composta (a) em duas componentes senoidais
(b = 1º harmônico ou fundamental) e (c = 2º harmônico)

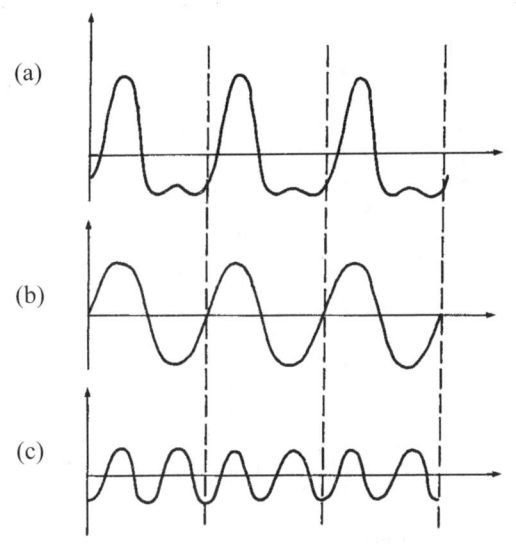

[Cf. Campbell & Greated, "1. The Creation and Transmission of Musical Sounds",
p. 18.] © OUP

Uma simples alteração de fase de um dos componentes será suficiente para que a onda resultante tenha sua representação alterada. Em geral, temos que levar em conta a amplitude de cada componente da curva, assim como as fases dos diferentes componentes senoidais. O Exemplo 17, na página seguinte, ilustra a importância das fases relativas dos parciais.

Observando o exemplo abaixo, notamos que a única diferença com relação ao Exemplo 16 é que lá os picos das duas ondas coincidiam, enquanto que no Exemplo 17, o segundo componente (c) passa pelo valor zero de amplitude quando se dá o pico de amplitude (= crista da onda) do primeiro componente, ocasionando com isso uma outra forma de onda. Ou seja: a mínima diferença de 90º de deslocamento de fase da curva (c) já é suficiente para que se altere a representação da curva resultante. Tal alteração mínima não é ainda, entretanto, perceptível, e em muitos casos o efeito perceptivo de uma vibração composta ou complexa depende sobretudo das amplitudes dos componentes senoidais revelados pela análise de Fourier, dificilmente de suas fases, como pudemos constatar a partir das observações de Ohm e Helmholtz.

Por fim, é preciso que nos demos conta da confusão que pode causar o termo "harmônico", confusão esta muito comum entre os músicos de cor-

Análise de uma curva composta (a) em duas componentes senoidais (b) e (c),
com pequena alteração de fase de (c) em relação ao Exemplo 16

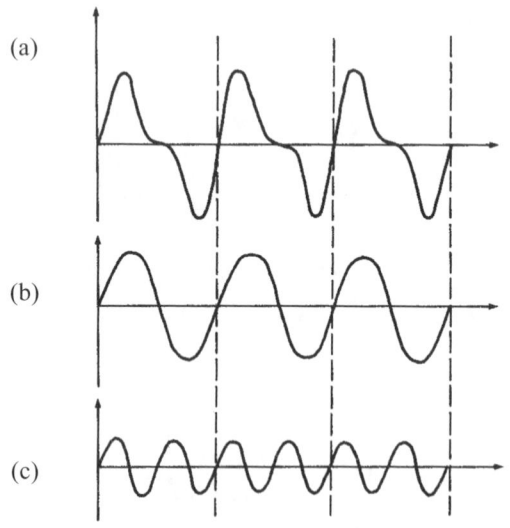

[Cf. Campbell & Greated, "1. The Creation and Transmission of Musical Sounds", p. 19.] © OUP

das e, consequentemente, na terminologia musical aplicada à instrumentação
e orquestração. Observe o Exemplo 18:

Exemplo 18

(a) Harmônico natural da corda Ré do violoncelo;
(b) altura da corda tocada livremente

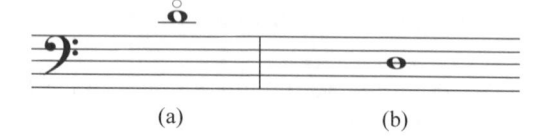

(a)   (b)

O músico interpreta o pequeno círculo do Exemplo 18a como uma
instrução para que toque o "harmônico natural" de oitava da nota D_3, fundamental da segunda corda do violoncelo. Assim sendo, executa a corda D
(= Ré) que produz normalmente a nota D_3, mas encosta o dedo ligeiramente
na metade da corda, elevando a altura em uma oitava e conferindo ao som
uma qualidade "transparente" especial, que logo associa ao 2º harmônico
da fundamental (efeito este comum aos instrumentos de corda, incluindo
a harpa e o violão). Em geral, o músico acredita estar tocando este harmônico de forma isolada, mas ignora que harmônicos isolados não podem
jamais ser gerados sem recursos eletrônicos. O que ele realiza com seu
dedilhado, na verdade, é a *eliminação de todos os harmônicos ímpares* do

espectro, inclusive a própria fundamental ou 1º harmônico, fazendo soar somente os harmônicos pares 2, 4, 6 etc. O ouvido interpreta isto como uma alteração de oitava, e por vezes como o isolamento de um simples som harmônico na oitava superior, devido ao caráter bem mais sutil da sonoridade resultante (Exemplo 19).

Exemplo 19

Espectro harmônico correspondente ao Exemplo 18 (a)

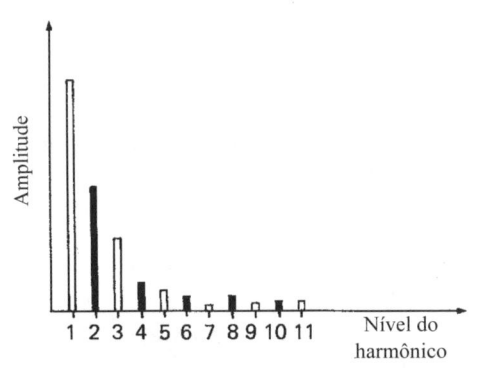

[Cf. Campbell & Greated, "1. The Creation and Transmission of Musical Sounds", p. 22.] © OUP

Como mencionamos acima, a análise de Fourier pode ser estendida, a rigor, a qualquer som, incluindo-se aí os sons não-periódicos (sons complexos e ruídos). Nesses casos, constataremos que os componentes senoidais presentes não corresponderão mais à relação de números inteiros com uma dada frequência fundamental. Suas relações são de números não-inteiros, irracionais, e por isso são denominadas relações *inarmônicas*. Assim sendo, tais componentes não podem ser mais descritos como sendo "harmônicos", mas tão somente *parciais*. No caso da representação espectral do som complexo e do ruído, não há mais razão para falar de um espectro "harmônico", termo que é então substituído pelo de *espectro de frequência*.

1.2. A Transmissão dos Sons e seus Efeitos na Percepção

1.2.1. Ondas sonoras no ar

O som é transmitido na atmosfera sob a forma de uma *onda* entre a fonte sonora, responsável por sua proveniência física, e o ouvido, fenômeno já intuído desde a Antiguidade por Arquitas de Tarento (430-360 a.C.), que definira o fenômeno sonoro como sendo o resultado de "pulsações de ar" que produzem sons cada vez mais agudos quanto mais rápidas elas forem. Esta concepção de Arquitas, em oposição às especulações de sua época, deslocara o foco de atenção da fonte geradora do som (como no caso do emprego de um monocórdio – instrumento presumivelmente inventado por Pitágoras (cerca de 570-490 a.C.)) para o próprio ar e, consequentemente, para a atmosfera. Quando, por exemplo, um instrumento de percussão de pele é tocado por uma baqueta, sua membrana passa a vibrar alternadamente para cima e para baixo, conforme a força do golpe efetuado, e toda uma série de pulsos, que se alternam entre compressão e expansão das camadas de ar, é gerada na atmosfera. É a tal fenômeno que se dá o nome de *onda sonora*.

Exemplo 20

Um pulso comprimido viajando para o alto a partir de uma membrana de um tímpano. Faixas alternadas de ar são visualizadas de modo comprimido ou estendido (as compressões são indicadas por flechas)

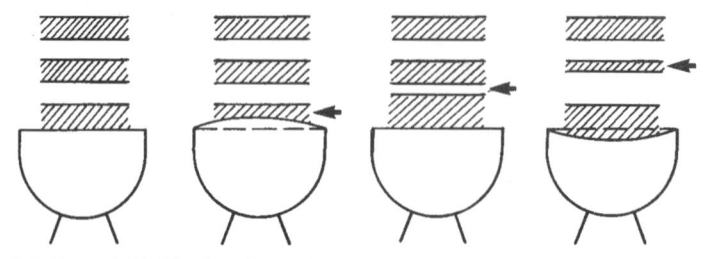

[Cf. Campbell & Greated, "1. The Creation and Transmission of Musical Sounds", p. 23.] © OUP

Ainda que este exemplo, descrito por Campbell & Greated, seja simplificado, sugerindo que a onda sonora viaja apenas em direção ascendente, ele é bem ilustrativo das consequências geradas nas moléculas de ar por um simples toque de tambor. É necessário observar, contudo, que as ondas provenientes de um caso como esse são, na realidade, irradiadas igualmente para os lados, propagando-se por todas as direções. Além do mais, ondas sonoras podem ser propagadas não só através do ar, mas também de sólidos e líquidos. Assim sendo, somente no vácuo é que se ausenta o fenômeno sonoro.

1.2.2. Comprimento e pressão de uma onda sonora

Como acontece, de fato, a propagação de uma onda sonora através do ar?

Na realidade, é como se um pequeno segmento de ar (de moléculas de ar) vibrasse para frente e para trás por toda a direção da onda, da sua proveniência até onde sua energia (força) permitisse que ela chegasse, fazendo que denominemos tal forma de propagação de onda sonora como um *movimento ondular longitudinal*. Porém, não existe deslocamento contínuo de ar propriamente dito na direção do percurso de uma onda sonora, pois se observarmos um pequeno segmento de moléculas de ar e acompanharmos seu comportamento durante toda a emissão de um som, notaremos que o espaço físico por ele ocupado durante a existência do som será estatisticamente o mesmo que ocupava antes da geração da onda sonora em questão, permanecendo, após a extinção da onda, praticamente no mesmo lugar. Uma analogia muito pertinente para entender tal fenômeno é a observação de uma superfície de um lago, no meio do qual atira-se uma pedrinha, analogia esta que remonta ao estoico grego Crisipo (280-208 a.C.) e que fora defendida no século I d.C. pelo arquiteto romano Vitrúvio. A pedrinha ocasionará uma série de círculos que se propagam, durante um certo tempo (dependente da força com a qual a pedrinha foi arremessada), do centro para as bordas do lago, sem que uma certa mancha ou sujeira na superfície da água se desloque junto com esses círculos. É claro que a vibração gerada na superfície da água fará que essa mancha se mova de alguma forma – aliás, não seria necessária nenhuma pedrinha para pôr em movimento as moléculas de água, uma vez que, como sabemos, tudo está em permanente movimento. Porém, estatisticamente, essa mancha permanece no mesmo lugar, e os círculos que se propagam do centro às bordas simplesmente passam por ela. É isto, mais ou menos, o que ocorre com o som em relação às camadas de ar na atmosfera. Será a sucessão de compressões e dilatações (ou rarefações) das camadas de ar que fará que o som se propague, não a locomoção na atmosfera de tais camadas.

No mais, existe ainda um outro tipo de movimento ondular, no qual as partículas do meio que transmite a onda vibram em direção *perpendicular* à direção da onda, sendo por isso denominado de *movimento ondular transversal*. Cordas e membranas podem ocasionar tanto ondas transversais quanto longitudinais, mas apenas as ondas longitudinais podem viajar através do ar, propagando o som na atmosfera.

O Exemplo 21, na página seguinte – emprestado mais uma vez de Campbell & Greated – ilustra a propagação de uma onda sonora longitudinal, em que as diversas camadas de moléculas de ar são representadas por "homenzinhos" (a). Notamos que as camadas (homenzinhos) C, G, K e O não se mobilizam, correspondendo, pois, a um deslocamento = 0 na curva de deslocamento representada em (b). As camadas C e K permanecem exatamente no mesmo lugar por serem comprimidas simultaneamente pelas camadas adjacentes. Nesses momentos, a *pressão* das camadas de ar atinge seu pico máximo, ocasionando os deslocamentos máximos das cristas da onda em (c), cuja curva corresponde à pressão sonora. Já em relação aos pontos G e O, as camadas não se mobilizam pelo motivo inverso: não sofrem praticamente nenhuma pressão, pelo fato de as camadas adjacentes se afastarem desses pontos em direção oposta. Nesses momentos, a pressão é mínima e os pontos correspondem aos pontos negativos mais pronunciados da curva, ou seja, às suas depressões (c).

Exemplo 21

(a) Progressão de onda longitudinal; (b) posições de deslocamento dessa onda;
(c) posições correspondentes à pressão no ar decorrente dessa onda

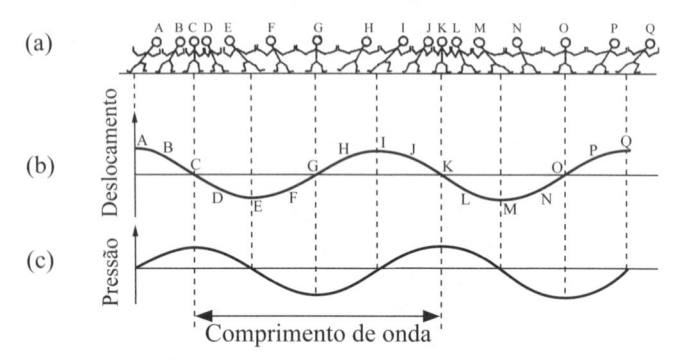

[Cf. Campbell & Greated, "1. The Creation and Transmission of Musical Sounds", p. 25.] © OUP

Notamos, pois, que o máximo da pressão sofrida por partículas de ar não coincide com o máximo de deslocamento do ar. Ao contrário, as pressões máxima e mínima ocorrem justamente em posições onde o deslocamento de ar é zero, ou por sofrerem pressão das partículas de ambos os lados em direção oposta, ou por não sofrerem qualquer pressão pelo fato de as partículas adjacentes exercerem pressão nas camadas mais distantes. Na medida em que o ouvido humano responde às variações de pressão, como o faz, de modo simulado, a maioria dos microfones, é mais conveniente falarmos da *pressão* causada por um som no ar do que de seu deslocamento na atmosfera, e a curva (c) de nosso Exemplo 21 adquire maior relevância para nós do que a curva (b).

Por fim, a distância que separa os sucessivos picos de amplitude de uma onda sonora, representados pelas cristas de onda da curva (c), é conhecida como *comprimento de onda*. O comprimento de onda, simbolizado usualmente pela letra grega lambda (λ), é de suma importância para o cálculo das difrações e reflexões, como veremos logo a seguir.

1.2.3. A velocidade do som e efeitos da temperatura

A velocidade com a qual o som viaja no espaço, atingindo os corpos subsequentes em distintas distâncias, é denominada *velocidade do som*. Uma onda sonora contém, pois, uma velocidade característica, a qual depende das propriedades do ar. Num ar de temperatura normal (padrão) de 20°, os sons viajam na atmosfera numa velocidade de *343 metros por segundo* (343 m/s; ou seja: cerca de 3 milissegundos por metro).

Simbolizando a *distância* por *d*, o *tempo* por *t*, e a *velocidade* do som por *c*, temos a seguinte equação:

$$c = \frac{d}{t}$$

Ou seja: a velocidade do som é igual à distância percorrida dividida pelo tempo utilizado para percorrê-la.

Reestruturando a equação, temos uma possível definição do tempo pelo prisma da velocidade:

$$t = \frac{d}{c}$$

Ou seja: o tempo é igual à distância percorrida dividida pela velocidade do som.

Se a distância d de um instrumento em relação a um ouvinte for, por exemplo, de 50 metros, haverá uma *diferença de tempo* (*time delay*) entre a criação e a recepção do som. O instrumentista ouvirá o som que produz antes do ouvinte. Tal diferença de tempo será de:

$$t = \frac{50}{343} = 0,145773 \text{ seg}$$

Ou seja: o *delay* (diferença de tempo) entre o som percebido pelo próprio instrumentista e o mesmo som percebido pelo ouvinte a 50 metros de distância será da ordem de cerca de 1/7 de segundo (ou de *150 milissegundos*, já que 50 m multiplicados por 3 ms = 150 ms). Como em inúmeras passagens musicais têm-se valores de tempo inferiores a 1/7 de segundo, existirão inúmeras ocasiões em concerto em salas de médio ou grande porte, nas quais se têm distâncias dessa ordem entre os músicos e as pessoas no público, em que existirá uma considerável diferença de tempo entre o som gerado pelo instrumentista e sua recepção por ouvintes mais distantes. Ao contrário do que se pode supor, tal fato não interferirá na recepção musical, uma vez que *todos* os sons executados sobre o palco serão recebidos por esses ouvintes da mesma forma, ou seja, com a mesma diferença de tempo. Tal efeito decorrente da distância entre a fonte de emissão sonora e a recepção dos sons pode ter graves (ou até mesmo interessantes) consequências no caso de obras que espacializem os instrumentos pelo teatro, as quais devem levar em conta sua viabilidade de acordo com as dimensões dos teatros nos quais serão executadas.

Por outro lado, é necessário termos consciência de que a velocidade das ondas sonoras no ar varia conforme a temperatura e a umidade relativa do ar, como bem nos mostra o Exemplo 22, na página seguinte.

Variação da velocidade do som de acordo com a
temperatura e umidade relativa do ar

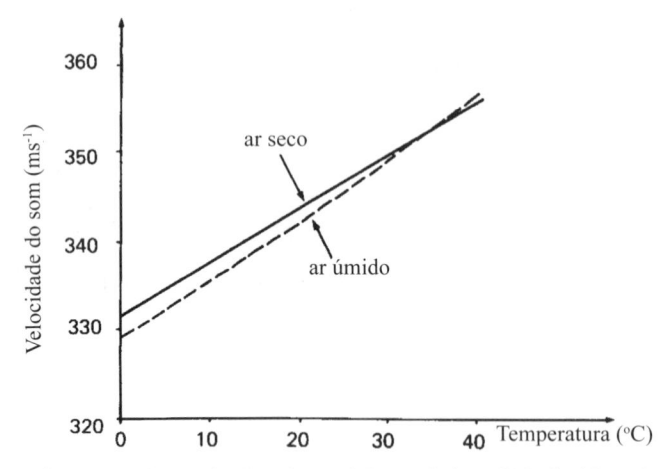

[Cf. Campbell & Greated, "1. The Creation and Transmission of Musical Sounds", p. 28.
Baseado em Weast e Nederveen.] © OUP

A velocidade-padrão de 343 m/s tem por base uma temperatura standard de 20° com ar seco. Notamos que, em geral, quanto mais quente for o clima (quanto maior a temperatura), mais rápido o som se propaga, e que quanto maior a umidade relativa do ar, mais lenta a velocidade de propagação do som. Tal efeito sofre inversão apenas após cerca de 38° de temperatura, quando então uma maior umidade relativa do ar ocasiona uma maior velocidade de propagação do som em relação a um ar mais seco.

1.2.4. Comprimento de onda, frequência e velocidade

Em geral, a velocidade de uma onda sonora c pode ser obtida dividindo o comprimento de onda pelo período:

$$c = \lambda / t$$

Na medida em que – como explicado anteriormente – a frequência da vibração está simplesmente relacionada ao período T pela equação:

$$f = 1 / T$$

podemos combinar ambas as equações, tendo então:

$$c = \lambda f$$

F l o   M e n e z e s

Ou seja: a velocidade do som é igual ao comprimento de onda vezes a frequência desse som. Para fins musicais, é conveniente rearranjarmos esta equação numa das duas seguintes:

$$\lambda = c / f \text{ ou } f = c / \lambda$$

Assim sendo, encontramos o *comprimento de onda* ao dividirmos a velocidade pela frequência; ou ainda, encontramos a *frequência* ao dividirmos a velocidade pelo comprimento de onda.

Retomando o Exemplo 1 a título de ilustração, tínhamos um som de 78 Hz. Se quisermos determinar qual o comprimento de sua onda, usamos a equação:

$$\lambda = c / f$$

Assim é que teremos como resultado:

$$\lambda = 343 / 78 \cong 4,4 \; m$$

Ou seja, os picos sucessivos de pressão na onda sonora que vai do violoncelo que toca aquela nota ao ouvinte sucedem-se, na atmosfera, a cada 4,4 metros de distância. Quanto mais grave a frequência de um som, maior o comprimento de sua onda. Tal cálculo, aparentemente de cunho meramente físico-matemático, pode auxiliar em muito a compreensão dos fenômenos de difração e reflexão do som no espaço por parte do músico.

1.2.5. A ressonância e seus itinerários

A *ressonância* é um outro fenômeno acústico de importância incontestável. Por definição, consiste na faculdade que um corpo apresenta de *co-vibrar*, de modo espontâneo, quando excitado por vibrações exteriores cuja(s) frequência(s) coincide(m) com o(s) período(s) próprio(s) e natural (naturais) de vibração de sua matéria. A ressonância significa, assim, uma vibração com amplitude relativamente maior que sempre aparece quando a frequência de uma força propulsora coincide de modo relativamente proeminente com uma frequência do próprio sistema sobre o qual atua.

Se o "coração" de um instrumento musical consiste no *gerador sonoro* ou *fonte de excitação*, as ondas sonoras provenientes deste corpo, por sua vez, são amplificadas e radiadas por um *ressonador* (ou *ressoador*), em geral localizado na constituição material do próprio instrumento. Assim é que as cordas de um piano, excitadas pelos martelos, são amplificadas e propagadas em função da *caixa de ressonância* que envolve as cordas, da mesma forma como as cordas de um violino, excitadas pelo arco, se propagam a partir da atuação relevante que a sua caixa de ressonância exerce e, em especial, a madeira traseira do instrumento, conhecida como *alma*, que atua como principal agente ressonador desse instrumento. A ressonância é mais proeminente nas regiões graves de um instrumento, o qual se demonstra mais hábil quanto menor for a ressonância de seus sons.

Toda ressonância implica necessariamente alguma perda de energia, uma vez que movimentos de amplitude acentuada sempre ocasionam de modo propício uma maior transformação da energia de vibração em outras formas de energia. Ao que tudo indica, a perda de energia decorrente da ressonância traduz-se como uma de suas características fundamentais, contribuindo, assim, para a própria qualidade do som emitido, o qual depende, em essência, da qualidade de sua ressonância na constituição de seu próprio "corpo instrumental".

Como havíamos relatado anteriormente, foi Marin Mersenne que, em 1636, fundamentou, pela primeira vez, o estudo da harmonia no fenômeno da ressonância, uma vez que a qualidade ressonântica de um instrumento, para sons de altura definida, revelava suas propriedades acústicas de modo mais ou menos eficaz através da propagação de sua série harmônica natural. Quando John Wallis, um pouco mais tarde (1677), induziu uma corda a vibrar *por simpatia* com harmônicos de sua própria frequência fundamental (fenômeno a que também já nos referimos), na verdade antecipou as pesquisas efetuadas por Helmholtz quase duzentos anos mais tarde acerca dos *ressonadores*. Helmholtz afirmara, então, que um tubo aberto nas duas extremidades funciona como um *ressonador* para sons cuja altura é igual à velocidade do som dividida por duas vezes o comprimento do tubo ou por algum múltiplo desse número. Dessa forma, pontuava que os parciais de maior ressonância de um tubo reproduzirão, em princípio, a completa série harmônica de uma determinada fundamental condizente com suas dimensões físicas, e explicava, em síntese, o funcionamento dos instrumentos de sopro, criando o que receberia o nome de *absorvedores* ou *ressonadores de Helmholtz* (sobre os quais voltaremos a falar quando tratarmos dos *formantes*).

Um uso bastante recente e interessante deste conceito, na prática composicional, se deu com o emprego de ressonadores diversos (cavidades tais como tubos, garrafas) na amplificação, acentuada por microfone, de parciais provenientes de objetos variados raspados na superfície de um grande tam-tam na revolucionária obra *Mikrophonie I*, de 1964, de Karlheinz Stockhausen (CD 16).

A condição básica da propagação de um som é o fenômeno da ressonância, fato aliás que se demonstra totalmente condizente com as visões mais recentes da física moderna, como, por exemplo, com a atual *teoria das supercordas* (ou simplesmente *das cordas*), para a qual o universo é visto, em síntese, como uma propagação de *padrões vibratórios ressonantes* de minúsculas *cordas* (abertas ou fechadas em laços), elementos mínimos constitutivos de tudo, dando lugar a diferentes massas e cargas de força. Para essa nova vertente da física, que procura unificar a relatividade geral com a física quântica, as diferenças entre as partículas resultam de que as suas respectivas cordas constituintes experimentam padrões vibratórios ressonantes diversos, e as partículas elementares diferentes nada mais seriam que "notas" distintas de uma mesma corda fundamental. O universo, sendo composto por um número enorme dessas cordas vibrantes, revelaria a estrutura de uma verdadeira "sinfonia cósmica", numa revisita bastante interessante e atualizada da antiga teoria acerca de uma *harmonia das esferas*, à qual já nos referimos ao início deste trabalho.

Em suma, o que difere as coisas não são as coisas em si, mas seus movimentos: itinerários de ressonâncias! (Fato que – permito-me aqui uma autorreferência – me conduziu, em 2001, à concepção de *L'Itinéraire des Résonances*, para flautas, 2 percussionistas, sons eletroacústicos quadrifônicos e eletrônica em tempo real.) (CD 17)

1.2.6. *Reflexão e absorção*

Como já dito acima, as ondas propagam-se em todas as direções. Entretanto, a maior parte da energia sonora emerge na forma de uma onda que se propaga *em direção ao teto* (ao alto). Tal energia não é dissipada, mas antes refletida de volta à sala de concerto quando atinge o teto. Daí a importância de executarmos música em lugares fechados, e daí as enormes dificuldades acústicas nas execuções ao ar livre, em geral bem menos interessantes e menos bem-sucedidas do que a audição dentro de espaços destinados e mais apropriados à escuta. A este fenômeno sonoro pelo qual o som é refletido de volta quando atinge uma superfície ou um objeto damos o nome de *reflexão*.

Conforme ilustrado no Exemplo 23 (cf. Campell & Greated), na página seguinte, a angulação do teto desempenha papel muito importante na qualidade acústica de uma sala, uma vez que a principal fonte energética do som viaja em sentido ascendente. Se esta angulação levar em conta a projeção do som em direção ao público após a reflexão, teremos uma acústica propícia à audição (como no Exemplo 23a). Caso contrário, o espaço não se adaptará bem às emissões sonoras e deixará muito a desejar quanto à sua qualidade acústica, determinada, em grande parte, pela reflexão.

O som é refletido por todo e qualquer objeto, independentemente de sua forma e de seu tamanho. Se o objeto tiver uma superfície lisa, a reflexão será regular e ordenada; uma superfície contendo saliências, ao contrário, acarretará reflexões difusas e irregulares (CD 18).

Exemplo 23
Efeitos de reflexão acima de uma plataforma:
(a) refletor a 27° em relação ao plano horizontal: som refletido para baixo;
(b) refletor a 45° em relação ao plano horizontal: som refletido horizontalmente;
(c) refletor a 56° em relação ao plano horizontal: som refletido para cima

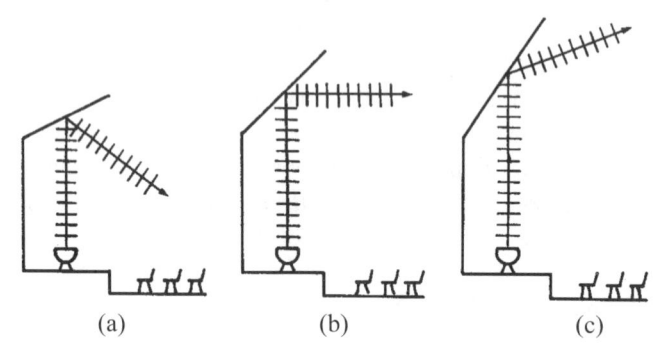

(a)   (b)   (c)

[Cf. Campbell & Greated, "1. The Creation and Transmission of Musical Sounds", p. 31.] © OUP

A onda refletida é sempre mais fraca que a onda direta, uma vez que parte da energia sonora é absorvida pelo objeto que a reflete. Assim sendo, a reflexão e sua contraparte, a *absorção*, exercem uma grande influência na qualidade acústica do ambiente. Reflexões iterativas dão origem aos ecos ou à reverberação, de que logo falaremos.

Nota-se, então, que uma onda sonora pode ser refletida não apenas por uma superfície sólida, mas também por qualquer obstáculo que ocasione uma mudança abrupta no ambiente de sua propagação, podendo tal obstáculo variar radicalmente de solidez. Quanto mais rígido o objeto contra o qual o som se projeta, maior será a reflexão sonora. Os vidros e o concreto possuem altas taxas de reflexão; cortiças e carpetes, uma bem menor capacidade de reflexão. Quanto menor a capacidade de reflexão de uma matéria, maior sua capacidade de absorção do som.

1.2.7. Difração

Outra importante propriedade das ondas sonoras é sua habilidade em circundar obstáculos. Tal fenômeno é denominado *difração*. Quando ouvimos um som, nossa escuta não recebe apenas ondas sonoras que nos atingem após diversas reflexões, mas também a onda que se propaga diretamente em nossa direção, sem qualquer reflexão, e que, para chegar até nós, sofre difração por volta dos obstáculos físicos que se situam entre nós e a fonte emissora.

Consideremos, por exemplo, um pilar que se situe entre nós e a fonte sonora. Imediatamente após o pilar, existe uma área de "sombra sonora" causada pelo obstáculo: um ouvinte que se situasse justamente ali receberia um som ligeiramente difratado. O som, ao passar pelo pilar, se recompõe paulatinamente e reocupa toda a área da sala após um certo espaço – Exemplo 24a. O caso inverso pode ser imaginado: ao invés de se ter um pilar como obstáculo em meio à sala, tem-se uma parede por toda a sua extensão, excetuando-se uma pequena abertura de dimensões similares ao pilar do Exemplo 24a. A difração, nesse caso, ocasionará a reocupação do ambiente pela onda sonora que passa por essa abertura – Exemplo 24b.

Exemplo 24

Difração de um som (a) num pilar ou (b) por uma porta, em que o tamanho da largura do pilar/abertura da porta é comparável ao comprimento de onda do som

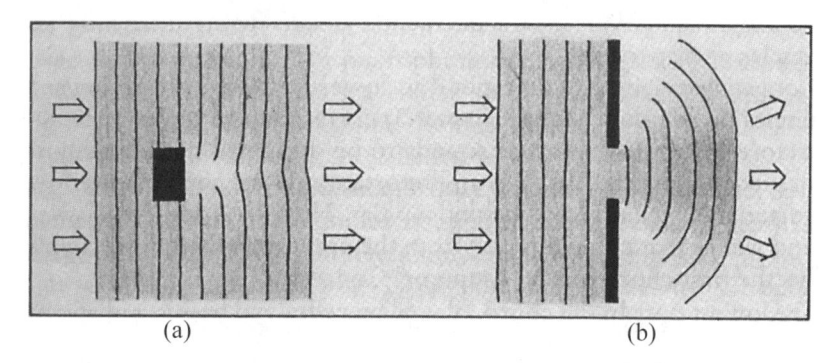

(a) (b)

[Cf. Campbell & Greated, "1. The Creation and Transmission of Musical Sounds", p. 31.] © OUP

Ambos os casos de difração dependerão da relação entre a frequência do som que se propaga e o tamanho quer seja do obstáculo (no caso do Exemplo 24a), quer seja da abertura (no caso do Exemplo 24b). Assim sendo, nem toda onda sonora sofre a mesma difração na mesma medida: uma onda apenas será difratada de modo significativo por um obstáculo ou por uma abertura se seu comprimento de onda for *maior* do que a espessura do obstáculo ou da fenda, ou seja, se o som for suficientemente *grave*; caso o comprimento de onda seja bem menor (típico das frequências mais agudas), não haverá difração suficiente, e será gerada uma lacuna de som logo após o obstáculo ou, no caso de uma abertura, o som tenderá a continuar se propagando apenas na dimensão da fenda, não mais se espalhando pelo espaço (como bem ilustra o Exemplo 25, na página seguinte).

Em suma, para haver difração e o som poder circundar os obstáculos ou preencher os espaços após frestas em sua propagação, é necessário que o comprimento de onda deste som seja maior que a espessura dos obstáculos ou que a dimensão das frestas. Obstáculos em uma onda sonora de comprimentos de onda suficientemente curtos acarretam "sombras acústicas" da mesma forma que o fazem em relação a um feixe luminoso (já que a luz é um

Não-difração em relação a (a) um pilar ou (b) uma porta, em que as dimensões
são maiores do que o comprimento de onda do som

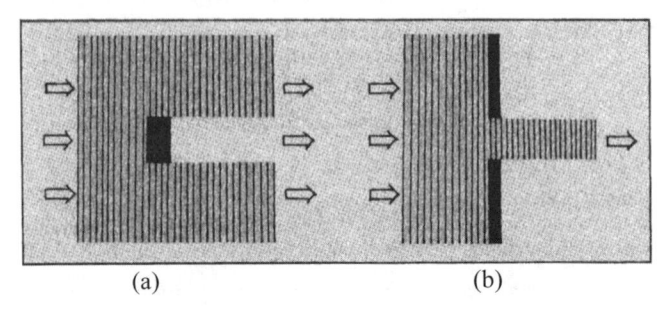

(a)   (b)

[Cf. Campbell & Greated, "1. The Creation and Transmission of Musical Sounds", p. 32.] © OUP

outro tipo de onda, com comprimento de onda extremamente curto, demonstrando igualmente difração apenas quando encontra pequenos obstáculos ou
ínfimas aberturas). Longos comprimentos de onda correspondem a baixas
frequências, e baixas frequências correspondem a notas musicais mais graves.
Consequentemente, *sons graves sofrem maior difração que sons agudos*.
Daí a razão de nos referirmos em geral a sons graves reportando-nos a uma
maior *presença* sonora: *sons graves possuem a característica de preencher
melhor os ambientes*, e tal característica decorre diretamente do fenômeno
da difração. Esta é também a razão de dispormos com bastante cuidado os
alto-falantes de frequências agudas de nossos sistemas de som, enquanto
que os alto-falantes de baixas frequências não necessitam estarem dispostos
de modo tão cuidadoso, pois aonde quer que estejam, acabarão por gerar
sons que preencherão, de toda forma, o ambiente (CD 19).

Por fim, uma situação particular ocorre quando tanto o comprimento
de onda quanto o obstáculo possuem mais ou menos a mesma magnitude.
Nesse caso, o obstáculo servirá, na verdade, de reemissor do som, irradian-
do-o em todas as direções por meio de reflexões sonoras.

1.2.8. Refração

Ao fenômeno caracterizado pela alteração da velocidade do som de
acordo com o lugar – pela existência de camadas de ar sobrepostas e com
distintas temperaturas –, ocasionando distorções de percurso da energia
sonora, dá-se o nome de *refração*. Toda espécie de onda pode sofrer refração. No caso das ondas sonoras, esse fenômeno não tem implicações tão
substanciais, ainda que mereça ser aqui mencionado.

Podemos exemplificar o fenômeno da refração se considerarmos um
dia normal, ensolarado. Em tais circunstâncias, o solo e as camadas de ar

mais próximas do chão são mais quentes que as camadas sobrepostas, que vão diminuindo de temperatura à medida que se distanciam do solo. Como a velocidade do som no frio é menor que no quente, as ondas sonoras mais próximas do chão se propagam com maior velocidade, e aquelas que se situam nas camadas superiores sofrem uma considerável curvatura em direção ao alto. Consequentemente, não se ouve praticamente nenhum som que não esteja muito próximo de nós, e ouvintes que se afastam da fonte sonora percebem uma nítida diminuição de volume sonoro. Refração pode ocorrer, no mais, mesmo dentro da água, quando da existência de camadas de água com temperaturas diversas.

Efeitos semelhantes podem ser causados pelos ventos, uma vez que a velocidade do som é afetada pela velocidade do meio pelo qual ele se propaga. A velocidade de uma onda sonora em um meio móvel como o vento resulta da soma das duas velocidades (do som e do vento), de forma que a velocidade do som aumenta se o som vai em direção dos ventos e diminui se vai contra os ventos.

1.2.9. Interferências

Uma onda sonora será propagada até o ouvido da mesma maneira se for ou não acompanhada por outras ondas concomitantes. As ondas sonoras, consideradas em si, não interferem nas demais ondas concomitantes a elas. Entretanto, alguns interessantes efeitos ocorrem quando as ondas atingem, simultaneamente, sua destinação – o ouvido ou, de modo simulado ao nosso sistema auditivo, a membrana de um microfone. A tais efeitos dá-se o nome genérico de *interferências*.

Quando dois instrumentistas, tocando um mesmo tipo de instrumento (por exemplo, clarinete), executam simultaneamente a mesma nota com a mesma intensidade, estando ambos dispostos de modo equidistante em relação a um microfone ou ao ouvido, a variação de pressão que sofre o microfone ou o ouvido pelo instrumento "A" será adicionada àquela decorrente do instrumento "B", de forma que o resultado sonoro recebido e percebido dependerá diretamente da relação de suas fases. Tem-se, nesse caso, uma *interferência construtiva*: a amplitude é simplesmente dobrada, como demonstra o Exemplo 26, na página seguinte, tomando-se por base dois sons senoidais de mesma frequência e mesma amplitude.

Nesse caso, ambos os sons estão *em fase*, e cada ponto de deslocamento da curva de um som é somado a cada ponto da curva do outro som, resultando num único som com a mesma frequência e com o dobro da amplitude (Exemplo 26c). Esse fenômeno pode ocorrer mesmo quando não há equidistância entre as fontes sonoras. Basta que as cristas de onda dos sinais coincidam

Interferência construtiva devido à adição de dois sons senoidais *em fase*

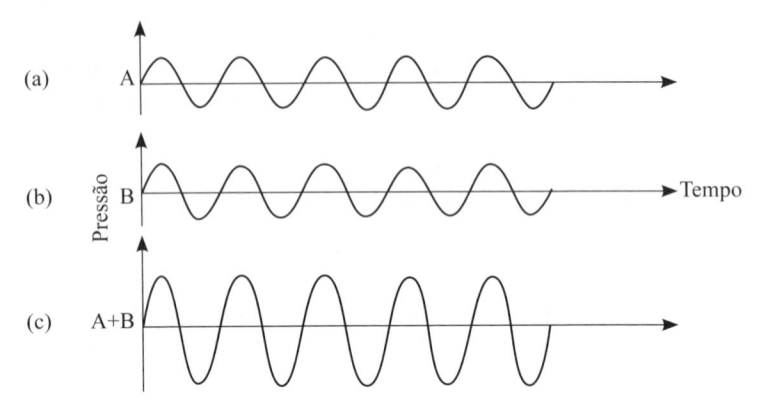

[Cf. Campbell & Greated, "1. The Creation and Transmission of Musical Sounds", p. 34.] © OUP

em um dado ponto do espaço para haver, nesse ponto, interferência construtiva percebida por um ouvido que lá se situe, ainda que, a rigor, não haja qualquer interferência de uma onda na outra, como bem ilustra o Exemplo 27.

Exemplo 27

Interferência construtiva em um dado ponto do espaço (A)

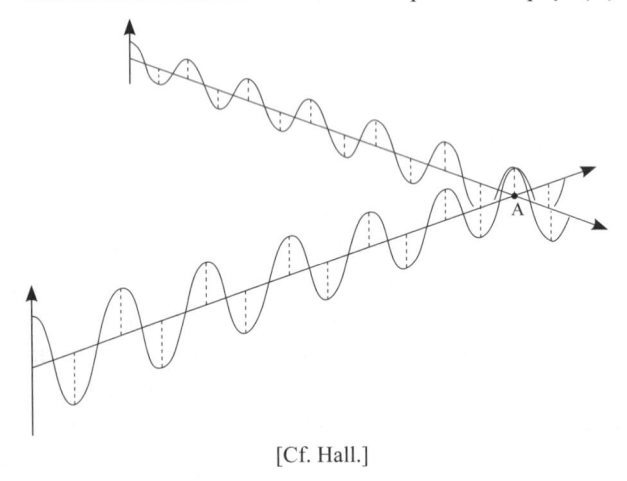

[Cf. Hall.]

Um efeito surpreendente se dá, todavia, quando existe, como vimos, uma diferença de fase de 180° (portanto de meio ciclo ou período), em clara *oposição de fase*: as duas ondas cancelam-se mútua e completamente. Apesar de, fisicamente, ambos os sons estarem sendo gerados *de fato*, o microfone ou o ouvido não captarão nenhum som resultante, mas apenas um silêncio. Fala-se, nesse caso, de uma *interferência destrutiva*.

Exemplo 28

Interferência destrutiva devido à adição de dois sons
senoidais fora de fase (em *oposição de fase*)

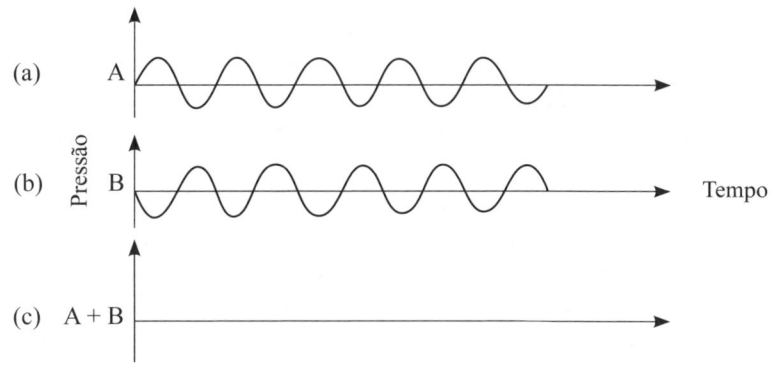

[Cf. Campbell & Greated, "1. The Creation and Transmission of Musical Sounds", p. 35.] © OUP

A rigor, ambos os sinais continuam existindo na atmosfera, mas são percebidos por um ouvido que se situe nesse exato local como sendo mutuamente neutralizados:

Exemplo 29

Interferência destrutiva em um dado ponto do espaço (B)

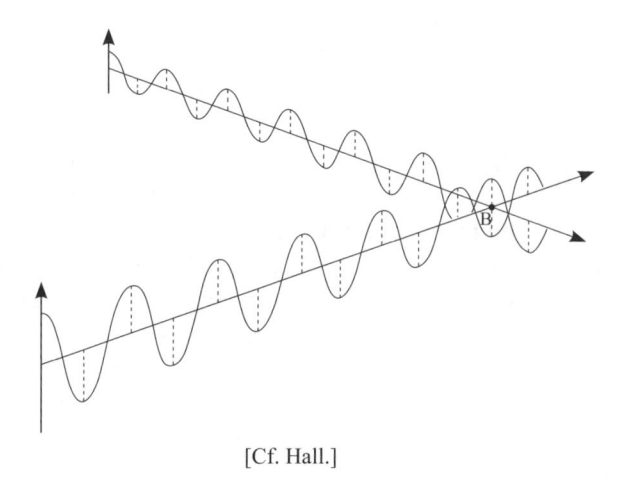

[Cf. Hall.]

Interferências construtivas e destrutivas ocorrem em nível microscópico do som, ou seja, entre componentes senoidais (CD 20). Assim sendo, interferências destrutivas raramente ocorrem de forma tão drástica a ponto de anular totalmente o som, uma vez que, em geral, as vibrações dos sons são mais compostas ou complexas que puras ondas senoidais. Além disso, a eventual anulação total do som é fortemente amenizada pelo fenômeno da reflexão, o qual altera o momento em que os picos de pressão das ondas chegam na destinação e faz que se altere a relação de fase entre as ondas emitidas. Por vezes, uma reflexão pode até mesmo fazer de uma interferência destrutiva uma interferência construtiva.

O fato de o fenômeno da interferência destrutiva ser amenizado quer seja pela complexidade espectral dos sons, quer seja pela reflexão, não quer dizer que não se deva prestar atenção a este fenômeno. Mesmo que o som resultante não seja anulado completamente, é possível que parte dele o seja. Quando dispomos, por exemplo, dois microfones para a captação de um som de um instrumento, é preciso verificar se as captações desses dois microfones não ocasionam, juntas, anulação ao menos de alguma(s) frequência(s) do espectro instrumental. Às vezes uma mera mudança na disposição dos microfones será suficiente para a alteração da relação de fase das distintas tomadas de som para que percebamos uma considerável diferença na qualidade do som resultante captado.

1.2.10. Batimentos, relações de fase e seus efeitos no espaço

Interferências construtivas e destrutivas podem conviver e, via de regra, convivem juntas na prática musical. O fenômeno do *batimento*, tão conhecido pelos músicos e tão importante na prática musical, e que Helmholtz afirma ter sido descoberto por Georg Andreas Sorge (1703-1778) em 1745 e posteriormente discutido ainda como total novidade por Giuseppe Tartini (1692-1770) em 1751 e por Romieu em 1753, é um bom exemplo da relevância de ambos os tipos de interferência (construtiva e destrutiva) em um mesmo contexto musical.

Os batimentos entre dois instrumentos se dão pelo fato de as ondas geradas por ambos terem frequências ligeiramente diferentes, ocasionando uma constante mutação, no ouvido, de suas fases relativas. Quanto mais próximos em frequência forem dois sons, tanto mais lentos serão os batimentos decorrentes. Por outro lado, quanto mais se distanciarem em frequência, tanto mais rápidos serão os batimentos.

Em geral, *o número de batimentos por segundo é igual à diferença em frequência entre os dois sons concomitantes.*

O Exemplo 31 consiste em outra representação dos batimentos, aqui entre os sons senoidais A e B. O som B é ligeiramente mais grave que o som A, e tal diferença ocasiona, além da pequena diferença em frequência, uma paulatina *alteração da relação de fase* entre os períodos dos dois sons. Quando existe coincidência entre as cristas de onda dos períodos de A e de

Exemplo 30

Pequena diferença de frequência entre dois sinais ocasionam batimentos

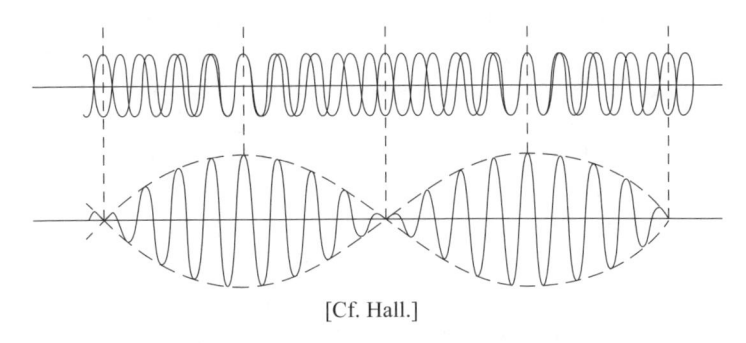

[Cf. Hall.]

B, ambos os sons se reforçam mutuamente, em interferência construtiva, aumentando a amplitude do som resultante A+B. Porém, quando o pico máximo de A coincide com o pico mínimo de B, existe oposição de fase, em interferência destrutiva e anulação do som. Tais momentos de aumento de amplitude seguido de anulação do som resultam numa pulsação em amplitude do som resultante que equivale à diferença entre as frequências de A e B, constituindo os batimentos percebidos pelo ouvido como uma *modulação de amplitude*. (No caso do Exemplo 31, notamos que existe, no trecho exemplificado, três batimentos, e se considerarmos este trecho como equivalente a 1 segundo, tais batimentos indicam-nos que a diferença entre A e B, durante o trecho em questão, é de 3 Hz.)

Exemplo 31

Interferências construtiva e destrutiva devido à adição de dois sons senoidais com ligeira diferença de frequência: *batimentos*

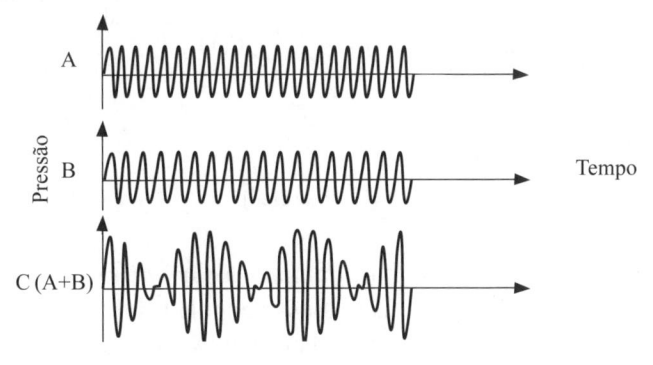

[Cf. Campbell & Greated, "1. The Creation and Transmission of Musical Sounds", p. 37.] © OUP

Batimentos entre sons compostos e complexos são mais difíceis de serem analisados, uma vez que muitos pares de sons podem ocasionar batimentos simultâneos. Nisso consistiu a teoria da *consonância* e *dissonância* de Helmholtz: quanto menos batimentos forem ocasionados por dois sons, mais consonantes tais sons seriam, de acordo com a concepção clássica do grande físico alemão. De toda forma, os batimentos existentes entre as fundamentais demonstram-se, em geral, como os mais evidentes.

O que ocorre, de fato, com a percepção de dois sons senoidais que ocasionam batimentos?

Quando se têm batimentos entre dois sons senoidais, o resultado auditivo é a percepção de uma única *frequência intermediária* entre as duas frequências que geram o fenômeno, frequência intermediária esta que é modulada em amplitude pela frequência da diferença entre os dois sons de base. O Exemplo 32 demonstra com clareza o porquê desta percepção de frequência intermediária através do somatório das duas curvas senoidais: o período τ_1, correspondente ao som mais grave y_1 de amplitude constante, soma-se continuamente ao período τ_2, correspondente ao som mais agudo y_2 igualmente de amplitude constante. Como resultado, tem-se a curva da soma (linha mais grossa), de amplitude variável e de período com frequência intermediária entre τ_1 e τ_2.

Exemplo 32

Percepção de frequência intermediária nos batimentos

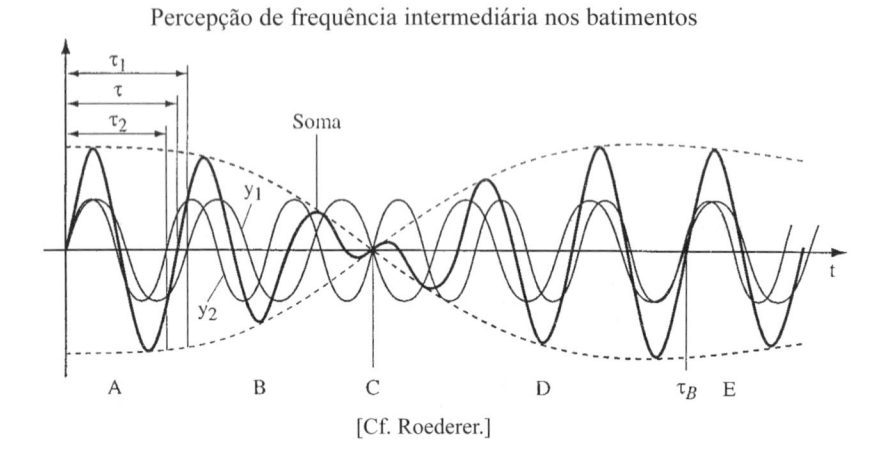

[Cf. Roederer.]

A percepção dos batimentos, *flutuações periódicas na amplitude dos sinais combinados*, limita-se às nossas capacidades de discriminação frequencial. Como começamos a perceber uma frequência apenas a partir de um âmbito que vai de 16 a 20 Hz (nosso limite mínimo de audibilidade frequencial), toda pulsação aquém desse limite será percebida como evento essencialmente rítmico. Tal fato é determinante para que percebamos os batimentos numa gama que vai de algum valor diferente de 0 até mais ou menos 16 a 20 Hz como uma pulsação rítmica (modulação de amplitude). Quando a diferença entre as frequências dos dois sons que geram os batimentos ultrapassar esse limite, não mais conseguimos isolar a percepção individualizada de cada batimento como pulso. Os batimentos passam, então, a serem percebidos como um som independente de frequência resultante de 16/20 Hz, bem grave, que de fato não existe além de nossa percepção. (Veremos mais tarde que se trata de um som diferencial, resultado da diferença em frequência dos dois outros sons que de fato existem.) A partir desse instante, sentimos uma sensação de *aspereza* e os dois sons que geram os batimentos começam também a serem percebidos individualmente (CD 21).

As relações de fase que dão origem ao fenômeno dos batimentos podem ter consequências bastante notórias e interessantes na escuta dos sons no espaço. Vejamos por quê.

A modulação de amplitude decorrente do fenômeno do batimento perfaz uma diminuição e posterior aumento de amplitude graduais, devido ao fato de que o deslocamento na relação de fase entre as duas ondas é também gradual. Se um ciclo completo corresponde a 360°, e a oposição de fase, a 180°, uma defasagem de 45° ocasionará uma perda de energia de cerca de 8%; uma defasagem de 90° (1/4 de período), de cerca de 30%; uma de 135° (3/8 de período), de cerca de 62%; até a defasagem de 1/2 período, na qual a amplitude decai a 0 (100% de perda de energia). O motivo pelo qual os passos regulares da defasagem aqui explicitados não correspondem a uma diminuição linear da amplitude deve-se ao fato de que percebemos as relações de amplitude logaritmicamente: se a amplitude total for igual a 1, uma defasagem de 1/4 de ciclo, ou seja, de 90°, corresponderá a 0,707107 (portanto, a cerca de 70% da energia de dois sons senoidais da mesma amplitude e da mesma frequência soando juntos). Este valor corresponde matematicamente a:

$$\sqrt{0,5}$$

Trata-se, constatemos, da mesma relação de perda de energia na escuta de um som situado exatamente ao meio de um eixo estereofônico de angulação considerada ideal (de 60° entre as caixas acústicas da esquerda e da direita), quando comparamos o mesmo som isoladamente em apenas um dos canais – ou à direita, ou à esquerda. Ou seja, se um som percorre num determinado tempo o espaço estereofônico – por exemplo, da esquerda para a direita e, ininterruptamente, retornando a seu ponto inicial à esquerda –, este movimento de ida e volta, comumente designado por *panning*, será considerado como um ciclo completo de sua trajetória espacial. Quando estiver exatamente no meio das duas caixas acústicas em sua ida, o som terá percorrido 1/4 de ciclo desta trajetória, e precisamente neste ponto haverá uma perda de sua amplitude global em cerca de 30%. Assim sendo, a mobilização espacial dos sons num sistema de difusão eletroacústica (ou mesmo na estereofonia) vale-se sempre das relações de fase para causar a impressão de deslocamento sonoro, sendo que, quando deslocado de forma linear, haverá sempre perda de sinal nos pontos nos quais não há de fato caixas acústicas e nos quais o som se vale, na realidade, do somatório das amplitudes das caixas acústicas para soar naquele ponto específico do espaço (fenômeno ao qual se dá o nome de *fonte sonora fantasma*). Consequentemente, haverá sempre, nessas condições, uma discreta modulação de amplitude do sinal em meio à sua trajetória espacial (CD 22).

1.2.11. O *"efeito Doppler"*

A relação existente entre frequência e comprimento de onda, acrescida da relação de distância física entre fontes emissora e receptora do som, pode, quando houver deslocamento de no mínimo uma das fontes (ou da fonte emissora, ou da fonte receptora), gerar fenômenos subjetivos de fortes consequências. É o que ocorre quando ouvimos um som de sirene de ambulância passando por nós: a altura (frequência) do som da sirene parece subir quando a ambulância se aproxima e parece cair quando o veículo se distancia de nós. Tal fenômeno é conhecido como *efeito Doppler*, descoberto em 1842 pelo físico austríaco Christian Doppler (1803-1853).

Exemplo 33

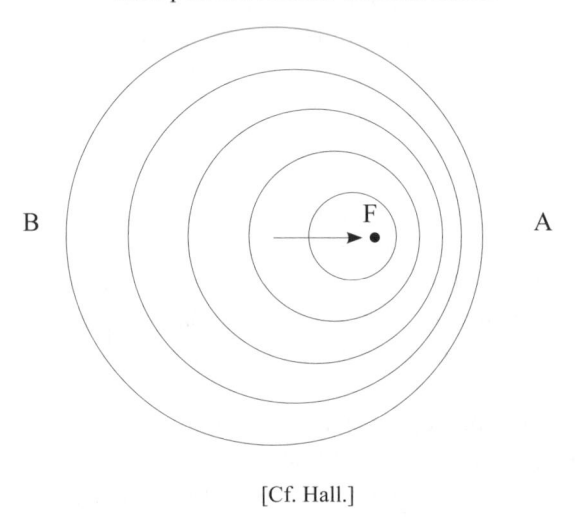

"Efeito Doppler": alteração do comprimento de
onda pelo movimento da fonte sonora

[Cf. Hall.]

Por que isso acontece?

Quando uma certa fonte sonora (F) se aproxima do ouvinte (trajeto de B a A do exemplo 33), a distância entre os picos de pressão (responsáveis pelo comprimento de onda) é reduzida pela distância percorrida pela fonte durante o ciclo entre os picos. A onda parece para esse ouvinte, então, como que "comprimida". Ainda que a onda em si mesma não seja afetada pelo movimento da fonte, tal redução no comprimento da onda corresponde, no ouvido, a um aumento de sua frequência. O ouvido, na realidade, "compensa" o encurtamento do comprimento de onda alterando a frequência do som para o agudo. O contrário ocorre quando a fonte sonora se distancia: a onda se "estende" do ponto de vista do receptor que continua parado, o comprimento de onda aumenta para o receptor e seu ouvido "compensa" este aumento com um decréscimo da frequência percebida.

O mesmo fenômeno também se dá quando a fonte sonora permanece no mesmo local e o ouvinte se locomove. É fácil deduzirmos o porquê disso: quando o ouvinte se distancia de uma fonte sonora estacionária, as mais recentes ondas sonoras emitidas por essa fonte necessitam percorrer um maior caminho até atingirem o ouvinte que parte, gerando nele a percepção de uma frequência mais grave.

Exemplo 34

Se o ouvinte se locomove e a ambulância permanece parada, há igualmente "efeito Doppler"

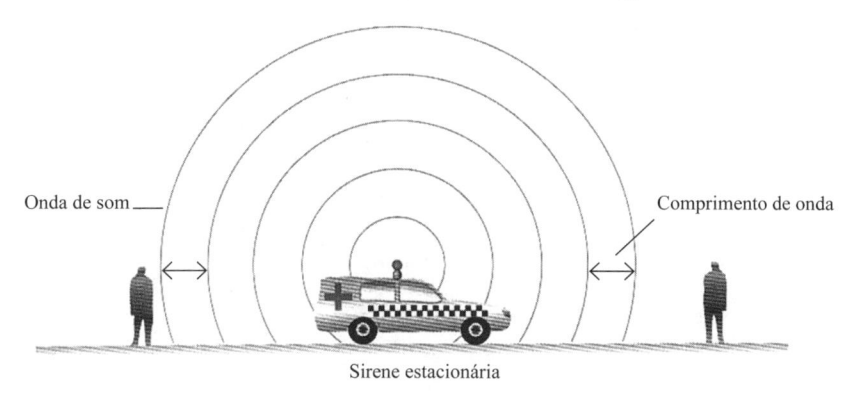

Onda de som

Comprimento de onda

Sirene estacionária

[Cf. Stephen Hawking, *Breve História do Tempo Ilustrada.*]

O "efeito Doppler" é uma prova cabal da *relatividade* da escuta. Assim como existem medidas distintas de tempo, como bem o provou a teoria da relatividade, existem escutas diferentes de acordo com as condições físicas em que se dá o fenômeno sonoro. Se o som de uma sirene móvel não sofre, em si mesmo, qualquer alteração, tendo sido ouvido de forma estável pelo motorista da ambulância, o mesmo não ocorre com os receptores pelos quais o automóvel passa. O efeito é, então, subjetivo, mas nem por isso negligenciável, pois é subjetivo a partir de relações objetivas claramente mensuráveis.

O mais curioso é pensarmos que, excetuando a situação convencional de escuta em concerto ou dentro de salas fechadas, tanto nós quanto os objetos que nos circundam estamos quase o tempo todo em movimento, emitindo e recebendo sons que partem de corpos não-estacionários. Estamos continuamente envoltos, portanto, a "efeitos Doppler" que mal são percebidos, uma vez que a velocidade de locomoção desses corpos, em geral, não se distingue tanto da velocidade com a qual nós mesmos nos locomovemos. Quanto mais gritante for tal diferença, tanto mais nos apercebemos das alterações em altura que são ocasionadas por esse efeito a nosso redor (CD 23).

2. NOSSO MUNDO DOS SONS: A FISIOLOGIA DA ESCUTA

Se cada som em particular pode ser detalhadamente descrito pelos instrumentos dos quais a ciência acústica dispõe, a curiosa capacidade que o ouvido humano tem em distinguir cada elemento sonoro individualmente em meio ao somatório dos sons, cujo resultado representado em um osciloscópio ou em um computador demonstra-se quase sempre como um complexo emaranhado de linhas, não foi ainda devidamente explicada. No processo de escuta, tem-se uma convergência, em direção a nosso aparelho de captação sonora (ao nosso ouvido), de todas as ondas resultantes e que correspondem cada qual isoladamente a um dado evento sonoro, resultando em uma intrincada interação resultante, como consideráveis flutuações de pressão.

Apesar disso, o ouvido pode reconhecer individualmente cada um dos sons desse aglomerado resultante – processo em que, ao que parece, o ataque dos sons desempenha papel fundamental, como observaremos quando tratarmos de transientes –, deduzindo, inclusive, relações harmônicas e inarmônicas entre todos os parciais percebidos, assim como pode localizar a grande maioria dos sons emitidos mesmo em meio à mais complexa textura sonora.

Ainda que grande parte de tais capacidades extraordinárias não seja claramente explicada pela acústica, faz-se necessário, por ora, conhecermos ao menos um pouco do funcionamento de nosso ouvido. Em meio a tal introdução – voltada, lembremo-nos bem disso, ao *músico* e não ao estudioso do corpo humano –, podemos ao menos entrever quais as propriedades responsáveis por certos aspectos de nossa grande capacidade auditiva, aspectos estes que se demonstram fundamentais para a prática musical.

2.1. O Ouvido Externo: Ressonância, Filtragem e Direcionalidade

As partes que são vitais para nosso sentido auditivo localizam-se alguns centímetros para dentro do esqueleto e da orelha. Dividimos o ouvido em três seções ou partes anatômicas distintas: *ouvido externo*; *ouvido médio*; e *ouvido interno*.

Observemos o Exemplo 35 para, em seguida, descrevermos cada uma dessas partes.

Exemplo 35

(a) Estrutura do ouvido humano (externo, médio e interno);
(b) Representação estilizada do tímpano ao ouvido interno

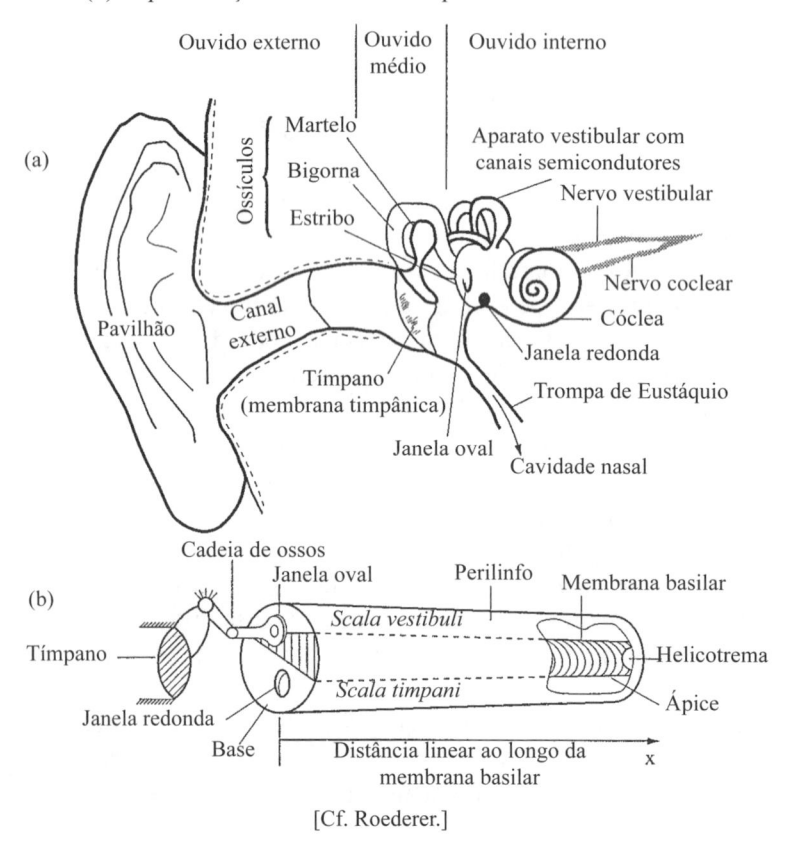

[Cf. Roederer.]

O ouvido externo consiste da *pinna (orelha)* e de um canal quase cilíndrico de aproximadamente 25 mm de comprimento por 7 mm de diâmetro, conhecido como *canal auditivo*. Este canal culmina no *tímpano* ou *membrana timpânica*, a qual consiste numa delicada membrana semitransparente de forma cônica e achatada.

Comportando-se como um tubo cilíndrico, o canal auditivo possui, como todo ressonador (e como bem o provou Helmholtz, Carl Stumpf (1848-1936) e outros), uma tendência de ressonância a uma certa frequência. No caso específico do canal auditivo, a frequência em torno de 3 800 Hz é, em certa medida, privilegiada na captação sonora pelo ouvido, que tende a uma resposta mais acurada por volta desse eixo frequencial.

Quando uma onda sonora chega ao ouvido, parte dela é transmitida pelo canal auditivo e parte dela é refletida para fora de nosso ouvido. As flutuações de pressão resultantes que são "admitidas" pelo ouvido forçam o tímpano a vibrar. A orelha funciona, assim, como uma espécie de funil ou *filtro*, coletando a energia sonora que chega ao ouvido a partir de sua área e canalizando essa energia para uma área bem menor, qual seja: a do canal auditivo propriamente dito. Uma simples experiência nos demonstra a importância da área (dimensão) da orelha: se pusermos uma de nossas mãos atrás de uma orelha, haverá um considerável aumento da área responsável pela "coleta" de som, o que enfatizará o efeito causado pela orelha na captação dos sons; os sons são imediatamente percebidos com maior intensidade.

A orelha também desempenha importante papel na habilidade do ouvinte em identificar a direção da qual chega uma determinada onda sonora. Além da direção da proveniência sonora, o ouvido procura estimar a distância da fonte sonora, sendo que, quanto mais agudo for o som, maior será a dificuldade da audição na estimação da distância. Com relação à direção do som especificamente, a propriedade da escuta – que pode ser descrita como *escuta direcional*, por implicar a percepção da *direcionalidade* das ondas sonoras – decorre do fato de que as ondas refletidas no canal auditivo a partir da captação oriunda de diferentes regiões ou partes da orelha viajarão distâncias distintas. O cérebro será então capaz de analisar tais diferenças de tempo, correspondentes à direção através da qual a onda sonora incidiu na orelha.

Quando a fonte sonora não se situa diante do ouvinte (ou diretamente atrás dele), ambos os ouvidos captarão sinais distintos, pois as ondas sonoras resultantes atingirão uma orelha antes que a outra, mesmo que tal diferença seja ínfima e aparentemente sem importância. A tal diferença de tempo na captação de um mesmo som pelas duas orelhas dá-se o nome de *disparidade binaural*, disparidade esta que fornece os indícios mais determinantes para que o cérebro reconheça a posição da fonte sonora no plano horizontal.

Principalmente no que se refere a sons de baixa frequência, que sofrem facilmente difração, a disparidade binaural constitui o indício mais significativo para a *localização* do som. Uma onda sonora cuja fonte se situe à esquerda chegará primeiramente ao ouvido esquerdo. Se seu comprimento de onda for suficientemente longo, parte da onda será difratada por volta da cabeça, atingindo a orelha direita, em média, cerca de 0,7 ms mais tarde. Se o período da onda sonora for maior que isto (ou seja, se a frequência se situar abaixo de 1 500 Hz), a diferença de tempo causará uma diferença de fase de menos de um ciclo entre os sinais nos dois ouvidos, e o cérebro reconhecerá tal diferença como o indício de que o som provém da esquerda.

É possível que a disparidade binaural não constitua o único instrumento do qual se serve o mecanismo da audição para a localização dos sons, somando-se provavelmente a outros relevantes indícios – tais como os baseados em pequenas diferenças de intensidade nos sinais captados por ambas as orelhas etc. –, mas certamente reside no principal recurso de que dispõe o cérebro para a construção de uma imagem sonora espacial (CD 24).

2.2. O Ouvido Médio

A parte exterior do ouvido médio é formada quase que exclusivamente pelo tímpano. Opostas ao tímpano, existem duas pequenas aberturas no esqueleto, as quais separam o ouvido médio do interno, conhecidas como *janela oval* (*fenestra ovalis*) e *janela redonda* (*fenestra rotunda*).

Entre o tímpano e a janela oval, existe um elo de ligação, como uma espécie de "sistema de alavanca", constituído por três pequenos ossículos, conhecidos mais comumente como *martelo* (*malleus*), *bigorna* (*incus*) e *estribo* (*stapes*), sendo que este último, apesar de seu nome sugestivo, não possui mais que 3 mm de altura.

Exemplo 36

Estrutura do ouvido médio

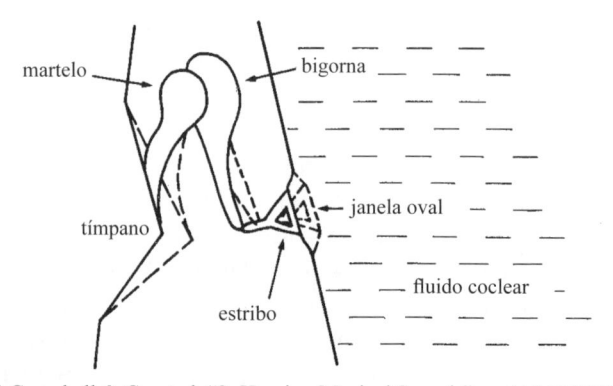

[Cf. Campbell & Greated, "2. Hearing Musical Sounds", p. 44.] © OUP

FLO MENEZES

O ouvido médio dá vazão à parte traseira da garganta através da *trompa de Eustáquio*. É pelas vias da *trompa de Eustáquio* que se tem a única maneira de o ar poder entrar na estrutura fisiológica do ouvido médio ou sair dela. É igualmente através desse canal que o corpo procura "equalizar" a variação de pressão no ouvido médio quando de uma variação muito acentuada de altitude, responsável pela incômoda sensação de pressão no ouvido que temos, por exemplo, ao descer a serra de automóvel ou durante uma decolagem de avião.

O ouvido médio faz a ponte entre a captação externa do som pelo ouvido externo e o processamento cerebral dos dados sonoros tais como estes são comunicados ao cérebro pelo ouvido interno. A principal função do mecanismo do ouvido médio é, pois, a de transmitir as vibrações sonoras para a janela oval na entrada do ouvido interno.

Como isso ocorre?

Em resposta às vibrações do tímpano, o martelo e a bigorna oscilam em sua junção, fazendo que o estribo se mova para dentro e para fora da janela oval, como uma espécie de pistão (cf. o Exemplo 36). Se um som chegasse diretamente à entrada do ouvido interno, menos de 1% de sua energia passaria pelo orifício da janela oval para dentro do ouvido interno. O restante seria refletido de volta para fora do ouvido, devido às ínfimas dimensões dessa "portinha de entrada". É graças à intervenção do mecanismo de transmissão do ouvido médio que cerca de 50% da energia sonora consegue ser transmitida ao ouvido interno naquele âmbito de frequência de maior importância para a prática musical mais tradicional (relativa à tessitura orquestral).

2.2.1. Impedância

A quantidade de som que passa por um determinado obstáculo pode ser medida observando-se o movimento exercido por esse obstáculo quando uma onda sonora com certa pressão incide sobre o mesmo. Tal medida é denominada *impedância*.

Se a amplitude dessa pressão é P, e o obstáculo vibra com uma velocidade máxima V, sua específica impedância acústica z será definida pela equação de P e V:

$$z = P / V$$

Um obstáculo bem rígido (como uma peça de madeira, concreto ou vidro) vibra muito pouco em resposta à pressão exercida por um som. Sua específica impedância acústica é, pois, muito alta. Já no caso de uma membrana, que se flexiona facilmente (como a membrana dos tom-tons e dos

(a) Barreira sólida = reflexão;
(b) Barreira de ar = não-reflexão

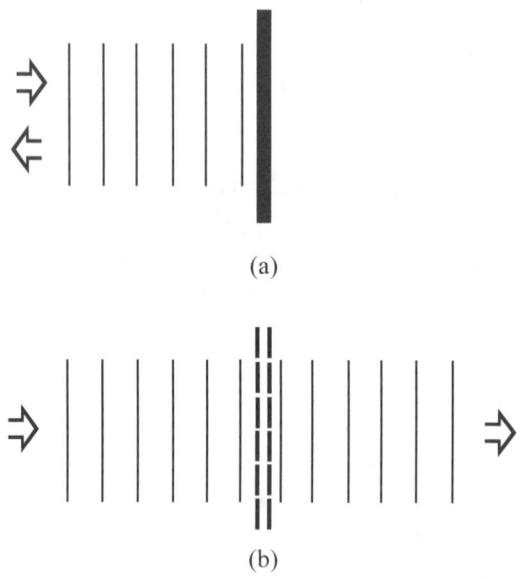

(a)

(b)

[Cf. Campbell & Greated, "2. Hearing Musical Sounds", p. 45.] © OUP

instrumentos de pele em geral), sua matéria vibrará muito mais em resposta a esse mesmo som, tendo, consequentemente, uma muito menor impedância. Ou seja, obstáculos rígidos e que causam maior reflexão do som no ambiente possuem maior impedância que objetos menos rígidos e menos reflexivos.

A unidade de medida da impedância é o *rayl* (segundo o nome do cientista do século XIX Lord Rayleigh, responsável por sua conceituação). Uma camada de ar possui uma específica impedância acústica de *415 rayls*, e esta impedância é considerada como sendo tipicamente uma *baixa impedância*. Por consequência, um obstáculo com $z = 415$ *rayls* transmitirá uma onda sonora de modo ideal, nas mesmas condições do ar. Quanto mais a impedância de um objeto se diferenciar deste valor, tanto maior será a fração de energia sonora refletida por esse mesmo objeto. Em suma: *objetos de alta impedância refletem mais o som; objetos de baixa impedância, ao contrário, absorvem mais o som.*

O fenômeno da impedância desempenha papel crucial na entrada do ouvido interno, a qual possui uma altíssima impedância de cerca de 150 000 *rayls*. Assim sendo, seria ineficiente fazer que uma onda sonora incidisse diretamente sobre o ouvido interno, pois que quase nenhum som poderia ser captado pela delicada estrutura do ouvido interno. A onda sonora seria praticamente toda refletida para fora. Mas ao invés disso, o som chega antes ao tímpano, e a força aí exercida é igual à pressão do som multiplicada pela área da membrana timpânica. Essa força é transmitida pelos três ossículos à janela oval. Uma vez que a janela oval possui uma área 25 vezes menor do que a área do tímpano, a pressão sonora será elevada, nesse processo, pelo fator 25. Além disso, a ação de "alavanca" dos três ossículos aumenta ainda a pressão sonora pelo fator 2, ao mesmo tempo em que reduz a velocidade da janela oval pelo mesmo fator. Ou seja, a pressão sobre a janela oval acaba sendo cerca de 50 vezes maior que a exercida sobre o tímpano, enquanto que a velocidade de amplitude é reduzida pela metade, fazendo, afinal de contas, que o ouvido médio funcione como uma espécie de amplificador:

tímpano	*janela oval*
área $\cong 75$ mm^2	área $\cong 3$ mm^2
pressão $= p$	pressão $= 50\,p$
velocidade $= v$	velocidade $= 0{,}5\,v$

Lembrando-nos que a impedância é a *razão da amplitude da pressão pela velocidade da amplitude*, concluímos que a impedância da janela oval é *100 vezes maior* que a do tímpano. Uma vez que a impedância da janela oval é de cerca de *150 000 rayls*, a do tímpano é apenas de cerca de *1500 rayls*. A impedância do tímpano é, pois, cerca de três vezes maior que a de uma barreira de ar, de forma que nem toda a energia sonora é transmitida para os ossículos do ouvido médio. Cerca da metade da energia é, pois, refletida de volta no âmbito de frequências médias do ouvido humano. Já com relação a frequências abaixo de algumas centenas de Hz ou acima de 10 kHz, a impedância do tímpano aumenta consideravelmente por fatores relacionados à massa e à rigidez do próprio mecanismo do ouvido médio.

2.2.2. O reflexo acústico

Todos nós estamos familiarizados com nosso reflexo visual quando uma luz forte incide em nossos olhos: piscamos instintivamente. Uma similar proteção, denominada *reflexo acústico*, ocorre quando ouvimos um som muito forte e abrupto: um pequeno músculo no ouvido médio puxa o estribo para fora da janela oval, reduzindo o montante de energia transmitida para dentro do ouvido interno, protegendo-o. Uma vez que tal redução será significativa apenas em relação a frequências que se situem abaixo de cerca de 1 000 Hz, tal proteção instintiva adquire a função de uma *filtragem* dos componentes mais graves de um complexo sonoro.

O reflexo acústico leva mais ou menos 1/10 de segundo para se realizar após a chegada de um som forte. Dessa forma, ele não pode proteger o ouvido de impulsos sonoros mais rápidos do que isso, tais como o ruído de um tiro, por exemplo. Na prática musical, mesmo em meio às estruturações eletroacústicas, raramente defrontamo-nos com níveis sonoros que causem reflexo acústico.

2.3. O Ouvido Interno

Também conhecido por *labirinto*, o ouvido interno é o lugar em que as informações sobre o fenômeno sonoro são convertidas em sinais elétricos e enviadas ao cérebro. Uma parte de sua estrutura, os *canais semicirculares*, são responsáveis por nosso *sentido de balanço* e de equilíbrio. A outra parte maior, a *cóclea*, é responsável por nosso *sentido de escuta* propriamente dito.

A cóclea é uma espécie de tubo de cerca de 35 mm de comprimento, em forma de concha ascendente espiralada. Nessa delicada espiral, há aproximadamente duas voltas e meia da base ao ápice da estrutura. O tubo tem cerca de 2 mm de diâmetro em sua base, estreitando-se gradualmente até sua ponta. Nessa pequena estrutura compacta, as vibrações transmitidas pelo ouvido médio geram sinais elétricos que são enviados, através dos nervos auditivos, ao cérebro.

A cóclea foi descrita pela primeira vez já no século XVII. Sua função primordial, como hoje se sabe, é a de ser o órgão responsável pela capacidade do ouvido em perceber sons de alturas distintas, e isto mesmo em meio a estruturas musicais contendo diversos sons simultâneos.

2.3.1. Estrutura da cóclea

Na parte de cima do tubo que constitui a cóclea, tem-se a chamada *galeria superior* (*scala vestibuli*), a qual é dividida, em meio ao *ducto coclear* (*scala media*), por uma membrana bastante delicada, denominada *membrana de Reissner*. Entre a *galeria inferior* (*scala timpani*) e a galeria superior, temos a *membrana basilar*, estrutura de grande relevância na percepção das alturas. Apenas no ápice da espiral é que ambas as galerias são conectadas uma à outra, através de um pequeno orifício denominado *helicotrema*.

A membrana basilar aumenta em extensão e diminui em rigidez da janela oval ao helicotrema. Sua superfície superior comporta uma série de células nervosas em forma de cílios, formando o *órgão de Corti*, descoberto por Marchese Corti em 1851. Nesse órgão, estão contidas cerca de 30 000 fibras nervosas ou células ciliadas, distribuídas de forma mais ou menos uniforme ao longo de toda a membrana basilar. As extremidades das células capilares que emergem dos cílios no órgão de Corti são embebidas pela *membrana tectorial*, a qual se situa acima desse órgão. Os cílios nervosos do órgão de Corti constituem, poderíamos dizer, os "cabos elétricos" que transmitem os sinais ou impulsos elétricos ao cérebro, o qual os processa e "interpreta".

Exemplo 38

A estrutura do ouvido interno

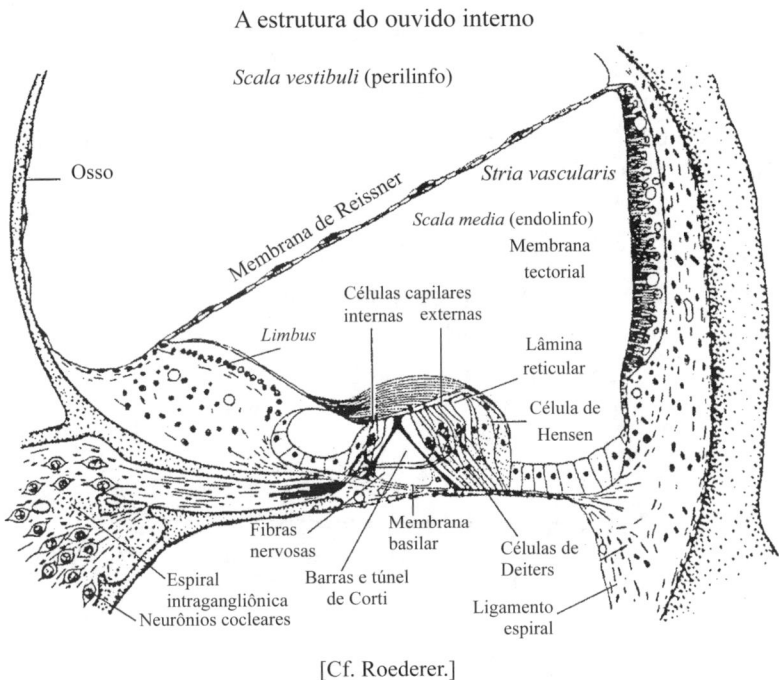

[Cf. Roederer.]

O Exemplo 39 ilustra-nos de forma esquemática a constituição da membrana basilar e do órgão de Corti.

Exemplo 39

Esquematização da cóclea

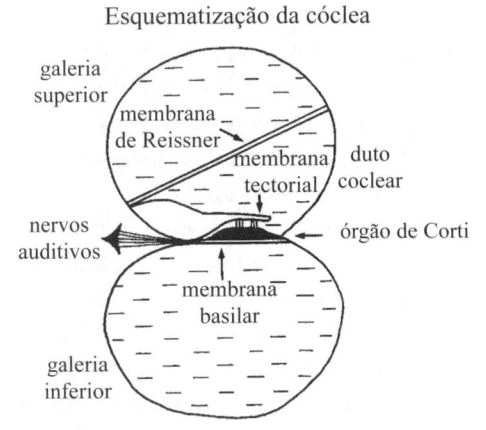

[Cf. Campbell & Greated, "2. Hearing Musical Sounds", p. 50.] © OUP

2.3.2. Movimento da membrana basilar

Quando a membrana basilar é flexionada em decorrência da vibração que adentra o ouvido interno, a membrana tectorial desliza por cima dela, flexionando dessa forma os cílios e fazendo as células nervosas se "incendiarem", ou seja, fazendo que as células nervosas emitam impulsos elétricos. Tais impulsos são captados pelas fibras nervosas circunvizinhas e comunicados por essa via ao cérebro.

O Exemplo 40 expõe-nos de forma estilizada uma representação do movimento da membrana basilar.

Exemplo 40

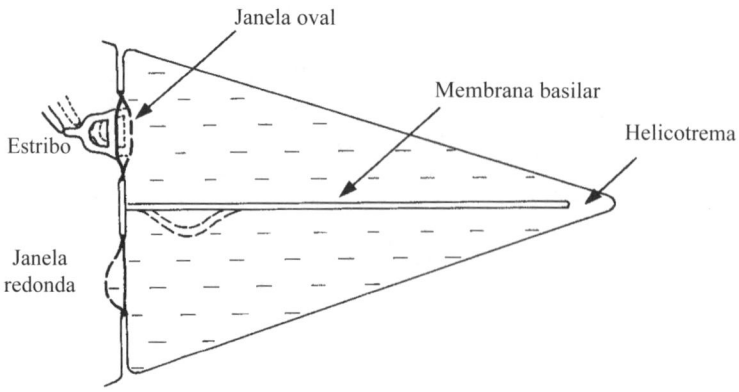

[Cf. Campbell & Greated, "2. Hearing Musical Sounds", p. 51.] © OUP

Georg von Békésy observou em 1960 o que acontece quando escutamos um som puro (senoidal) contínuo, fazendo que o tímpano vibre num movimento harmônico simples: são geradas determinadas saliências que, ao percorrerem a membrana basilar iniciando o trajeto pela janela oval, crescem em dimensão até atingirem um certo ponto culminante, após o qual diminuem e desaparecem rapidamente, como bem ilustra o exemplo seguinte.

A curva gerada por um som senoidal ao longo da membrana assemelha-se, em nível microestrutural, a uma curva de envelope dinâmico do tempo de um som. Na escuta de um som tônico (ou composto), de um som complexo (inarmônico) ou de um ruído, cada componente senoidal do espectro gera um movimento similar a esse na membrana basilar, simultaneamente aos demais, e na "análise combinatória" que o cérebro efetua de todos esses sinais combinados adquire-se a sensação de altura definida periódica ou de inarmonicidade (sons complexos e ruídos). Um processo mais engenhoso, constatemos, que o mais sofisticado dos computadores.

Ilustração de uma onda sonora viajando através
da membrana basilar em sucessivas fases

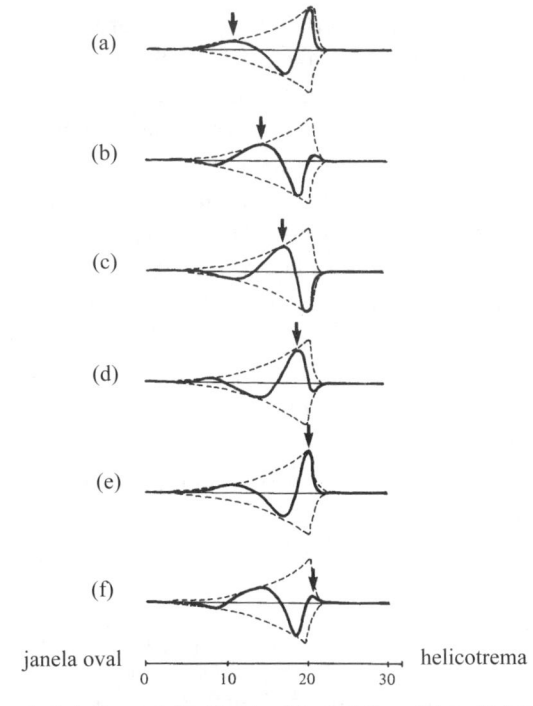

[Cf. Campbell & Greated, "2. Hearing Musical Sounds", p. 52.] © OUP

Considerando um único componente espectral (um som senoidal isolado), podemos compreender como a escuta se comporta para todos os demais e, nesse contexto, perguntamos como a altura de um som senoidal pode ser identificada pelo cérebro. Existem, aí, duas teorias que procuram descrever essa habilidade humana. Ainda que tenham se oposto quando de seu surgimento, na verdade ambas as teorias devem ser vistas como válidas, uma vez que, muito provavelmente, o cérebro se vale de ambas no processo de escuta.

Verifiquemos, pois, como se dá a separação de frequências na membrana basilar.

2.3.3. A teoria da localização das frequências

Toda altura sonora gerará necessariamente um "envelope dinâmico" similar ao representado no Exemplo 41. Experimentos comprovaram, porém, que, quanto mais aguda for a frequência de um som, tanto mais próximo da janela oval situar-se-á a posição do pico desse deslocamento na membrana basilar. Se, ao contrário, a frequência for grave, o pico máximo deslocar-se-á em direção ao helicotrema. Talvez este seja um dos fatores fisiológicos decisivos dos nossos *limites mínimo e máximo de audibilidade frequencial*, os quais em média vão, respectivamente, de 16 ou 20 Hz a cerca de 20 000 Hz – apesar de existir certa controvérsia a respeito desses valores, principalmente no que tange ao limiar mínimo de audibilidade frequencial: Helmholtz afirma que, muito embora sons de 24 a 28 Hz já poderem ser percebidos enquanto alturas definidas, será somente a partir de 40 Hz que o ouvido poderá determinar com clareza a altura das notas; enquanto que, para Pierre Schaeffer, esse patamar se situa por volta de 29 Hz. Já com relação ao limiar máximo de audibilidade frequencial, tem-se que, por mais que possamos, de alguma forma, escutar frequências mais agudas que 20000 Hz (fato que se discute em nossos dias), certamente não podemos fazê-lo com absoluta consciência do fenômeno frequencial: é provável que possamos sentir tais sons superagudos e que por isso eles sejam de grande importância para nossa percepção, mas não poderemos discriminá-los com clareza, em consequência de nossas características fisiológicas.

O Exemplo 42 nos mostra o funcionamento da membrana basilar em resposta a sons de alturas distintas:

Exemplo 42

Localização diferenciada dos picos na membrana basilar de acordo com a frequência (quanto mais aguda for a frequência, tanto mais próximo da janela oval será seu ponto culminante)

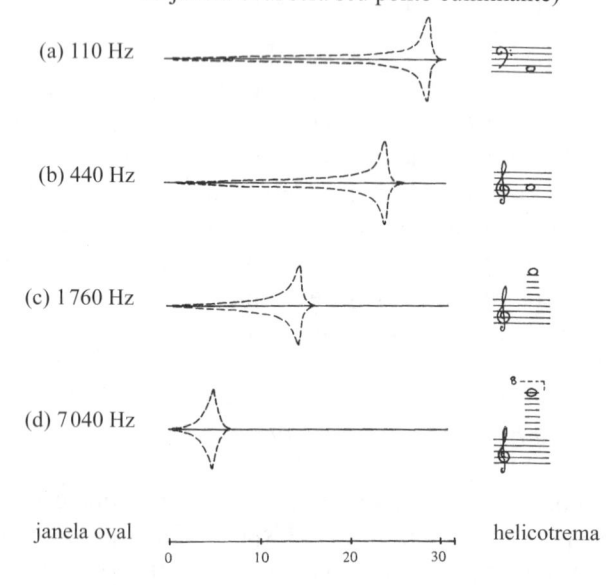

[Cf. Campbell & Greated, "2. Hearing Musical Sounds", p. 53. Baseado em Békésy.] © OUP

Assim sendo, um som puro de alta frequência gera uma onda que percorre uma curta distância por sobre a membrana basilar até atingir seu pico máximo de amplitude, enquanto que um som puro de baixa frequência gera uma onda que percorre quase toda a dimensão de extensão da membrana basilar até o helicotrema para atingir seu pico e, em seguida, se extinguir. Observa-se, no mais, que um som senoidal não excitará somente as células capilares ou ciliadas (cílios) no local do pico de amplitude propriamente dito, mas antes na extensão total de seu "envelope dinâmico".

Exemplo 43

Ilustração esquemática da teoria espacial de reconhecibilidade frequencial

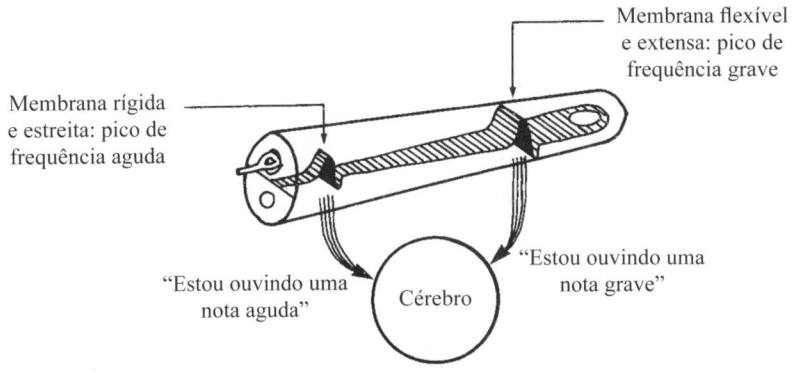

[Cf. Campbell & Greated, "2. Hearing Musical Sounds", p. 54.] © OUP

Em decorrência dessa constatação, tem-se o que se denomina de *teoria da localização* ou *teoria espacial da discriminação de frequências*, uma vez que o cérebro assumiria o papel de discriminação das alturas levando em conta sobretudo o lugar particular da membrana basilar no qual o som a flexiona e no qual incide seu pico máximo, gerando a correspondência entre frequência e dimensão da membrana tal como exposta na página seguinte.

A teoria da localização permite que expliquemos nossa habilidade em distinguir dois sons sucessivos cujas frequências são ligeiramente diferentes, assumindo que o cérebro focalize a atenção ou sobre a parte da membrana basilar na qual se dá o pico (pico do "envelope dinâmico"), ou sobre a parte na qual o sinal está mudando mais nitidamente de posição, em resposta à alteração de frequência. A teoria deixa em aberto, no entanto, algumas questões, quais sejam: como se dá a percepção de sons cujos componentes frequenciais não se resumem ao mecanismo de sua localização; a percepção da altura de certos sons que possuem espectros contínuos, inarmônicos; ou ainda a percepção da altura de sons cuja fundamental situa-se abaixo de 50 Hz.

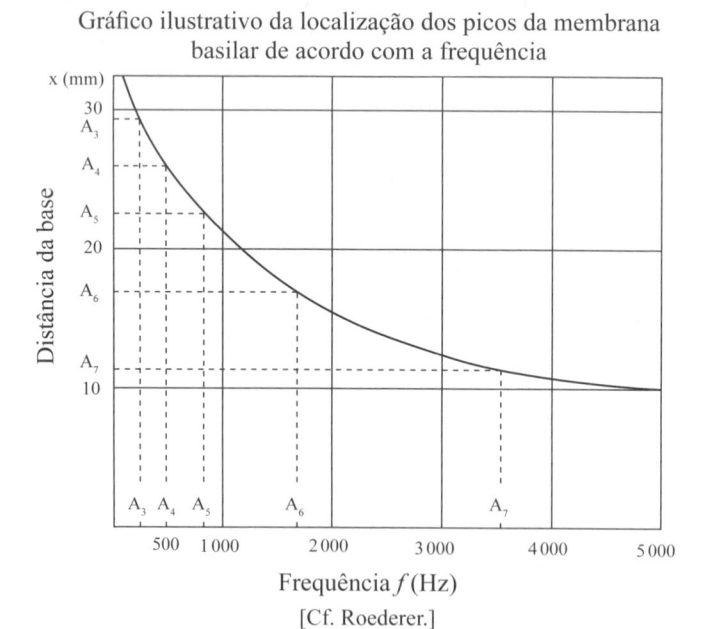

Gráfico ilustrativo da localização dos picos da membrana
basilar de acordo com a frequência

[Cf. Roederer.]

2.3.4. *A teoria temporal de discriminação das frequências*

As células capilares tendem a emitir sinais elétricos quando a membrana está próxima do topo de seu ciclo vibratório. No entanto, como dito acima, isto se revela mais como uma provável tendência do que como um fato incondicional, pois que nem todo ciclo gerado por uma determinada frequência ocasionará impulsos elétricos exatamente nas mesmas células. Experimentos comprovaram que, por vezes, vários ciclos se sucedem sem que seja gerado qualquer sinal em várias das fibras nervosas. Em tais sinais combinados, existe ao menos um sinal elétrico nas células a cada período, e por vezes até mesmo diversos sinais, pontuando o pico de cada ciclo vibratório.

Tais observações sugerem que o cérebro não faça uso somente da localização dos picos das ondas geradas na membrana basilar para discriminar as alturas, mas combine também os sinais provenientes de um largo feixe de fibras nervosas. Dessa forma, a cada pico do ciclo vibratório uma "torrente" de sinais elétricos viaja por sobre tal feixe. A partir de um "relógio" interior, o cérebro pode, segundo essa teoria, estimar o número de torrentes que chegam por segundo e, por consequência, deduzir a frequência do som.

Fizeram-se outras sugestões concernentes à informação temporal processada no cérebro, como, por exemplo, a de que seria possível ao cérebro medir e recordar os intervalos de tempo entre sucessivos pares de sinais

(a)-(e) Impulsos elétricos em 5 fibras nervosas distintas ativadas por um som senoidal cuja vibração é ilustrada em (g); a soma de todos os sinais
em todas as 5 fibras nervosas é dada em (f)

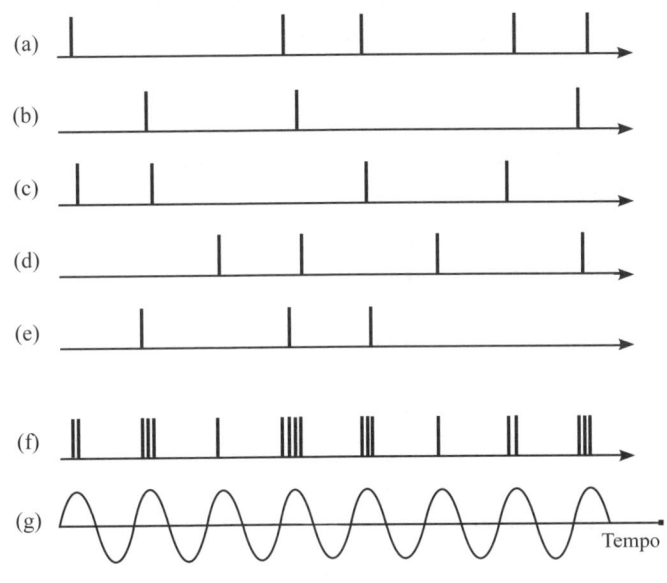

[Cf. Campbell & Greated, "2. Hearing Musical Sounds", p. 56.] © OUP

elétricos em uma mesma fibra nervosa (intervalos estes que ganham a
designação inglesa de *interspike intervals*, ou, abreviadamente, ISIs). Da
análise de um número razoável de ISIs, poder-se-ia deduzir o período (a
frequência) do som.

Ainda que contribua bastante para a compreensão dos nossos mecanismos auditivos de detecção das alturas, esta teoria temporal deixa em aberto,
no entanto, a questão da percepção de alturas nos sons cujas fundamentais
situam-se acima de 5 000 Hz. Qualquer detecção de relações de fase fica,
ao que tudo indica, comprometida acima deste limite, e as alturas de sons
mais agudos que 5 kHz parecem ser apreendidas somente pelo mecanismo
de localização temporal das frequências.

2.3.5. Bandas críticas

Quando dois sons senoidais são bem próximos em frequência, tal
proximidade ocasiona uma considerável sobreposição de seus "envelopes
dinâmicos" na membrana basilar. A partir de tal sobreposição, dizemos
que suas frequências incidem em uma *banda crítica*. Ou seja, se as curvas
geradas por dois sons na membrana basilar estão separadas a ponto de não

incidirem em uma banda crítica, tais sons causam sinais elétricos em duas regiões bem diferenciadas de células nervosas; mas se dois sons incidem sobre uma banda crítica devido ao fato de possuírem frequências aproximadas, eles ocasionam sinais elétricos praticamente nas mesmas células nervosas, concomitantemente. A banda crítica determina, assim, a habilidade do ouvido em discriminar frequências adjacentes.

Exemplo 46

Quando o intervalo entre duas frequências diminui, seus respectivos envelopes de amplitudes se sobrepõem cada vez mais na membrana basilar

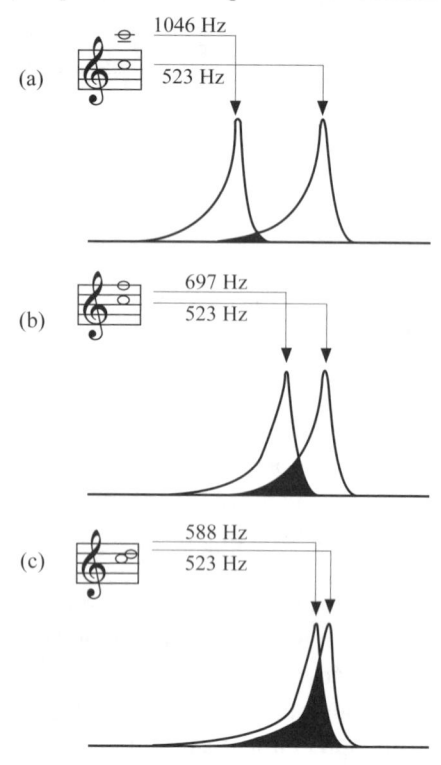

[Cf. Campbell & Greated, "2. Hearing Musical Sounds", p. 58.] © OUP

Observando o Exemplo 46 (cf. Campbell & Greated), vemos que as áreas pretas indicam uma sobreposição de dois envelopes dinâmicos na membrana basilar. Em 46a, devido ao fato de ambos os sons formarem uma oitava, a área sobreposta é pequena, e isto significa que a excitação das células por um dos sons não será praticamente afetada pela presença do outro som, o qual ocasionará sinais elétricos em uma região bem diferenciada na membrana basilar. Se a separação entre as frequências for reduzida, a situação muda: um número significativo de células corresponderá agora a ambos os sinais, tais como no caso do intervalo de quarta do Exemplo 46b. No Exemplo 46c, com uma ainda maior redução do âmbito do intervalo (trata-se agora de uma segunda maior), os envelopes de amplitude de ambas as notas se sobrepõem quase que por completo, resultando em uma forte interação entre os dois sons.

Como sabemos se duas frequências incidem em uma banda crítica, a ponto de sua discriminação pelo cérebro ser dificultada?

Inúmeros experimentos desenvolvidos por cientistas fizeram que se chegasse à elaboração do quadro que se segue, a partir do qual pode-se, através da curva (a), entrever o nível de comprometimento da discriminação frequencial de um dado intervalo musical entre dois sons.

Exemplo 47

(a) Largura de banda crítica da frequência intermediária de um dado intervalo musical; (b) separação mínima de frequência pela qual dois sons senoidais simultâneos podem ainda ser distinguidos um do outro; (c) mudança repentina mínima detectável na frequência de um som senoidal

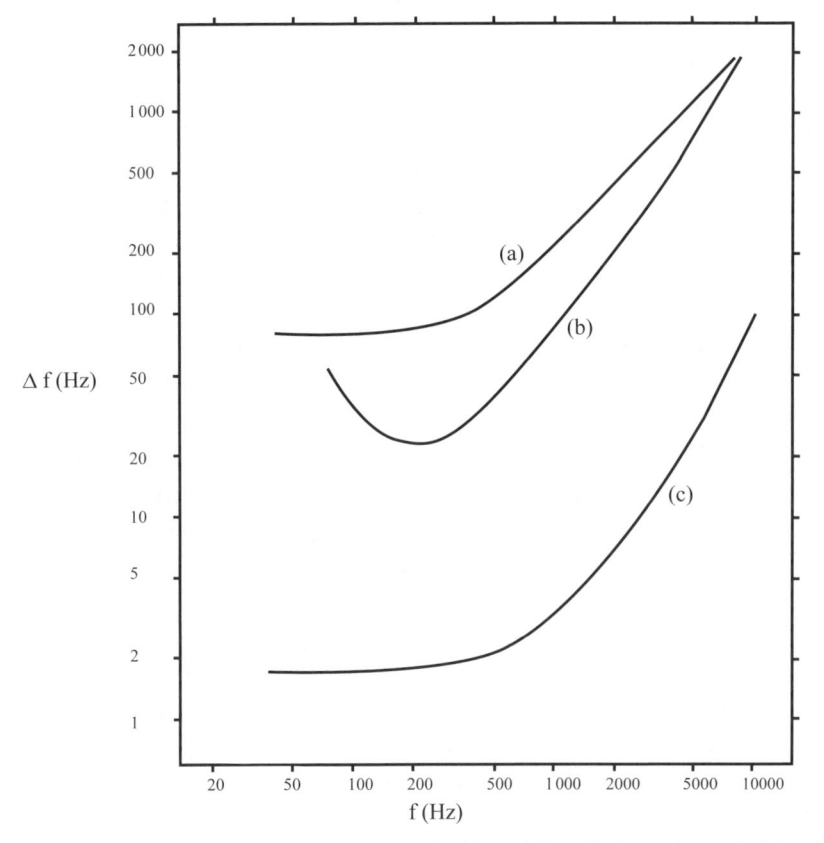

[Cf. Campbell & Greated, "2. Hearing Musical Sounds", p. 59. Baseado em Zwicker (a), Plomp (b) e Nelson (c).] © OUP

Para sabermos se dois sons incidem ou não em uma banda crítica, é preciso antes de mais nada que encontremos a *frequência intermediária* ou *média* de ambos, resultado da soma das duas frequências seguida da divisão por 2. Tendo como base a curva do Exemplo 47a, localizamos essa frequência intermediária no eixo horizontal e obtemos sua projeção correspondente no eixo vertical, verificando a *largura de banda crítica* do intervalo entre as frequências originais na membrana basilar. Em seguida, calculamos a *separação de frequência* entre ambas as frequências, resultante da diferença da frequência mais aguda pela mais grave. Se a separação de frequência for menor que a frequência da largura de banda crítica localizada na curva do Exemplo 47a, ambos os sons incidem em uma banda crítica e são discriminados em frequência com muito mais dificuldade pelo cérebro.

Ilustremos a seguinte operação a partir de nosso Exemplo 46, descrita por Campbell & Greated e bastante ilustrativa:

1) no Exemplo 46a temos 523 Hz e 1046 Hz. A frequência intermediária é de 1/2 (523 + 1046) = 784,5 Hz. A frequência de separação é de 1046 – 523 = 523 Hz. Essa separação é bem maior que a largura de banda crítica da frequência intermediária 784,5 Hz na curva do Exemplo 47a, que é de cerca de 150 Hz. Consequentemente, ambos os sons situam-se bem fora de uma banda crítica;

2) no Exemplo 46b a frequência intermediária é de 610 Hz, e a largura de banda crítica do intervalo é, consequentemente, de cerca de 130 Hz. A separação entre ambas as frequências (523 Hz e 697 Hz) é de 174 Hz, fazendo que ambos os sons situem-se pouco fora de uma banda crítica;

3) já no Exemplo 46c, com uma separação de apenas 65 Hz, ambos os sons (523 Hz e 588 Hz) incidem nitidamente em uma banda crítica, pois a frequência intermediária é de 555,5 Hz, cuja largura de banda crítica é de 110 Hz, maior, pois, que a frequência de separação.

A banda crítica caracteriza-se, pois, por uma maior dificuldade, para nosso discernimento, na individualização dos sons. O cérebro tende a confundir ambas as informações referentes a cada nota como pertencentes a um único som, já que ambos os sinais acústicos "brigam" pelo mesmo feixe de fibras nervosas. Certamente o estudo musical – mais precisamente o estudo da *percepção musical* – auxilia em muito na aquisição dessa capacidade de diferenciação sonora em contextos nos quais certos intervalos incidem em uma banda crítica. Como quer que seja, mesmo para o ouvido mais treinado a escuta de determinados intervalos musicais exige maior destreza, uma vez que esses intervalos podem implicar uma sensação de "aspereza" decorrente do fato de incidirem em uma banda crítica na membrana basilar. Tal é o caso particular das *segundas maiores* e *menores*, e tal fato constitui indubitavelmente um dos fatores pelos quais esses intervalos só foram admitidos simultaneamente na música, de forma mais corriqueira, após alguns séculos de prática musical. Uma breve olhada para a tabela seguinte, na qual são alistados alguns intervalos de segunda menor entre Dó natural e Dó sustenido em diversas oitavas, basta-nos para que constatemos que, independentemente do registro nas alturas em que se situam tais intervalos, *todos*, sem exceção, incidem em uma banda crítica, uma vez que, em cada um dos casos, a frequência de projeção de banda crítica é sempre maior que a frequência de separação:

Exemplo 48

Bandas críticas de intervalos de segunda menor em distintos registros

Nota	Hertz	Frequência intermediária	Frequência de separação	Projeção de banda crítica
$C^\#_6$	1 109			
C_6	1 046	1077	63	cerca de 200
$C^\#_5$	554			
C_5	523	538	31	cerca de 105
$C^\#_4$	277			
C_4	262	269	15	cerca de 85
$C^\#_3$	139			
C_3	131	135	8	cerca de 80
$C^\#_2$	69			
C_2	65	67	4	cerca de 80

No mais, devemos levar ainda em conta que, abaixo de 200 Hz, a habilidade do ouvido em discriminar sons deteriora-se rapidamente, conforme demonstra a curva do Exemplo 47b. Para que percebamos qualquer diferença entre dois sons senoidais simultâneos que se situem nesse âmbito grave e os ouçamos como dois sinais ao invés de um só de altura intermediária, será necessária, em média, uma diferença de, no mínimo, 20 Hz entre as respectivas frequências. Isto se deve ao fato de que a extensão da banda crítica varia com a frequência, representando uma maior percentagem em relação à frequência intermediária de dois sons na região grave, e uma menor percentagem na região aguda. Acima de 440 Hz, a extensão da banda crítica mantém-se mais ou menos constante, correspondente a aproximadamente 1/4 de oitava (ou seja, ao intervalo de terça menor – cerca de 19%). Tal fato explica também o porquê do uso de intervalos maiores em figurações musicais graves (CD 25).

2.3.6. Aspereza, batimentos e som intermediário

Se no caso da escuta de sons compostos (ou tônicos) de altura definida, que contenham parciais harmônicos, a ocorrência de bandas críticas dificulta a percepção das notas componentes de um intervalo de pequenas dimensões, a proximidade em frequência de um determinado intervalo (por exemplo, de segunda menor) pode, no caso da escuta de sons senoidais, resultar na escuta de uma única frequência intermediária (como havíamos observado quando falamos de batimentos).

Em se tratando de sons senoidais, portanto, a sensação de aspereza decorrente da banda crítica situa-se em uma zona frequencial diferenciada daquela em que ambas as frequências que compõem o intervalo passam a ser percebidas como uma única frequência. Essa região corresponde à zona em que a diferença entre as frequências é igual a cerca de 16 Hz ou menor, quando então começamos a ouvir batimentos e deduzimos um único som de frequência intermediária com uma modulação de amplitude que corresponde à diferença entre a frequência mais aguda e a mais grave. Se partirmos então de dois sons senoidais bem separados na membrana basilar e reduzirmos gradualmente a frequência de separação entre ambos, a primeira evidência auditiva de ocorrência de banda crítica será uma sensação de *aspereza* no som resultante, confundindo-os, para, em seguida, tal sensação ceder lugar à percepção de um único som intermediário modulado em amplitude por batimentos (CD 26).

O Exemplo 49 ilustra, quando da escuta de dois sons senoidais, as zonas de passagem (limite de discriminação das frequências) entre a percepção de um único som de altura intermediária, a sensação de aspereza decorrente de bandas críticas e a sensação de suavidade auditiva.

A sensação de aspereza sonora torna-se mais proeminente quando a projeção de banda crítica relativa à frequência intermediária for cerca de quatro vezes maior que a frequência de separação. Nesse ponto, ao mesmo tempo em que um grande número de células em uma mesma região da membrana basilar irá responder aos sinais elétricos de ambos os sons ou àqueles que resultarão da soma das duas vibrações senoidais, a diferença entre ambos os sons começará a ser percebida como batimentos. Ou seja, a maior aspereza se dá na zona limítrofe que separa a percepção do batimento daquela que ainda não o discerne enquanto modulação de amplitude. Com a redução da frequência de separação, a sensação de aspereza diminui até sumir, e os batimentos são percebidos com maior facilidade como pulsos separados do som. Nesse ponto, não somos mais capazes de identificar dois sons porque os envelopes dinâmicos na membrana basilar se sobrepõem de tal maneira que o cérebro reconhecerá apenas um pico máximo a cada período intermediário entre os ciclos dos dois sons originários, ao invés

Exemplo 49

Gráfico ilustrativo das regiões de discriminação dos
intervalos entre duas frequências senoidais

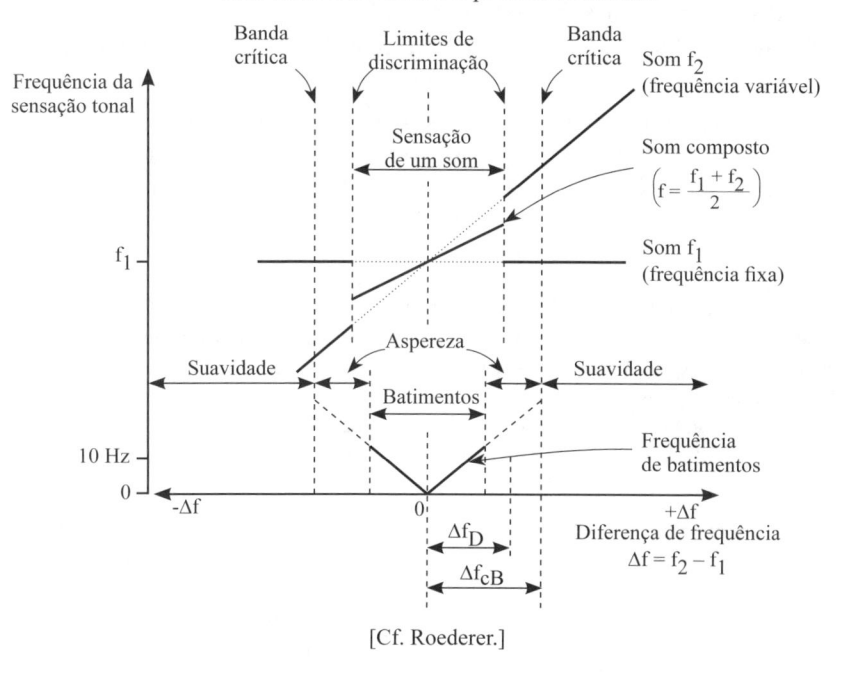

[Cf. Roederer.]

de dois picos separados. Assim sendo, dois sons senoidais de, respectivamente, 65 Hz e 98 Hz serão percebidos como um único som intermediário
de cerca de 82 Hz, apesar de estarem separados pelo intervalo de uma
quinta perfeita:

Exemplo 50

Dois sons senoidais soando juntos gerando
a percepção de um único som intermediário

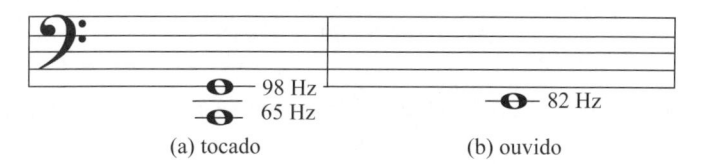

(a) tocado   (b) ouvido

[Cf. Campbell & Greated, "2. Hearing Musical Sounds", p. 61.] © OUP

Esse fenômeno está em evidente contraste com a capacidade em
distinguirmos dois sons tocados diacronicamente, um após o outro. Se a
percepção tende a confundir dois sons simultâneos que tenham frequências

bem aproximadas, por volta de 500 Hz o ouvinte pode, em média, distinguir dois sons *sucessivos* cujas frequências diferenciam-se apenas por 2 Hz, como ilustra a curva do Exemplo 47c (CD 27).

O Exemplo 51 reexpõe a curva do Exemplo 47a (correspondente à largura de banda crítica da frequência intermediária de um dado intervalo), aqui representada pela curva Δf_{CB}, comparando-a com uma outra curva Δf_D (mais abaixo) que ilustra a *diferença* necessária em frequência para que dois sons senoidais sejam discriminados numa determinada região das alturas.

Exemplo 51

Quadro demonstrativo do limite de discriminação de frequência: curva Δf_{CB} = largura de banda crítica (*critical band* – eixo vertical) para a frequência intermediária de um dado intervalo (eixo horizontal); curva Δf_D = distância em Hz necessária (eixo vertical) para a discriminação em frequência de dois sons senoidais simultâneos numa determinada região (eixo horizontal); linhas pontilhadas = distância em Hz necessária (eixo vertical) para os respectivos intervalos em distintas regiões (eixo horizontal)

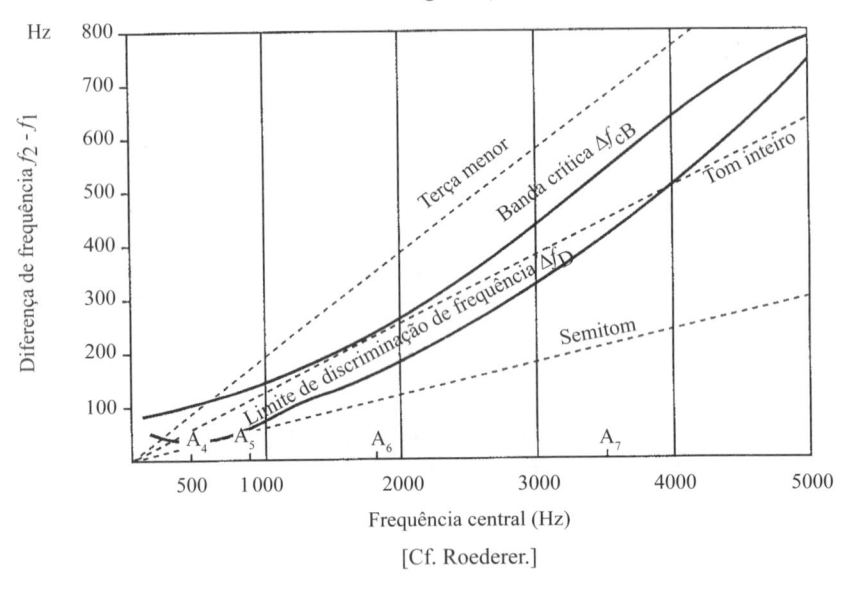

[Cf. Roederer.]

Por exemplo: na região de 3 000 Hz, será necessário que um som senoidal seja cerca de 310 Hz mais agudo que o outro para que seja distinguido deste outro quando ambos são tocados simultaneamente; numa região mais aguda, por volta de 5000 Hz, esta diferença sobe para mais de 700 Hz; enquanto que numa região mais grave, de cerca de 500 Hz, basta que ambos os sons se distanciem em cerca de 40 Hz. Três linhas pontilhadas ilustram quais as diferenças em Hz, conforme o registro das alturas, para a constituição dos intervalos de terça menor, segunda maior (tom inteiro) e segunda menor (semitom). Na região de 5000 Hz, por exemplo, serão necessários cerca de 300 Hz de diferença entre ambos os sons para que se constitua uma segunda menor (fato que se confirma com o semitom entre o Mi bemol 4978 Hz e Mi natural 5274 Hz, cuja diferença é de 296 Hz), enquanto que a mesma diferença ocasionará uma terça menor na região de mais ou menos 1500 Hz (como, por exemplo, entre o Fá# 1480 Hz e o Lá natural 1760 Hz, cuja distância é de 280 Hz).

Notamos, contudo, que, em se tratando de sons senoidais, por vezes um intervalo se situa aquém da diferença mínima em frequência para que ambos os sons sejam percebidos se tocados simultaneamente naquele âmbito específico das alturas (naquele *registro*), como no caso do semitom, o qual só poderá ser ouvido na região que vai de cerca de 500 Hz a 1000 Hz, onde sua curva coincide com a curva da diferença limítrofe de discriminação do intervalo. Em regiões bem agudas, acima de 4000 Hz, até mesmo o tom inteiro não será mais percebido. Os demais intervalos implicam já distâncias maiores em ciclos por segundo, de forma que sua audibilidade não fica comprometida já mesmo acima de 100 Hz (CD 28).

2.4. Sons Criados pelo Próprio Ouvido

Toda a trajetória que o som realiza desde sua chegada no ouvido externo até seu entendimento pelo cérebro pode ser resumida pelas seguintes etapas básicas:

1) as ondas sonoras chegam ao ouvido externo, causando flutuações de pressão que fazem o tímpano vibrar;
2) esse fenômeno ocasiona movimentos nos ossículos do ouvido médio, fazendo que a janela oval vibre na entrada do ouvido interno;
3) a vibração resultante no fluido da cóclea gera uma onda que se desloca por sobre a membrana basilar;
4) a oscilação na membrana basilar faz que células de fibras nervosas (cílios) emitam sinais elétricos, transmitindo a informação ao cérebro, que os interpreta.

Assim como um som senoidal, puro, não pode ser ouvido em sua integridade absoluta, sofrendo pequenas alterações quer seja da membrana de um alto-falante, quer seja do próprio mecanismo de nosso ouvido, qualquer som que nos atinja sofre, em certa medida, alguma *distorção* em nosso próprio órgão auditivo, sendo adicionado de certos componentes que, em princípio e a rigor, não estavam e não estão presentes na própria onda sonora externa original. Esses elementos sonoros são acrescentados pelo próprio mecanismo de nossa audição, ou seja, pelo ouvido humano. Em suma: a distorção da forma da onda (principalmente em amplitudes elevadas) em nosso ouvido tem como efeito a introdução de componentes harmônicos na onda resultante que não estavam presentes no sinal original.

Em geral, o nível de distorção do ouvido é tão ínfimo que tais sons adicionais não são consideráveis, mas em determinadas circunstâncias eles poderão ser percebidos como alturas distintas, e, nesses casos, merecem nossa atenção particular.

2.4.1. Sons de combinação

Quando dois ou mais sons senoidais são ouvidos simultaneamente, um importante tipo de distorção no ouvido ocasiona a aparição, na percepção sonora resultante, de sons adicionais àqueles que, de fato, estão ocorrendo. Tais sons "fictícios", ou, melhor, subjetivos, desaparecem se um dos sons originais cessa de ser gerado e, consequentemente, ouvido. Importante e corrente fenômeno na prática musical, tais distorções são designadas, genericamente, por *sons de combinação* – uma vez que são fruto da combinação dos sons existentes e, mais especificamente, da *diferença entre suas frequências* – e dividem-se em *sons diferenciais simples* e *sons diferenciais cúbicos*.

Ainda que Helmholtz tenha afirmado que, sob certas condições, os sons de combinação podem ser medidos objetivamente, não devendo ser somente considerados como fenômeno exclusivamente subjetivo, ele mesmo afirmara que o próprio mecanismo interno do ouvido produziria tais sons diferenciais no ato da escuta de sons puros agudos e fortes. Mesmo que a ocorrência de eventuais distorções na atmosfera, decorrente da interação entre dois sons, possa ser noticiada em circunstâncias específicas e marginais, os sons de combinação são tidos como essencialmente *subjetivos*, decorrentes da percepção humana, ainda que condicionados, obviamente, por dados sonoros objetivos.

2.4.1.1. O som diferencial simples

Se ouvirmos dois sons senoidais com frequências f_1 e f_2 (supondo-se que f_2 é maior que f_1), há quem afirme que ouviremos um som de combinação com frequência $f_1 + f_2$ (definido como *som da soma*), ao mesmo tempo em que, indubitavelmente, ouviremos um som de combinação com frequência $f_2 - f_1$ (chamado de *som da diferença* ou *som diferencial simples*), como já bem definira, em 1862, Helmholtz. A percepção real dos sons de soma, descobertos pelo próprio Helmholtz, é até hoje objeto de controvérsias entre os cientistas acústicos, e é de toda forma bastante improvável que estes tenham qualquer significado relevante em nossa prática musical. Já o *som diferencial simples*, no entanto, faz-se bem evidente e adquire importância inelutável, uma vez que demonstra-se claramente audível em diversas circunstâncias de nossa prática musical, seja instrumental, seja eletroacústica. E tal constatação já é de longa data, uma vez que esse fenômeno subjetivo (ou transubjetivo, por ser comum a todos nós) fora relevado no século XVIII pelo violinista, compositor e teórico italiano Giuseppe Tartini, que em 1714 definiu o som diferencial simples como o *terzo suono* ("terceiro som"), derivado dos outros dois que de fato estão sendo emitidos, e, um pouco mais tarde, pelo organista alemão Georg Andreas Sorge (em 1740).

De toda forma, o som diferencial simples será audível apenas se os sons originais forem suficientemente fortes e separados um do outro por não muito mais que um intervalo de quinta. Ele será tanto mais evidente quanto mais os sons originais forem de frequência elevada, uma vez que o som diferencial pode ocorrer várias oitavas abaixo dos sons que o criaram e, no caso de os dois sons que se combinam não se situarem em um registro suficientemente agudo, incidir em uma região abaixo de nosso limite de audibilidade frequencial (portanto abaixo de cerca de 20 Hz).

Exemplo 52

Sons diferenciais simples (notas pretas) gerados por dois sons senoidais

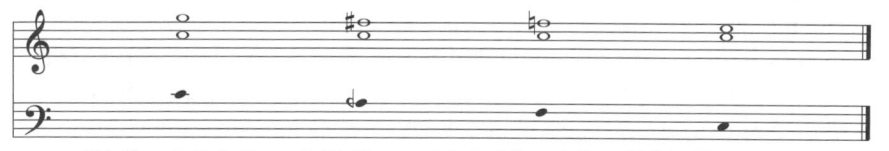

[Cf. Campbell & Greated, "2. Hearing Musical Sounds", p. 65.] © OUP (CD 29)

2.4.1.2. O som diferencial cúbico

Como pudemos observar, se aproximarmos duas frequências, suas diferenças diminuirão e, consequentemente, ocasionarão a percepção de sons diferenciais simples cada vez mais graves, portanto *descendentes*. Entretanto, um outro tipo de som diferencial será também percebido por nós nas mesmas circunstâncias, os quais, ao invés de serem descendentes, serão *ascendentes*. E isto porque a frequência deste tipo de som diferencial é deduzida subjetivamente como sendo o resultado de $2f_1 - f_2$, em que f_1 é novamente menor que f_2. Ou seja, produzimos em nosso intelecto a sensação de *oitavação* do som mais grave – como que privilegiando um 2º harmônico do espectro de um som tônico cuja fundamental ou 1º harmônico contivesse a frequência da nota mais grave – e efetuamos a diferença entre a frequência desta oitava superior da nota mais grave e a frequência mais aguda. Tais sons são denominados *sons diferenciais cúbicos*, ainda que esta denominação provenha de algum acaso, e são tão perceptíveis quanto os sons diferenciais simples.

Exemplo 53

Sons diferenciais cúbicos (notas pretas) gerados por dois sons senoidais

[Cf. Campbell & Greated, "2. Hearing Musical Sounds", p. 65.] © OUP (CD 30)

Comparando, pois, ambos os tipos de sons diferenciais, enquanto que a frequência do som diferencial simples cai quando o intervalo entre os sons originais diminui, a do som diferencial cúbico sobe. Por outro lado, enquanto que o som diferencial simples torna-se claramente perceptível apenas no caso de os sons senoidais que lhe dão origem serem suficientemente fortes, o som diferencial cúbico é já audível quando os sons originais são de baixa intensidade. E isto mesmo se a dedução do som diferencial cúbico se revela como um fruto de um "cálculo" bem mais engenhoso por parte de nosso mecanismo perceptivo do que no caso do som diferencial simples. Consequentemente, em muitas passagens da literatura musical, o som diferencial cúbico apresenta-se como a única distorção significativa proveniente da combinação entre os sons existentes.

Nesse sentido, será fundamental observar que, se esse fenômeno se dá com a simultaneidade de dois sons senoidais, ele não se ausenta de modo algum do contexto sonoro que se apoia em sons tônicos ou compostos. Os componentes senoidais que compõem um contexto menos "puro" continuam a exercer influência em nosso mecanismo auditivo e perceptivo, de forma que a percepção de sons diferenciais, sobretudo dos cúbicos, adquire grande relevância nos contextos musicais (CD 31).

Uma vez que os sons diferenciais se situam em regiões mais graves do que a dos próprios sons que os geram, as alturas mais graves de um dado contexto sonoro podem mascará-los, e em muitos contextos musicais os sons de combinação podem não ser tão proeminentes, apesar de um ouvido treinado ser capaz de identificá-los, como bem afirmara Helmholtz.

A discussão acerca de nossas capacidades dedutivas na audição de frequências suplementares às que de fato ocorrem em um determinado contexto sonoro ainda se encontra em plena fase de desenvolvimento. Recentemente, por exemplo, muito tem-se falado a respeito de um outro som diferencial, que seria o resultado de $3f_1 - 2f_2$, ou seja, da diferença em frequência entre o que seria o 3° harmônico do som mais grave e o 2° harmônico do mais agudo. O Exemplo 54 ilustra a relação desses três tipos de sons diferenciais.

Linhas cheias = regiões mais facilmente detectáveis de sons diferenciais como resultantes de dois sons senoidais simultâneos (f_1 = fixo; f_2 = variável)

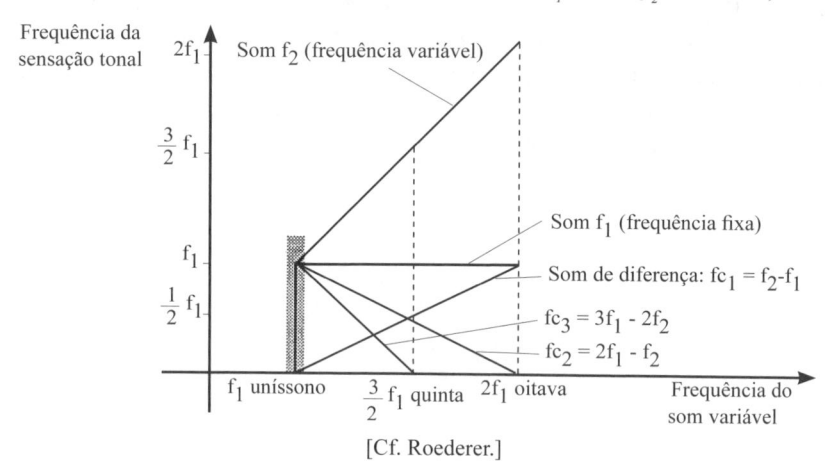

[Cf. Roederer.]

Vemos que, se a frequência de um som permanece estável (som f_1) enquanto a de um outro torna-se cada vez mais aguda, variando em altura de modo ascendente (som f_2), o som diferencial simples se comporta, no que tange ao registro das alturas, de modo inverso ao som diferencial cúbico e àquele resultado da equação $3f_1 - 2f_2$. Como podemos observar através dos Exemplos 52, 53 e 54, quando o som mais agudo situa-se uma *quinta* acima do som mais grave, os sons diferenciais simples e cúbico coincidem, reforçando a *oitava* inferior da nota mais grave, motivo, entre outros, pelo qual o intervalo de quinta demonstra-se de tão alto grau de polaridade da nota superior em relação à inferior: a nota inferior é fortemente *polarizada*. Os sons diferenciais abrem, constatemos, um interessante caminho para o estudo da "cardinalidade" (termo de Edmond Costère) ou, em outros termos, da potencialidade de *polarização* dos intervalos, agora sob o prisma da emergência dos sons de combinação.

2.4.2. *Harmônicos aurais*

Por muitos anos acreditou-se que, independentemente do fato de que dois sons possam ser ouvidos simultaneamente, um único som senoidal de forte intensidade seria já suficiente para que toda uma série de *harmônicos aurais* fosse gerada no ouvido, alguns dos quais de amplitude tão significativa quanto a do som original. Experimentos mais recentes demonstraram, contudo, que, apesar de o ouvido poder introduzir tais distorções, estes "acréscimos" são de um nível de intensidade tão baixo em comparação com o som original que acabam por não adquirir qualquer significado.

Em geral, trata-se de um mal-entendido com relação aos distintos sons diferenciais aos quais nos referimos mais acima, e essa crença em *harmônicos aurais*, hoje já ultrapassada, assemelha-se àquela outra, igualmente superada, que dizia respeito a uma suposta *série harmônica invertida*, gerada em sentido *descendente* por uma determinada frequência fundamental. Felizmente a acústica e a composição eletroacústica dispõe, hoje, de meios tecnológicos suficientes para uma compreensão mais realista desses importantes fenômenos sonoros.

3. ATRIBUTOS (PARÂMETROS) BÁSICOS DO OBJETO SONORO

3.1. Quantos Parâmetros Possui o Som?

Quando se consolidou a notação ou escrita musical, na Idade Média, a música encontrou a via de sua demarcação em relação à notação da linguagem verbal, através de uma especificidade da representação gráfica de seus elementos fundamentais. Enquanto que a linguagem verbal era, na esmagadora maioria das línguas, expressa por uma grafia (o alfabeto) que dava conta das diferenças sonoras essencialmente tímbricas, em letras que correspondiam, por convenção, ora às *consoantes*, ora às *vogais* – oposição binária de base constitutiva do sistema fonológico de todas as línguas do mundo, qual seja: a oposição entre, respectivamente, os *ruídos* e os *sons de altura definida* –, a notação da música centrava questão justamente nos elementos *prosódicos* (entonação, inflexão verbal) da linguagem, os quais não se encontravam representados pela grafia do verbo – a não ser de forma rudimentar (deduzidos sobretudo do contexto semântico do texto escrito) –, e que constituem, no plano da expressão verbal, elementos apenas subsidiários da significação linguística. Assim é que tanto a *altura* dos sons quanto suas *durações* constituíram os elementos nos quais consistiu, primeiramente, a notação musical mais primitiva.

Foi esse nascimento da *escrita musical*, eminentemente prosódica, que proporcionou o impulso para a evolução histórica das técnicas musicais que caracterizam a música ocidental e que podem ser designadas por *escritura musical*: procedimentos composicionais específicos que se distinguem da mera representação gráfica dos sons por intermédio da notação (*escrita*) musical. Ainda fazendo outro paralelo da música com a linguagem verbal, poderíamos dizer que a *escrita* está para a *fonética* (estudo da mera articulação dos sons da língua), assim como a *escritura* está para a *fonologia* (estudo sistêmico da função dos sons de uma determinada língua).

A partir de então, dá-se início a uma cada vez maior especificidade dos distintos aspectos do som pelas vias de sua notação gráfica, tais como altura e duração e, bem posteriormente, intensidade. O som, que a rigor é uma *totalidade de aspectos*, passa a ser suscetível de uma fragmentação ou de uma *decomposição* em *parâmetros* ou *atributos* distintos, aspectos estes que serão justamente "postos de forma conjunta" – do latim *componere* (= pôr junto) – por aquilo que passa a ser designado, com bastante pertinência, por *composição musical* propriamente dita. Ou seja, para haver *composição* é preciso que haja antes *decomposição* dos sons, processo este historicamente garantido ao compositor pela própria notação musical, e que o compositor eletroacústico, desprovido em geral de notação, necessita recuperar num esforço duplo, decompondo o som em estúdio (processos de análise) para em seguida recompô-lo (processos de síntese); em música eletroacústica, seria mais apropriado falarmos de *recomposição musical*.

Certamente a acústica, ciência bem mais nova que a música e que teve início praticamente no século XVII (com Joseph Saveur, considerado como o pai da acústica moderna), se influenciou pela própria forma de pensar o som no cerne da composição musical. Nesse sentido, qualquer bom tratado de acústica aborda o som de acordo com seus *parâmetros* ou *atributos* isolados, ainda que em boa parte inter-relacionados entre si, quais sejam: a *altura*, a *intensidade* e o *timbre*. Sobre a *duração*, a acústica se limita, em geral, a comentários esporádicos inseridos na discussão dos demais tópicos, deixando o campo de investigação às elaborações de cunho eminentemente musical, e isto o faz com certa razão, pois não são assim tantos elementos a serem discutidos ou medidos pela "óptica da acústica" com relação às durações. Mas se dizemos que o faz com "certa" razão, é porque será pertinente abrirmos um espaço de discussão específico para o fenômeno da percepção do tempo do som, que, como revelou a composição eletroacústica ao final da década de 1950, estabelece, por exemplo, curiosos paralelos com a percepção frequencial, como teremos então a oportunidade de verificar.

Por ora, entretanto, podemos nos perguntar: quantos *parâmetros* constituem, a rigor, o som? Quais são os aspectos ou *atributos* do som? Tradicional e convencionalmente, não haverá muitas dúvidas: a grande maioria das pessoas dirá, em conformidade com a abordagem acústica mais corrente, que o som é constituído, basicamente, por sua *altura*, sua *intensidade*, sua *duração* e seu *timbre*.

O fato de o timbre ter sido, historicamente, o único dentre os pretensos aspectos constitutivos do som a sintomaticamente não ter sido devidamente representado pela notação ou escrita musical é índice, contudo, de que tal asserção não é de todo correta ou que ela é, no mínimo, contestável.

Ao contrário do que vemos nos livros de acústica, afirmamos que o som possui como parâmetros específicos a *altura*, a *intensidade* e a *duração*, e que *o timbre não constitui um parâmetro do som*, mas consiste antes na *resultante dos demais parâmetros inter-relacionados entre si*. E mais: os parâmetros distintos do som estão inseridos tanto no nível macroscópico do som, com relação à sua globalidade, quanto em sua estruturação microscópica. Serão, em síntese, as alturas dos parciais, suas amplitudes, suas durações e suas respectivas evoluções no tempo (seus comportamentos dinâmicos, diretamente associados à evolução no tempo de suas amplitudes) que, juntas, constituem aquilo que designamos por *timbre* resultante de um determinado som.

A bem da verdade, só há sentido em detectarmos os atributos individuais que caracterizam o som, numa atitude de alta abstração e "compartimentalização" da totalidade de aspectos que efetivamente constitui os sons que ouvimos a nosso redor, se considerarmos as constituições extremas do universo sonoro, do som mais puro, senoidal – isolado e produzido em laboratório –, enquanto elemento último (ou, melhor, primeiro) do universo sonoro, ao mais "impuro" ou complexo dos sons. Chegaremos à conclusão, então, que no som senoidal, como bem apontara Schaeffer, *inexiste timbre* (o timbre é anulado pela extrema simplicidade do espectro, reduzido a seu último elemento potencialmente constitutivo – ou seja, pelo fato de inexistir aí qualquer *espectro*), assim como, no polo oposto, temos uma anulação da noção de timbre, por excesso de componentes espectrais, no chamado ruído branco, mistura de todos os sons.

Dessa maneira, a noção de *timbre* será vista muito mais como aspecto *constituído* pelos e *resultante* dos demais atributos sonoros do que como aspecto *constituinte* do som, e como tal só poderá ser aplicada aos sons que não são nem puros, nem complexos ao extremo. O timbre é, assim, acima de tudo um elemento *composto*, e não, como em geral se tem como certo, um elemento *componente* do som. [Em francês, tal distinção seria de fácil descrição: o timbre seria um *composé* (composto), e não um *composant* (componente).]

De toda forma, em que pese esta sua distinção essencial com relação aos atributos ou parâmetros sonoros propriamente ditos, e em que pese a inevitável e inelutável inter-relação entre esses distintos parâmetros, falarmos de *timbre* significa falarmos da forma como se constitui um dado espectro sonoro, seja ele composto, complexo ou constitua ele um ruído (com exceção do ruído branco), e é nesse sentido que, pelo viés desse conceito, diferenciamos, em última instância, um espectro do outro: cada som que não seja nem senoidal, nem um ruído branco, organiza-se de modo específico no que tange à sua constituição espectral. Ou seja, será, em última análise, o timbre que o diferirá de um outro som de espectro composto, complexo ou ruidoso.

Por tal razão, cada um desses elementos – *altura, intensidade, duração* e, finalmente, *timbre* – merece um capítulo à parte, pois que não apenas os componentes ou atributos básicos constituintes do som (a altura, a intensidade e a duração) merecem, do ponto de vista acústico-musical, atenção especial, mas também a resultante da inter-relação entre esses componentes (o timbre). Por tal viés é que se pode e se deve entender o timbre não como parâmetro do *som*, mas antes da *composição musical*.

3.2. A Altura

3.2.1. *O porquê da supremacia da altura sonora*

Dentre todos os atributos do som, a percepção frequencial, designada geralmente por *altura*, é indubitavelmente o mais fundamental. Há quem conteste tal constatação em defesa da pulsação rítmica (periódica) – fenômeno diretamente relacionado à *duração* dos sons –, que logo identificam como o elemento mais primitivo e genuíno das práticas musicais, além do fator mais próximo de fenômenos sonoros periódicos naturais, tais como nosso batimento cardíaco, nossa respiração etc. Mas mesmo que a relevância da organização rítmica dos sons seja incontestável e indubitavelmente superior às possibilidades de estruturação musical das intensidades, é igualmente indiscutível que a altura revela-se como a característica mais pregnante na percepção dos sons.

E isso devido a vários fatores. Primeiramente, a percepção da altura sonora é a que mais resiste a uma fragmentação do som em ínfima parte. Ou seja, se formos reduzindo um som em sua duração, até isolarmos um pequeno fragmento de apenas 10 milissegundos de duração, seu timbre (resultante) será totalmente irreconhecível, sua duração ou sua intensidade pouco decifrável, mas sua altura ainda permanecerá plenamente reconhecível. Como bem demonstrara Pierre Schaeffer em seu *Solfejo do Objeto Sonoro*, a altura é a qualidade que melhor resiste à atomização do som, ao contrário do timbre, que se demonstra o primeiro aspecto a ser deteriorado quanto mais se encurta a duração do som (justamente por ser um aspecto resultante dos demais e depender, assim, de uma clara percepção das intensidades, da evolução dinâmica dos parciais e das durações dos componentes espectrais) (CD 32).

Em segundo lugar, dentre todos os atributos, a altura revela-se como o mais suscetível de *hierarquização* entre seus distintos valores, ou seja, como o parâmetro mais apropriado a uma avaliação *cardinal* – para falarmos novamente com Schaeffer –, a uma estruturação por escalas, gamas, séries etc. Em geral, poderíamos dizer que o ouvido tende a perceber nitidamente 7 regiões de frequências, 7 âmbitos de duração e 7 níveis dinâmicos (sobre os quais teremos oportunidade de falar mais tarde). Mas ainda que possamos escutar inúmeras distinções de nuanças em intensidades ou em valores rítmicos e que as possibilidades de estruturação musical a partir dessas nuanças tenham grande relevância, a *consciência* plena da percepção dessas distintas gradações com relação às alturas é inegavelmente muito maior do que em relação aos demais atributos do som. Em se tratando de intensidades e de valores rítmicos, o ouvido terá grandes dificuldades para o efetivo discernimento das mínimas diferenças entre os distintos valores, enquanto que, em termos frequenciais, qualquer mínima alteração será imediatamente detectada mesmo pela escuta mais desatenta ou pouco treinada.

Não foi em vão que as principais mudanças estilísticas e as aquisições técnicas mais fundamentais da história da música tiveram sua origem na organização prioritária das alturas (dos intervalos musicais e de suas funções), como ocorrera até mesmo no século XX com o sistema serial (cuja forma inicial se deu com o sistema dodecafônico, no qual as alturas eram organizadas em uma série discreta dos 12 sons do sistema temperado ocidental, e cuja generalização aos demais parâmetros sonoros só se deu em fase bem posterior a seu advento). Daí a supremacia da dimensão *harmônica* do som, se entendermos por *harmonia* a estruturação dos intervalos e das frequências em sua mais ampla acepção, englobando desde sua noção mais tradicional enquanto ciência da concatenação dos acordes quanto as noções mais atuais (e que se referem aos mais arcaicos significados da noção mesma de *harmonia*) enquanto propensão ou proporção intervalar das linhas melódicas, ou ainda ao próprio conteúdo espectral de um som (à sua *composição harmônica, espectral*). É justamente devido a este potencial que distingue as alturas dos demais atributos do som que todo um capítulo especial será destinado à organização das afinações e escalas ao término deste livro.

Em terceiro lugar, a percepção de uma certa frequência fundamental é tão resistente e determinante na percepção dos sons tônicos (ou compostos) que ela pode se fazer presente mesmo quando o sinal acústico, físico, a ela correspondente se fizer ausente em um determinado contexto. Tal é o caso da percepção de uma dada fundamental ausente do espectro pelo simples fato de seus harmônicos parciais, de fato fisicamente presentes, estarem em relação de número inteiro entre si, reportando-se a uma suposta frequência fundamental geradora do espectro. O mesmo fenômeno dedutivo do mecanismo da escuta se dá, como vimos, na percepção dos sons diferenciais.

Em quarto lugar, foi predominantemente sob o prisma da organização das alturas que a evolução dos instrumentos centrou questão. Desse ponto de vista, é notória qual a aquisição de maior relevância da maioria dos instrumentos tradicionais no que diz respeito à sua técnica de escritura na composição: referimo-nos, aqui, à expansão da tessitura dos instrumentos, ou seja, a um crescente detalhamento frequencial e a uma expansão notável das inflexões das alturas.

Em quinto lugar, até mesmo os sons complexos (ou misturas) e os ruídos (com exceção do ruído branco, em que parciais são onipresentes por toda a gama de audibilidade frequencial humana) são claramente "localizáveis" no registro das alturas, qualidade esta que Schaeffer bem designou por *massa complexa* e que se caracteriza por uma certa *espessura*, correspondente à banda de frequência ocupada pelo espectro. Se com relação aos sons tônicos podemos falar de uma *fusão tônica* (para Schaeffer, *"massa" tônica*) devido ao *timbre harmônico* da referida nota, nem por isso deixamos de detectar uma "altura" ou localização no domínio das alturas no caso da escuta de sons de altura indefinida, os quais de toda forma cobrem, como dissemos, uma determinada *banda de frequência* e que, por isso, são mais agudos ou mais graves, ou mais ou menos espessos que outras misturas ou outros ruídos. Por vezes, um som deveras ruidoso é facilmente associável à percepção de uma altura sonora, em que pesem toda a sua saturação e sua constituição essencialmente aperiódica. A percepção da altura não se restringe, portanto, à percepção de uma certa periodicidade, pessupostamente imprescindível para a percepção frequencial, mas infiltra-se igualmente na escuta dos sons aperiódicos.

E, por fim, teremos que reconhecer que, mesmo em se tratando de estruturas rítmicas, estamos defronte de fenômenos vibratórios e, em primeira ou última instância, eminentemente *frequenciais* – como teremos a oportunidade de verificar quando abordarmos o atributo da duração do som pelo prisma da teoria da *unidade do tempo musical*, tal como elaborada por Karlheinz Stockhausen. A rigor, como veremos, todo ritmo é uma frequência muito lenta, e toda frequência, um ritmo muito rápido. Mas como a noção mesma de *frequência* está diretamente relacionada à *vibração* da onda sonora, também sob este ângulo a consideração acerca do fenômeno das alturas demonstra-se como mais importante.

3.2.2. A natureza subjetiva da altura

O curioso é que, apesar de sua supremacia frente aos demais parâmetros do som, a altura nem por isso é menos *subjetiva* do que as demais sensações sonoras. Enquanto resposta de um indivíduo a um tipo particular de vibração sonora, a percepção da altura é algo que se dá no sujeito e de forma essencialmente *subjetiva*. Nada garante que dois indivíduos respondam exatamente da mesma forma ao mesmo estímulo ou sinal sonoro. E tal relatividade estende-se até mesmo aos nossos dois ouvidos: mesmo quando um som puro de frequência e amplitude fixas é apresentado de modo alternado aos ouvidos esquerdo e direito de uma mesma pessoa, a sensação de altura em ambos os ouvidos pode variar em até meio-tom! Em suma: cada pessoa e até mesmo cada ouvido possui sua própria sensação de altura. Se no caso da percepção do mesmo sinal simultaneamente pelos dois ouvidos o cérebro deduz a percepção de uma única frequência, resolvendo o conflito existente em potencial em nosso próprio sistema fisiológico de audição, a relação do que percebemos com outras experiências auditivas da nossa percepção e sua correlação com a exposição factual por parte de outras pessoas fazem que se institua um consenso entre os homens acerca daquilo que presumivelmente ouvem em comum, de sorte que podemos falar, quase que de forma indiscutível, da percepção das "mesmas" frequências, das "mesmas" notas.

3.2.3. A relação entre a altura e a frequência

O fato de associarmos diretamente as *frequências* às *alturas* sonoras não significa que ambas as coisas sejam idênticas. A frequência está relacionada à *incidência vibratória no tempo*, enquanto que a altura relaciona-se muito mais com a *localização espacial* dessa mesma percepção num registro sonoro em que as relações periódicas não conseguem mais ser discriminadas de modo consciente por nosso entendimento ou juízo auditivo, sendo amalgamadas numa única sensação de um som, *grosso modo*, grave, médio ou agudo. As diferenças entre frequência e altura sonora explicitam-se à medida que nossa investigação sobre tais noções aumenta: mudanças de uma determinada ordem em frequência não correspondem às mesmas mudanças na percepção das alturas. A percepção em relação às frequências é *logarítmica*, geométrica, enquanto que a dos intervalos ou notas musicais (das alturas) corresponde a mudanças perceptivas *lineares*, aritméticas.

Observando as *proporções* entre as frequências, defrontamo-nos com uma homogeneidade por toda a zona de audibilidade frequencial humana: tem-se sempre a mesma razão para o mesmo intervalo musical. A oitava, por exemplo, terá como fator a razão *2:1* ou *1:2*, independentemente de sua localização nas alturas. À progressão aritmética dos intervalos musicais, os quais se somam de forma linear à medida que se deslocam ao agudo, corresponde, contudo, uma progressão geométrica do número de

Relação entre alturas e frequências

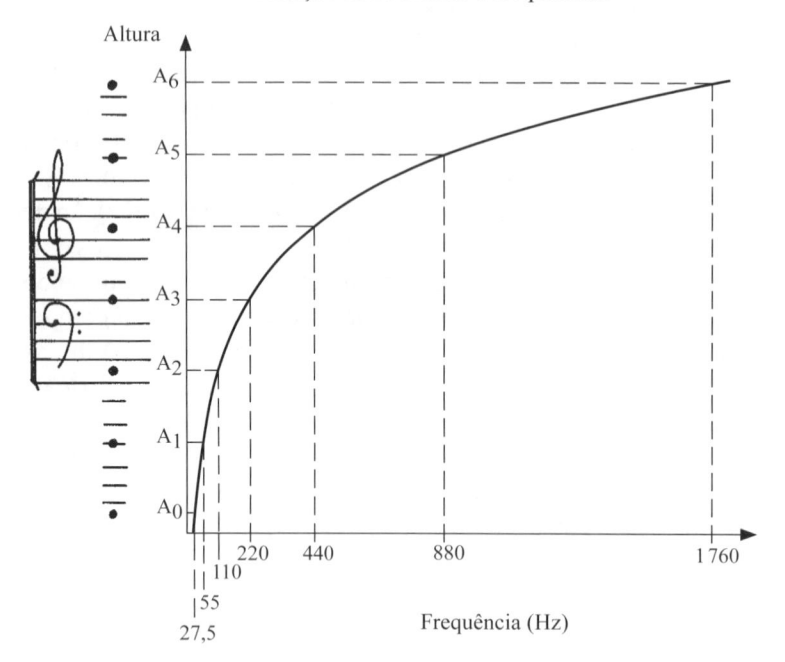

[Cf. Campbell & Greated, "3. Anatomy of a Musical Note", p. 75.] © OUP

vibrações por segundo dos respectivos componentes do intervalo. Ou seja, quando *adicionamos* dois intervalos, precisamos *multiplicar* suas razões de frequência.

Assim sendo, o intervalo de oitava entre, por exemplo, 50 Hz e 100 Hz é musicalmente *o mesmo* do intervalo entre 500 Hz e 1 000 Hz, pois sua razão é idêntica (*2:1*), mas a diferença em frequência entre ambos os componentes do intervalo em ambas as regiões das alturas é gritante: no intervalo mais grave, a diferença é de apenas 50 Hz, enquanto que no intervalo mais agudo tal diferença é de 500 Hz (ou seja, dez vezes mais que o intervalo mais grave). Em suma: quanto mais agudo se situar um determinado intervalo musical no registro das alturas, tanto maior será a diferença em Hz entre as duas notas que o compõem, e vice-versa.

Visto sob um ângulo diverso, o problema revela outra característica fundamental dessa relação: uma mesma diferença em frequência entre duas notas numa determinada região das alturas corresponderá a um intervalo bem maior em uma região mais grave e a um outro bem menor em uma região mais aguda. Ilustremos esse fato: a diferença de cerca de 262 Hz entre o C_4 (de 261,62 Hz) e o C_5 (de 523,25 Hz), que nessa região constitui o intervalo de *oitava*, corresponderá, por exemplo, ao intervalo de *três oitavas e uma segunda maior* se transposta a partir do C_1 (de 32,70 Hz), já que 262 Hz acima desse C_1 resultará na frequência de 294,7 Hz e incidirá praticamente na nota D_4 (de 293,66 Hz). Inversamente, a diferença de menos de 2 Hz entre o C_1 de 32,70 Hz e o $C^{\#}_1$ de 34,64 Hz, e que nessa região grave das frequências resulta já num intervalo de semitom, será irrisória, por exemplo, na região do C_7 (de 2093 Hz), onde serão precisos quase 125 Hz a mais para que atinjamos o $C^{\#}_7$ (de 2217,46 Hz). Nessa altura (C_7), o acréscimo de 2 Hz significará um desvio, ao agudo, de menos de *2 cents*, ou seja, implicará uma diferença imperceptível se ambos os sons forem executados um após o outro, e perceptível somente na forma de batimentos de 2 Hz caso ambos soem simultaneamente (CD 33).

3.2.4. O cálculo da dimensão dos intervalos

Intervalos iguais entre notas correspondem, pois, sempre às mesmas *razões* de frequência, independentemente dos valores absolutos de altura e frequência, ou seja, independentemente da sua localização no registro das alturas.

A *oitava* corresponde sempre a *f* x *2* (onde *f* = frequência), ou simplesmente *2f*. Usando-se potências, pode-se dizer que *2* = *2¹*; que *2* x *2* = *2²*; que *2* x *2* x *2* = *2³* etc. Dessa forma, cada acréscimo linear no número de oitavas corresponde ao dobro da *potência de 2* em termos da razão do intervalo resultante. A potência de 2 correspondente a um certo número é chamada de *logaritmo (na base 2)* desse número. Por exemplo, *8* = *2* x *2* x *2* = *2³*; portanto, *3* é o *logaritmo (de base 2) de 8*, e tal relação pode ser descrita como: $log_2(8)$. A partir da tabela do Exemplo 56, observa-se que a dimensão de um intervalo é proporcional não à razão de frequência (f_2/f_1), mas sim ao *logaritmo* da razão de suas frequências:

Exemplo 56

Razão de frequência de múltiplos intervalos de *oitava*

Intervalo musical	Razão entre as frequências f_2/f_1	Potência de 2 correspondente a f_2/f_1 = $log_2(f_2/f_1)$
1 oitava	2	1
2 oitavas	4	2
3 oitavas	8	3
4 oitavas	16	4

Como veremos mais tarde, considera-se o semitom temperado como um intervalo dividido por *100 cents* – medida que foi introduzida, para cálculo, como a centésima parte do menor intervalo do temperamento igual. Na medida em que a razão de um intervalo, em termos logarítmicos, é log_2 $(f_2$ $/f_1$ $)$, e na medida em que uma única oitava contém 1 200 cents, podemos deduzir quantos cents contém um dado intervalo pela equação:

$$1\,200 \; log_2 \left(\frac{f_2}{f_1}\right)$$

Do ponto de vista matemático, entretanto, um método mais sofisticado que o acima apontado fornece-nos o logaritmo de qualquer número. Normalmente, logaritmos *na base 10* (escritos log_{10}) são empregados para isso. Na medida em que o log_2 de qualquer número é obtido do log_{10} correspondente simplesmente multiplicando-o por *3,322*, é-nos fácil reescrever essa fórmula para podermos calcular intervalos de altura nos termos dos logaritmos na base 10. Assim é que temos a seguinte equação:

intervalo (em *cents*)

$$= 1200 \; log_2 \left(\frac{f_2}{f_1}\right) = 1200 \times 3{,}322 \; log_{10} \left(\frac{f_2}{f_1}\right) = 3986 \; log_{10} \left(\frac{f_2}{f_1}\right)$$

A partir daí, podemos antecipar nossa abordagem detalhada sobre as afinações e escalas históricas e descrever, sumariamente, a dimensão em *cents* de certos intervalos:

Exemplo 57

Razões de frequência e intervalos musicais em *cents*

Intervalo musical	f_2/f_1	Dimensão do intervalo em *cents*
terça menor pitagórica	32/27 = 1,1851	294
terça menor temperada	1,189	300
terça menor justa	6/5 = 1,2	316
terça maior justa	5/4 = 1,25	386
terça maior temperada	1,26	400
terça maior pitagórica	81/64 = 1,265625	408
quarta pitagórica ou justa	4/3 = 1,333	498
quarta temperada	1,335	500
quinta temperada	1,498	700
quinta pitagórica ou justa	3/2 = 1,5	702
oitava	2	1 200

Em que pesem todas as diferenças históricas, geográficas e culturais na formação das escalas e das afinações, é curioso o fato de que a unidade básica de tais escalonamentos é, independentemente das civilizações musicais a que nos referimos, o intervalo de *oitava*. Duas alturas separadas por um intervalo de oitava são reconhecidas pela maioria das pessoas do globo como possuindo uma forte similaridade, independentemente de seus hábitos culturais.

3.2.5. A relação entre a altura e a amplitude

Se é pertinente pontuarmos as diferenças entre noções distintas, ainda que estreitamente relacionadas umas às outras, como no caso das frequências e das alturas, é igualmente necessário nos apercebermos da *interdependência* entre aspectos distintos do som, tidos presumivelmente como independentes uns dos outros. Nesse sentido, a íntima correlação entre a *altura* e a *amplitude* (a *intensidade* do som) é uma das provas mais cabais de que toda "decomposição" do som deve ser relativizada e a imagem do som como uma *totalidade de aspectos* deve sempre ser evocada, ainda que não se devam perder de vista as especificidades de cada dimensão sonora específica.

A observação de uma nota emitida pelos instrumentos de metal, como no caso de um trompete, pode ser bastante elucidativa: como bem apontaram as experiências levadas a cabo principalmente pelo compositor Jean-Claude Risset na década de 1960 (quando envolto com o programa de síntese por computador *Music V*, desenvolvido naquela época por Max Mathews nos Bell Laboratories dos EUA), a forma de onda de um som de trompete, se executado pianíssimo, assemelha-se a uma curva senoidal, mas, conforme a amplitude da nota aumenta, o som torna-se cada vez mais brilhante, aumentando a energia espectral, incorporando outros parciais em seu espectro e ocasionando uma significativa alteração da forma de onda resultante, a qual distancia-se cada vez mais da onda senoidal. O período, no entanto, permanece constante, não havendo, em princípio, qualquer alteração da altura do som propriamente dita (CD 34).

Ao que tudo indica, portanto, a altura parece inalterada enquanto não forem alterados os comprimentos de onda relativos às repetições dos ciclos periódicos. Na realidade, porém, a altura também será ligeiramente afetada pelas alterações em amplitude e na forma da onda, pois que da mesma forma que não há sons estritamente periódicos (com exceção de certos tipos de sons sintéticos, gerados por meios eletrônicos, como havíamos realçado ao início de nossa exposição), não há total estabilidade frequencial em sons que não sejam gerados eletronicamente, e as alterações de amplitude facilitam a emergência de oscilações da frequência da nota emitida. Por razões de

Uma mesma nota de trompete medida em três níveis distintos de dinâmica:
nota-se que os períodos não sofrem alteração (não havendo, portanto,
alteração de frequência), mas tão somente da forma de
onda e, consequentemente, do timbre percebido

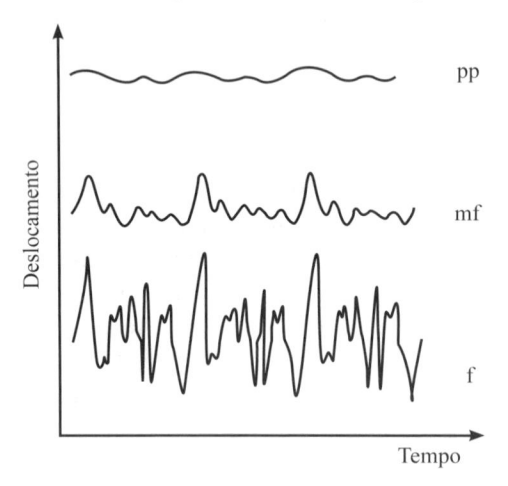

[Cf. Campbell & Greated, "3.Anatomy of a Musical Note", p. 74.] © OUP

praticidade, no entanto, assume-se que uma frequência fixa corresponde sempre a uma altura definida e praticamente invariável.

Como quer que seja, a *percepção* subjetiva da altura de um som de frequência fixa depende, em certa medida, diretamente de sua amplitude, independentemente da variabilidade efetiva do sinal acústico. A magnitude e até mesmo a direção desse efeito (se o som varia em direção ao grave ou ao agudo) podem variar de pessoa para pessoa. Se um grupo de pessoas, dotadas de condições normais e iguais de escuta, ouve um som puro de frequência de 440 Hz, certas pessoas irão escutar a frequência desse som subir quando sua intensidade aumentar, enquanto que outras irão sentir que a mesma frequência decai. Varia muito de pessoa para pessoa o quanto a percepção da altura depende da amplitude, mas em geral tem-se a seguinte constatação: a altura de um som de baixa frequência (a altura de um som grave) parece cair ainda mais quando sua amplitude aumenta; alturas por volta do C_8 (4 186 Hz) parecem ser as que mais independem de variações em amplitude; e somente acima do G_8 de quase 6272 Hz – ou seja, em uma região já bem aguda – a altura parece subir ainda mais com o aumento de amplitude.

Essa variação na percepção da altura conforme a variação de amplitude está, todavia, intimamente ligada à escuta do *som senoidal*. Quanto mais elementos espectrais contiver o som tônico, tanto maior será sua estabi-

(a) Um som senoidal de 98 Hz (G_2) *ppp*; quando sua intensidade sobe a *fff*, sua altura aparente pode decair abaixo do E_2; (b), (c) e (d) ilustram a correspondente variação de altura percebida com variação de dinâmica em frequências de 196 Hz, 392 Hz e 784 Hz, respectivamente

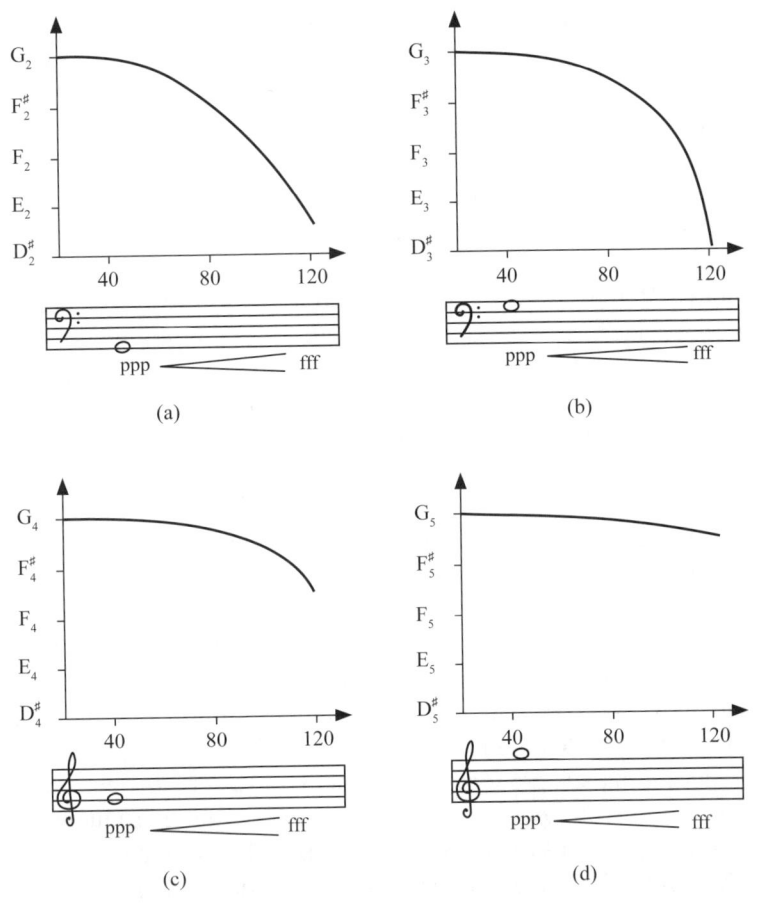

(a) (b)

(c) (d)

[Cf. Campbell & Greated, "3. Anatomy of a Musical Note", p. 80.] © OUP (CD 35)

lidade frequencial, como é o caso do som do oboé, cuja estabilidade na emissão faz que se torne a referência para a afinação orquestral antes de um concerto sinfônico. Em se tratando, portanto, de sons não-senoidais de altura definida (sons tônicos ou compostos), a variação de amplitude não chega, em geral, a alterar a percepção da altura. Nos contextos musicais, nos quais predominam os sons tônicos, a dependência da percepção da altura em relação à variação das amplitudes é praticamente nula, fato que possibilitou uma estruturação cada vez mais independente das intensidades enquanto parâmetro mais ou menos autônomo da composição ou, ao menos, uma maior liberdade na articulação das dinâmicas, sem risco para a percepção das notas.

Ao contrário do que se pode eventualmente supor, os sons dos instrumentos variam de modo considerável em sua composição espectral conforme o registro das notas. Diversos instrumentos emitem sons quase--senoidais nos registros agudos – como, por exemplo, a flauta –, região na qual os instrumentos possuem, em geral, menos energia na emissão sonora, fato este corroborado pela condição fisiológica de nosso mecanismo auditivo pela proximidade das frequências com relação ao limite superior de audibilidade frequencial humana. Ou seja, mesmo no caso de certos instrumentos emitirem grande quantidade de harmônicos em regiões agudas, tais frequências ultrapassam nosso poder de discernimento frequencial, e nossa própria escuta tenderá a perceber esses sons como bem próximos do som senoidal. Porém, como vimos acima, o efeito da alteração da percepção de altura em relação à variação de amplitude em regiões agudas é, mesmo em se tratando de sons senoidais, felizmente bem menor do que em regiões graves, onde de toda forma os sons tônicos contêm, de modo geral, uma quantidade razoável de energia espectral (de sons senoidais componentes de seu espectro harmônico), tornando-se bem mais estáveis e menos suscetíveis às variações desse tipo. Para as práticas da música instrumental, portanto, tal efeito é insignificante, independentemente da região em que se encontra a frequência fundamental do som tônico em questão.

Um caso bem ilustrativo deste fenômeno e que ao mesmo tempo inspira cuidados em nossa prática musical cotidiana é, entretanto, o do uso do diapasão: emitindo um som quase-senoidal em região média (contendo, como sabemos, 440 Hz), muitas pessoas ouvem a altura do A_4 cair quando aproxima o diapasão do ouvido e ouvem a altura subir quando o distanciam. Assim sendo, será mais prudente ouvir o diapasão a certa distância mínima de nosso ouvido e em intensidade média (nunca exagerada), para que tenhamos uma noção mais realista do Lá 440 Hz, sob o risco de, do contrário, emitirmos um Lá desafinado, mais grave do que desejamos emitir.

3.2.6. A percepção individualizada dos harmônicos de um som tônico

Como dito anteriormente, o som do trompete é enriquecido de harmônicos agudos com o aumento da amplitude. Uma intensidade mais forte na emissão sonora ocasiona a emergência de outras tantas alturas senoidais componentes do espectro sonoro, mas tais alturas não são percebidas de forma individualizada. O aumento de amplitude altera, nesse caso, a percepção do *timbre* resultante, enquanto somatório da energia espectral, não da altura do som propriamente dita. Assim sendo, o som tônico torna-se cada vez mais "brilhante" ou mais "estridente", mas nem por isso mais "agudo".

Essa variabilidade tímbrica que caracteriza os sons dos instrumentos de metal varia em proporção de acordo com a qualidade corpórea do instrumento. No caso, por exemplo, do trombone, o qual está igualmente sujeito à mesma alteração qualitativa na percepção de seus sons quando alterados em intensidade, o espectro sonoro demonstra-se já bem rico mesmo no caso de uma emissão que não ultrapasse uma dinâmica *mf.*

Ao contrário de um som complexo (ou mistura), no qual os parciais não se encontram numa relação de número inteiro entre suas frequências, o som tônico (ou composto) é percebido, pois, como uma única coisa, produto de um amálgama coeso de parciais harmônicos em relação de número inteiro entre si. Mas nesse contexto podemos nos perguntar: seria possível uma escuta discriminada dos harmônicos de um som tônico, da mesma forma como intuitivamente o fazemos com as misturas sonoras?

Embora o ouvido deduza da escuta de todos os componentes senoidais um *único* som de altura definida, é possível, dependendo da circunstância, escutar separadamente sons senoidais a partir do espectro harmônico de sons compostos. Mais precisamente: podemos enfocar nossa escuta num tal ou qual parcial harmônico quando as circunstâncias favorecem esse isolamento perceptivo. Se a frequência de um harmônico nos é dada à escuta anteriormente, o harmônico correspondente, presente na composição espectral de um som tônico, pode ser percebido com maior clareza logo após a emissão da nota fundamental dentro da qual se situa.

Exemplo 60

Exercício de distinção individual de harmônicos de um som composto ao piano: quando, em cada bloco, as frequências relativas às notas brancas da clave de Sol forem emitidas ou as próprias notas forem tocadas de antemão no piano, elas serão ouvidas a seguir como componentes senoidais (notas pretas) do espectro da fundamental C_3 (na clave de Fá)

[Cf. Campbell & Greated, "3. Anatomy of a Musical Note", p. 82.] © OUP (CD 36)

Nosso exercício limitou-se, como podemos notar, aos primeiros harmônicos do espectro. A habilidade em distinguir sons puros como componentes de sons compostos varia de pessoa para pessoa e segundo as condições às quais se submete a escuta, mas, como quer que seja, vários experimentos comprovaram que um harmônico que seja superior ao oitavo componente da série harmônica natural de um som tônico somente poderá ser discernido pela maioria das pessoas – quando consegue sê-lo – após um considerável esforço intelectual. Essa dificuldade pode ser explicada pela teoria das bandas críticas: se dois harmônicos incidem em uma mesma banda crítica, eles acabam por gerar sinais elétricos na mesma região da membrana basilar, dificultando sua clara distinção.

Exemplo 61

Variação da largura de banda crítica conforme a altura da nota

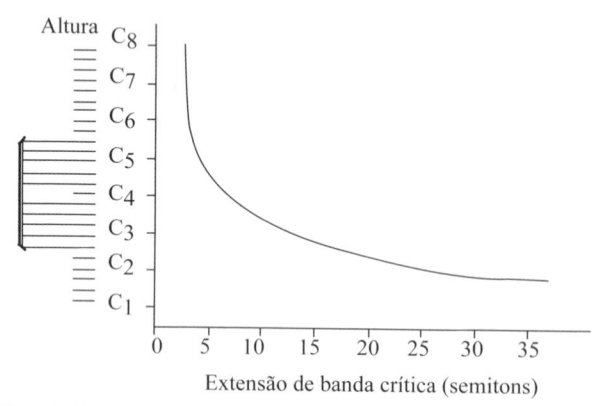

[Cf. Campbell & Greated, "3. Anatomy of a Musical Note", p. 83.] © OUP

O Exemplo 61 é, na realidade, uma reprodução da curva do Exemplo 47a não mais em termos de frequência, mas em termos de altura (de notas musicais). Acima de C_5, a largura de banda crítica é de mais ou menos 3 semitons (equivalentes, aqui, a cerca de 200 Hz, conforme o Exemplo 47a). Quando a altura torna-se mais grave, essa largura aumenta consideravelmente, mesmo que sua correspondência em Hz não seja tão afetada: mantendo-se quase constante por volta de 80 Hz, essa mesma frequência resultará, como vimos, em um intervalo musical cada vez maior quanto mais a região das alturas torna-se grave. E isso a ponto de a largura ou extensão de banda crítica de uma frequência média na região do C_2 (de 65,4 Hz) – que será, pois, de cerca de 80 Hz – chegar a ser de cerca de duas oitavas (cobrindo a extensão que vai, aproximadamente, do G_0 de 24,5 Hz ao G_2 de 98 Hz, se considerarmos cerca de 40 Hz abaixo e acima dos nossos 65,4 Hz de referência). Dessa forma, a distinção de sons senoidais abaixo do C_2 é dificultada, já que os sons incidem em uma mesma banda crítica – perto do ápice da cóclea (helicotrema).

Curiosa e paradoxalmente, entretanto, a distinção dos harmônicos agudos de um som composto demonstra-se mais problemática do que a dos sons graves, devido à própria constituição da série harmônica, já que sua propagação aponta para uma crescente diminuição dos intervalos entre os harmônicos, ocasionando uma paulatina sobreposição das bandas críticas a partir de uma certa região aguda, como bem ilustra o Exemplo 62.

Exemplo 62

Os primeiros 12 harmônicos do C_3, ilustrados como círculos pretos; as barras verticais ilustram a largura de banda crítica para cada frequência da série harmônica

[Cf. Campbell & Greated, "3. Anatomy of a Musical Note", p. 84.] © OUP

Ou seja: por mais que a largura de banda crítica seja mais pronunciada quanto mais grave for a região da frequência, os primeiros harmônicos de um som tônico podem ser facilmente detectados pela escuta, pois a distância que os separa compensa a largura das respectivas bandas críticas. A partir do 7º harmônico, porém, inicia-se uma certa sobreposição da largura de banda crítica na membrana basilar, e o cérebro terá maiores dificuldades em isolar, no processo de escuta, a percepção consciente e individualizada de cada componente senoidal. Portanto, bem tinha razão Helmholtz quando afirmava que os parciais superiores de um espectro são percebidos de forma sintética, ainda que possam ser, mesmo eles, objetos de uma percepção analítica através de uma atenção dirigida da escuta treinada.

Talvez este fenômeno possa explicar, em certa medida, o papel importante que desempenhou o acorde de *dominante com sétima menor* na estabilização histórica do sistema tonal, enquanto seu principal arquétipo harmônico. Esta aglomeração vertical, como um produto da ressonância dos primeiros 7 parciais de um som tônico, demarca a zona de "nitidez" da escuta na clara distinção dos harmônicos. É como se o "ouvido das civilizações" (um "ouvido" comum às práticas musicais), na história, tivesse acompanhado suas capacidades fisiológicas de discriminação até o ponto mais crucial de discernimento dos parciais harmônicos de um som tônico para edificar em sistema seus elementos estruturais de articulação harmônica. A partir do 7º harmônico, a incorporação das demais notas nos aglomerados harmônicos implicaria um confronto com a percepção tonal e inequívoca dos contextos harmônicos, o que se daria apenas quando as civilizações – ou ao menos a parte musicalmente mais evoluída delas – atingisse um tal grau de desenvolvimento perceptivo que a escuta pudesse adentrar as zonas mais complexas da ressonância harmônica: referimo-nos, aqui, à saturação do sistema tonal e ao advento da música dita "contemporânea" a partir do último Mahler, de Schoenberg, Stravinsky e outros.

3.2.7. *A percepção da altura fundamental de um som tônico:* fusão, rastreamento de fundamental *e* modelo harmônico

Quando o ouvido interno escuta um som tônico ou composto, ele efetua intuitivamente uma espécie de "análise" das frequências de seus parciais. Em tal processo, como vimos, são enviados ao cérebro sinais distintos relativos aos 7 ou 8 primeiros harmônicos, sendo que os demais conglomeram-se de forma mais densa. O cérebro recebe, no que tange aos harmônicos superiores, sinais das partes da membrana basilar que correspondem ao "montante" dos harmônicos superiores, e não mais a cada harmônico em separado.

Exemplo 63

Diagrama esquemático ilustrando os sinais enviados ao cérebro quando a membrana basilar está vibrando em resposta a um som contendo muitos harmônicos

janela oval — helicotrema

sinal combinado dos harmônicos superiores não individualizados

sinais individuais para cada harmônico, resultando um pico distinto de amplitude

[Cf. Campbell & Greated, "3. Anatomy of a Musical Note", p. 84.] © OUP

Na prática corrente de nossa escuta musical, não percebemos, entretanto, a presença individualizada dos primeiros harmônicos. A importância de que se revestem esses harmônicos iniciais se dá sobretudo no plano da intuição, ainda que eles sejam favorecidos pelas condições fisiológicas de seus envelopes dinâmicos na membrana basilar e que possam, eventualmente, ser efetivamente discriminados por uma escuta mais atenta. Deduzimos de todos os harmônicos, isto sim, a altura determinada de *um* único som, correspondente à frequência de um parcial fundamental. A altura percebida proveniente da percepção dos harmônicos é, pois, essencialmente a da fundamental (1º harmônico) da série harmônica em questão. A tal processo dá-se o nome de *fusão*.

A percepção da altura de uma fundamental resiste ao fato de ela estar ou não, efetivamente, presente no sinal acústico. Se ouvirmos um som contendo, por exemplo, os 6 primeiros harmônicos, deduzimos a frequência de sua fundamental; se suprimirmos os 5 harmônicos acima da fundamental (do 2º ao 6º harmônico), continuamos ouvindo a mesma altura como um som senoidal puro; mas mesmo se suprimirmos apenas a fundamental e continuarmos ouvindo os harmônicos restantes, ainda assim a sensação de frequência permanecerá inalterada. Dessa forma, efetua-se um *rastreamento da fundamental* com relação ao espectro que se faz objeto da escuta. Ou seja, continuaremos a ouvir a *mesma* fundamental, ainda que com ligeira alteração de timbre (com um timbre mais "nasalado", decorrente da supressão da fundamental), mesmo em sua ausência. Diz-se, nesse caso, que a fundamental é *oculta*. É o que nos mostra o Exemplo 64:

Exemplo 64

(a) 6 harmônicos (notas pretas) se fundem (por *fusão*) na percepção de uma única altura C_3 (nota branca); (b) quando todos os harmônicos são eliminados, exceto o primeiro, a sensação de altura é inalterada; (c) quando apenas o primeiro harmônico é eliminado, ainda assim percebe-se a altura fundamental C_3, ainda que com timbre mais "nasalado"

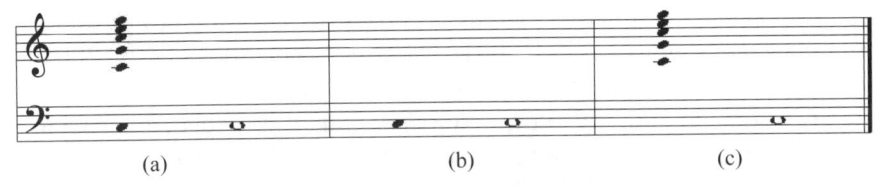

(a)　　　　　(b)　　　　　(c)

[Cf. Campbell & Greated, "3. Anatomy of a Musical Note", p. 85.] © OUP (CD 37)

Na série harmônica, a diferença em frequência entre dois sons senoidais adjacentes é, em geral, constante e sempre igual à frequência da fundamental geradora. Assim sendo, cada par de harmônicos sucessivos reforça a percepção da própria fundamental, ainda que, no caso da escuta de fortes harmônicos muito agudos, façam-se presentes distorções no ouvido que podem, ocasionalmente, resultar na percepção de uma *fundamental subjetiva*, fruto em grande parte de possíveis sons diferenciais resultantes da própria relação entre os parciais superiores no interior do próprio espectro.

Como quer que seja, um aglomerado de sons senoidais somente resulta na percepção de um som de altura definida e inequívoca se estes parciais fizerem parte de uma série harmônica ou se suas proporções forem muito próximas à dos membros de uma série harmônica. Se tais elementos não forem "harmonicamente" correlatos, ou seja, se suas proporções não estiverem calcadas em número inteiro, cada som relativo a cada parcial será ouvido separadamente, perdendo-se a sensação de altura definida associada a esse som composto: nesse caso não se tem *fusão* e se dá então a percepção de uma *mistura* ou, em outros termos, de um *som complexo, inarmônico*.

Exemplo 65

Cada par de harmônicos gera o som diferencial simples C_3, correspondente à frequência da fundamental do Exemplo 64a

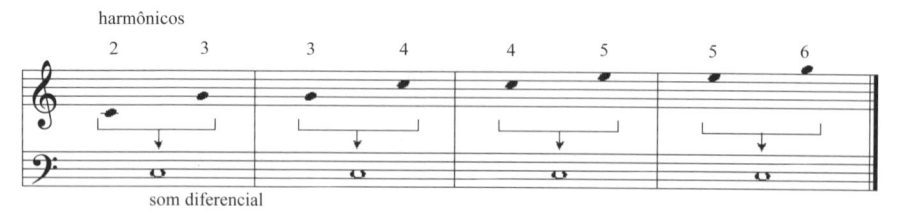

[Cf. Campbell & Greated, "3. Anatomy of a Musical Note", p. 86.] © OUP

Importantes experimentos foram realizados a partir da década de 1950 (mais precisamente a partir de 1956, pelo físico acústico De Boer, reproduzidos por Campbell & Greated) acerca da percepção das alturas: executando a diversas pessoas um espectro cuja diferença entre os harmônicos adjacentes era de 200 Hz, na ordem 600, 800, 1 000, 1200 e 1400 Hz, todas essas pessoas ouviram como fundamental, como era de esperar, o som de 200 Hz. Elevando *aritmeticamente* essas frequências em 80 Hz – resultando, portanto, na ordem: 680, 880, 1080, 1280 e 1480 Hz, e conservando-se, assim, a diferença de 200 Hz entre os parciais –, os ouvintes continuavam a ouvir o conjunto do espectro como sendo um som de altura definida, muito embora os parciais já não pertencessem a uma série harmônica (na razão de números inteiros), uma vez que nenhuma fundamental poderia gerar esses harmônicos com tal diferença frequencial entre eles. A sensação relativa à percepção de uma fundamental foi conservada, pois, devido à *regularidade* da diferença em frequência entre os parciais adjacentes assim como à *proximidade* a um *modelo harmônico*, neste caso o de uma fundamental de 200 Hz. Em consequência da elevação aritmética, por igual, de todas as frequências dos parciais, a maioria dos ouvintes elevou, porém, o som percebido da fundamental subjetiva para

220 Hz. Ou seja, fez-se intuitivamente uma espécie de "compromisso" entre a diferença em frequência entre os parciais adjacentes, que remetiam a uma frequência fundamental de 200 Hz, e a elevação aritmética a que se submeteu cada parcial.

Exemplo 66

(a) Uma série de harmônicos (notas pretas) de frequências a 600, 800, 1 000, 1200 e 1400 Hz é percebida como contendo uma fundamental a 200 Hz (nota branca); (b) quando cada componente é acrescido aritmeticamente de 80 Hz, a série já não é mais *harmônica*; o cérebro procura então um modelo e acha que a frequência de 220 Hz pode ser razoavelmente aceita como nova fundamental para a nova série de parciais

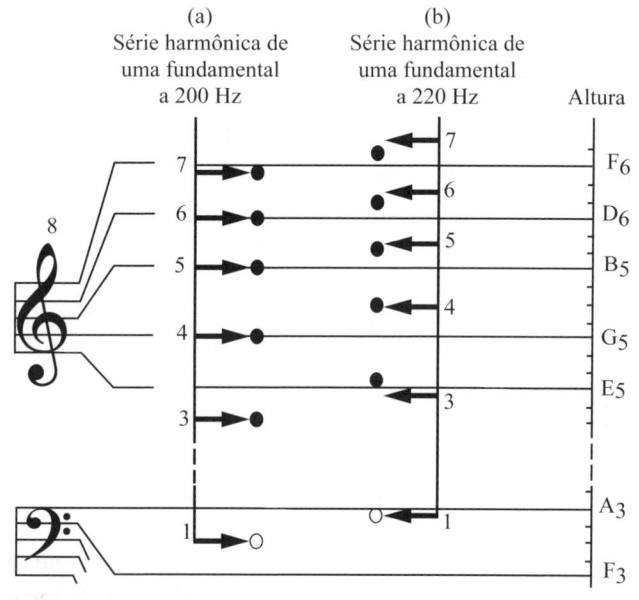

[Cf. Campbell & Greated, "3. Anatomy of a Musical Note", p. 87.] © OUP (CD 38)

A essa teoria – ainda não universalmente aceita, porém de lógica incontestável –, segundo a qual nossa percepção daquilo que podemos designar por *tonicidade* ou *taxa de harmonicidade* de um som (a qualidade de seu "timbre harmônico", nos termos de Pierre Schaeffer) guia-se pela relação do que ouvimos com um *modelo harmônico* prefixado em nossa mente, dá-se o nome de *teoria da reconhecibilidade da altura por modelo harmônico*. O experimento relatado acima, somado a outros de importantes físicos acústicos, comprovou que:

1) embora desempenhem importante papel, *os sons diferenciais (resultantes da diferença entre os parciais adjacentes) não constituem a causa*

principal da dedução de uma altura definida de um espectro determinado, pois, se assim o fosse, a fundamental do Exemplo 66b continuaria a ser 200 Hz e não teria sido elevada a 220 Hz;

2) o cérebro determina a altura de um espectro procurando *adaptar* o som percebido a um "modelo harmônico" no ouvido interno a partir dos elementos senoidais percebidos; e por fim

3) dependendo do grau de "desvio" da série harmônica que serve de modelo, os sons senoidais "agrupados" efetivamente ouvidos continuam a ser percebidos como sons compostos de altura determinada, a partir do modelo harmônico da série harmônica tal como registrado de antemão pelo cérebro.

Se, todavia, o desvio for maior que aquele do Exemplo 66b, o cérebro desistirá de procurar relacionar o som percebido com algum modelo harmônico. Nesse caso, os componentes serão ouvidos individualmente e não mais como *fusão* de uma altura determinada. O ouvido deduzirá então, além dos sons individualizados de certos parciais, distintas alturas graves que corresponderiam a possíveis (e ambíguas) fundamentais.

Nessa perspectiva ambígua e multifacetada da percepção harmônica de um espectro complexo é que se baseou toda a busca pelas *misturas* que caracterizou as primeiras realizações da música eletrônica (Stockhausen, Goeyvaerts, Pousseur, Eimert, Koenig) nos primórdios da música eletroacústica, ao início dos anos 1950. Partiu-se, para tanto, da elaboração de aglomerados contendo alguns sons senoidais em proporção inarmônica, evitando-se assim a fusão dos sons senoidais em um som composto, privilegiando-se a escuta de um som complexo e almejando, sobretudo, a edificação de novos timbres, até então inauditos e regidos por estruturações seriais, como é o caso, notadamente, das primeiras obras eletrônicas realizadas integralmente com sons senoidais (sempre em proporção inarmônica): o *Studie I* (de 1953) e o *Studie II* (de 1954), ambas de Stockhausen.

No entanto, será necessário pontuar que aquelas realizações, ainda que de grande valor artístico pelo pioneirismo e mesmo pelo resultado decorrente das elaborações em estúdio, pecaram pela falsa crença de que a constituição de novos timbres calcados em relações inarmônicas entre os parciais poderia decorrer de uma "fusão" semelhante à do som tônico, com poucos sons senoidais. Pensou-se, pois, que, se poucos harmônicos são necessários para que se dê a fusão de um som tônico, o mesmo seria possível com um som complexo. Mas se um número pequeno de sons senoidais em relação harmônica é necessário para que o ouvido realize uma fusão espectral e ouça um som de altura definida, o mesmo não ocorre quando os parciais estão em relação inarmônica. Para que tenha lugar uma "fusão inarmônica", que resulte de fato numa mistura e não na percepção de um "acorde" de sons senoidais, que resulte efetivamente na percepção de um timbre novo de altura indefinida, seria preciso, no mínimo, cerca de 12 parciais – como se comprovou apenas mais tarde –, e todo aglomerado que consistisse num somatório de poucos parciais resultaria, isto sim, na percepção de um mero "acorde de sons senoidais". O *Studie II*, por exemplo, calcado integralmente em aglomerados de 5 sons senoidais, oscila entre acordes de senoides (quando esses aglomerados soam sozinhos) e verdadeiros timbres novos (quando alguns desses aglomerados são concatenados e soam simultaneamente, mesmo se por poucos instantes, conglomerando um número suficiente de sons senoidais para a percepção de uma mistura) (CD 39).

3.2.8. Croma *e* peso *das alturas;* sons paradoxais

Segundo uma das possíveis interpretações das teorias de reconhecibilidade da altura (teoria espacial e teoria temporal), o cérebro faria um balanço da distribuição de picos de amplitude ao longo da membrana basilar que correspondessem a uma série harmônica de uma dada fundamental, contrastando o som composto percebido com um modelo harmônico preexistente. Por tal viés, percebe-se com nitidez a inegável identidade entre dois sons que constituam o intervalo de *oitava*.

Exemplo 67

Ilustração das extensões das zonas excitadas na membrana basilar por harmônicos pertencentes a duas séries harmônicas em distância de uma oitava

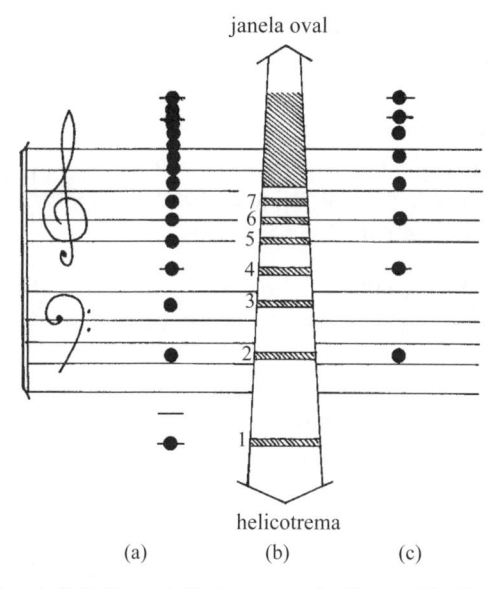

[Cf. Campbell & Greated, "3. Anatomy of a Musical Note", p. 90.] © OUP

O que se verifica no Exemplo 67 é que os 7 primeiros harmônicos de uma certa fundamental excitam, como vimos anteriormente, partes separadas da membrana basilar, enquanto que os harmônicos superiores excitam regiões tão próximas na membrana – por estarem contidos na largura de uma banda crítica – que se fundem em direção à janela oval. Assim é que entre, por exemplo, os sons C_2 e C_3 *não é excitada nenhuma nova região da membrana*. Todas as partes excitadas na membrana coincidem no caso do intervalo de oitava, ou seja: o modelo de excitação de C_3 está contido no de C_2. E isso mesmo se considerarmos a reação de ambos os ouvidos: o cérebro sintetiza as informações de ambos, mesmo quando as informações dos dois ouvidos são complementares entre si, e a adição dos sinais, resultando na reconhecibilidade de um modelo harmônico, ocorre, a rigor, no sistema nervoso central.

No caso de certos instrumentos, como a flauta doce, a qual emite sons muito semelhantes aos sons senoidais por toda sua tessitura, o cérebro possui poucos elementos para deduzir a qualidade espectral do som percebido, podendo facilmente confundir, em face dos outros sons de outros instrumentos, a região efetiva do som fundamental. Tal fato explica o porquê de a flauta doce, nos séculos XVI e XVII, comumente fazer a voz do contralto, oitava acima. Físicos acústicos explicam o feito pelo fato de que a maioria dos ouvintes confunde o registro do instrumento, deduzindo a fundamental das notas emitidas como situando-se uma oitava abaixo do registro onde de fato está. Fenômeno semelhante aplica-se, por vezes, ao assobio, sendo que, nesse caso, várias são as pessoas que tendem a privilegiar a escuta do 3° harmônico (de décima segunda com relação à fundamental), transpondo-o uma ou duas oitavas abaixo, de forma que acabam por assobiar, em geral, uma quarta abaixo da nota real que pretendem emitir. Mas mesmo aí nota-se a força da identidade do intervalo de oitava (aqui pelo prisma da transposição do harmônico privilegiado).

A partir dessa identidade, universalmente reconhecida, do intervalo de oitava, alguns pesquisadores sugeriram que o sentido de altura associado a um som tônico possui dois atributos fundamentais:

1) a *altura* propriamente dita do som ou seu *peso*, noção esta ligada simplesmente ao quão "alta" (aguda) ou "baixa" (grave) é a altura do som em questão; e
2) o *croma*, que diz respeito à qualidade compartilhada por todos os sons tônicos que se identificam pela oitava e seus desdobramentos em distintas regiões do âmbito das alturas, e que por isso são denominados como sendo a mesma "nota" musical, independentemente se suas frequências são maiores ou menores.

A relação entre o peso da nota e seu croma é explicitada pela *espiral das alturas*:

Parte da espiral das alturas: no plano espiralado tem-se a representação dos *cromas* das notas; nos eixos verticais, a de seus *pesos* (registro das alturas)

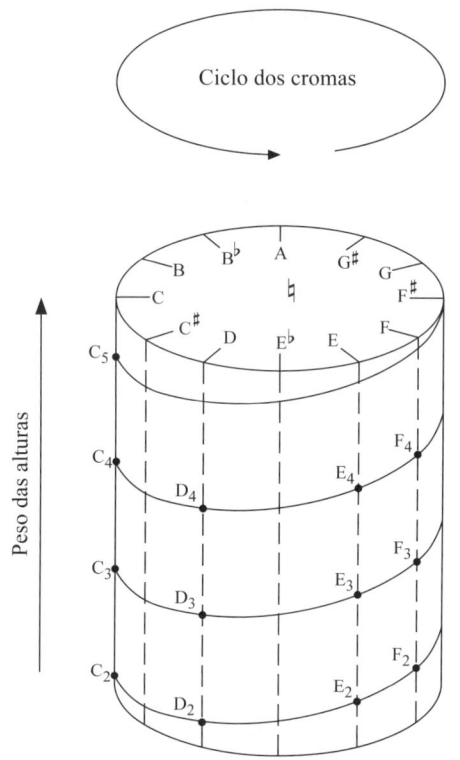

[Cf. Campbell & Greated, "3. Anatomy of a Musical Note", p. 89.] © OUP

Ainda que nossa resposta a um som possa ser dividida, basicamente, em duas etapas – a primeira, relativa a uma análise parcial das frequências da vibração sonora pelo ouvido; a segunda, relativa à interpretação pelo cérebro dos sinais enviados pelos ouvidos através dos nervos auditivos –, em grande parte ouvimos o que esperamos escutar. Nossa escuta guia-se, num certo sentido, por um contínuo "monitoramento" decorrente de nossa prática musical ou de nosso hábito auditivo. E nesse sentido o estudo e a prática musicais podem alterar e alteram, de fato, nossas capacidades auditivas.

Uma prova de que o que ouvimos nem sempre corresponde à realidade crua e física dos sinais acústicos são as informações adicionais acrescidas pelo contexto musical e até mesmo pelo nosso conhecimento de uma partitura. Uma fundamental, por exemplo, pode ser deduzida a partir de uma contextualização precedente que facilite sua percepção em um dado contexto sonoro. Nesse sentido, até mesmo um contexto ruidoso e inarmônico pode favorecer a dedução de uma fundamental, mesmo em se tratando da escuta de um único harmônico superior que fizesse parte de sua série harmônica (Exemplo 69c), já que os demais estão, de alguma forma, contidos no ruído ambiente e presentes em estado latente na escuta.

Exemplo 69

A sensação da escuta de uma altura G_3 (nota branca) pode ser facilitada a partir de três (a) ou dois (b) harmônicos superiores; mas até mesmo um único harmônico (c) pode evocar a percepção do G_3 caso tal harmônico esteja em meio a um ruído de fundo, no qual os outros componentes da série harmônica desse G_3 se fazem presentes

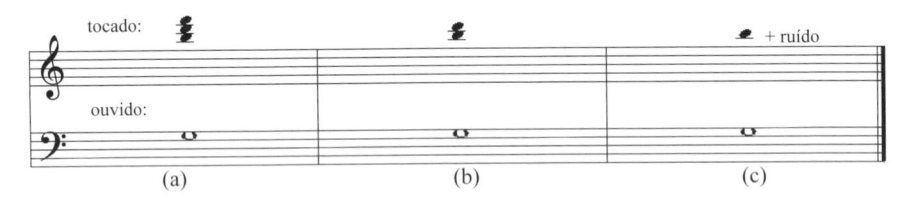

[Cf. Campbell & Greated, "3. Anatomy of a Musical Note", p. 92.] © OUP

De toda forma, a percepção de uma "nota" estará sempre relacionada a seus dois atributos fundamentais, mesmo que essas duas categorias aplicáveis à noção mesma de altura possuam propriedades bem distintas: enquanto que o croma *distingue essencialmente uma nota da outra*, o peso *distingue a região em que se encontra uma nota com relação à região de uma outra "idêntica" à primeira*. Num contexto analítico ou mesmo acústico, ambas as qualidades da altura sonora devem ser levadas em consideração. Daí a limitação de toda abordagem que se restrinja a somente um desses aspectos, como procura fazê-lo a recente teoria harmônica norte-americana do *pitch class* ou *set theory* (*teoria dos conjuntos*), para a qual o registro das alturas (o peso) não adquire a mesma relevância que o croma das notas, reduzindo os contextos harmônicos às puras relações intervalares presentes no interior de uma mesma oitava (ou, ainda mais restritamente, ao trítono, considerando-se os demais intervalos como inversão dos que vão da segunda menor à quarta aumentada).

Por outro lado, pelo viés da subjetividade que impregna a escuta, e considerando ambos esses dois atributos essenciais da percepção da altura sonora, é possível, com os meios computacionais, a edificação de sons que recontextualizem a noção mesma de altura, através de um controle detalhado das relações de amplitude entre os componentes harmônicos de um dado som tônico. Dessa forma, o psicólogo Roger Shepard e, logo em seguida, o compositor Jean-Claude Risset desenvolveram, na década de 1960, os chamados *sons paradoxais* (ou *Shepard tones*), com o auxílio do programa *Music V*. Shepard havia percebido que o registro aparente das "notas" musicais organizadas em escalas poderia ser percebido de modo ambíguo por intermédio de um controle minucioso do envelope dinâmico de cada um dos parciais de cada nota. Exemplo notável de som paradoxal é aquele no qual sua fundamental glissa ininterruptamente, por exemplo em sentido descendente, mas ao mesmo tempo parece que o som em si não sai do mesmo lugar. Na realidade, tal incongruência ou "ilusão auditiva" (correlato sonoro dos desenhos de M. C. Escher, repletos de ilusões óticas) se dá pelo fato de a fundamental realmente deslizar para baixo, porém concomitantemente ao fato de que sua amplitude decresce proporcionalmente à aparição e aumento de amplitude de seus harmônicos superiores, que pouco a pouco tomam o lugar da fundamental e iniciam novo deslize descendente pela tessitura: uma engenhosa construção (hoje possível de ser facilmente realizada com o programa *CSound*, como no nosso caso) que põe à prova a noção de altura e que se vale justamente da "cromatização" (deslize dos cromas) aliada ao peso (situação no registro das alturas) das notas. Na verdade, a percepção centra sua atenção, inicialmente, no croma da fundamental (deslize descendente) e passa, progressivamente, a enfocar seu peso (seu registro), para em seguida se concentrar novamente no croma, e assim por diante (CD 40).

3.2.9. *Harmônicos dominantes na percepção da altura ("quase-formantes")*

Anteriormente havíamos constatado, quando tratávamos do ouvido externo, que, de acordo com a teoria dos ressonadores de Helmholtz e Stumpf, todo tubo funciona como um corpo propenso a privilegiar certas frequências específicas. A partir daí, podemos indagar se a própria escuta dos sons harmônicos é, de alguma forma, passível de um fenômeno semelhante. Ou seja, se a escuta pode, por si só, privilegiar algum harmônico ou região de harmônicos na percepção de um som tônico.

E a resposta é positiva. Ao deduzir, a partir de modelos harmônicos, a altura de um som composto, o cérebro não consigna a mesma importância a todos os harmônicos percebidos. Diversos experimentos com sons gerados eletronicamente comprovaram a existência de uma zona privilegiada de frequências, denominada *região dominante*, que se situa mais ou menos de 500 Hz a 2 000 Hz, ou seja, num âmbito que vai mais ou menos do C_5 (de 523,25 Hz) ao C_7 (de 2093 Hz). Há quem afirme que essa região privilegiada ocupa o âmbito que vai de 200 Hz a 2000 Hz. Como quer que seja, tal âmbito corresponde a praticamente 2/3 da extensão da membrana basilar, restando para as frequências mais agudas apenas 1/3 da membrana. Esta região comporta-se quase como um *formante* (que, como veremos, consiste numa região privilegiada de harmônicos de um determinado timbre). Ainda que todos os componentes parciais de um som tônico exerçam ou possam exercer considerável influência na percepção da tonicidade desse som e na percepção de seu timbre, a sensação de altura definida de um som é determinada principalmente pelos componentes parciais que se situarem dentro desses limites.

Uma vez que essa região dominante é relativamente fixa, independentemente da fundamental do som tônico em questão, é natural que esse âmbito privilegiado incida em um ou outro harmônico da série harmônica, conforme a própria região em que se encontra a fundamental. O Exemplo 70 ilustra essa relação:

Exemplo 70

O harmônico dominante na percepção de uma altura de um som tônico

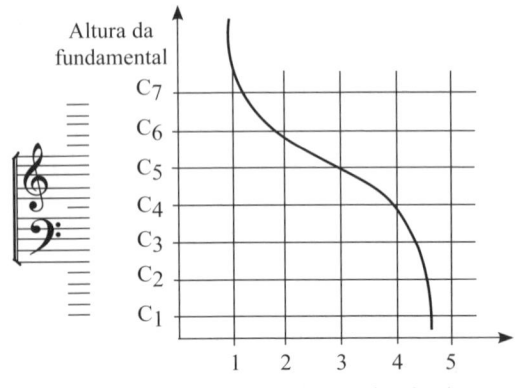

Número do harmônico dominante

[Cf. Campbell & Greated, "3. Anatomy of a Musical Note", p. 93. Baseado em Plomp.] © OUP

A partir da região dominante, deduz-se que, para sons da clave de Fá, os 4° e 5° harmônicos adquirem maior relevância. Já para os sons que se situam na clave de Sol, os 2° e 3° harmônicos serão os que assumirão o papel preponderante. Curiosamente, apenas para os sons cujas fundamentais se situarem acima do C_7 é que a própria fundamental (ou 1° harmônico) assume importância dominante na determinação da altura do som. Ou seja: ainda que a proporção entre harmônicos adjacentes leve o cérebro à dedução de uma frequência fundamental, nem sempre é esta frequência em si o dado mais importante na estabilização da sensação de altura. (Aliás, como vimos, a frequência fundamental pode até mesmo se ausentar sem que a percepção da altura do som seja afetada.)

A percepção de uma determinada altura dependerá, assim, de diversos fatores, e sua estabilidade é decorrente de uma razoável quantidade de informação em parciais que o ouvido necessita para estabelecer uma "imagem" do quão "alto" (agudo) ou "baixo" (grave) é o som. Em se tratando de um som de altura estável, cujos componentes formam uma exata série harmônica, sua percepção difere substancialmente, no que se refere à sua altura, daquela proveniente da escuta de um simples som senoidal. Assim sendo, não podemos assumir que a sua altura percebida corresponda exatamente à de um som puro na mesma frequência, pois a percepção da altura de um som senoidal, pelo fato de o cérebro não dispor de informações complementares que a conotem a um certo modelo harmônico, pode ser alterada quando esse som é somado com outro som senoidal de frequência distinta.

Em se tratando de som senoidal, tendemos em geral a perceber um som grave, quando confrontado com um outro som puro, como sendo ainda mais grave do que efetivamente é, enquanto que tendemos a ouvir um som agudo como ainda mais agudo nas mesmas circunstâncias. Tal fenômeno deve-se, muito provavelmente, ao deslocamento dos picos máximos de amplitude na membrana basilar, assim como à ausência de um modelo harmônico para o cérebro: como são poucos os elementos aos quais a escuta pode se ater, todo deslizamento de pico de amplitude na membrana chama a atenção do intelecto, acarretando um relativo desvio na percepção da altura do som (CD 41).

Mas essa interferência na percepção da altura a partir do confronto das percepções isoladas de sons senoidais pode se dar na própria percepção de um som tônico, e isto apesar de toda a sua pretensa estabilidade, pois parece bem plausível a hipótese, levantada por alguns físicos acústicos, de que um grupo de harmônicos superiores possa "abaixar" a altura percebida de harmônicos mais graves que se situem na região dominante no interior do próprio espectro de um som composto. Porém, mesmo se tal hipótese for confirmada, há que observar que a maioria dos sons produzidos pela música instrumental (orquestral) possui pouca energia acima do 10º harmônico. Para tais sons, os efeitos de alteração da altura a partir de alterações no próprio espectro harmônico são, pois, irrelevantes.

O que dizer, entretanto, da música eletroacústica, com todo seu potencial expansivo na constituição dos espectros? É de supor que, expandindo consideravelmente as possibilidades da música instrumental na constituição dos espectros, a composição eletroacústica possa dar vazão a uma exploração de tais fenômenos, os quais podem eventualmente assumir proporções consideráveis na composição como um todo e, mais especificamente, na composição do próprio timbre.

3.2.10. Discriminação das alturas

Anteriormente havíamos visto que, abaixo de 500 Hz, é necessária uma diferença mínima de 2 Hz para que possamos distinguir dois sons senoidais justapostos. Na medida em que um intervalo musical fixo em altura corresponde a uma razão matemática fixa de frequência, essa diferença de 2 Hz corresponderá a distintos intervalos musicais, conforme a região em que se situarem os sons. O intervalo em altura (intervalo musical) entre, por exemplo, 52 Hz e 50 Hz (na razão de *1,04*) é muito maior que o intervalo entre 500 Hz e 498 Hz (na razão de *1,00402*), ainda que ambos os desvios em altura sejam, em média, discerníveis na mesma medida pelo ouvido.

Entretanto, quanto mais graves forem os sons senoidais confrontados, menor será nossa capacidade de distinção intervalar. Essa diferença de 2 Hz a partir do B_4 (de 493,88 Hz), plenamente perceptível para o ouvido, corresponde a um desvio de somente 7 cents (até um "B_4 mais alto" de 495,88 Hz), ou seja, a cerca de 1/29 de tom. Mas numa região bem grave, a mesma diferença pode significar um semitom, como entre A_0 (de 27,50 Hz) e B_0^b(de 29,13 Hz). Enquanto que na região do B_4 temos a capacidade de distinguir 1/29 de tom, na região de A_0 mal chegamos a distinguir uma segunda menor! Assim sendo, embora a habilidade do ouvido na discriminação de frequências para sons puros permaneça, *grosso modo*, constante em regiões graves, a discriminação da altura (do intervalo) deteriora-se drasticamente em relação aos sons graves.

A maior sensibilidade para pequenas alterações de altura situa-se entre C_5 e C_8, em que a média de discriminação das alturas é de 6 ou 7 cents. Ou seja: se entre C_6 e $C_6^\#$existirem 16 intervalos iguais, o ouvido poderá distinguir cada uma dessas notas, o que de modo algum ocorre para notas mais graves que o C_2 (abaixo da clave de Fá).

No mais, o poder de discriminação da altura é menor para sons de intensidade fraca, e tanto mudanças abruptas em intensidade quanto amplitudes fortes e estáveis propiciam uma mais clara distinção do ouvido com relação a pequenos desvios de frequência das notas, como bem ilustra o Exemplo 71 (o qual nos remete ao Exemplo 47c).

O Exemplo 71 pode ser reelaborado não mais em termos de cents, mas de Hertz, e verificaremos que a linha demarcatória relativa a uma *diferença no limite do observável* em frequência (em inglês: *just noticeable difference* = JND) varia conforme o registro das alturas. Se na região por volta de 500 Hz uma diferença de apenas 2 Hz seria suficiente para a distinção de dois sons senoidais justapostos, por volta de 4 000 Hz essa diferença mínima sobe para cerca de 25 Hz, e assim por diante. Ainda que a proporção da alteração seja irrisória, há um pequeno acréscimo da quantidade de alteração frequencial necessária em relação à frequência em questão, já que 2 Hz em relação a 500 Hz significam uma resolução de 0,4%, enquanto que 25 Hz em relação a 4000 Hz significam 0,6% de desvio frequencial. Se compararmos, entretanto, o desvio necessário para que se perceba uma alteração frequencial de sons senoidais isolados na região de um som agudo de

Exemplo 71

A mudança média mínima detectável em altura na escuta de um som senoidal,
conforme variação da amplitude dos sinais: (a) mudança abrupta num som forte
(b) flutuação estável num som forte; (c) flutuação estável num som fraco

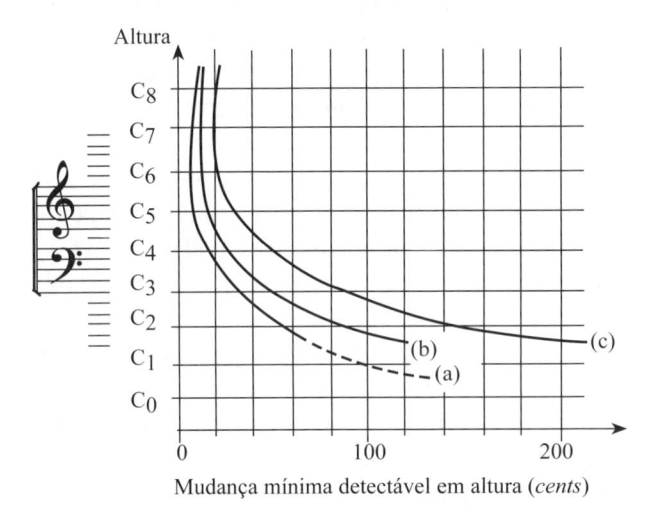

Mudança mínima detectável em altura (*cents*)

[Cf. Campbell & Greated, "3. Anatomy of a Musical Note", p. 95. Baseado em Nelson (a) e
Zwicker (b) e (c).] © OUP

2000 Hz com o desvio igualmente necessário para a região grave de 100
Hz, percebemos que no âmbito da frequência grave será preciso um desvio
de 3%, enquanto que no âmbito da frequência aguda, somente de 0,5%.

Exemplo 72

Quadro ilustrativo do poder de discriminação de variações das
alturas para a escuta de dois sons senoidais justapostos

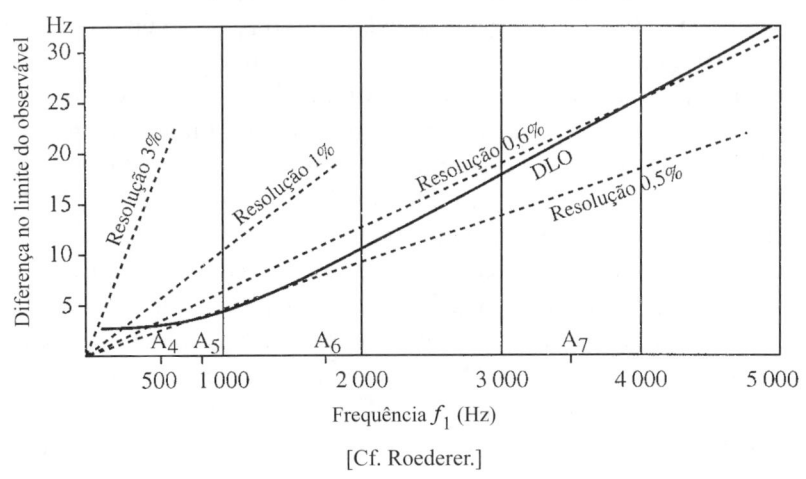

Frequência f_1 (Hz)

[Cf. Roederer.]

No entanto, apesar de tais constatações, inúmeras são as passagens musicais da literatura instrumental em que se tem a alteração melódica de notas na região grave em torno do C_2, e que nem por isso apresentam-se como problemáticas para a percepção. Como se explica tal fato?

A rigor, tais passagens não são prejudicadas pelo fato de a percepção das alturas desses sons graves estar muito mais condicionada aos harmônicos da região dominante do que à percepção dos harmônicos fundamentais propriamente ditos. Ao executar um C_1, por exemplo, um contrafagote produz, na verdade, diversos harmônicos acima do C_5, região em que a sensibilidade para a altura é bem pronunciada. O ouvido apoia-se na percepção de todos os componentes espectrais, não só das fundamentais, de forma que a discriminação melódica torna-se, em grande parte, viável, mesmo em regiões graves. Fenômenos ligados a uma maior taxa de ressonância dos sons graves (o que faz que os sons se "embaralhem") e às variações da quantidade de elementos senoidais conforme o timbre dos instrumentos fazem com que figurações rápidas, em regiões graves, sejam, contudo, de um modo geral prejudicadas, se comparadas a figuras com as mesmas características articulatórias realizadas em regiões médias e agudas das frequências.

Como quer que seja, a média do desvio na discriminação das alturas para sons cujos espectros sejam ricos em harmônicos superiores permanece em torno de 10 cents, mesmo em relação às notas graves presentes de forma mais comum na literatura musical instrumental (CD 42).

3.2.11. Altura e ouvido absoluto

Um dos mais intrigantes fenômenos acústicos é a capacidade, por parte de uma ínfima minoria de pessoas (e de músicos), de emitir alturas determinadas sem qualquer prévia referência acústica. Denomina-se esta altura de "altura perfeita" ou, como preferem os acústicos, de *altura absoluta*. Por analogia, falamos de um *ouvido absoluto* em relação à percepção das alturas por parte dessas pessoas.

O ouvido absoluto se dá por uma presumível capacidade de *fixação* na memória do lugar em que se dão os picos de amplitude das curvas dinâmicas das frequências na membrana basilar (de acordo com a teoria da localização das frequências). Se falamos inicialmente de uma *fixação* e não de uma memorização, é porque, em geral, a pessoa que tem ouvido absoluto apresenta grandes dificuldades de se desvencilhar de seus "modelos frequenciais", pelos quais intuitivamente mede e localiza as alturas, e situações nas quais as afinações necessitam de ser ligeiramente ajustadas lhe provocam grande embaraço. Por tal razão, nem sempre possuir ouvido absoluto traduz-se em vantagem para o músico. A grande maioria dos (bons) músicos possui, na verdade, apenas e tão somente o *ouvido relativo*, que constitui essencialmente o poder de reconhecimento dos intervalos e o qual demonstra-se, na prática, mais importante e útil que o ouvido absoluto.

Em 1970, Paul Brady provou que é possível adquirir "ouvido absoluto" através de treino assistido por programas de computador especializados e baseados na emissão de sons gerados pelo computador. Nesse caso, podemos falar de "memorização", sem a fixidez à qual se atém, mesmo sem desejá-lo, o músico dotado de ouvido absoluto. Admitiu-se que a memória das alturas absolutas nas pessoas de ouvido absoluto se deu na primeira infância, e que tal faculdade de fixação na memória só pode ser adquirida, posteriormente, com grande esforço.

Os erros efetuados por pessoas de ouvido absoluto geralmente ocorrem em relação à oitava correta do som em questão. Este fenômeno reforça a teoria de que a nota musical, de fato, possui dois atributos fundamentais em sua qualidade perceptiva: a *altura* em si (*peso*) e o *croma*. O ouvido absoluto, antes de mais nada, concerne à discriminação do *croma*, e apenas de modo secundário à discriminação da região correta da nota, ou seja, de sua altura ou *peso*.

Para quem possui ouvido absoluto, é mais fácil detectar uma nota a partir de sua emissão ao piano do que a partir de um som senoidal. Isto se deve ao fato de o piano emitir um espectro composto, fornecendo mais elementos de dedução ao mecanismo da percepção, o que demonstra que a fixação na memória da localização dos picos de amplitude de uma nota na membrana não se dá somente pelo local em que incide sua fundamental, mas também outros componentes senoidais de seu espectro harmônico.

Experimentos comprovaram a tendência, nas pessoas de ouvido absoluto, a julgarem um som grave como sendo meio-tom acima do que realmente é, e um som agudo, como sendo meio-tom abaixo. Esta tendência sugere que a "escala" de alturas que o ouvido absoluto dispõe é ligeiramente mais "compacta" que a "escala normal" das alturas em pessoas não afetadas por essa característica fisiológica. Todavia, existem evidências que até mesmo músicos sem ouvido absoluto podem empregar uma "escala" mais estreita que o standard, em que inclusive a oitava entre dois sons sucessivos possa corresponder a uma razão de frequência ligeiramente maior que a proporção *2:1*.

A pessoa que possui ouvido absoluto não está livre das consequências que a idade pode trazer, podendo ocorrer, com o tempo, uma mudança na referência *interna* das alturas no próprio ouvido. As propriedades elásticas da membrana basilar mudam com a idade e a onda gerada pela altura em questão atingirá seu pico máximo em outra localidade da membrana. Essas alterações obviamente não são, no entanto, exclusivas às pessoas de ouvido absoluto: a maioria das pessoas de idade mediana ouve os sons, em média, cerca de meio-tom acima do que ouviam quando criança. A única diferença, nesse contexto, é que somente as pessoas que possuem ouvido absoluto podem tomar consciência dessa mutação.

Exemplo 73

Uma possível explicação sobre o deslocamento da escala interna de uma altura absoluta com a idade: o pico gerado na membrana por uma frequência de 262 Hz é paulatinamente deslocado em direção à janela oval (ainda que o feixe de fibras nervosas relacionado à tal vibração permaneça inalterado)

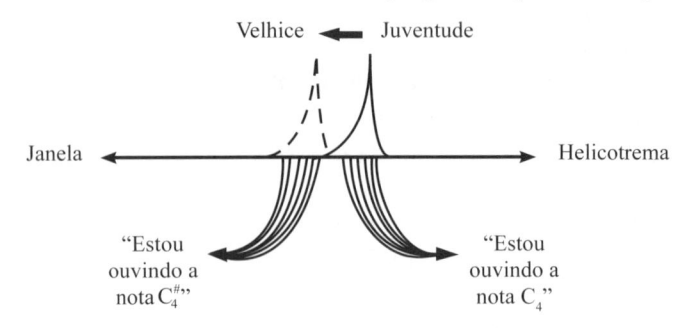

[Cf. Campbell & Greated, "3. Anatomy of a Musical Note", p. 99.] © OUP

3.2.12. Notações das alturas

No domínio das alturas definidas, uma última observação faz-se necessária: a variabilidade com a qual grafias distintas procuram descrevê-las nos diferentes registros. Ainda que tenhamos optado pela grafia standard das alturas, proposta em 1939 por Young e adotada pelo USA Standards Institute em 1960, para a qual o Lá 440 Hz (o Lá do diapasão) é o A_4, existem formas distintas de grafar as notas musicais, como, por exemplo, a notação proposta por Helmholtz, na qual o mesmo Lá é grafado como sendo a'.

Até hoje a grafia de Helmholtz é empregada sistematicamente na Alemanha, país no qual a musicologia é uma das mais evoluídas do planeta. Por tal razão, será interessante termos em mente as distintas formas de notação das alturas, elucidadas no Exemplo 74.

3.2.13. Localização frequencial das misturas e dos ruídos: massa, perfis, modulação de timbre *e outros conceitos relacionados às alturas*

Por fim, colocamos a questão: a percepção das alturas é exclusiva aos sons periódicos (senoidais ou tônicos)? Seriam os ruídos suscetíveis a uma análise pelo prisma das alturas? Aqui adentramo-nos num dos tópicos mais interessantes e ao mesmo tempo mais difíceis de nossa abordagem, na qual operamos uma substancial mudança nos conceitos pela forma como foram

Exemplo 74

Distintas formas de notação das alturas
(a empregada neste livro corresponde à da primeira linha)

Grafia standard	C_1	C_2	C_3	C_4	C_5	C_6	C_7	C_8
piano (teclas)	C_4	C_{16}	C_{28}	C_{40}	C_{52}	C_{64}	C_{76}	C_{88}
órgão	CCC	CC	C	c^1	c^2	c^3	c^4	
Helmholtz (grafia alemã)	C'	C	c	c'	c''	c'''	c''''	c^v (ou c''''')
oitava standard	-3	-2	-1	0	1	2	3	4
MIDI standard	C0	C1	C2	C3	C4	C5	C6	C7
notas MIDI	24	36	48	60	72	84	96	108

até então discutidos pela acústica e pela própria música eletroacústica, antecipando até mesmo aspectos relacionados à noção de timbre.

A resposta à questão acima formulada é, mesmo que possa parecer surpreendente para muitos, inequívoca: a percepção das alturas não é, de forma alguma, exclusiva dos sons periódicos. Com exceção, obviamente, do ruído branco – e de sua variação com relação às amplitudes, tal como ocorre com o ruído rosa –, que cobre todo o campo de audibilidade frequencial humano e portanto toda a tessitura perceptível, os demais ruídos e os sons complexos podem ser e são, de fato, percebidos também com uma determinada *localização no campo das alturas*.

Do ponto de vista da acústica, constata-se que quanto menor a banda de frequência ocupada pelo ruído, tanto mais ele será relacionado a uma percepção localizada no campo das alturas. Como bem observaram Dodge e Jerse, um ruído cuja banda de frequência é de cerca de 20% de sua frequência de centro (ou de sua frequência central) produzirá uma clara sensação de altura; um outro ruído cuja extensão de banda frequencial for apenas de 5% de sua frequência central será percebido, então, de forma ainda bem menos "ruidosa" e ocasionará uma percepção consideravelmente definida de frequência, ainda que permaneça sendo, em essência, um ruído (CD 43).

Nesse sentido, Pierre Schaeffer define, tanto no *Traité des Objets Musicaux* de 1966 quanto no *Solfège de l'Objet Sonore* de 1967, tal percepção associada às alturas dos sons complexos e dos ruídos como aquela que se dá conta da *contextura harmônica* de um objeto sonoro, designando-a por *massa*. O mérito de Schaeffer na introdução da discussão deste aspecto crucial da percepção dos objetos sonoros é incontestável; sua terminologia, contudo, pode suscitar dúvidas, uma vez que o fenômeno da percepção das alturas dos objetos sonoros compreende aspectos distintos segundo o âmbito no qual se encontra, ou seja, dependendo de esta percepção estar relacionada à contextura harmônica *periódica* ou *aperiódica*. Para propormos uma revisão terminológica mais adequada aos fenômenos aqui descritos, é preciso entendermos primeiramente os conceitos originais no bojo da teoria schaefferiana.

Antes de mais nada, é preciso salientar que a definição de *massa* encontra duplo uso no contexto histórico da música contemporânea (mais precisamente a partir dos anos 1950), mas que ambos os empregos do termo, embora de alguma forma relacionados, não devem ser confundidos. Em obras que se alinham às tendências mais estatísticas e probabilísticas da composição musical (sobretudo instrumental), típicas da "música textural" – como no caso de algumas obras de Iannis Xenakis ou de Krzysztof Penderecki ou da micropolifonia de György Ligeti –, foi comum o emprego do termo *massa* para designar a *densidade* geral do contexto sonoro (quantidade de sons concomitantes que ocasionavam uma percepção de conjunto do trecho em questão, não-discriminada com relação a seus elementos constituintes). No que se refere à noção relativa a um som específico, tal como quer defini-la Schaeffer, a massa corresponde à maneira com a qual o som ocupa o campo das alturas.

O paralelo de ambas as definições com a noção de *massa* em física, tanto em sua acepção mais clássica – enquanto total de substância material de um objeto –, quanto em sua reavaliação a partir de Einstein – enquanto forma de energia ou conceito relacionado diretamente ao feixe de energia em que consistem as partículas –, não é despropositado. No caso específico da acepção schaefferiana, a massa de um objeto sonoro, por um ou por outro viés, é uma generalização da noção de altura e diz respeito ao *montante de energia frequencial* conglomerada na percepção desse objeto. Por tal razão, o conceito acaba sendo estendido aos próprios sons periódicos compostos, e Schaeffer passa a distinguir uma *massa tônica* (relacionada à percepção de altura fixa e reconhecível dos sons tônicos) de uma *massa complexa* (relacionada à percepção de altura fixa e não-reconhecível dos sons complexos e dos ruídos). Ao extremo dessa cadeia – semelhantemente ao que ocorrerá, como logo veremos, com a noção de *timbre* –, o conceito não encontra justa aplicação, seja pela ausência de densidade do som senoidal, seja pelo excesso de densidade do ruído branco.

À fixidez ou estabilidade (relativa) da massa tônica ou complexa opõe-se a variabilidade ou instabilidade perceptível da *massa variável* (aquela que se modifica no decurso temporal de um som, seja ele tônico ou complexo) ou da *massa aleatória* (variação acentuada e extremamente acelerada em alturas, induzindo-nos a uma escuta de tipo estatístico), cuja variabilidade frequencial (tanto da massa variável quanto da aleatória) dá lugar à percepção dos chamados *perfis melódicos*. No caso de uma variação em altura de um som tônico, o perfil melódico decorre, segundo Schaeffer, de uma *massa tônico-variável*; no caso de uma variação em altura de um som complexo ou ruído, de uma *massa complexo-variável*. Quando tais variações de perfil melódico se dão por *glissandos*, a variabilidade frequencial, tanto para o som tônico quanto para o som complexo ou para o ruído, não põe em xeque a percepção de que se trata de *um* som. Mas quando a variabilidade frequencial se dá por saltos, tanto num caso como no outro a percepção se pergunta se se trata de um único som variado em alturas ou de *vários sons distintos* que se sucedem um após o outro. Somente o contexto fará que uma ou outra forma de escuta prevaleça.

A noção de perfil melódico tem complementaridade, para Schaeffer, com a de *perfil de massa*, noção relacionada à variação *interna* do espectro inarmônico (misturas ou ruídos), o qual se torna mais ou menos *espesso* conforme a variação da *banda de frequência* ocupada pelo som. Nota-se então que da mesma forma como a massa tônica de um objeto está relacionada a seu *timbre harmônico* (responsável pela reconhecibilidade de sua altura definida), a massa complexa relaciona-se com a *espessura* de um som complexo ou ruído. Uma variação da densidade do som de altura indefinida, no sentido de alterar sua espessura (sua banda de frequência) sem que, a rigor, se varie sua localização no campo das alturas, ocasiona o que Schaeffer designou por *perfil de massa*, ainda que tal noção não seja de todo indissociável da noção de *perfil melódico*, pois a percepção detecta, na alteração da espessura sonora das misturas e dos ruídos, igualmente alterações da contextura harmônica do objeto sonoro e, por conseguinte, ao menos traços ou pequenos indícios de perfis melódicos, implícitos no *alargamento* ou *estreitamento* da banda de frequência ocupada pela mistura ou ruído em questão.

Uma revisão terminológica se faz aqui necessária, adequando a concepção schaefferiana a uma melhor descrição desses fenômenos. Nesse sentido, é mais pertinente falarmos de perfil *melódico* – em que efetivamente tem lugar a percepção de *contornos* ou *perfis* pela justaposição dos intervalos de calibres distintos – quando tratamos de variação em alturas dos sons tônicos ou das misturas. Mas quando falamos do *alargamento* ou *estreitamento* de banda de frequência de uma mistura ou de um ruído, não é adequado falarmos de um "perfil" *de massa*, já que, a rigor, nenhuma percepção de *contorno* tem aí lugar, mas antes uma percepção ligada a um *adensamento* ou *diluição* de uma massa sonora essencialmente *estável* no campo das alturas. Se Schaeffer entendia, no âmbito da *contextura harmônica aperiódica* (sons de altura indefinida, das misturas aos ruídos), por *"perfil" de massa* – como extensão de sua terminologia – tais alargamentos ou estreitamentos das misturas ou ruídos, preferimos falar contudo, então, de *variação de espessura* do espectro inarmônico.

Da mesma forma, tem mais sentido falarmos de *massa* com relação às misturas e aos ruídos, que privilegiam uma escuta ora "difratada" ou "difusa" (sons complexos), ora de tipo estatístico ou textural (ruídos), do que com relação aos sons tônicos, nos quais toda a energia frequencial se vê "amalgamada" na dedução de uma única altura fundamental que, a princípio, anula a noção mesma de "massa" enquanto feixe de energia. Por mais extenso que seja um espectro harmônico, a percepção centrará questão sobretudo numa diferenciação de seu *timbre* (som mais ou menos brilhante, mais ou menos nasalado etc.), e não numa avaliação concernente à sua *espessura*. O que varia aí é a *densidade harmônica* do som tônico, ou seja, em essência, a quantidade de parciais harmônicos que ele contém. Por essa razão, propomos em relação aos sons periódicos a substituição do termo *massa* pelo termo *fusão* – uma vez que, como vimos anteriormente, a acústica designa por *fusão* esta percepção amalgamada dos parciais harmônicos. Quando Schaeffer emprega o termo *massa tônica*, falaremos então, de nossa parte, de uma *fusão tônica*, termo que melhor se aplica aos sons relacionados a uma *contextura harmônica periódica* (sons compostos e mesmo sons senoidais, para os quais, entretanto, dizemos que *inexiste* fusão tônica pela ausência de componentes harmônicos).

Se à *massa complexa* corresponde uma determinada *espessura*, à *fusão tônica* corresponde, pois, um *timbre harmônico* (termo, aliás, schaefferiano). Caso a fusão tônica ou a massa complexa varie em frequência, seja tal variação constituída por *movimento contínuo* (*glissando*) ou por *movimento descontínuo* (saltos ou *intervalos*), dizemos, com Schaeffer, que estamos defronte de *perfis melódicos*. No caso, entretanto, de uma variação do timbre harmônico da fusão tônica ou da espessura da massa complexa sem que haja variação frequencial da localização do objeto sonoro no campo das alturas – tendo-se no máximo, no caso da fusão tônica, uma *variação de coloração* do som de altura definida, variando sua *densidade harmônica* (composição espectral harmônica); e, no caso da massa complexa, uma *variação de espessura* da sua densidade interna (pelo *alargamento* ou *estreitamento* da massa) –, tem-se então uma *modulação de timbre*, conceito este que introduzimos aqui pela primeira vez (Exemplo 75, na página seguinte) (CD 44).

É preciso não confundir a noção relativa à modulação de timbre com o conceito de *trama*, tal como exposto por Pierre Schaeffer. Por *trama*, Schaeffer entende uma espécie de "macro-objeto sonoro", constituído pela sobreposição a um som perdurável em um contexto de outros sons longos, ocasionando fusões sonoras lentamente evolutivas ou ainda um amálgama de diferentes objetos sonoros constituintes. Vê-se que o conceito relaciona--se estreitamente, ainda que não de modo exclusivo, com as características mais comuns da chamada "música textural" (Ligeti, Penderecki etc.). A modulação de timbre, ao contrário, diz respeito à evolução de coloração *interna* do próprio objeto sonoro, independentemente de sua interação com outros sons em um dado contexto.

A modulação de timbre não deve, no mais, ser confundida com a "instabilidade" intrínseca da maioria dos espectros ditos "periódicos", e que na verdade são "quase-periódicos". Como já pontuamos anteriormente, a "vida" dos sons instrumentais depende em grande medida das pequenas irregularidades de percurso que o som sofre no decorrer do tempo de sua existência, fenômeno que designaremos por *transitórios* ou *transientes*, os quais se fazem presentes (ainda que não recebam nesses casos tal denominação) igualmente nos regimes de permanência (sustentação) dos sons, caracterizando sua textura como qualidade intrínseca de seus *grãos* (noção que discutiremos mais tarde). Mas se tais irregularidades traduzem-se como fatores indispensáveis para a caracterização dos sons, nem por isso elas são captadas de modo absolutamente consciente pelo processo da escuta. Por vezes tais variações podem até mesmo ser captadas como modulações de frequência ou de amplitude em pleno regime de sustentação sonora, como no caso dos *vibratos*, constituindo o que se designa por *flutuações* do espectro (que abordaremos igualmente mais tarde). Mas mesmo nesses casos não se adquire a ideia de que o timbre em si está sendo alterado de forma substancial. Uma *modulação de timbre*, ao contrário, atenta a escuta imediatamente para o fato de o espectro em questão estar sendo metamorfoseado em sua "coloração", em sua conformação global estatisticamente detectável pelo ouvido.

Tipos de sons e percepção das alturas a eles associada

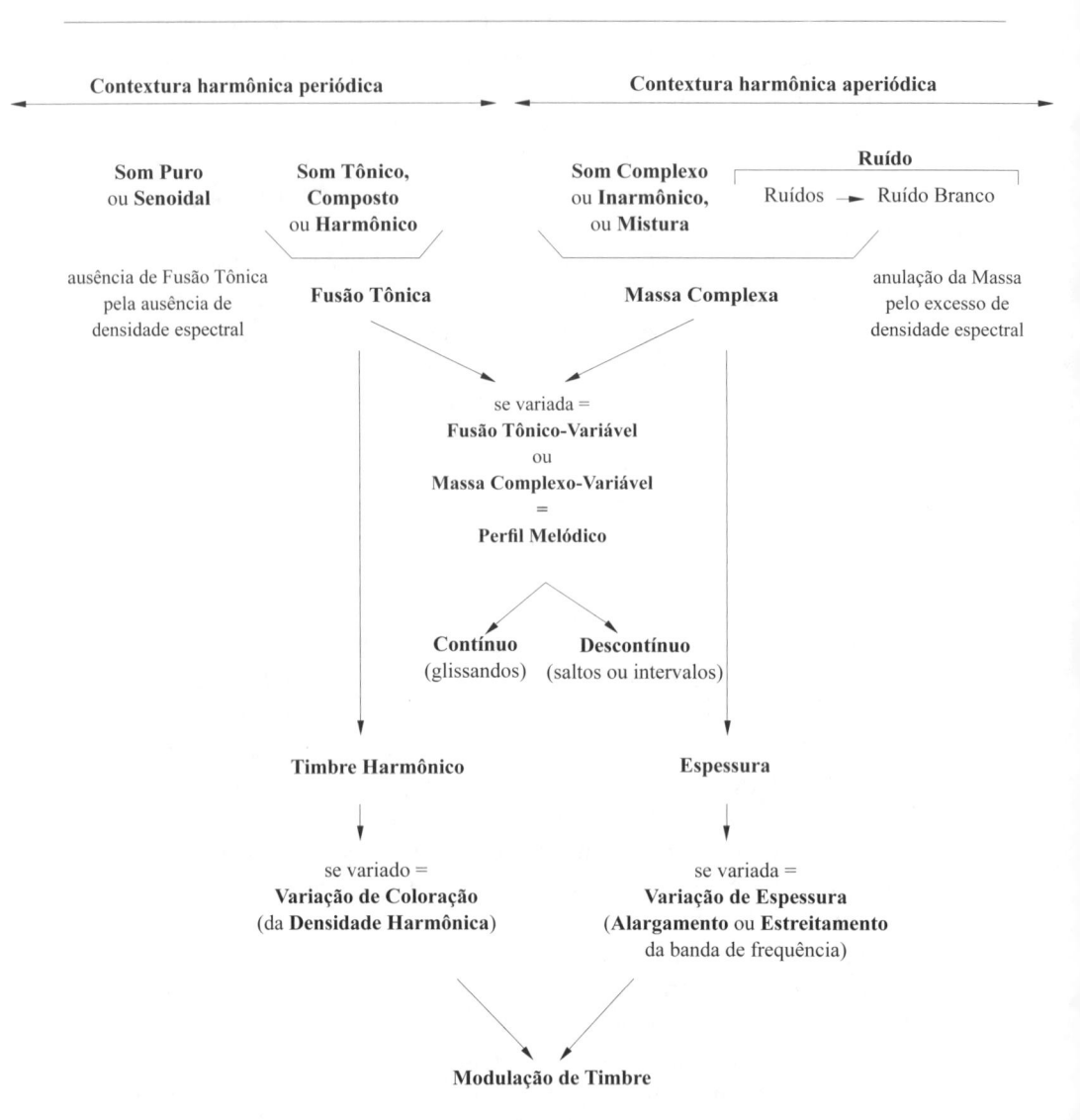

Independentemente das variações de espessura (*perfis de massa* para Schaeffer), centradas em sons não-variáveis na tessitura, ou dos espectros de massa complexo-variável (aquelas misturas ou ruídos que em si mesmo já implicam alteração de sua localização do campo das alturas), a alteração por transposição em alturas distintas de uma mistura ou ruído de massa complexa fixa (não-variável) num teclado MIDI a partir de um *sampler*, constituindo um perfil melódico que tenha por base uma mistura ou um ruído, pode ser bem ilustrativa da pertinência do conceito introduzido por Schaeffer relativo à *massa* no âmbito da contextura harmônica aperiódica, pois nos apercebemos bem, mesmo aí, do quão tais espectros estão, de toda forma, associados a uma certa localização no campo das alturas, mesmo se não implicam a percepção de altura definida. Ou seja, se realizarmos, por exemplo, um perfil melódico a partir de um ruído (portanto a partir de uma massa complexa), damo-nos conta da pertinência de falarmos de alturas mesmo com relação a sons de altura indefinida. Ainda que o som de um fonema /s/ não possua altura definida, podemos realizar, a título de ilustração, uma escala de Dó maior a partir desse som, percebendo em detalhes cada uma das "notas" da escala. Ouvido separadamente ao início, mal supomos acerca das potencialidades em articulação das alturas contidas nesse som, mas após ouvirmos a escala, apercebemo-nos do quão tal ruído está, ele também, impregnado da noção de altura sonora, esse atributo supremo dos espectros. (Cf. novamente nosso exemplo sonoro = CD 43.)

3.3. A Intensidade

O próximo atributo no qual nos deteremos é a *intensidade*. O conceito envolve noções aparentadas, porém com acepções ligeiramente distintas, como as relativas ao *volume*, à *amplitude*, à *pressão*, à *energia*, à *força*, ao *envelope dinâmico* ou à *dinâmica musical* de um som. Isto sem falarmos do termo *velocity*, empregado comumente na linguagem MIDI dos instrumentos eletrônicos, que associa, com razão, o efeito da alteração de volume à *velocidade* com que é acionada uma tecla em um sintetizador. De fato, é de constatar que esta associação é de todo pertinente: tanto o acionamento de uma tecla do piano quanto o mecanismo de produção sonora de um instrumento de corda atestam que a velocidade é fator determinante no controle da amplitude do espectro sonoro, pois que, da mesma forma que um pianista necessariamente impingirá maior velocidade de pressão da tecla para produzir um som mais forte em seu instrumento, a amplitude de vibração de uma corda friccionada com um arco é controlada, como se sabe, unicamente pela velocidade do arco, e não, como haveria de se pensar, pela pressão do arco sobre a corda.

Como quer que seja, em princípio uma primeira correlação já se faz aqui necessária: intensidades maiores correspondem a maiores amplitudes na pressão das flutuações sonoras. Poder-se-ia deduzir que, a princípio, da mesma forma como a altura é uma noção determinada basicamente pela frequência do som, a intensidade o é pela pressão na atmosfera exercida pela amplitude da onda sonora. Se assim o fosse, porém, um som senoidal de amplitude constante teria intensidade constante independentemente de sua frequência. Mas isso não é de forma alguma verdadeiro: como teremos a oportunidade de verificar, a intensidade de um som senoidal depende tanto de sua amplitude quanto de sua frequência. Por fim, até mesmo o timbre resultante pode influir na forma como percebemos a intensidade sonora, que se demonstra, a bem da verdade, como uma grandeza bastante subjetiva e relativa.

A relatividade da intensidade é atestada igualmente pelo fato de que outros sons concomitantes ou imediatamente anteriores a um determinado som podem afetar nossa avaliação quanto à sua dinâmica.

Assim sendo, será necessário percorrermos um caminho, a exemplo do trilhado por Campbell & Greated em sua abordagem das intensidades, que dê conta das seguintes etapas:

- análise da amplitude de um som senoidal de frequência fixa;
- análise da amplitude de um som senoidal variável em frequência;
- análise da alteração da amplitude de um som senoidal pela presença de um outro som senoidal;
- análise da amplitude em contextos (musicais) mais complexos.

3.3.1. Pressão e energia das ondas sonoras

Tomando-se como ponto de partida um som senoidal de 1 000 Hz (ou 1 kHz, que se situa cerca de 21 cents acima do B_5) – som standard para testes de acústica, por situar-se em uma região sensível para as variações de frequência e amplitude, e por isso presente em muitas mesas de som como *tom-piloto* –, tem-se que a intensidade percebida pelo cérebro cresce na medida em que, proporcionalmente, o montante de energia sonora absorvido pelo ouvido também cresce.

Como se dá tal relação? Quando uma força move um dado objeto, ela transfere a esse objeto uma certa energia. Isso explica como o montante de energia absorvida pelo ouvido depende diretamente da pressão de sua amplitude, ou seja, do tanto de energia transmitida ao objeto pela força que o move.

Como se define a *energia*? Quando um corpo é, por exemplo, deslocado em 5 centímetros de seu lugar de repouso, ele vibra numa *amplitude* de 5 cm. O *trabalho* contido nesse deslocamento é o que se designa por *energia*. Se esse corpo for deslocado a uma distância que seja o dobro da de nosso exemplo – ou seja, 10 cm –, ele deverá ser deslocado não somente pelo dobro da distância, mas também com o dobro de força ou de trabalho, ou ainda com o dobro de energia.

O montante de energia transferida ao objeto é, pois, o produto da quantidade de força (F) em relação à distância (d) que o objeto percorre na mesma direção dessa força:

$$\text{energia transferida} = Fd$$

Na medida em que o trabalho realizado para esse deslocamento é derivado diretamente da relação *força multiplicada pela distância*, necessita-se assim de 4 vezes mais trabalho do que a princípio, caso se queira mover o objeto no dobro da distância de antes. Portanto, necessita-se, para isso, de 4 vezes mais energia. Dessa forma, a energia é a *potencialização pelo fator 2 da amplitude*, e tem-se daí que *a energia da vibração é proporcional ao quadrado da amplitude*.

A quantidade de energia transferida ao objeto é, por sua vez, o produto da *força* com o montante de movimento, expresso por sua *velocidade* (v):

$$\text{quantidade de energia transferida} = Fv$$

Se o tímpano possui uma área A, a força aí exercida (p) será determinada pela relação:

$$F = pA$$

Assim sendo, a razão na qual a energia é transferida ao tímpano será determinada pela equação:

$$R = pAv$$

A razão média de transferência de energia ao ouvido depende da área e da impedância do tímpano, o que pode variar de ouvido para ouvido, fazendo que a percepção da intensidade possa variar de pessoa para pessoa e se torne uma grandeza essencialmente subjetiva.

3.3.2. Intensidade e nervos auditivos

A contribuição de cada componente de um som complexo (mistura) ou composto (tônico) à intensidade geral é afetada pela presença de outros componentes, cuja relação pode levar, em situações mais drásticas, ao que chamamos de *mascaramento* (que veremos mais tarde). Uma intrincada interdependência em nível microscópico entre os componentes espectrais causa-nos a sensação de volume sonoro, ao qual, usualmente, conotamos uma dada dinâmica musical.

Entretanto, mesmo numa presumível ausência de som uma fibra nervosa pode se excitar, emitindo sinais elétricos ao cérebro e causando uma sensação de impulsos "espontâneos".

Uma vez ultrapassados os limites de audibilidade mínima em intensidade, registramos um aumento de número de impulsos nas fibras nervosas, demonstrando-nos que as fibras nervosas emitem tanto mais frequentemente sinais elétricos quanto maiores tornarem-se as vibrações da membrana basilar.

Uma determinada fibra nervosa necessita, porém, de um tempo mínimo de 3 milissegundos entre cada sinal elétrico emitido, sendo pois incapaz de gerar mais do que 300 impulsos elétricos por segundo. Uma mesma fibra nervosa normal atinge tal nível de emissão de sinal em um som com cerca de 40 decibéis acima do limite mínimo de audibilidade em intensidade, quando então entra em estado de "saturação".

Notemos que a "dimensão" do impulso nervoso é a mesma. Sons mais fortes não causam um impulso elétrico mais pronunciado, mas, sim, um maior número de impulsos. Existe, aí, uma direta correlação entre intensidade e informação temporal coletada pelo cérebro através do número de impulsos elétricos num dado tempo: em geral, o cérebro estima a intensidade de um som pelo número de impulsos por segundo emitidos pelas fibras nervosas.

Coloca-se, então, a seguinte questão: se uma mesma fibra é já saturada com 40 decibéis, como podemos perceber um som de, digamos, 120 decibéis?

Três são as possíveis respostas:

- constatou-se, primeiramente, que existe, entre as fibras nervosas, uma variação nos limites de intensidade que induzem sua saturação;
- em segundo lugar, um novo feixe de fibras nervosas foi recentemente descoberto, o qual apresenta propriedades diversas das já conhecidas: elas correspondem individualmente a um âmbito muito maior de intensidade (respondendo a estímulos que vão além de 70 decibéis), e para as quais o limite mínimo de resposta em intensidade é, justamente, de 70 dB;
- por fim, com relação a um som senoidal de baixa intensidade, a amplitude da membrana basilar é tão somente suficiente para excitar fibras nervosas em uma pequena região, aquém do pico de amplitude do envelope dinâmico na própria membrana; conforme a intensidade cresce, o pico de intensidade cresce, mas o envelope como um todo também cresce, estendendo-se principalmente em direção à janela oval. Consequentemente, para sons mais fortes, o cérebro receberá impulsos nervosos adicionais de fibras que se situam abaixo do âmbito normal do envelope correspondente àquelas frequências em intensidade média ou fraca (ainda que existam controvérsias a respeito do quão tal fato possa contribuir efetivamente para a percepção da intensida de dos sons).

Por ora, é necessário que precisemos os conceitos.

3.3.3. Intensidade e potência sonora de instrumentos musicais

Se uma onda sonora incidir numa janela aberta de área de 1 m^2, disposta perpendicularmente à direção percorrida por essa onda sonora, toda a energia sonora passará por essa abertura. Essa razão de transferência de energia é uma propriedade fixa e mensurável da onda: ela é designada por *intensidade* propriamente dita.

Na medida em que, como vimos, a impedância do ar é de 415 *rayls*, tem-se que a intensidade de uma onda sonora de pressão efetiva p_e é determinada pela equação:

$$I = p_e^2 \; {}^{A}\!/\!_{z}$$

em que:

- $A = 1$ m^2
- $z = 415$ *rayls*

Ou seja:

$$I = p_e^2 \big/ 415$$

No sistema internacional de unidades, a energia é medida em *joules* (*J*) *por segundo* (*Js⁻¹*). A razão de transferência de energia assume importância crucial em diversos campos de pesquisa, e adquire seu próprio nome: *Watt* (*W*). A unidade de *intensidade*, que é *a energia transferida em um segundo por uma onda sonora na área padrão (1 m²)*, é, pois, o *Watt por metro quadrado (W/m² ou Wm⁻²)*.

Uma lâmpada de 100W consome *100 joules* por segundo. Um aparelho de 500W, *500 joules*. Uma parte da energia mecânica é transformada em calor, outra parte, em sons. Dos 500W, apenas aproximadamente 1/10 da energia total é transformada em som, e o mesmo ocorre na execução instrumental: apenas uma pequena parte da energia despendida pelo intérprete é radiada enquanto onda sonora, e a *potência sonora* (energia sonora irradiada por segundo) traduz-se como uma pequena fração de *Watt* mesmo quando um instrumento é tocado com intensidade fortíssima.

Uma orquestra sinfônica de, em geral, 75 instrumentistas irradia, em média, as seguintes potências máximas abaixo listadas para uma mesma intensidade musical (dinâmica), em que ilustramos alguns de seus instrumentos conforme os respectivos naipes orquestrais:

Fonte sonora	Máxima potência sonora (Watt)
orquestra (75 músicos)	70
flauta	0,06
clarinete	0,05
trompa	0,05
trompete	0,3
trombone	6
tuba	0,2
bumbo	25
contrabaixo	0,16

[Cf. Campbell & Greated, "3. Anatomy of a Musical Note", p. 103.] © OUP

Observa-se aí uma desigualdade constitutiva dos instrumentos. O trombone, por exemplo, irradia 100 vezes mais energia que a trompa quando ambos os instrumentos são tocados com intensidade fortíssima. A flauta demonstra-se, nesse contexto, um instrumento de limitadas potencialidades dinâmicas, devendo ser privilegiada na orquestração para que seus sons se tornem audíveis, enquanto que o bumbo, apesar da indefinição de seu som (som muito grave e proveniente de uma membrana excessivamente mole, sem ataque muito preciso), necessita de pouca intensidade para se fazer logo presente nos contextos orquestrais.

Mas mesmo se considerarmos essas diferenças gritantes entre os instrumentos, nada como o contexto musical para podermos avaliar, de fato, o modo como percebemos cada instrumento em particular. No mais, a maneira como o ouvido reage à energia sonora, em cada caso, reduz em muito tais disparidades.

3.3.4. Fonte sonora isotrópica

Ainda que a maior parte da energia sonora se dissipe em direção ao alto, um instrumento musical, por exemplo, propaga energia, mesmo se em medidas distintas de acordo com a altura da nota emitida, em todas as direções. O percurso dos montantes de energia faz, entretanto, que as ondas sonoras se deparem com obstáculos, sofram difração ou reflexão, resultando na forma como ouvimos o som desse instrumento.

Uma fonte sonora idealizada, que irradie energia sonora em *igual intensidade* por *todas* as direções, é chamada de *fonte sonora isotrópica*. Não existe, porém, instrumento que constitua exatamente uma fonte isotrópica, e mesmo em espaços amplos nos quais se executem sons de um instrumento, as reflexões acabam por reduzir o decréscimo que a potência sonora sofre conforme a distância, ajudando inclusive a potência sonora a subir de modo considerável.

O exemplo seguinte ilustra a medição de intensidade de uma fonte isotrópica (ideal):

A intensidade a uma distância R (*raio* da circunferência)
de uma fonte sonora isotrópica
$$I = P / 4\pi R^2$$

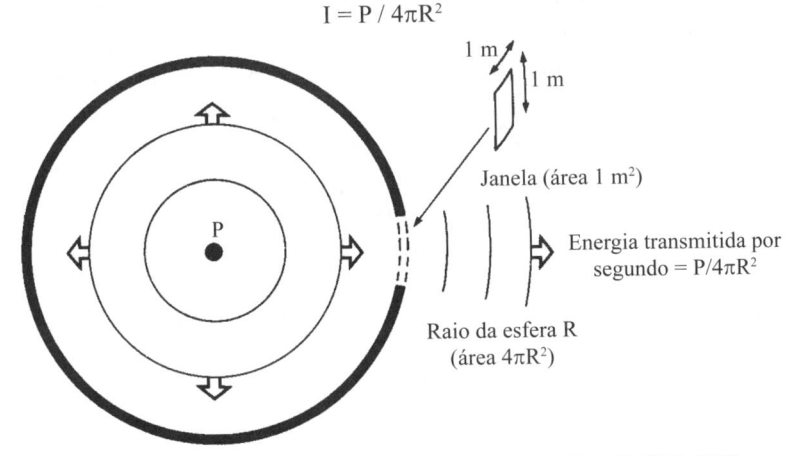

[Cf. Campbell & Greated, "3. Anatomy of a Musical Note", p. 105.] © OUP

3.3.5. A escala musical dinâmica (volumes)

Intensidade e pressão constituem propriedades objetivas e mensuráveis da onda sonora. Ambas relacionam-se, no entanto, com a percepção subjetiva de nossos ouvidos.

Se tomarmos como referência um som senoidal de 1 000 Hz e pedirmos para diferentes pessoas relacionarem intensidades distintas, do *ppp* ao *fff*, a esta frequência, encontraremos enormes discrepâncias nos juízos das pessoas. Essas diferenças se devem em grande parte – ainda que não somente – às diferenças de idade: quanto mais envelhecemos, menos flexíveis ficam nossas membranas basilares, e muito provavelmente um som *f* aos 20 anos será percebido apenas como *mf* aos 60 anos de idade, quando então nosso âmbito de percepção dinâmica já terá sido reduzido de modo considerável.

Como quer que seja, uma média se faz necessária para que possamos estabelecer parâmetros de discussão, em se tratando de intensidades. Para tanto, tem-se que a maioria das pessoas com ouvido em condições normais ouve um som de 1000 Hz com uma intensidade de *0,01 Wm⁻²* como sendo um som bem forte, classificando-o como tendo uma intensidade musical *fff* (*fortississimo*).

Para fazer que esse som *fff* sofra um decréscimo de intensidade a um fator a menos no escalonamento dinâmico musical (*ff*), será necessário reduzir sua medida em Watt por metro quadrado (Wm⁻²) *pelo fator 10*. Mais uma redução pelo fator 10, e teremos mais uma redução de nível de intensidade musical (*f*), e assim por diante. Através de experimentos, enquetes e balanços dos resultados, chegou-se à tabela abaixo (Exemplo 77), na qual relacionam-se as dinâmicas mais comuns da prática musical, comumente associadas ao *volume* do som, com suas medições em Watt por metro quadrado, e na qual estabelecem-se correlações (na última coluna da direita) entre tais medidas e o *nível de intensidade* (em que 100 é considerado o valor máximo, correspondente à dinâmica musical *fff*).

Exemplo 77

Correlações entre níveis dinâmicos musicais (volumes),
Watts (Wm^{-2}) e decibéis (dB)

Nível dinâmico musical	Intensidade (Wm^{-2})	Decibéis
fff	10^{-2}	100
ff	10^{-3}	90
f	10^{-4}	80
mf	10^{-5}	70
mp	10^{-6}	60
p	10^{-7}	50
pp	10^{-8}	40
ppp	10^{-9}	30

[Cf. Campbell & Greated, "3. Anatomy of a Musical Note", p. 107.] © OUP

No Exemplo 77, a intensidade em termos de Watts é expressa em potência negativa, sendo que, por exemplo, tem-se:

$$10^{-3} = 1/10^3 = 1/1000 = 0,001$$

Um som *pianississimo* (*ppp*) possui uma intensidade de apenas *10^{-9} Wm^{-2}*, ou seja: *0,000000001 Wm^{-2}*. Para um som *fff*, a intensidade será, pois, 10 milhões de vezes maior que para um som *ppp*!

Apesar de toda essa diferença nominal entre os dois níveis dinâmicos, o ouvido humano conglomera todas as impressões diferenciadas em intensidade em mais ou menos 8 níveis de volume, em que cada passagem de nível equivale, de forma analógica às percepções dos intervalos, a 7 "oitavas" ou "oitavações". O paralelo com a dimensão das alturas esclarece, no entanto, as especificidades de cada atributo sonoro: os graus distintos devem, nas intensidades, ser multiplicados pelo *fator 10*, assim como as oitavas, para as frequências, eram multiplicadas pelo *fator 2*. Dessa forma, o cálculo logarítmico auxilia muito também na avaliação dos níveis dinâmicos.

Ainda que sejamos capazes de perceber mudanças sutis de intensidades e apesar de nosso mecanismo fisiológico ser extremamente sofisticado, reagindo a ínfimas variações de pressão das ondas sonoras, nossa capacidade de reflexão, intelecção e discernimento consciente é muito mais limitada no campo dinâmico que no campo frequencial. Por mais que possamos distinguir variações relativamente pequenas entre as dinâmicas (como veremos, variações de, em média, 1,5 decibel são percebidas nitidamente pelo ouvido, e variações ainda menores (na ordem de 0,2 a 0,4 dB) podem ser captadas pela audição), dificilmente teremos consciência de cada uma dessas variações enquanto unidades *cardinais* (para usarmos um termo de Schaeffer), hierárquicas, se articuladas num contexto musical mais complexo. Se nossa percepção das notas da tessitura orquestral se organiza, *grosso modo*, em 7 oitavas, e se os níveis dinâmicos usados na música estruturam-se igualmente em 7 "oitavas", nossa capacidade de discernimento de desvios em alturas é bem maior do que no campo das dinâmicas, ainda que a distância nominal (em Watts) entre os valores das intensidades seja muitíssimo maior que a distância entre as frequências que separam as oitavas no âmbito das alturas (CD 45).

De toda forma, constata-se que, nas práticas musicais mais correntes, as dinâmicas cobrem um âmbito que vai de 100 a 30 decibéis. É interessante, nesse contexto, observarmos, tendo em vista as diversas ambiências acústicas às quais submetemos nosso ouvido em situações diversas de nossas vidas, a medição de alguns fenômenos sonoros em relação à escala de dB e à potência em Watts:

Exemplo 78

Alguns eventos sonoros medidos em dB e em W/m^2

Fonte sonora	Nível sonoro (dB)	I (W/m^2)	Reação
Jato a 10 m de distância	150	10^3	Insuportável
	140		
	130		
Partida de um jato a 500 m de distância	120	1	Doloroso
Show de rock	110		
Casa de máquinas	100		
Metrô	90	10^{-1}	
Fábrica	80		
Trânsito	70		Musicalmente
Conversa baixinha	60	10^{-6}	utilizável
Interior silencioso de um carro	50		
Biblioteca	40		
Sala de concerto vazia	30	10^{-9}	
Cochicho a 1 m de distância	20		
Queda de uma agulha	10		
	0	10^{-12}	Inaudível

[Cf. Hall.]

Resta saber, por ora, do que se trata efetivamente quando falamos em *decibéis*, medida esta à qual já fizemos apelo nos parágrafos anteriores.

3.3.6. O decibel (dB)

O Exemplo 77 mostra-nos que, se um som de intensidade I_1 é um grau dinâmico mais forte que um outro som de I_2, a *razão de intensidade* entre ambos será:

$$\frac{I_1}{I_2} = 10$$

A "oitava" das intensidades organiza-se, como vimos, pelo fator 10 (ao contrário das alturas, que se organizam pelo fator 2). Considerando-se 10 como 10^1, e relembrando que o logaritmo na base 10 (log_{10}) de um número é a *potência de 10* que corresponde àquele número, temos que:

$$\log_{10}\left(\frac{I_1}{I_2}\right) = 1$$

Se o som de intensidade I_1 situa-se, em graus dinâmicos, dois graus acima do som de intensidade I_2, temos então:

$$\frac{I_1}{I_2} = 10^2$$

e, consequentemente:

$$\log_{10}\left(\frac{I_1}{I_2}\right) = 2$$

Assim sendo, o número de graus dinâmicos entre dois sons é no mínimo quase igual ao logaritmo (na base 10) da razão de intensidade entre ambos. Se

$$\log_{10}\left(\frac{I_1}{I_2}\right) = 1$$

diz-se que a razão de intensidade é de um *bel* (unidade assim denominada a partir de Alexander Graham Bell (1847-1922), inventor do telefone). O *bel* é definido, pois, como a *relação* de 10 para 1 entre duas intensidades distintas.

A unidade é antes de mais nada – repetimo-lo – uma unidade de *relação* entre intensidades.

Visando a medições ainda mais precisas, a unidade *bel* é subdividida em *10 decibéis* (abreviatura: *10 dB*).

Tem-se, pois, que:

razão de intensidade (em dB)

$$10 \log_{10} \left(\frac{I_1}{I_2} \right)$$

A razão de intensidade correspondente a um grau na escala dinâmica musical é de aproximadamente 10 dB, considerando-se um som senoidal standard de 1 000 Hz. Se um som contiver então 10 vezes mais energia que um outro, diz-se que o nível de intensidade desse som é 1 bel ou 10 dB maior que o nível de intensidade do outro. Assim sendo, se a relação entre as duas intensidades for de 10, a diferença entre ambos os sons será de 10 dB, mas se a relação entre ambas as intensidades for igual a 1, ou seja, se ambos os sons tiverem intensidades idênticas, não haverá diferença em decibéis, ou seja, a diferença entre os dois será de 0 dB. Dessa forma, verifica-se que uma curva não-linear se estabelece, em que *1 = 0* ao mesmo tempo em que *10 = 10*.

A que corresponde então, mais exatamente, *um único decibel*? Qual será a relação de intensidade entre dois sons que seja correspondente, portanto, a *1 dB*? Se multiplicarmos 10 vezes o número 1 por *1,26*, chegaremos ao valor *10,08568618887*, muito próximo (ainda que jamais idêntico) ao valor 10. Consequentemente, tem-se que a relação entre duas intensidades na proporção de *1,26* (ou, de forma arredondada, na razão de *1,3*) equivale, aproximadamente, a 1 dB, resultando a tabela do Exemplo 79, na página seguinte, de correspondências entre a relação de intensidades entre dois sons e o nível respectivo de volume em decibéis.

Por conseguinte, para se dobrar, *a nível da percepção*, a intensidade de um instrumento, deve-se acoplar em uníssono outros 10 instrumentos, e para dobrar em intensidade esses 10 instrumentos, necessita-se ao todo de 100 instrumentos! Notamos, no mais, que uma relação entre duas intensidades distintas, na qual um som tem o *dobro nominal* de energia sonora que o outro, corresponde a uma diferença de somente *3 dB*. Isto significa que a "oitava" das intensidades – se levarmos em conta rigorosamente a relação *2:1* que caracteriza a relação oitavante em frequências – seria sempre de 3 dB. Mas como as intensidades são percebidas logaritmicamente por nosso ouvido a partir de uma relação que se dá pelo fator 10, e não (como no caso das alturas) pelo fator 2, deduzimos que um som que contenha o

Sinopse da correspondência entre a relação de
intensidade entre dois sons e a escala em dB

Relação de intensidade	Diferença de nível sonoro em dB
$I_1/I_2 =$ 1,0	0 dB $= N_{I_1} - N_{I_2}$
1,3	1 dB
1,6	2 dB
2,0	3 dB
2,5	4 dB
3,2	5 dB
4,0	6 dB
5,0	7 dB
6,3	8 dB
7,9	9 dB
10,0	10 dB
100,0	20 dB
1 000,0	30 dB
...	...
10^n	10 . n dB

dobro de energia sonora de um outro não deva ser, por isso, considerado como sendo o equivalente a uma "oitava" mais forte que aquele outro som. Ou seja, em relações dinâmicas, será preciso que um som contenha 10 vezes a energia do outro para que se sinta uma mudança da dinâmica musical (volume) de um para o outro, como bem nos aponta o Exemplo 77, e a diferença entre ambos deverá ser de 10 dB. Resumindo: um som com o dobro de energia sonora de um outro não significa que ele seja, musicalmente, duas vezes mais forte que esse outro som.

A praticidade da conversão das relações de intensidade em valores representados pela escala em decibéis resulta no fato de que devemos sempre *multiplicar* as relações entre as intensidades, enquanto que simplesmente *somamos* as relações em decibéis. E, como todos nós bem sabemos, somar é sempre mais simples que multiplicar.

Para tanto, a tabela do Exemplo 79 demonstra-se bem útil. Se sabemos que a diferença em intensidade entre dois sons é de, por exemplo, 36 dB, devemos, pois, "destrinchar" este valor em 30 e em 6 se quisermos definir a relação entre as respectivas intensidades (energias sonoras). Sabendo que 30 dB correspondem à diferença entre as intensidades na razão de 1 000 e que 6 dB correspondem a uma diferença na razão de 4, *multiplicamos* 4 por 1000 e teremos o valor *4000*, equivalente, aqui, à diferença entre as intensidades dos dois sons do ponto de vista do *montante de energia* empregado por cada um desses sons.

Inversamente, se sabemos que a relação entre as intensidades de dois sons está na razão de 300, "destrinchamos" este valor como sendo 3 vezes 100 para que possamos saber quantos decibéis a mais um som tem em relação ao outro. De acordo com a mesma tabela, temos, para o valor 3, aproximadamente 5 dB – 5 dB equivaleria, mais precisamente, a 3,2 na relação entre as intensidades –, enquanto que para o valor 100 temos 20 dB. Como basta *somarmos* as medidas da escala em decibéis, será suficiente fazermos a adição de 5 + 20 para chegarmos à conclusão de que a diferença entre os dois sons é de cerca de *25 dB*. Ou seja, um som é pouco mais de 2 graus dinâmicos musicais mais forte que o outro, como se um som fosse, digamos, *p* e o outro, um pouco mais que *mf* (levando em conta o Exemplo 77). A pequena diferença entre o valor exato e a aproximação pela qual optamos é irrelevante para nossa percepção.

É necessário observarmos, nesse contexto, que a escala em decibéis é, essencialmente, uma escala *relativa* de valores. Mas, conforme sua aplicação, seus valores relativos podem tornar-se valores *absolutos*, dando lugar inclusive a escalas ligeiramente distintas e destinadas a fins de medição específicos (como, por exemplo, a escala *dB-A*, apropriada a pormenorizadas medições de ruídos), e esse aspecto de seu emprego gera bastante confusão entre os músicos.

Nos contextos musicais, é-nos suficiente o uso genérico da escala em dB, sem maiores especificações. No entanto, quando dizemos que um som é, por exemplo, 20 dB mais forte que um outro, não especificamos se nos referimos a um som com intensidade *mf* e a outro com intensidade *p*, ou, ao contrário, a um som com intensidade *fff* e a outro *f*. A relação entre *mf* e *p*, de um lado, e entre *fff* e *f*, de outro, é igualmente de 20 dB. Porém, se usarmos a escala em decibéis tendo por base a correlação do pico mais forte (equivalente à dinâmica musical *fff*) como tendo *100 dB*, empregamos, por convenção, os valores em decibéis de forma absoluta, e cada valor em dB terá uma precisa correspondência (mesmo se de forma arredondada) com uma determinada dinâmica musical.

Além desse duplo emprego possível com relação aos valores em dB, é digno de observação que, para a grande maioria das mesas de som e para os modernos aparelhos digitais (tais como gravadores DAT e similares), o pico máximo de amplitude, equivalente à dinâmica musical *fff* e ao valor 100 dB na tabela do Exemplo 77, é representado como tendo *0 dB*. Nos aparelhos digitais, todo valor que ultrapasse esse limite gera, imediatamente, um *clipping digital*, ocasionando uma notável distorção do sinal acústico. A maior "suportabilidade" ou "tolerância" dos equipamentos analógicos

– característica esta que erroneamente faz que muitos acabem por preferir os antigos aparelhos analógicos, abrindo mão de uma captação bem mais apurada em níveis dinâmicos e frequenciais por parte dos aparelhos digitais – decorre, a rigor, do fato de que a captação analógica se dá pelo registro de ondas eletromagnéticas, enquanto a representação digital se dá por um "rastreamento" do sinal acústico ao qual se faz necessário, do ponto de vista das intensidades, o estabelecimento de um preciso limite numérico (digital), acima do qual o sinal é convertido para o valor máximo, ocasionando um "achatamento" na forma de onda do som. Em ambos os casos, porém, o risco de distorção, quando se passa dos limites estipulados pelos aparelhos, é iminente, e em ambos os tipos de equipamento as intensidades mais brandas que o limite máximo de 0 dB são representadas como valores *negativos* de dB.

3.3.7. *Execuções ao ar livre; gradações em dB*

A situação da execução ao ar livre expõe-nos a certas características interessantes da propagação das ondas sonoras. No caso de um som instrumental, por exemplo, a ausência de reflexão ao ar livre faz que a intensidade sonora decresça rapidamente, conforme a distância do instrumento em questão. Dobrando-se a distância do local no qual se dá a emissão do som, a intensidade será reduzida pelo *fator 4*.

É-nos fácil entender fisicamente o porquê dessa relação: a energia dissipada por um som, a qual preenche uma certa área após percorrer uma certa distância, terá de se dissipar em uma área 4 vezes maior que a primeira com o dobro da distância, como bem ilustra o desenho seguinte:

Exemplo 80

Queda da intensidade proporcional ao quadrado da distância

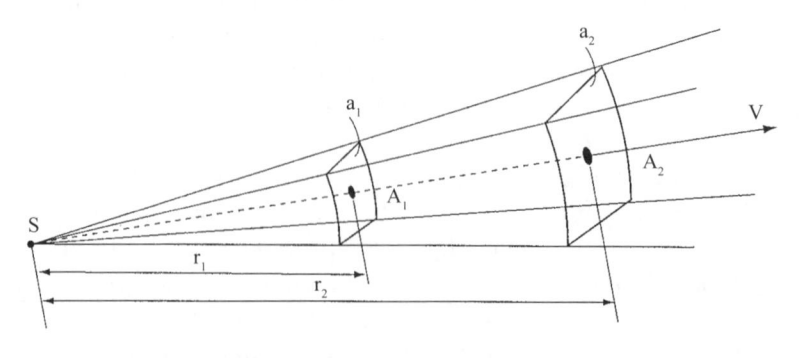

[Cf. Roederer.]

Por conseguinte, tem-se uma diminuição de intensidade em 1/4 do valor inicial, configurando-se o que se designa por "lei da distância": a intensidade reduz-se proporcionalmente a 1/4 com o dobro da distância. Ou, em outras palavras, a redução da intensidade de uma fonte sonora é *proporcional ao quadrado da distância* por ela percorrida. Nesse contexto, será oportuno lembrar que, quanto mais aguda for a frequência do som (no caso de um som composto), maior será a dificuldade em estimar sua distância espacial (a distância a que se encontra a fonte sonora) em relação ao ouvido.

O fato de que a redução da intensidade de uma fonte sonora é proporcional ao quadrado da distância por ela percorrida explica a ilustração seguinte, a qual representa o decréscimo de energia sonora (em Watts) de uma fonte isotrópica de potência de 1W. Observa-se que sua intensidade varia com a distância de acordo com a lei descrita acima: dobrando-se a distância, a intensidade cai pelo fator 4; a 10 metros de distância, a intensidade é de apenas 1/100 de seu valor inicial, e assim por diante.

Exemplo 81

Variação de intensidade em relação à distância no caso de uma fonte sonora isotrópica de 1W

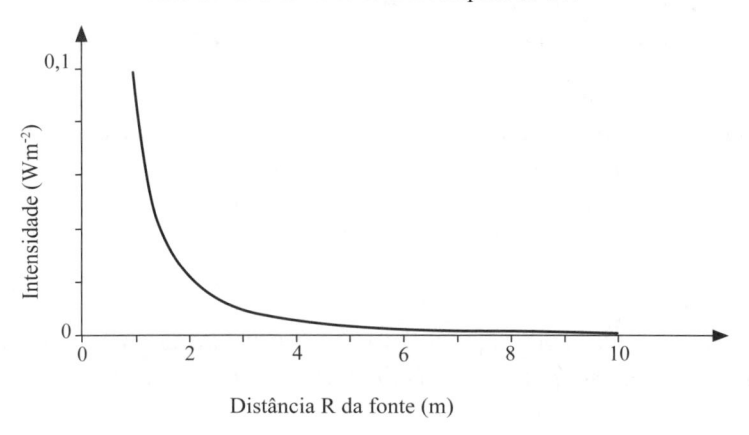

Distância R da fonte (m)

[Cf. Campbell & Greated, "3. Anatomy of a Musical Note", p. 106.] © OUP

Uma vez que:

$$\log_{10}(4) = 0,60206$$

a queda de amplitude de um sinal no dobro da distância corresponderá a uma diminuição de *6 dB* em intensidade, já que:

$$10\log_{10}(4) = 10 \cdot 0,6 = 6 \text{ dB}$$

Este valor de 6 dB é *relativo* e independe da distância real percorrida: a intensidade na distância de 10 metros será 6 dB a menos que a intensidade na distância de 5 metros; a intensidade na distância de 20 metros, 6 dB a menos que a intensidade na de 10 metros, e assim por diante. Dessa forma, diz-se que, *quando a amplitude dobra, a intensidade tem um acréscimo de 6 dB*. Por tal razão, essa medida escalar de 6 dB é empregada inclusive nos modernos gravadores digitais DAT, de forma que o pico de amplitude se situa a 0 dB e as amplitudes menores são representadas em valores negativos por passos de 6 dB, portanto, a – 6 dB, –12 dB etc.

Por convenção, gravações sobre suporte digital, tal como uma fita DAT, são, quando enviadas de um estúdio para outro, precedidas de um som senoidal de teste, com frequência-standard de cerca de 1 000 Hz e intensidade a –12 dB. Dessa forma, pode-se "calibrar" o nível de difusão de uma obra eletroacústica com uma certa margem de flutuação dinâmica, sem risco de distorção e sem o incômodo de ter de ajustar as caixas acústicas disponíveis tendo por base um som *fortissíssimo*, pois esse som de teste, a –12 dB, possui uma amplitude um pouco mais baixa, como se ele se situasse no dobro do dobro da distância de um som sentido como estando bem próximo, no pico de amplitude do aparelho (a 0 dB).

Dessa forma, temos costumeiramente três formas de "gradações" em dB, que não devem ser confundidas:

- 3 dB representam a diferença necessária para que um som tenha *o dobro ou a metade da energia* em relação a um outro;
- 6 dB representam a diferença em amplitude de um som *no dobro de uma certa distância percorrida* e, portanto, a diferença necessária para que um som tenha *o dobro ou a metade da amplitude* em relação a um outro;
- 10 dB representam a diferença necessária para que um som seja, em termos musicais, *um grau dinâmico mais forte ou mais fraco* que um outro.

3.3.8. *Nível de intensidade, soma de intensidades e nível de pressão sonora*

As medições em dB transmitem-nos, como vimos, informações *relativas* de intensidade, e não *absolutas*. A fim de obter uma *escala absoluta de intensidades* (como foi o caso para as alturas, cujos intervalos relativos encontram-se de certa forma "parametrizados" a partir, por exemplo, do A_4 como tendo em geral, por convenção, 440 Hz), parte-se de uma intensidade padrão, standard, que é designada por *intensidade zero* (I_0) e é definida da seguinte forma:

$$I_0 = 10^{-12} \text{ Wm}^{-2}$$

ou

$$I_0 = 0,000000000001 \text{ W/m}^2$$

Este padrão representa o grau dinâmico imediatamente abaixo da mais fraca intensidade que ainda seja reconhecível por um ouvido normal em condições ideais na escuta de um som de 1 000 Hz.

A partir daí, pode-se definir o *nível de intensidade* (*NI*) de um som, comparando sua intensidade *I* com a intensidade-padrão I_0:

$$NI = 10 \log_{10} \left(\frac{I}{I_0} \right)$$

Por exemplo, um som de $I = 10^{-8} \text{ Wm}^{-2}$ possui 10000 vezes a intensidade--padrão, já que:

$$\frac{I}{I_0} = \frac{10^{-8}}{10^{-12}} = \left(\frac{1}{10^8} \right) \times \left(\frac{10^{12}}{1} \right) = 10^4$$

Portanto, seu nível de intensidade será de 40 dB, pois:

$$NI = 10 \log_{10}(10^4) = 10 \times 4 = 40 \ dB$$

Se projetarmos esse valor na tabela do Exemplo 77, verificaremos que se trata de um som com intensidade *pp*.

Para calcularmos quantos decibéis resultam da concomitância de dois sons, emitidos por dois instrumentos, um com, por exemplo, 69 dB e o outro com 73 dB (tomando por empréstimo o exemplo citado por Campbell & Greated), jamais devemos efetuar uma simples "soma" dos valores respectivos em dB. Para verificarmos corretamente quantos decibéis resultam da simultaneidade desses dois sons, procedemos da seguinte forma:

1) observamos que a diferença em dB entre ambos é de 4 dB;
2) isto quer dizer que a intensidade do segundo som é, pela tabela do Exemplo 79, *2,5* vezes maior que a do primeiro som ($I_2 = 2,5 \times I_1$), enquanto que a do primeiro som é, obviamente, uma vez a dele próprio ($I_1 = 1 \times I_1$);
3) a intensidade da soma (2,5 + 1 = 3,5) será, pois: $I_{soma} = 3,5 \times I_1$;
4) usando mais uma vez a mesma tabela, temos que a relação entre intensidades na razão de 3,5 equivale a cerca de *5,5 dB*;

5) somando-se, agora, os 5,5 dB com os 69 dB do primeiro som (do som mais "baixo", sedimento das intensidades apreendidas pelo ouvido), temos que a soma dos dois sons resulta em *74,5 dB*.

Assim sendo, um som de 73 dB somado com outro de 69 dB acresce apenas 1,5 dB ao contexto sonoro, se considerarmos a sua própria intensidade! Caso isso não fosse verdadeiro e a soma dos valores em decibéis se desse pela mera adição dos respectivos valores, não poderíamos suportar nem mesmo duas notas tocadas simultaneamente por um mesmo instrumento. Na intensidade padrão $I_0 = 10^{-12}$ Wm^{-2}, a pressão efetiva é de:

$$p_0 = 2 \times 10^{-5} \, Pa$$
cuja unidade de pressão é o *pascal* (*Pa*)

Na ausência de onda sonora, o ar possui pressão constante de *10⁵ Pa*. É impressionante a sensibilidade do ouvido humano, pois somos capazes de detectar ínfimas variações atmosféricas que variam minimamente a pressão do ar, chegando a fazer que o tímpano responda a uma amplitude irrisória de cerca de *10⁻¹¹m*, o que representa menos de um décimo do diâmetro do menor átomo!

Existe, portanto, uma enorme discrepância entre a resposta de nosso ouvido às mínimas flutuações dinâmicas e nosso poder de processamento intelectual desses estímulos. *Escutamos* (fisiologicamente) muito mais sutilezas em intensidades do que de fato as *ouvimos* (no nível de sua intelecção).

No caso dos microfones, que imitam nosso ouvido, observamos que eles reagem mais à *pressão* que à *intensidade* propriamente dita dos sons. Estritamente falando, as medições dos microfones deveriam, pois, levar em conta não *níveis de intensidade*, mas antes *níveis de pressão sonora* (*NPS*). O NPS de um som com pressão efetiva p_e é de:

$$NPS = 10 \log_{10}\left(\frac{p_e^2}{p_0^2}\right) = 20 \log_{10}\left(\frac{p_e}{p_0}\right)$$

$$\text{com } p_0 = 2 \times 10^{-5} \, Pa$$

3.3.9. *A relação entre volume e frequência: o limiar de audibilidade em intensidade*

Um som senoidal de frequência variável e amplitude idêntica (estável) será percebido como possuindo intensidades distintas conforme a região das alturas em que se encontre. Se percorrermos boa parte do âmbito de audibilidade frequencial humano com um som senoidal, mantendo sua amplitude constante a, por exemplo, 60 dB (equivalentes à dinâmica musical *mp* no escalonamento para o qual o pico máximo de amplitude corresponde a 100 dB), perceberemos uma contínua alteração em seu volume.

É o que mostra o Exemplo 82: um *arpeggio* de Dó maior, realizado com sons senoidais, percorre o registro das alturas, partindo-se do C_8 (de 4186,01 Hz) até o C_0 (de 16,35 Hz, no limiar de audibilidade frequencial), sempre com amplitude a 60 dB (*mp*). Até a região do E_5 (de 659,25 Hz), temos a percepção de um pequeno decréscimo em intensidade, em seguida a intensidade parece aumentar na região da oitava central (Oitava 4), para, a partir do C_4 (de 261,62 Hz), ir diminuindo progressivamente até não percebermos mais nenhum som, ainda que haja claramente sinal acústico com amplitude constante a 60 dB – o que pode ser verificado no *led* (luzes de monitoramento) de uma mesa de som. Em suma, sons senoidais na região grave são percebidos com intensidade bem mais branda, mesmo se sua amplitude é ainda considerável, e, em regiões bem graves, não são mais sequer percebidos.

Exemplo 82

O volume percebido de um som puro de intensidade constante a 60 dB varia, do extremo agudo ao extremo grave, de *mp* à sua total inaudibilidade (CD 46)

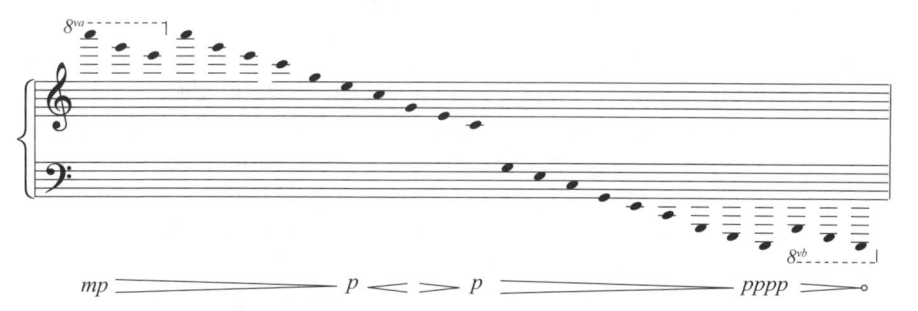

[Exemplo da p. 111 de Campbell & Greated, "3. Anatomy of a Musical Note", refeito pelo autor.] © OUP

Estamos defronte de um fenômeno que pode ser designado por *limiar de audibilidade em intensidade*, e que pode ser definido como sendo o mais baixo nível de intensidade na escuta de um som senoidal para um ouvinte de acurado ouvido. Na medida em que esse ouvinte não pode escutar um som senoidal bem grave, que se situe na Oitava 0, a um nível de amplitude de 60 dB, tem-se que, nessa região, necessita-se de, em média, mais de 70 dB de amplitude para que o som seja minimamente percebido. Essas variações em amplitude de acordo com a região do som senoidal para que ele seja minimamente percebido ocasionaram a medição e o consequente estabelecimento de um limiar de audibilidade em intensidade em todas as regiões de frequência, gerando o quadro seguinte, no qual se tem um *contorno de percepção igualitária de volume* (Exemplo 83).

Contorno de percepção igualitária de volume: a curva da esquerda representa o
limiar de audibilidade em intensidade para um ouvido acurado; a curva
pontilhada representa o limiar de um ouvinte médio; e a área
hachurada, o *mascaramento* numa típica sala de concerto
com ruído de fundo

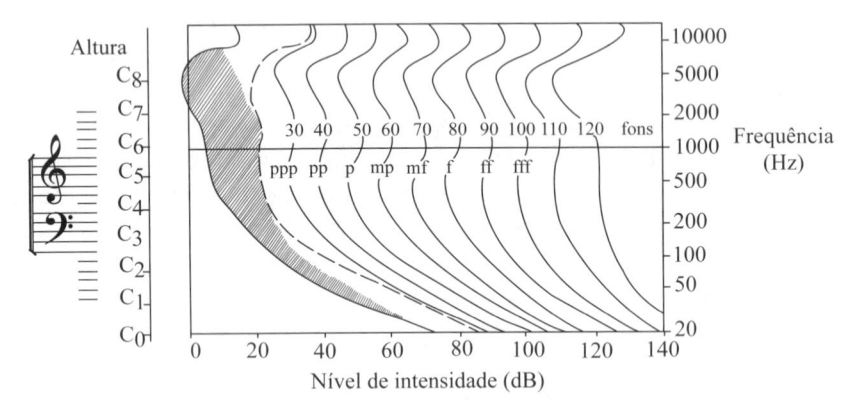

[Cf. Campbell & Greated, "3. Anatomy of a Musical Note", p. 112. Baseado em Robinson,
Dadson e Fletcher.] © OUP

A curva do limiar de audibilidade mostra que nosso ouvido é mais sensível em intensidades com sons senoidais de frequências em torno do C_8, quase duas oitavas acima da frequência-standard de 1 000 Hz. Em vários experimentos, chegou-se à conclusão de que existe uma alta sensibilidade em torno de 3000 Hz, fenômeno este que se deve ao fato de o canal auditivo possuir aí uma ressonância privilegiada, formando inclusive ondas estacionárias nessa região de frequência. Aliás, entre C_7 (2093 Hz) e E_8 (5274,04 Hz) o limiar de audibilidade situa-se aquém de 0 dB, sendo ainda menor que a intensidade mínima padrão $I_0 = 10^{-12}$ Wm^{-2}. Mesmo sons senoidais com intensidade média, nessa região bem aguda, já são capazes de causar sensação de dor em nosso ouvido. De um modo geral, a maior sensibilidade se dá entre 250 e 3000 Hz, sendo que na frequência-standard de 1000 Hz o limiar é de apenas 4 dB, portanto pouco mais que o dobro da intensidade mínima padrão para que o som seja percebido. Em contrapartida, a sensibilidade do ouvido cai drasticamente nas frequências graves (abaixo de 60 Hz), sendo que a cerca de 25 Hz precisamos de 60 dB a mais que a 1 000 Hz para que se perceba um som senoidal. Notemos, por fim, que acima de 4000 Hz o limiar de audibilidade em intensidade também cai consideravelmente, e perdemos a capacidade de escuta dos sons em registro extremamente agudo (acima de 10 kHz).

É necessário pontuar que este quadro foi construído sem nenhuma interferência de ruídos ambientais. Esses ruídos do meio ambiente elevam os limiares mínimos de audibilidade em intensidade (fenômeno ilustrado pela zona hachurada do Exemplo 83), fazendo que, num concerto, a intensidade mínima percebida seja, em média, de 20 dB. Um som senoidal com altura do C_4, que sozinho já seria audível com uma amplitude de cerca de 12 dB, necessita de uma amplitude de cerca de 24 dB para que seja minimamente percebido quando da presença de ruído de fundo ambiental.

Se se considerar o chamado *ruído térmico* – aquele "ruído de fundo" permanente e aleatório produzido pelo próprio mecanismo fisiológico da audição –, poder-se-ia definir o verdadeiro limiar de audibilidade como sendo determinado pelo ponto em que os sons mais tênues são encobertos por esse ruído térmico constante.

No mais, o quadro do limiar de audibilidade em intensidade tem como base um ouvinte de ouvido excepcional, cuja média é uma dentre 100 pessoas. Assim sendo, o quadro deve ser, em geral, acrescido de um valor entre 30 dB e 40 dB para que se tenha uma ideia do comportamento do ouvido médio humano em resposta às intensidades.

Por fim, a observação do quadro explicita o porquê da importância da região dominante na percepção dos espectros compostos dos sons tônicos. Ainda que as frequências bem graves sejam mal percebidas, o ouvido conta com a presença dos demais parciais que compõem o espectro harmônico, privilegiando a escuta daqueles harmônicos que se situam na região dominante, para os quais uma menor amplitude será necessária a fim de que sejam minimamente percebidos.

3.3.10. Contorno igualitário de volume: fon

Observando ainda o Exemplo 83, se, ao invés de mantermos o nível de intensidade constante (e variarmos somente a frequência), variarmos agora a própria intensidade, ajustando-a a cada variação de frequência a fim de termos a cada diferente frequência *a mesma sensação de volume* (de dinâmica musical), obtemos a escala em *fons*. Por definição, o *fon* representa a unidade de medida do nível de audibilidade de um som que, num teste de audição realizado em condições idênticas, é tão audível quanto outro som, tendo-se como referência um som de 1 000 Hz com intensidade sonora igual a *um decibel*. O fon é, pois, a unidade do *nível de volume* ou *nível sonoro*: dizemos que um som senoidal tem um nível sonoro de 60 fons se ele soa igual a um som de 60 dB na frequência-padrão de 1000 Hz.

Essa variação necessária na intensidade conforme a variação de frequência para que se perceba uma constância no volume dos sons resulta nas linhas em fons do Exemplo 83, em que cada linha corresponde a uma dinâmica musical corrente. Trata-se aqui das chamadas *curvas isofônicas* ou *curvas de Fletcher-Munson*. Se iniciarmos com um som de 1000 Hz num nível de intensidade a 60 dB, ao abaixarmos progressivamente a frequência do som, precisaremos, ao início, reduzir o nível de intensidade e, em seguida, aumentá-lo em direção às frequências graves, se quisermos manter a sensação de um volume constante dos sons.

Assim sendo, de acordo com o Exemplo 83 (no qual 60 fons = *mp*), por definição tem-se que um som senoidal com 60 fons será sempre percebido como tendo uma dinâmica *mp independentemente de sua frequência e de sua amplitude efetiva em decibéis.*

Vemos que a medição pelo nível de intensidade, em decibéis, é objetiva (ainda que relativa), enquanto a medição pelo nível de volume, em fons, é essencialmente subjetiva.

Com 120 fons dá-se, em média, o limite suportável de intensidade (volume) subjetiva para o ouvido. Tem-se que aproximadamente para cada variação de 10 fons percebemos uma variação dinâmica, do *ppp* ao *pp*, do *pp* ao *p* etc.

A variação em fons é consequência de diversos fatores que agem sobre as distintas frequências, tais como a difração ou as ressonâncias do canal auditivo e do tímpano. Por tal razão, se fizermos o teste para detecção dos valores em fons com fones de ouvido, eliminando o fenômeno de difração por volta da cabeça, o resultado será ligeiramente diverso do aqui apresentado.

3.3.11. A resposta dinâmica do ouvido para os sons graves

Uma curiosa propriedade da audição pode ser observada a partir do Exemplo 83: enquanto que o limite mínimo de audibilidade para as intensidades é 60 dB maior para o G_0 em comparação com o C_6, o contorno ou curva igualitária de volume (curva isofônica) que tem como parâmetro 100 fons para se atingir uma dinâmica *fff* será acrescida de apenas 22 dB entre ambas essas frequências. Das intensidades mais brandas às mais fortes, as curvas em fons se achatam. Em outras palavras, apesar de uma frequência grave necessitar relativamente de uma forte intensidade (amplitude) para que seja minimamente percebida, uma mudança relativamente pequena em seu volume (em seu nível de intensidade) já faz com que ela percorra os sete estágios dinâmicos musicais, do *ppp* ao *fff*. Em suma, para começar a ser percebido, um som grave necessita de mais decibéis que sons médios ou agudos, porém, uma vez percebidos, será necessária uma variação bem menor em decibéis para que se altere consideravelmente sua sensação de intensidade.

O Exemplo 84 (página seguinte) mostra o seguinte: um som senoidal na altura do C_6 necessita de um âmbito total de 70 dB em nível de intensidade para que cubra os sete estágios da dinâmica musical, do *ppp* ao *fff*. Para frequências mais agudas, uma quantidade um pouco menor será necessária para este âmbito total (65 dB para o G_7). Verifica-se, porém, que um âmbito bem mais restrito se dá nas regiões graves: para o C_1, por exemplo, apenas 49 dB de variação em amplitude são necessários para se ir do *ppp* ao *fff*. Ou seja, a média de variação para cada grau dinâmico, que é de cerca de 10 dB para a região do C_6, é reduzida a abaixo de 7 dB para a região do C_1. Pode-se afirmar, pois, que o ouvido é mais suscetível às variações dinâmicas das baixas frequências (CD 47).

Exemplo 84

A quantidade de decibéis, para cada frequência, necessária para cobrir a mudança em intensidade que corresponde ao âmbito dinâmico que vai do *ppp* (30 fons) ao *fff* (100 fons)

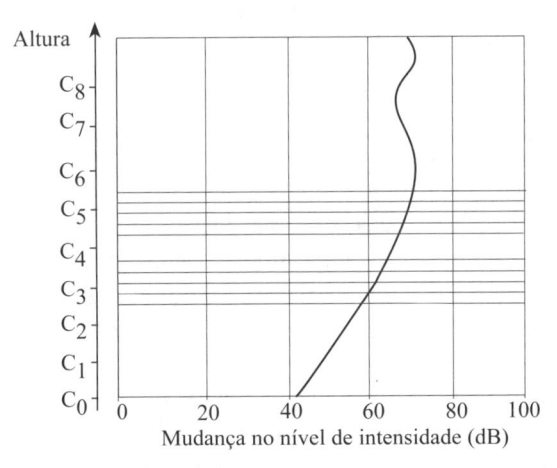

[Cf. Campbell & Greated, "3. Anatomy of a Musical Note", p. 114.] © OUP

A diminuição ou contração do âmbito dinâmico total em baixas frequências, apontando para uma maior sensibilidade dos sons de baixa frequência nas variações dinâmicas, deve ser levada em consideração na amplificação eletrônica dos sons: um amplificador que responde da mesma forma, com a mesma intensidade, em todas as frequências (portanto com *resposta plana*), não se dando conta de tais desigualdades, fará que as frequências graves sejam, em geral, percebidas como mais fortes que as agudas quando se aumenta o volume geral da amplificação, da mesma forma que uma redução desse volume fará que as baixas frequências diminuam, no nível de nossa percepção, mais rapidamente do que as altas frequências. (Este fato é também responsável pela incrementação desvairada de potentes *sub-woofers* nos alto-falantes dos automóveis nos últimos anos, em atitude mais preocupada com quem ouve os sons emitidos pelo carro de fora do veículo do que com quem os ouve de dentro – atitude, aliás, condizente, na esmagadora maioria dos casos, com a mentalidade do motorista proprietário do automóvel... Em suma, até mesmo a maior estupidez pode ser em parte compreendida pelo prisma dos fenômenos acústicos.)

Este fenômeno terá consequências também na execução musical ao ar livre. Já que, em tais circunstâncias, cada dobro de distância percorrida pelos sons ocasiona um decréscimo geral de 6 dB, quanto maior a distância do ouvido em relação à fonte sonora, tanto maior será a perda na sensação (percepção) dos sons graves, mais suscetíveis de variações dinâmicas no nível de nossa percepção. Ou seja, uma situação inversa do que ocorre com a propagação sonora em ambientes fechados: como uma parte da energia sonora é absorvida pelo ambiente propagador, acarretando uma perda de intensidade pela perda de energia, e como esta absorção aumenta com a frequência, os componentes mais agudos dos espectros decrescem em amplitude, com distância crescente, mais rapidamente do que os componentes graves.

3.3.12. *A escala de volumes em* sones *e a unidade* mel

O contorno igualitário de volume em fons não é a única forma de medição subjetiva das intensidades. Um outro escalonamento subjetivo foi estabelecido, segundo o qual pediu-se às pessoas para que elas ajustassem a intensidade de um som senoidal, de altura constante, a fim de que este lhes parecesse "soar a metade em intensidade". Em média, tem-se como resultado deste teste que um som senoidal é sentido como tendo "meia intensidade" de sua intensidade inicial quando seu nível de volume cai em 10 fons.

A partir daí, S. S. Stevens estabeleceu, em 1936, uma nova unidade de medida, qual seja: o *sone*. Por definição, o sone é, arbitrariamente, a unidade de volume de um som senoidal de 40 fons. Uma intensidade de 2 sones é, por definição, duas vezes mais forte que a de 1 sone, correspondendo consequentemente a um nível de intensidade de 50 fons; uma intensidade de 4 sones é o dobro de uma de 2 sones, correspondendo a 60 fons; e assim por diante.

O Exemplo 85, na página seguinte, correlaciona, acima, os valores em sones com as dinâmicas musicais e, abaixo, os valores em sones e em fons.

Verificamos, portanto, que gradações idênticas na escala em sones não correspondem a gradações idênticas das dinâmicas musicais: a diferença entre *pp* e *p* é de 1 sone, enquanto que, entre *f* e *ff*, tal diferença é de 16 sones. Isto nos diz, a rigor, que volume e nível de dinâmica musical são duas coisas distintas, apesar de correlatas e estreitamente ligadas. Mas se pelo prisma da medição em sones a discrepância entre uma e outra noção nos parece gritante, é preciso reconhecer que nenhum músico admitirá que entre a dinâmica *f* e a *fff* existiriam 16 possíveis gradações de intensidade percebidas pelo ouvido. Daí resulta que a escala em fons demonstra-se bem mais útil musicalmente que a escala em sones.

A título de curiosidade, devemos citar aqui a construção, pelo mesmo princípio, de uma escala para a medição em frequências, perguntando-se às pessoas qual seria a frequência que corresponderia à sensação de "metade" de uma outra frequência, ou seja, qual a frequência que soaria como sendo metade de uma outra, independentemente da avaliação musical intervalar

Exemplo 85

Correlação entre volume sonoro em sones, dinâmicas musicais e nível de volume em fons

Volume em sones	Nível de dinâmica musical	Gradação dinâmica (sones)
0,5	ppp	
1	pp	0,5
2	p	1
4	mp	2
8	mf	4
16	f	8
32	ff	16
64	fff	32

[Cf. Campbell & Greated, "3. Anatomy of a Musical Note", p. 116.] © OUP

propriamente dita. Constituiu-se, assim, uma escala com a unidade *mel* (Exemplo 86, na página seguinte).

A escala em mel tem tão pouca significação musical quanto a escala em sone. Como quer que seja, mesmo os músicos admitem em geral que duas notas que compõem uma oitava na região grave parecem estar mais próximas uma da outra do que duas outras que compõem uma oitava numa região aguda. É como se, de fato, existisse um "calibre" diverso de um mesmo intervalo, dependendo do registro das alturas no qual se encontre.

Exemplo 86

Tabela comparativa entre mels e notas musicais

"Altura" em mels	Altura musical (nota)	Tamanho da oitava (mels)
3 000	C_8	
1 950	C_7	1 050
1050	C_6	900
460	C_5	590
195	C_4	265
92	C_3	103

[Cf. Campbell & Greated, "3. Anatomy of a Musical Note", p. 117.] © OUP

A relação entre sones e fons foi incorporada pelas medições internacionais padronizadas em 1959, apesar de, em 1977, R. M. Warren ter sugerido que o dobro de intensidade percebida equivaleria não exatamente a 10 fons, mas sim a apenas 6 fons.

3.3.13. Mascaramento

A forma como avaliamos, em um contexto sonoro, um determinado som em intensidade – ou seja, a maneira como percebemos seu volume – é dependente da intensidade de outros sons a ele concomitantes. Essa constatação, que bem demonstra o relevante papel de nossa subjetividade na percepção das intensidades, não é somente válida para sons simultâneos e distintos, mas também para a própria relação interna entre os diversos componentes constituintes de um mesmo espectro sonoro.

Portanto, se deduzirmos mecanicamente que estimar a intensidade de um som equivale a detectar o somatório das amplitudes de cada um de seus componentes constitutivos, incorremos no erro de desconsiderar o significativo fato de que cada componente do espectro (cada parcial) pode reduzir a intensidade efetiva, percebida, dos outros componentes vizinhos a ele.

Assim é que, segundo a definição de J. J. Zwislocki em 1978, um som é *mascarado* ou "encoberto" por um outro som quando ele, plenamente audível quando da ausência do segundo, torna-se inaudível quando o segundo estiver presente.

O Exemplo 87 (exposto por Campbell & Greated) – para o qual P = pico de intensidade; e Q e R = outros picos de intensidade na membrana basilar – é bem ilustrativo deste fenômeno:

- ouvidos separadamente, tanto um som de baixa amplitude (no caso, de 1000 Hz) quanto um de amplitude pronunciada (nesse caso, igualmente de 1000 Hz) são ouvidos sem qualquer problema (Exemplo 87 (a) e (b));

Envelope de amplitude na membrana basilar correspondendo à frequência de: (a) um som fraco de 1 000 Hz; (b) um som forte de 1000 Hz; (c) um som forte de 1000 Hz + um som fraco de 2000 Hz; (d) um som forte de 1000 Hz + um som fraco de 500 Hz

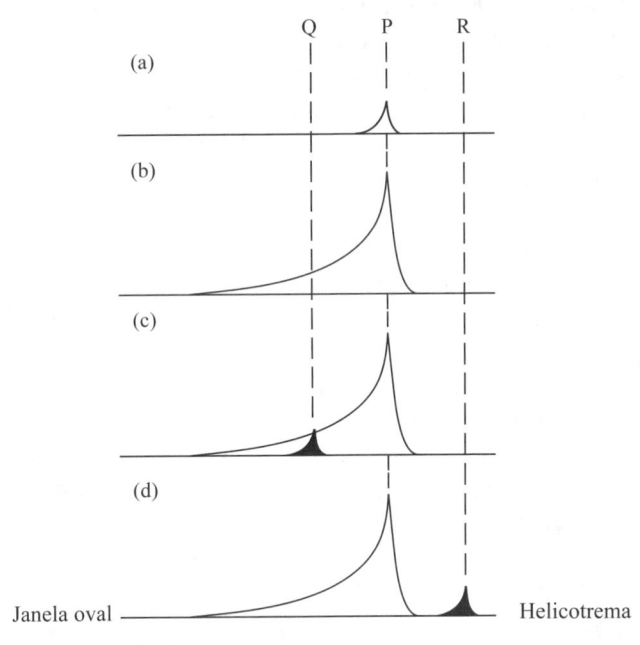

[Cf. Campbell & Greated, "3. Anatomy of a Musical Note", p. 120.] © OUP (CD 48)

- em (c), um som de 1000 Hz com amplitude de (b), forte, encobre ou mascara um som suave de 2000 Hz, de bem menor amplitude (a mesma de (a)), pois o som de 2000 Hz tem intensidade pouco expressiva se somada à do som de 1000 Hz, não contribuindo para a excitação das fibras nervosas já excitadas nessa região da membrana basilar pelo envelope dinâmico decorrente da intensidade pronunciada do som de 1000 Hz; tem-se aí o que se denomina por *mascaramento*;
- em (d), o efeito de mascaramento não ocorre, porque o som de 500 Hz, ainda que de baixa amplitude (a mesma de (a) e a mesma do som de 2000 Hz em (c)), excita uma região de fibras nervosas na membrana basilar ainda não afetada pelo envelope dinâmico do som forte de 1000 Hz.

O mascaramento do Exemplo 87c decorre do fato de que a amplitude do pico a 2 000 Hz é menor que a dimensão da curva de envelope a 1000 Hz naquela mesma região. A alteração ocasionada pela excitação de fibras nervosas causada pelo som de 2000 Hz será interpretada pelo cérebro como sendo apenas uma flutuação aleatória, incorporada pelo modelo de excitação do som mais forte, sendo, pois, ignorada.

Basta deslocarmos esse som mais fraco para uma região mais grave – no caso do Exemplo 87d, para 500 Hz – que a do som mais forte, para que comecemos a percebê-lo autonomamente, ainda que sua amplitude seja tão baixa quanto a do som de 2000 Hz. O simples fato de o local da incidência de sua curva de envelope na membrana basilar não coincidir com o da curva de envelope do som mais forte é índice suficiente, para o cérebro, de que tal informação diz respeito a um outro som, autônomo do som de amplitude mais pronunciada. Não se dá, nesse caso, mascaramento.

Reobservando os Exemplos 41 e 42, associados agora ao que acabamos de verificar, chegamos a uma conclusão: uma vez que a curva de envelope de um som na membrana basilar ocupa maior extensão à esquerda de seu pico de amplitude do que à direita, quando então a curva se extingue de modo mais rápido, quanto maior for o pico de amplitude, maior a área à sua esquerda que será afetada na membrana, tornando-se o mascaramento particularmente eficaz quando os sons ocupam a mesma banda crítica. Como a área à esquerda do pico de amplitude, aproximando-se da janela oval, corresponde a sons mais agudos, a consequência é óbvia: *um som forte tende a mascarar sons mais fracos que sejam, igualmente, mais agudos que ele próprio, afetando sons de frequências mais baixas somente se estas forem consideravelmente próximas dele e se sua amplitude for suficientemente forte para tanto* (CD 49).

No mais, o mascaramento pode ocorrer não somente para sons simultâneos, mas também quando tais sons ocorrem em sucessão cronológica, uma vez que a fadiga ocasionada no mecanismo auditivo pela escuta de um som excessivamente forte pode prejudicar a percepção de um som mais fraco que a ele se sucede.

3.3.13.1. *Limiar de mascaramento*

Uma consequência evidente do mascaramento é o fato de que um som senoidal forte eleva o limiar mínimo de audibilidade para sons mais agudos e para sons imediatamente mais graves que ele. Se sozinhos tais sons são claramente percebidos, seus limiares mínimos de audibilidade em intensidade devem ser acrescidos de considerável valor dinâmico na presença de sons mais graves e mais fortes. A essa elevação em amplitude dos sinais para que voltem a ser percebidos dá-se o nome de *limiar de mascaramento*.

Ainda que a curva do Exemplo 88 decorra de uma medição média da audição humana e que seus valores possam variar substancialmente de pessoa para pessoa, percebemos, em geral, que um som puro de forte intensidade mascara alturas mais agudas que ele mesmo de modo bem mais efetivo do que alturas abaixo dele.

Ilustração de como a presença de um som de 1 000 Hz, em distintos níveis de
intensidade, aumenta o limiar mínimo de audibilidade
para a percepção de outros sons

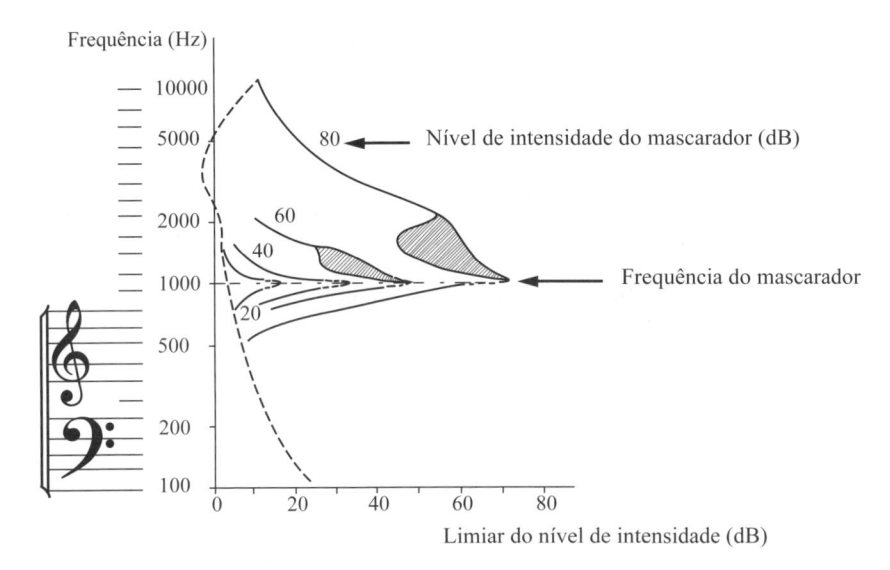

[Cf. Campbell & Greated, "3. Anatomy of a Musical Note", p. 122. Baseado em Greenwood,
Zwicker e Jaroszewski.] © OUP

Quando dois sons forem distantes entre si por frequências menores que
50 Hz, medições dos limiares de mascaramento se complicam devido aos
batimentos causados pela interação entre ambos os sons.

Um efeito similar é causado pelos sons que correspondem às áreas
hachuradas no Exemplo 88: sons que seriam, em princípio, inaudíveis em
consequência do efeito de mascaramento são, contudo, detectáveis pela
percepção através da emergência de sons diferenciais cúbicos (resultantes,
como sabemos, da relação entre f_1 e f_2 na razão: $2f_1 - f_2$).

3.3.13.2. Mascaramento parcial

Observando o Exemplo 88, notamos que um som de 1 000 Hz a 80 dB
eleva o limiar mínimo de audibilidade de um som de 2000 Hz a 55 dB. Um
som de 2000 Hz a apenas 50 dB será então totalmente imperceptível, mesmo
que ele seja plenamente percebido caso o som de 1000 Hz pare de soar.

Se elevarmos a intensidade do som de 2000 Hz a valores acima de 55
dB, este som tornar-se-á claramente audível, porém a sensação percebida
de sua intensidade será reduzida pela presença do som de 1000 Hz. Ou
seja, nossa percepção reage diferentemente a um mesmo estímulo de 55
dB se este sinal acústico estiver acompanhado ou não de outro estímulo

mais forte. A este fenômeno dá-se o nome de *mascaramento parcial*: a intensidade do som de 55 dB é percebida como sendo mais baixa do que se este som estivesse desacompanhado.

No caso do Exemplo 89 utiliza-se um ruído centrado em torno da frequência de 1000 Hz, como um *cluster* de banda reduzida de frequência, o que facilita a medição por evitar efeitos subsidiários de batimentos e sons diferenciais cúbicos.

Exemplo 89

Efeito de distorção do contorno de volume igualitário a partir de um ruído de banda estreita de frequência, com intensidade de 70 dB, centrado em torno de 1 000 Hz. Barra sólida: ruído mascarador; linhas pontilhadas: contornos não distorcidos; linhas inteiras: contornos distorcidos

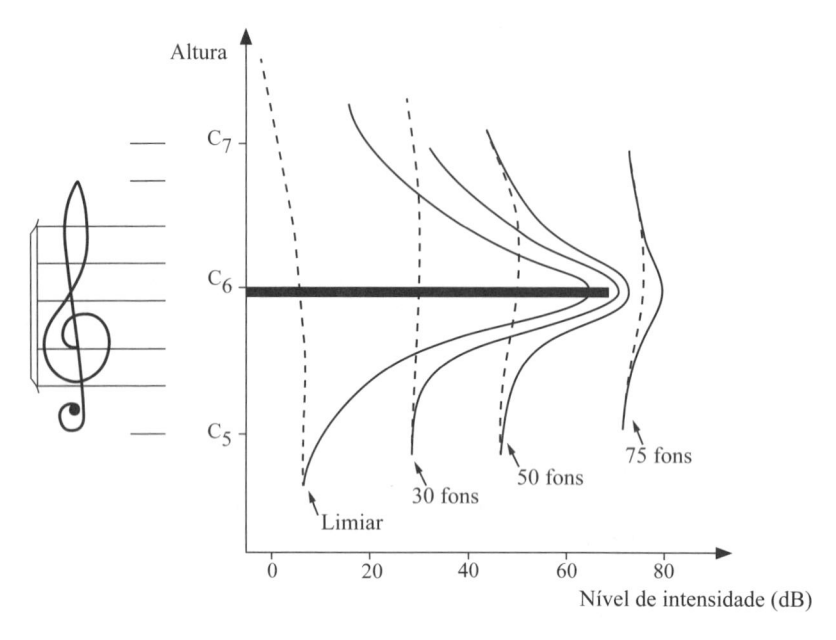

[Cf. Campbell & Greated, "3. Anatomy of a Musical Note", p. 123. Baseado em Scharf.] © OUP

Notemos que um controle muito maior de intensidade será necessário ao músico praticante de um instrumento se ele tocar acompanhado ao invés de sozinho, uma vez que, para compensar o efeito de mascaramento, o músico necessitará, por vezes, de adequar o nível de amplitude do que está tocando para que os sons por ele emitidos continuem a ser percebidos com a mesma intensidade.

É, pois, difícil manter um som suave em uma intensidade constante quando outros sons são acrescidos ao contexto sonoro, uma vez que esses novos sinais acústicos podem ocasionar um mascaramento do som de intensidade branda. Felizmente, porém, mudanças relativamente pequenas na quantidade de energia do som emitido pelo músico podem causar efeitos já bem pronunciados na percepção resultante de sua intensidade.

O Exemplo 90 ilustra essa situação, tendo como referência um C_6. Executada sozinha, essa nota percorre as dinâmicas musicais do *ppp* ao *fff* num âmbito linear em dB, enquanto que, somado a uma nota D_6 a 80 dB, o C_6 necessita ter sua intensidade aumentada para que a mesma evolução do *ppp* ao *fff* seja percebida, observando-se, para tanto, que um aumento mais pronunciado se faz necessário nas dinâmicas mais suaves (do *ppp* ao *mp*).

Exemplo 90

Relação entre o nível de intensidade (dB) e o nível de volume (dinâmica musical) de um som senoidal na altura do C_6;
linha pontilhada: C_6 sozinho;
linha inteira: C_6 com um outro som D_6 a 80 dB

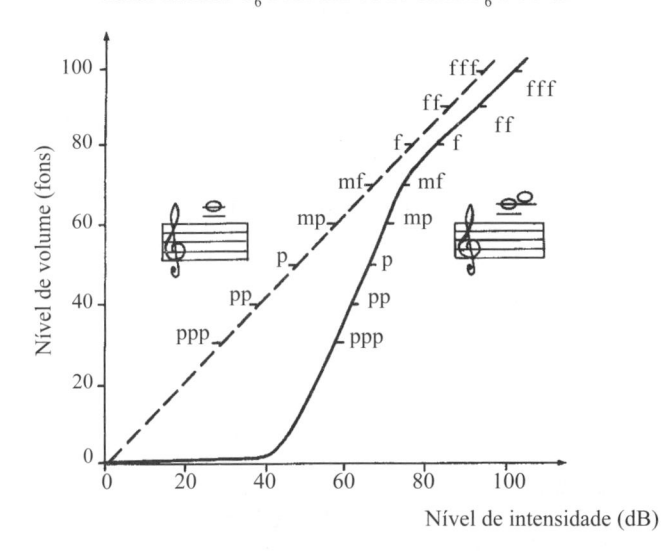

[Cf. Campbell & Greated, "3. Anatomy of a Musical Note", p. 124. Baseado em Chocholle e Greenbaum.] © OUP

3.3.13.3. Mascaramento de sons tônicos e medição das intensidades

O problema crucial do músico na orquestração, em seu anseio de fazer audível o que escreve, resume-se essencialmente no efeito de mascaramento. Contudo, somente a experiência pode resolver a questão, auxiliada, de toda forma, pela consciência acústica desse efeito tão significativo dos contextos musicais.

Se anteriormente vimos que um som senoidal mascara de modo mais efetivo sons mais agudos do que ele mesmo, podemos afirmar que, para os sons compostos, tal condição é ainda mais pronunciada, uma vez que o efeito se potencializa e que cada um dos componentes harmônicos (parciais) trará sua contribuição ao mascaramento total resultante. Isto sem falarmos da própria relação entre a intensidade resultante de um som composto e as intensidades individuais de seus vários harmônicos, relação esta deveras complexa devido ao fato de que cada componente senoidal pode mascarar outros componentes do espectro num maior ou menor grau.

O Exemplo 91 abaixo mostra o efeito de mascaramento causado por um som tônico de somente 10 parciais harmônicos com fundamental em C_4 com relação a outros sons em distintas regiões das alturas. A linha pontilhada mostra como um som senoidal grave é efetivamente percebido a 60 dB, mas conforme sua frequência for subindo, a sensação subjetiva de intensidade na percepção desse som decresce substancialmente, até que sons agudos parecem sumir totalmente, mascarados pelo som tônico de fundamental C_4. Em geral, o efeito de mascaramento de um som composto forte estende-se, como vemos, por pelo menos duas oitavas acima de sua frequência fundamental.

Exemplo 91

Efeito de mascaramento de um som tônico contendo 10 harmônicos,
cada qual com intensidade a aproximadamente 70 dB

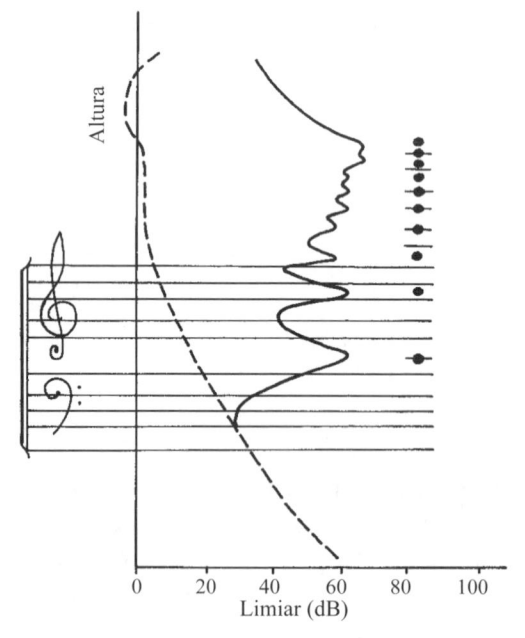

[Cf. Campbell & Greated, "3. Anatomy of a Musical Note", p. 126. Baseado em Houtgast e Plomp.] © OUP (CD50)

FLO MENEZES

Daí podemos extrair uma importante lição para a orquestração: um instrumento tocando uma melodia pode ser facilmente encoberto pelo acompanhamento em uma região mais grave das alturas. O acompanhamento, via de regra, deve possuir menor intensidade e volume que a melodia que se quer realçar.

Várias escalas foram propostas para medir as intensidades sonoras, levando em conta os efeitos de mascaramento, porém na prática tais escalas tornam-se de difícil elaboração, devido essencialmente a três fatores:

- os sons mais ricos possuem espectros contendo diversos componentes senoidais, e a resposta do ouvido em relação a esses sons varia tanto em intensidade quanto em frequência, interagindo com sua complexidade constitutiva;
- cada um dos componentes parciais de um espectro pode mascarar outros componentes, reduzindo as contribuições destes últimos para a percepção da intensidade geral do som;
- e, por fim, os sinais enviados ao cérebro estão sujeitos a sofisticadas análises, nas quais a intensidade percebida é afetada por fatores tais como o contexto e até mesma a expectativa psicológica presente, ou seja, a intenção que reside no próprio ato da escuta.

3.3.14. Níveis sonoros na prática musical

Apesar de termos visto que inúmeros são os fatores que determinam a intensidade percebida de uma nota, por exemplo, em uma obra orquestral, esta percepção se vê igualmente afetada, como acabamos de mencionar, pela expectativa causada pelo contexto auditivo. Em casos extremos, pode--se até mesmo ouvir uma nota de uma frase musical "familiar" sem que ela tenha sido de fato executada ou, se o foi de fato, apesar de ela ter sido mascarada por outro som mais forte e, em geral, mais grave.

De toda forma, a necessidade de manter até mesmo os mais suaves dos sons numa intensidade razoável para que se distingam do ruído ambiente implica o fato de que, na prática, tal intensidade mínima raramente seja inferior a 40 dB.

Entretanto, para a maioria dos instrumentos existe um nível mínimo de potência sonora, abaixo do qual torna-se impraticável a sustentação do som pelo instrumentista. O nível de intensidade que corresponde a este valor mínimo depende, além das características físicas do próprio instrumento, da distância entre o executante e os ouvintes em um dado espaço, assim como da própria natureza acústica do ambiente em que se dá o ato da execução musical.

Tomemos como exemplo o caso do violino, tal como fizeram Campbell & Greated. Notamos aí que um executante médio é, em geral, incapaz de produzir um som contínuo em um nível de intensidade que seja inferior a 60 dB, enquanto que a intensidade máxima tolerável desse instrumento será de 95 dB. Algo bem diverso, por exemplo, do trompete, cujos executantes terão, em média, dificuldade em produzir sons com intensidades mais suaves que 70 dB, podendo atingir, em picos máximos de intensidade, até 100 dB.

Por mais estranho que possa parecer, numa sala de concerto de porte médio a diferença (em decibéis) entre os níveis mais baixo e mais alto de intensidade será similar à de um pequeno quarto, ainda que a avaliação subjetiva das intensidades varie substancialmente de um caso para outro: uma mesma potência sonora em ambos os espaços causará a impressão subjetiva, na sala de concerto, de uma menor intensidade.

Mas mesmo em se tratando de um instrumento isoladamente, notamos o quão as intensidades são percebidas de modo diferenciado. Testes feitos com a escala cromática revelam o quão tais escalas podem variar de intensidade efetiva durante seu percurso na tessitura dos instrumentos, ainda que se tenha solicitado aos respectivos instrumentistas que mantivessem os mesmos níveis de dinâmica musical (de volume) por todo o registro do instrumento. Perceberam-se, no entanto, variações em decibéis numa mesma dinâmica musical, conforme a localização da nota na tessitura instrumental, mesmo se o músico intencionava manter a mesma intensidade. Ou seja, para tocar uma escala cromática em *pp* ou em *ff*, mantendo rigorosamente o volume das notas (a intensidade percebida), alteraram-se espontaneamente, em cada caso específico de um instrumento, os valores de intensidade em decibéis, de acordo com a altura das notas. É o que demonstra, para alguns instrumentos, o Exemplo 92.

Conforme o instrumento, as discrepâncias são enormes. No caso da trompa, por exemplo, os cerca de 58 dB usados para que um C_4 soe com dinâmica musical *pp* farão com que um C_2 soe *ff*.

Notamos, por outro lado, que o âmbito que cobre a diferença entre a dinâmica *pp* e a *ff* geralmente é, na região do C_5, de apenas 15 dB. Ou seja, se o músico desejar efetuar escalas dinâmicas em cinco graus nessa região, percorrendo as intensidades padrão *pp-p-mp-mf-f-ff*, cada um desses graus corresponderá a uma mudança de apenas *3 dB*. Nesses casos específicos, portanto, as dinâmicas musicais distanciam-se umas das outras não por gradações de 10 dB, mas por gradações de 3 dB, quantia esta que, como sabemos, representa a diferença necessária para que um som tenha o dobro ou a metade da energia em relação a um outro. É como afirmarmos que, para a grande maioria dos instrumentos na região do C_5, o dobro de energia é percebido como uma dinâmica musical mais forte.

A enorme variabilidade da avaliação subjetiva das dinâmicas e das intensidades ainda pode ser ilustrada pelo fato de que, por vezes, alterações em

Medições de âmbitos de variação dinâmica (em decibéis) usadas
por vários instrumentos na escala cromática quando da intenção de
manter as dinâmicas musicais idênticas (no caso, *pp* e *ff*)

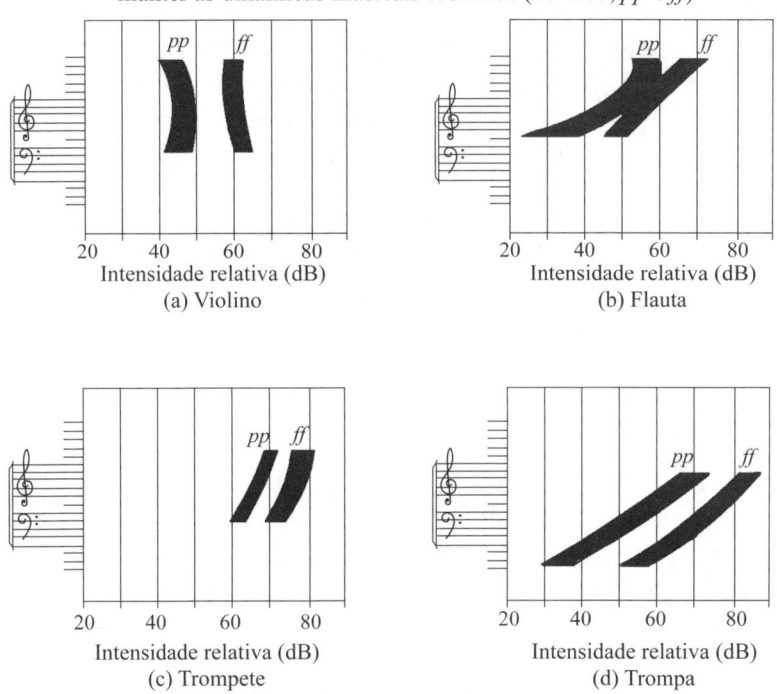

[Cf. Campbell & Greated, "3. Anatomy of a Musical Note", p. 134. Baseado em Clark e
Luce.] © OUP

decibéis no interior de uma mesma dinâmica musical, que se quer uniforme
ao longo de uma figura cromática, são mais pronunciadas do que ocorre
quando se altera deliberadamente uma intensidade *mp* a uma *mf* no mesmo
registro das alturas. Para percorrer cromaticamente toda a sua tessitura em
pp, a trompa efetua em média uma alteração de 40 dB do grave ao agudo,
enquanto que, como vimos, apenas 15 dB serão necessários para que se
transforme um C_5 *pp* em *ff*.

É impossível, pois, encontrarmos correspondência direta entre os
níveis de intensidade em decibéis (ou em fons) e as dinâmicas musicais a
partir da análise e avaliação perceptiva dos instrumentos individualmente.
Já na música orquestral, quando da concomitância dos diversos naipes
instrumentais, felizmente tais correspondências são mais plausíveis. Uma
medição efetuada por Fritz Winckel e relatada por Campbell & Greated, na
qual a Orquestra de Cleveland, sob a batuta de George Szell, executava a *9ª*
Sinfonia de Bruckner, apontou para o fato de que 48 dB foram percebidos
como correspondendo a uma intensidade média, 99 dB como a uma for-

tíssima, e que cada mudança de intensidade (dinâmica musical) correspondia a alterações de 3 dB (e não de 10 dB), sendo o âmbito geral entre *pp* e *fff* equivalente, em geral, a 51 dB. Certamente, tais contrastes constituíram os fatores responsáveis pelo crescimento da orquestra romântica durante o século XIX.

Salientemos, finalmente, que o gesto instrumental é igualmente responsável pela percepção subjetiva das intensidades: um gesto exacerbado pode induzir-nos à percepção de um som mais forte do que um outro som de mesmo volume (mesma intensidade em decibéis) tocado sem exagero. Entretanto, como a influência do gesto sobre nossa percepção depende, antes de mais nada, de cada um de nós, é fácil supor o risco que corre o intérprete exagerado. Para que não corra risco, é mais sábio observar a seguinte regra: o segredo da eficácia do gesto instrumental não reside no exagero dos movimentos, mas antes no controle minucioso das inflexões instrumentais, em toda a sua variabilidade dinâmica.

3.3.15. A mudança mínima perceptível em intensidade

Por tudo que vimos, notamos que a percepção é capaz, de um lado, de uma captação minuciosa de ínfimas variações de intensidades, mas que, por outro lado, a avaliação subjetiva revela uma grande vulnerabilidade na discriminação consciente dessas alterações, vulnerabilidade esta decorrente, em grande parte, dos inúmeros fatores de mútua interferência entre os componentes espectrais que emergem dos contextos sonoros.

Como quer que seja, medições constataram que o ouvido humano é capaz de detectar mudanças em intensidade, na escuta de um som senoidal, de somente 1,5 dB. Para sons de amplitudes fortes, ainda menores variações, na ordem de 0,5 dB, são perceptíveis. Em se tratando de sons não-senoidais, tem-se por inúmeros experimentos que, sob o ponto de vista da percepção consciente das variações dinâmicas, uma variação mínima necessária em intensidade para que um som ocasione uma mudança detectável na sensação de volume sonoro situa-se, de modo mais ou menos constante, entre apenas 0,2 e 0,4 dB, o que se demonstra como uma alteração bastante sutil. Este fato explica o porquê do valor adotado como margem máxima de amplitude em muitos processos de *normalização* – processamento através do qual as maiores amplitudes de um evento sonoro são reescaladas até o limite máximo de suportabilidade auditiva (situado em 0 dB) –, realizados em estúdio quando, por exemplo, da produção de CDs: em geral, tem-se por norma que o som mais forte deverá situar-se a -0,2 dB, deixando-se, por questões técnicas, uma pequena margem "de sobra" em amplitude do sinal. Dessa forma, constatamos que uma mudança de 3 dB é, pois, plenamente eficaz para a percepção de alterações dinâmicas, e 10 dB são claramente suficientes para a percepção subjetiva das gradações das dinâmicas musicais (CD 51).

Em geral admite-se, porém, que a discriminação exigida pelo cérebro será menos dificultosa se os graus dinâmicos decorrerem de alterações mais pronunciadas em intensidade. E tal é, de fato, um dos requisitos do virtuose: a ampliação do âmbito dinâmico de sua execução, distanciando de forma mais clara os extremos dinâmicos e facilitando ao cérebro a detecção de nuanças em intensidade.

Em suma, uma mesma dinâmica musical *f*, por exemplo, será avaliada da mesma forma em contextos distintos mesmo se seus valores em decibéis forem consideravelmente contrastantes, e tal fato pode ser comprovado quando analisamos uma interpretação de um trecho musical em *ritornello*: dificilmente o intérprete reproduzirá exatamente as mesmas relações de amplitude quando da repetição do trecho em questão, enquanto que qualquer deslize no domínio das alturas será imediatamente detectado pela percepção como um erro ou "esbarro".

Assim sendo, por mais que possamos, do ponto de vista fisiológico, perceber um por um dos 60 graus dinâmicos de um mesmo som senoidal que se inicia com 100 dB (*fff*) e decresce até 40 dB (*pp*), caso este som for apresentado à nossa percepção de forma sequencial em gradações diminutivas de 1 dB (média entre 1,5 dB e 0,5 dB, valores mencionados ao início deste tópico), nossa memória não será capaz de registrar e fixar, tal como o faz com relação às alturas, esses valores de maneira precisa, de forma que acabamos por amalgamar todas essas gradações em mais ou menos 7 "oitavas dinâmicas" ou 8 gradações musicais de dinâmica.

Tais circunstâncias explicam o porquê, na música, de as intensidades quase nunca terem sido elaboradas com tanta precisão quanto o foram as alturas, ainda que, no período concernente ao serialismo integral (final dos anos 1940 e anos 1950), as gradações dinâmicas tenham se prestado ao controle serial. Uma iniciativa ímpar, dentro da música instrumental, foi realizada por Karlheinz Stockhausen em 1973-1974, em sua obra orquestral *Inori*, na qual quatro escalas dinâmicas de 60 valores cada, entre o extremo *piano* e o extremo *forte*, foram minuciosamente elaboradas a partir da combinação entre os diversos instrumentos da orquestra. Uma iniciativa, porém, tanto de difícil execução quanto de difícil percepção, a despeito de sua legitimidade, fato que a tornou única – em todos os sentidos – mesmo na trajetória criativa deste mesmo compositor.

No contexto da música eletroacústica, porém, o detalhamento das relações dinâmicas, facilitado pela elaboração direta sobre os níveis em decibéis, torna-se uma realidade incontestável, ainda que a consciência subjetiva de tais nuanças, por parte do ouvinte, nem por isso se torne mais evidente. Entretanto, na percepção da música, felizmente, não é somente o nível da consciência que desempenha papel crucial na avaliação estética.

3.3.16. Sons excessivamente fortes, danos ao ouvido e o fenômeno da adaptação

Uma última palavra no tópico referente às intensidades diz respeito a nossos limites fisiológicos. Sabe-se já há anos que a exposição prolongada do ouvido a sons excessivamente fortes pode causar redução da habilidade de escuta. Esses efeitos danosos ao mecanismo da audição podem ser divididos em duas categorias:

• reduções temporárias da audibilidade, a qual pode ser recuperada pelo ouvido após certo tempo; e
• dano permanente à audição, constituindo destruição irreversível de parte do mecanismo do ouvido interno.

O efeito de mascaramento de um som forte ocasiona, como vimos, um crescimento do limiar mínimo de audibilidade em intensidade. Quando sons fortes cessam de soar, esse limiar mínimo não retorna imediatamente a seus níveis normais com a ausência de som. Tem lugar, então, um *deslocamento temporário do limiar mínimo de audibilidade*, que pode persistir de alguns minutos a vários dias, dependendo do volume de som recebido pelo ouvido, e que varia conforme a frequência medida.

O pico nas curvas de deslocamento do limiar no Exemplo 93, a 4 000 Hz, é característico do próprio ouvido humano: ao que tudo indica, a parte do ouvido interno que corresponde a esta frequência parece ser mais suscetível de danos por sons fortes.

Se o volume sonoro ou o tempo de exposição do ouvido a esse volume ultrapassar certo limite, o limiar mínimo de audibilidade em intensidade não retornará mais a seus níveis normais, ocasionando um *deslocamento permanente do limiar mínimo de audibilidade*, levando o indivíduo a uma surdez em maior ou menor grau.

Os danos causados ao ouvido não dependem somente da intensidade média e da duração de exposição do ouvido ao som forte, mas também de outros fatores tais como a composição espectral, o fato de o som conter ou não picos pronunciados de intensidade, e se o som danoso é ouvido permanente ou intermitentemente.

Mas o ouvido, mecanismo tão engenhoso e sensível, demonstra-se, contudo, também bastante resistente. Medições que resultam no Exemplo 94, na página 172, mostram que uma intensidade de 100 dB necessita de ser executada ininterruptamente por 50 minutos para que se exceda o limiar mínimo de audibilidade e se causem danos ao ouvido.

O crescente hábito de escutar música com fones de ouvido expõe igualmente o ouvido a riscos de perda de audição. Diversos são os compositores, no ramo da música eletroacústica, que submetem seus ouvidos à constante

Deslocamento – medido com variações temporais de 2 a 90 minutos –, de acordo com a frequência, do limiar mínimo de audibilidade pela exposição do ouvido a um *show* de *rock*, no qual se tem, em média, uma alta intensidade de 110 dB

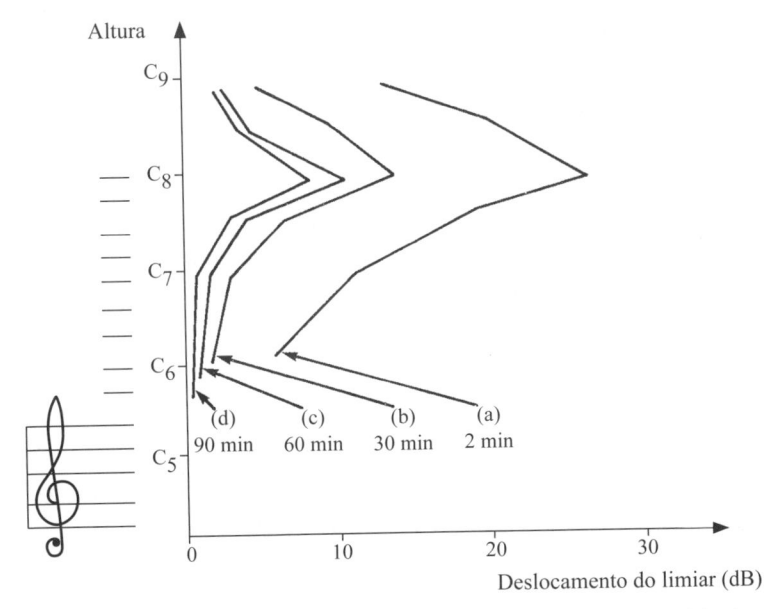

[Cf. Campbell & Greated, "3. Anatomy of a Musical Note", p. 138. Baseado em Rintelmann *et al.*] © OUP

avaliação dos sons através dos fones de ouvido, e tal procedimento de escuta, ainda que difícil de ser evitado, deve ser praticado com cautela. Da mesma forma, o músico instrumentista deve se cuidar ao executar seu instrumento ou atuar na orquestra, controlando, na prática do estudo, as intensidades muito fortes. Um caso particularmente interessante, no contexto da música contemporânea, é o do *sixxen*, maravilhoso instrumento metálico de percussão idealizado por Iannis Xenakis em 1978/1979 para sua obra *Pléiades* e construído pelo conjunto Les Percussions de Strasbourg: o potencial dinâmico de suas lâminas é de tal ordem que os músicos se veem forçados a utilizar tampões de proteção nos ouvidos para poderem exercitar o instrumento ou mesmo tocando em público (CD 52).

Por outro lado, é de notar que, por longos períodos de exposição sonora ou mesmo por vários minutos de escuta contínua, ocorre um fenômeno a que se dá o nome de *adaptação*, e que consiste numa diminuição do volume subjetivo em relação a um som de intensidade constante e em geral forte. Há, de fato, uma espécie de atenuação e "nivelamento" desse volume subjetivo de um som após cerca de 100 segundos de escuta, mas mesmo para sons estáveis de duração bem menor o ouvido tende a adaptar de alguma forma

Ilustração do número máximo de minutos (num dia de trabalho de 8 horas) durante o qual a exposição a níveis de intensidade que excedem 90 dB é considerada como sendo ainda suportável pelo ouvido

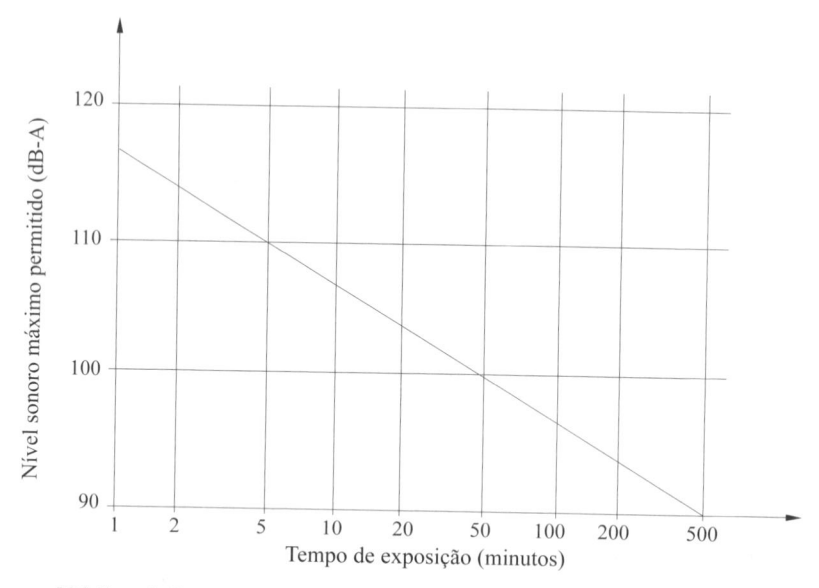

[Cf. Campbell & Greated, "3. Anatomy of a Musical Note", p. 140.] © OUP

sua dinâmica ao contexto sonoro, deslocando o foco da escuta a outros eventos a eles concomitantes. Um recurso extremamente eficaz para combater este efeito de "acomodamento perceptivo" com relação às amplitudes sonoras, o qual pode ser negativo na apreciação musical, consiste no *trinado* ou no *tremolo*, efeitos comumente associados – aliás, de forma bastante pertinente – ao timbre, mas que instituem, pela constante reexecução das alturas envolvidas, uma permanente reavaliação ativa da escuta com relação à dinâmica dos espectros. Não é em vão que um dos mais significativos compositores do século XX (e XXI), Pierre Boulez, faz uso sistemático do trinado em suas obras em determinados momentos de "respiro estrutural", pontuando este recurso como estratégia para a manutenção, por parte do ouvinte, do interesse pela textura sonora (CD 53).

3.4. A Duração

Um dos motivos pelos quais denominamos – por mais inusitado e até mesmo incongruente que isto possa parecer – o presente livro como sendo de acústica "musical", como já pudemos verificar, reside no fato de, ao contrário da grande maioria dos livros de acústica, destinarmos todo um capítulo à questão temporal. É como se o estudo da acústica tivesse sempre tido que se voltar sobretudo a um "recorte" da instantaneidade do som, em que todas as questões relativas ao desenvolvimento dinâmico dos espectros, através de seus comportamentos e evoluções no tempo, não constituíssem mais que concessões circunstanciais àquela abordagem que, esta sim, pretendesse representar a essência acústica dos fenômenos sonoros.

É bem possível que justamente por tal viés é que o timbre não encontrara dificuldade em ser considerado, pelos manuais de acústica, como um parâmetro sonoro como qualquer outro, em pé de igualdade em relação à frequência e à amplitude, recebendo capítulo específico. Se se fizer um "corte" do espectro em sua instantaneidade, falar de timbre como atributo do som ganha relevância. Tal fora, sempre, a abordagem da acústica em sua acepção clássica. Mas se se considerar o som em seu dinamismo temporal, perceber-se-á logo o quão dependente dos outros fatores e de suas evoluções no tempo é a percepção tímbrica; o caráter do timbre como elemento composto e constituído por aspectos, estes, sim, componentes e constituintes, vem à tona.

Assim sendo, esta visão unilateral da acústica precisa ser superada. Não somente se faz necessário abordarmos os fenômenos sonoros calcando nossa análise em inúmeros fatores ligados ao tempo e às durações pelas quais se manifestam esses fenômenos, como também toda uma parte específica do âmbito temporal deve ser integrada à abordagem acústica. Ao contrário, porém, do que pode parecer constituir boa parte das questões previamente discutidas, verificaremos que *todos* os pontos aqui abordados terão estreita correlação com o dado perceptivo. Seria, entretanto, de toda forma incorreto ignorar tais fenômenos pelo simples fato de eles constituírem aspectos que dizem respeito mais ao que se quer designar por "psicoacústica" do que à acústica propriamente dita, pois incontáveis foram já as oportunidades nas quais tivemos de relacionar o fenômeno descrito com sua percepção. A rigor, não existe "psicoacústica" enquanto ciência à parte. Como bem pontuamos na introdução deste livro, grande parte da abordagem acústica prima pela inter-relação entre o objeto sonoro descrito e a forma pela qual este é percebido pelo ouvido humano, e seria descabido, pois, descartar uma abordagem temporal pelo simples fato de ela consistir, em essência, em fenômenos relacionados à percepção que temos dos eventos sonoros no tempo.

Por que então tal exclusão sistemática? É certo que as observações que tratariam do tempo nos fenômenos acústicos desvencilhados de sua percepção seriam, de fato, inconsistentes para que constituíssem capítulo à parte. E talvez nisso resida mesmo a peculiaridade deste tópico relativo às durações: todas as questões, reafirmamos, estarão relacionadas às formas pelas quais *percebemos* o tempo sonoro. Nada, contudo, que justifique sua exclusão nas abordagens históricas da acústica, ainda que possamos compreender o receio e as decorrentes reservas que invadem o espírito do físico acústico quanto ao tema: falar do tempo percebido é aproximar-se do nexo *sintático* dos sons – essencialmente correlacionado ao fenômeno *musical* em si, em uma palavra, às *articulações* musicais, com as quais o físico acústico demonstra, em geral, possuir pouca ou nenhuma familiaridade – e abandonar, num certo sentido, os paradigmas de uma pretensa (e ilusória) ciência puramente descritiva dos fenômenos acústicos.

Como músicos, porém, afrontamos esse problema de peito e ouvidos abertos e fazemos dele parte substancial de nossa investigação, ao mesmo tempo em que percebemos claramente o quão tais fenômenos estão ainda dissociados da *sintaxe musical* propriamente dita. Trata-se, em suma, de questões relacionadas à nossa percepção temporal dos espectros *do ponto de vista da acústica*, sem que para tanto cheguemos a entrar em detalhes com relação à organização sintática e estrutural dos elementos temporais da composição (durações, métricas, rítmica etc.). Em suma, se o som dura no tempo, e se a duração é um de seus elementos constituintes assim como sua altura e sua intensidade, resultando em um certo timbre que globalmente o caracteriza e o distingue dos demais, não será suficiente dizer o quanto ele dura ou o quanto dura cada um de seus parciais constitutivos; será antes necessário investigar em que medida o ouvido reage às percepções das durações e interage com a duração global do próprio som em seu específico contexto. E, nesse sentido, raras foram as inserções dos acústicos nesse campo, tal como o fez, a título de exemplo, um Fritz Winckel. Será, nesse sentido, sobretudo a compositores a quem nossa exposição fará comumente referência, mais precisamente a Pierre Schaeffer e a Karlheinz Stockhausen, representantes máximos na década de 1950, respectivamente, da *música concreta* francesa e da *música eletrônica* alemã enquanto formas primordiais do que se designa, de forma geral, por *música eletroacústica*: quanto ao primeiro, em seu paradigmático *Traité des Objets Musicaux* (1966) e em seu interessante *Solfège de l'Objet Sonore* (1967), Schaeffer abre as portas a esse tipo de investigação, suscitando várias das ideias e noções aqui abordadas; quanto ao segundo, sua fundamental *Teoria da Unidade do Tempo Musical* (1960) desbrava os campos de uma possível "transitoriedade" entre parâmetros do espectro sonoro até então tidos como estanques, em particular os domínios das frequências e o das durações, mostrando como a percepção transita de uma a outra dimensão perceptiva através da micro-organização vibratória, essencialmente *temporal*, dos espectros.

A meio caminho, não podemos deixar de citar John Cage, que, com bastante pertinência, chamou-nos a atenção sobre as durações pelo prisma do não-som. De fato, como bem apontara o compositor norte-americano, é a *duração* o único dentre os atributos sonoros a resistir à ausência de som:

no silêncio, já não existe altura nem amplitude, quanto menos timbre, mas a duração se faz aí, de toda forma, presente, fato que levou Cage a afirmar já em 1948, em sua conferência *Defense of Satie*, que a *duração*, ou seja, a *duração temporal* (*time length*), constitui o aspecto mais fundamental do fenômeno sonoro.

3.4.1. A "flecha do tempo" em música e a relativa pertinência das retrogradações

Por ocasião da estreia de sua ópera *Outis* (1995-1996) no Teatro alla Scala de Milão, Luciano Berio dizia que "para um ouvinte de música [...], o tempo é obviamente irreversível, um pouco como o tempo vivido que acumula qualidades diversas. É possível voltar ao passado apenas com a memória. [...] A escuta da música é, aparentemente, frágil e indefesa...".

A aparente fragilidade e vulnerabilidade da escuta se dá pelo prisma da inexorabilidade do tempo dos sons: a memória demonstra-se, de fato, como único recurso de que dispomos para "voltarmos ao passado", por mais que Einstein tenha afirmado que seria pura ilusão associarmos o tempo à própria irreversibilidade. Se isto for verdade para a física da relatividade, na prática da vivência humana das dimensões de tempo, por mais contrastantes que estas sejam, deparamo-nos com uma sensação inequívoca de um transcurso temporal irreversível, de uma "flecha do tempo" que não nos permite imobilizar o curso dos eventos.

Daí resulta, certamente, o fato de as *retrogradações*, em música, serem percebidas com bem maior dificuldade do que as *inversões*, se considerarmos, por exemplo, as formas seriais de manipulação dos intervalos musicais. A *inversão* de uma figura musical (sequência intervalar) ou de uma série é sempre mais claramente perceptível, mesmo para o ouvido treinado, do que o *retrógrado* ou, ainda mais, do que o *retrógrado da inversão*.

Na escuta da inversão, o intelecto opera uma comparação quase que imediata do original retido na memória com o novo perfil, espelhado em relação ao primeiro, ao passo que, na percepção do retrógrado, a operação é, como o próprio termo diz, revertida: a cada informação sonora, o intelecto necessita confrontar sua posição no perfil original, relembrando o transcurso natural do perfil original até encontrar o justo lugar do som em questão para, em seguida, avaliar a sequência original como soando "de trás para diante". Tal operação se vê ainda mais complexa quando o ouvido se defronta com o *retrógrado da inversão* de uma figura: por mais curta que esta seja, o trabalho de intelecção é dobrado, detectando a inversão e, ao mesmo tempo, sua retrogradação no tempo.

Talvez nisso resida uma das fraquezas do sistema serial de composição, já desde sua formulação em 1923 por Arnold Schoenberg: a de não levar em conta que, do ponto de vista da *fenomenologia da escuta*, uma hierarquia se faz presente entre as quatro formas básicas da série dodecafônica, da mais apreensível à mais difícil de ser devidamente apreciada, na seguinte ordem: *original, inversão, retrógrado* e *retrógrado da inversão*.

Interessante e sábia, nesse contexto, foi a solução perseguida por Anton Webern, no sentido de fazer coincidir as formas seriais, numa diminuição das formas possíveis a partir de simetrias de intervalos na constituição da própria série original, facilitando consideravelmente a percepção de uma coesão do material musical, tal como, por exemplo, é o caso da série de suas *Variationen Op 30* (1940) para orquestra, em que o retrógrado da série original coincide com uma transposição de sua própria inversão, e o retrógrado da inversão – forma mais difícil de ser percebida dentre as quatro possibilidades seriais –, como uma transposição da própria série original – constituição mais simples de ser apreendida pela escuta! Uma rara opção já presente, contudo, na constituição do histórico *motivo-BACH*, ao qual tanto Schoenberg quanto Webern fizeram diversas referências explícitas em algumas de suas obras.

A procura de tal simetria não se restringiu, diga-se de passagem, à organização das alturas. Olivier Messiaen, mestre, entre outros, de Boulez e Stockhausen, realçava o valor do que designava por *ritmos não-retrogradáveis*, por ele elucidados quando de sua abordagem da rítmica hindu, nos quais os valores de duração são idênticos na ordem normal assim como de trás para diante. Tais estruturas rítmicas constituem o *pendant*, no âmbito das durações, das séries simétricas webernianas.

Exemplo 95

As simetrias do *motivo-BACH* e a série dodecafônica
das *Variationen Op 30* de Anton Webern

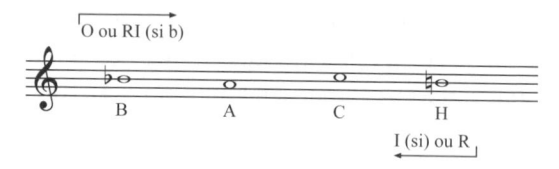

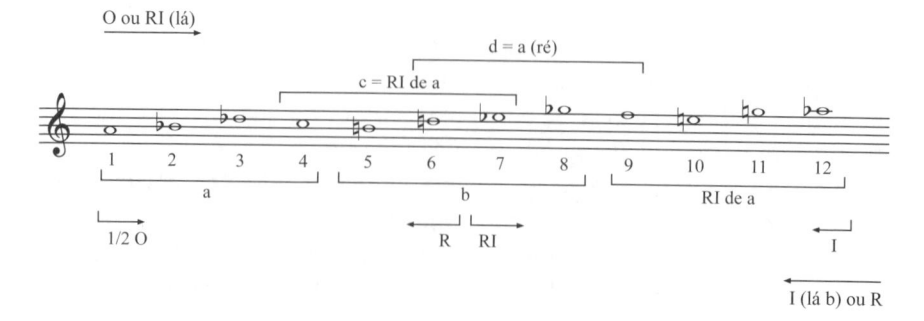

Flo Menezes

Exemplo 96

Um ritmo *não-retrogradável* hindu, relevado por Olivier Messiaen

Afora esta procura pela simetria que iguale o tempo em seu duplo sentido, tanto no sentido normal quanto no sentido presumível de um retrocesso em direção ao passado, nota-se que se aperceber da inexorabilidade do transcurso das durações no sentido da indubitável "flecha do tempo" faz com que se releve o papel dos fenômenos *direcionais*, em uma palavra, da *direcionalidade* em música, fato este já percebido desde há muito tempo na história da música pelos grandes mestres. Tal foi o caso de Guido d'Arezzo em seu *Micrologus* (de cerca de 1025-1028), em cujo Capítulo XI afirma que "ao início do canto ignora-se o que se seguirá, mas ao final, vê-se o que o precedeu". De aparente obviedade, esta frase institui a força da direcionalidade em música e, em especial, na harmonia – entendida em seu mais vasto sentido –, como bem apontou certa vez Edmond Costère, em sua teoria sobre a polarização harmônica.

No mais, as manipulações eletroacústicas que contrariam o transcurso natural dos sons, por exemplo através da retrogradação da fita magnética nos primórdios da música concreta, revelam o quão esta simples inversão de sentido temporal pode deformar (ou transformar) a percepção do objeto sonoro: elementos formais da dinâmica dos espectros constituídos por ataques seguidos de ressonância, como bem demonstrou Schaeffer em seu *Solfège de l'Objet Sonore*, cujas fases de ataque e de ressonância são percebidas claramente como dois momentos distintos, passam a ser percebidos como um *continuum* temporal. Institui-se aí uma continuidade inexistente na escuta do som em sua temporalidade original (CD 54).

3.4.2. As anamorfoses temporais e a percepção dos ataques

O fenômeno das retrogradações induz-nos a um outro, definido por Schaeffer como *anamorfoses temporais*. Por tal termo, entendem-se certas "anomalias" dos espectros que traduzem uma certa irredutibilidade da percepção à medida física, ou seja, que implicam uma determinada "deformação perceptiva" da realidade acústica. Em suma, deformações ou manipulações dos dados temporais dos espectros sonoros podem ser definidas como anamorfoses do tempo.

As anamorfoses são exemplarmente explicitadas no que Schaeffer chama de "paradoxo do ataque". Este paradoxo reside no quão a percepção do tempo que consiste no ataque de um som pode variar em extensão temporal (em duração), de acordo com as características do próprio espectro sonoro em questão. Sons mais ricos harmonicamente, com maior número de parciais (harmônicos ou inarmônicos), ocasionam a sensação de ataques com durações mais prolongadas; consequentemente, cortes efetuados nas porções iniciais de um som com tais propriedades não ocasionam grandes mudanças na avaliação perceptiva do mesmo, como se o ataque tivesse sido preservado mesmo após se terem "amputado" os momentos iniciais do som. Em contrapartida, um som mais pobre harmonicamente, com menos parciais, em geral é percebido, em seu regime de sustentação, como bem distinto de seu ataque, de seu momento inicial, no qual a liberação de energia tende a conter um número de parciais maior do que aquele contido na própria sustentação do som após sua estabilização. O mesmo corte, na mesma medida de tempo daquele efetuado sobre um som rico, realizado agora sobre um som deste tipo, ocasionará, então, uma mudança bem pronunciada em sua avaliação perceptiva; é como se o ataque de fato tivesse sido abolido do espectro. A anamorfose consiste, aí, no fato de que operações efetuadas com porções equivalentes de tempo nem sempre possuem o mesmo efeito perceptivo. A realidade da medida física contrasta com o resultado subjetivo da percepção.

Este fato comprova-nos que a percepção do ataque não é ligada tanto à *duração* em si do momento inicial do espectro, mas antes sobretudo à *forma geral* do som, ou seja, à sua *evolução energética*. O ataque, como bem apontara Schaeffer, é função da *dinâmica* do próprio som, e a diversidade dos ataques é condicionada pelas irregularidades da dinâmica dos espectros.

Assim é que cortes de 0,1", 1" e 1,5" terão efeitos totalmente distintos em sons de registros diferentes de um mesmo instrumento, como no caso, por exemplo, do piano. No extremo grave, mesmo após um corte na ordem de 1,5" do início do som, é como se o ataque estivesse sempre presente. O corte não surte qualquer efeito. Já no registro agudo do instrumento, tal intervenção não teria o mesmo resultado, ocasionando a clara sensação de que o ataque do som não foi preservado e foi, de fato, excluído. Isto se deve ao fato de que, em registro agudo, a perda de energia do som do piano, se compararmos sua ressonância após o ataque com o próprio ataque, é bem mais pronunciada do que no registro grave, no qual a energia liberada pelo ataque tende a resistir ao tempo e adentrar-se na própria ressonância em regime de extinção do som (lembremo-nos que, no caso do piano, enquanto som do tipo percussão/ressonância, os sons não possuem regime estacionário; a extinção do som sucede imediatamente seu ataque e decaimento).

Ou seja, a evolução energética do som diz respeito, necessariamente, a seu *conteúdo harmônico* (CD 55).

Toda esta problemática implica uma outra: aquela concernente à importância dos ataques em relação à avaliação perceptiva do *timbre* dos sons, aspecto este ao qual retornaremos quando falarmos de timbre e que incitara Schaeffer, em seu *Tratado dos Objetos Musicais*, a descrever as *leis das percepções dos ataques*, seja em relação a *sons contínuos*, seja em relação a *sons do tipo ataque/ressonância* (ou *percussão/ressonância*), leis estas condicionadas por determinadas porções de tempo:

1ª Lei: Em relação aos sons contínuos, têm-se três dimensões distintas de tempo na percepção dos ataques:

- quando a energia sonora do ataque aparece num tempo da ordem de 3 a 10 ms, o ouvido sentirá, qualquer que seja o tipo de som percebido, sempre como havendo o mesmo tipo de ataque, quer seja em *rigidez* (aspecto *dinâmico* que implica o quão abrupto é o início do som), quer seja em "*coloração*" (aspecto *harmônico* que implica o quão rico em parciais é o início do som). Todo ataque que contenha uma duração tão curta que não exceda 10 ms de duração será forçosamente percebido como um "estalido", um "extrato de ruído branco", decorrente da própria irrupção do som no aparelho auditivo;
- quando a energia do ataque ocorrer com uma duração que se situe entre 10 e 50 ms, o ouvido permanecerá insensível aos detalhes do conteúdo harmônico do ataque (à sua coloração), mas reagirá de modo sensível quanto à avaliação de sua rigidez, percebendo-o como mais ou menos rígido, abrupto;
- quando, por fim, a energia sonora emergir em um intervalo de tempo bem superior a 50 ms, o ouvido tenderá a confundir a fase de ataque com o próprio regime estacionário, de sustentação, do espectro, e falar de "ataque", nesse contexto, só tem sentido de forma analógica, pois que o som surge como que do silêncio, e as fases transitórias iniciais do espectro fundem-se com sua própria sustentação (CD 56).

2ª Lei: Em relação aos sons do tipo percussão/ressonância, tem-se que a percepção dará muito mais importância à forma pela qual a energia do ataque *decresce* – portanto, à fase concernente à *primeira queda* ou *decaimento* (*decay*) do som – do que à forma pela qual o som aparece (ao *ataque* propriamente dito). Uma vez que tais sons apresentam a característica comum de possuírem ataques abruptos, pouco ou nada distinguíveis uns dos outros, era de esperar que a percepção deslocasse o foco de atenção para a fase imediatamente posterior ao próprio ataque. Assim é que, quanto mais o *decaimento* se estender no tempo, tanto mais o ataque será percebido como suave, doce; em contrapartida, quanto mais rápida for a duração do *decaimento* e quanto mais rapidamente se der a ressonância propriamente dita do espectro, em fase de extinção de sua energia, tanto mais como abrupto será percebido o ataque (CD 57).

Seria ilusão pensar, portanto, que um corte nas porções iniciais dos sons do tipo percussão/ressonância suprimiria, invariavelmente, a percepção do ataque, pois que, nesses contextos, o *conteúdo harmônico* do som desempenhará papel crucial na avaliação do ataque. Mesmo em se tratando de um som do tipo ataque/ressonância, um som com conteúdo harmônico relativamente constante, como no caso dos sons graves do piano, terá a percepção de seu ataque, percebido não tanto como ataque rígido se comparado ao de um vibrafone, restituída mesmo se efetuarmos um corte na ordem de 1,5" no início do som, como relatado mais acima, já que seu conteúdo harmônico pronunciado acarreta um tempo mais alongado de decaimento.

No mais, como bem observara Fritz Winckel, quanto menor o ruído do ataque (ou quanto mais definidas forem as frequências no transiente de ataque), maior será a duração até que o som se estabeleça em regime de sustentação. É como se a taxa de inarmonicidade presente no ataque interferisse na avaliação perceptiva do som: quanto mais parciais inarmônicos forem liberados pelo ruído de ataque de um som, tanto mais rapidamente seu regime de sustentação se distinguirá de seu transiente de ataque inicial.

3.4.3. A constante de tempo do ouvido

A lei de percepção dos ataques para os sons contínuos, quando do afrontamento do ouvido com ataques cuja duração não excede 10 ms, induz-nos ao fato de que existe uma *constante de tempo da escuta*. Por tal conceito, entende-se a menor medida temporal aquém da qual todo e qualquer som não-senoidal será invariavelmente percebido como um "estalido" muito breve, como um "impulso" de característica bem próxima ao ruído branco, devido ao choque inicial da informação espectral com o próprio aparelho auditivo humano. Em se tratando da percepção de um som senoidal, o ouvido necessitará de pelo menos 2 a 3 períodos de oscilação, se a frequência for menor que 50 Hz, para que haja qualquer sensação de som (CD 58).

Excetuando-se os sons senoidais, tem-se que, independentemente do estímulo sonoro e de suas qualidades intrínsecas, a percepção se vê defronte de um estalido se considerarmos esta curtíssima medida de tempo. É como se este estalido muito breve estivesse presente em todo e qualquer som de ataque pronunciado, mas fosse percebido enquanto tal somente nos casos em que o ataque em si do som seja de curtíssima duração. Ou seja, necessariamente toda informação sonora com ataque relativamente rígido ocasiona uma irrupção do conteúdo energético do espectro no aparelho auditivo que se assemelha à percepção do ruído branco, o qual é imediatamente "filtrado" pelo próprio perfil dinâmico que caracteriza o ataque do som em questão, conferindo a este suas qualidades iniciais. A percepção, então, mal se dá conta de tal irrupção ruidosa que ocorre no ínfimo momento inicial do som, concentrando-se na própria evolução energética do espectro sonoro, a não ser quando a informação imediatamente subsequente a esta irrupção corresponder a um decaimento de energia que imediatamente conduza a escuta à fase de sustentação sonora. Neste caso, o ataque em si do som é que possui, de fato, uma duração tão curta que o próprio estalido percebido inicialmente se traduz, para a escuta, como a fase transitória inicial do espectro. Em tal medida de tempo, cuja duração é da ordem de 1/200" – ou seja, de apenas 5 ms –, o ouvido sente-se incapaz de diferenciar os ataques, ouvindo todo som ou porção de som que não ultrapasse esta medida de duração como uma minúscula explosão.

Historicamente, tais variações de percepção dos momentos iniciais dos ataques eram facilmente comprováveis por ângulos distintos de cortes da fita magnética, nas técnicas de montagem de pedaços de fita. Um corte abrupto, de 90°, reproduzia um estalido ou um *click*, independentemente do estímulo sonoro, ao passo que um corte inclinado amenizava o choque do conteúdo magnético da fita no ouvido e suavizava o ataque, eliminando o estalido. Tais efeitos podem ser hoje realizados com os cortes das formas de onda efetuados no computador, mediante uso de medidas de durações distintas de *fade-ins* ao início do som.

3.4.4. Limiar temporal de discriminação dos eventos sonoros e espessura do presente

Se existe uma duração aquém da qual todo ataque será percebido da mesma forma, existe igualmente uma medida de duração aquém da qual o ouvido não é capaz de separar os objetos sonoros percebidos no tempo. Trata-se de um *limiar temporal de discriminação dos sons*, aquém do qual os sons serão fundidos pela percepção como um único evento sonoro. Esta medida de tempo situa-se na ordem de cerca de 50 a 60 ms – ou seja, cerca de 1/20": uma duração cerca de 10 vezes mais longa do que a constante de tempo do ouvido.

Trata-se, pois, de um limite mínimo temporal da capacidade de nosso ouvido em separar os objetos sonoros percebidos no tempo. Se a distância temporal entre os objetos for de uma duração menor que a de cerca de 60 ms, o ouvido tenderá a uma acumulação dos objetos sonoros no tempo, fundindo-os como um único som.

Pierre Schaeffer bem pontuou, em seu *Solfège de l'Objet Sonore*, que esta medida é igualmente operante na percepção dos fonemas na pronúncia das palavras, para as quais uma distância de cerca de 50 ms configura-se como a duração média ideal e necessária para a distância entre os fonemas visando à percepção clara das sílabas, ainda que algumas consoantes possuam duração média de 30 ms e, no caso das *semivogais* (/l/, /m/, /n/, /r/), de apenas cerca de 6 ms. Uma pequena aceleração da fala, mediante manipulação eletroacústica da gravação de uma voz falando, ocasionará uma fusão tal dos fonemas percebidos que comprometerá a inteligibilidade das palavras, da mesma forma como uma extensão temporal da duração dos fonemas, como bem pontuou Fritz Winckel, fará que a articulação das palavras torne-se irreconhecível (CD 59).

Tal fato não impediu, todavia, que experimentações as mais diversas fossem efetuadas com o som das palavras no âmbito mesmo da música vocal, como no caso da obra de Luciano Berio, ou no da chamada *composição verbal*, subcategoria da música eletroacústica, dentro da qual criei, na metade dos anos 1980, o que denominei *forma-pronúncia*: uma nova forma musical que se baseia na extensão radical da estrutura fonológica da pronúncia de uma determinada palavra. Nesse processo, cada momento fonológico (cada fonema) constitui um momento da forma musical sem que, para tanto, se perceba necessariamente a palavra enquanto "palavra" (CD 60).

Este limiar temporal de discriminação dos sons interage, todavia, com as propriedades de *massa* dos objetos sonoros, segundo sua acepção schaefferiana, qual seja: aquela que entende por *massa* de um espectro, como vimos, a qualidade que se inscreve no objeto sonoro com relação à sua percepção no campo das *alturas sonoras*. Ou seja, o limiar temporal de discriminação não é fator invariável independentemente da percepção das alturas dos objetos sonoros percebidos sucessivamente. Dois objetos sonoros de uma mesma altura se fundem completamente como um único som quando sua distância temporal não excede o limiar de 50 ms, mas os mesmos objetos sonoros (mesma proveniência instrumental) com variação de altura (alturas ou *fusões tônicas* distintas) podem ser distinguidos um do outro até mesmo se suas durações forem de uma ordem de apenas 10 a 25 ms cada. Uma vez contendo alturas distintas uma da outra, tais sons voltam a ser fundidos pela percepção como um único som somente se suas durações forem reduzidas ao extremo, mais precisamente a cerca de apenas 6 ms. Aí então, mesmo se os sons possuírem alturas bem distintas, o ouvido tenderá a amalgamá-los como uma única informação espectral (CD 61).

Apesar da variabilidade das alturas favorecer a distinção das notas que se encontram em distâncias temporais pequenas umas das outras, desde que tais distâncias não sejam ínfimas, nem por isso a correta percepção da *sequência* dessas notas poderá ser preservada no caso de distâncias muito curtas entre eles. Quando dois sons tônicos de alturas distintas se sucedem em intervalos de tempo menores que 50 ms, a percepção clara da ordem de aparição das notas fica fortemente comprometida. Assim sendo, ainda que possamos distinguir sons diferentes num espaço bastante reduzido de tempo (10 ms, por exemplo), será necessário restituir o limiar temporal de discriminação dos sons, na ordem de cerca de 50 ms, para que a *ordem de aparição* desses sons possa ser devidamente apreciada. A tal fenômeno dá-se o nome de *densidade* ou *espessura do presente* (CD 62).

3.4.5. Limiar temporal de reconhecibilidade das alturas e dos timbres

As frações ínfimas de tempo da escuta nos remetem a uma interessante questão, mais uma vez pontuada de forma brilhante por Schaeffer em seu *Solfège de l'Objet Sonore*, e que o estudo da acústica curiosamente se negou a estudar: o da "resistência" dos parâmetros sonoros com relação às mínimas durações, às pequenas porções de tempo.

Uma vez dado um determinado som composto, tônico, com timbre e altura bem definidos, em que medida podemos encurtá-lo sem comprometer o reconhecimento de sua frequência e de sua proveniência física?

Como já anteriormente comentado quando de nossa abordagem acerca das alturas e de sua supremacia frente aos demais atributos sonoros, a percepção da frequência será a que mais resistirá a esta diminuição progressiva da duração do som, e o timbre será o atributo a ser primeiramente prejudicado na avaliação perceptiva. (Cf. no exemplo sonoro anterior, CD 32.)

Consideremos, por exemplo, um som de oboé. Se ouvirmos apenas seus 5 ms iniciais, ouvimos apenas um estalido, um impulso, indistinguível de qualquer outro som que contenha a mesma duração. Ao estendermos um pouco sua duração, percebemos, já a partir de 10 ms de duração, sua frequência. O timbre – a identificação, neste caso, de que se trata de um som de oboé – começará no entanto a ser percebido apenas quando o som tiver uma duração de no mínimo cerca de 50 ms, explicitando-se tão somente com uma duração de 1/10", ou seja, de 100 ms, portanto com uma duração cerca de 10 vezes maior do que a necessária para a percepção da altura do som.

Para a reconhecibilidade do timbre, entretanto, será necessário observar que a porção de duração necessária não é de forma alguma independente da evolução energética do som: a porção *inicial* de 100 ms será muito mais característica do timbre do que a mesma duração (de 100 ms) em um momento da sustentação deste som, no regime de permanência do espectro. E isto mesmo em se tratando de um som consideravelmente estável do ponto de vista energético, como no caso, propositadamente, de nosso exemplo (o som do oboé, cuja estabilidade espectral o elegeu como referência para a afinação da orquestra). Mais uma prova, como vemos, da relevância do ataque na percepção do timbre, como faremos notar mais tarde (CD 63).

De toda forma, mesmo em se tratando de reconhecibilidade da frequência do som, é preciso termos consciência de que a quantidade de tempo mínimo necessário para tal operação pode variar conforme a região do som, uma vez que, para perceber a frequência de um som, o ouvinte precisa ouvir um número mínimo de ciclos periódicos desse som, sendo que tal número varia igualmente conforme a região de frequência. Uma vez que os períodos são mais longos para as frequências graves, uma maior fração de tempo se faz necessária para que se perceba a frequência de um som grave, comparando-se com a percepção de um som agudo. A título de exemplo, na frequência de 100 Hz, o som precisa ter uma duração de no mínimo 40 ms, enquanto que na de 1 000 Hz bastarão apenas 13 ms de som para que se perceba com nitidez a sua frequência. Do ponto de vista do número de períodos necessários ao ouvido para a detecção dessas frequências, no entanto, percebemos que na região de 100 Hz foram necessários apenas 4 ciclos de som, enquanto que na região de 1000 Hz, 13 ciclos. Ou seja, para a clara percepção das frequências agudas, comparando-se com as frequências mais graves, o ouvido necessita de menos tempo de som, porém de mais ciclos periódicos.

3.4.6. *O som e seus retardos: reverberação, "efeito Haas",* delay *e eco*

Se podemos confrontar um som com um outro na sequencialidade do tempo, estabelecendo medidas de valoração perceptiva tanto no que se refere ao discernimento dos eventos sonoros quanto no que tange à percepção das qualidades intrínsecas dos espectros em si, a percepção de um único som pode, e via de regra assim o faz, confrontar-se consigo mesmo, por meio de sua *reflexão* nos corpos circundantes e consequente *reverberação* no ambiente. Ou seja, se via de regra ouvimos um som não somente através de sua emissão direta, da fonte sonora a nossos ouvidos, mas também através da reflexão que o objeto sonoro sofre nas paredes, objetos e obstáculos que nos circundam, o tempo entre a recepção do som direto e sua reflexão pode ser determinante de estados bastante diversos da percepção.

Nesse contexto, é necessário entendermos bem em que consiste a *reverberação* em si. Por tal termo, entende-se o "decaimento" sonoro percebido, em geral, depois que a fonte sonora cessa de emitir o som. É preciso, aí, que não se confunda a *extinção* do som (fase conclusiva do envelope dinâmico espectral) com a reverberação em si. Se a *extinção* do som se dá em um momento em que a matéria corporal do instrumento gerador do som já não é mais excitada por algum agente excitador (por exemplo, baqueta, arco, sopro), ela consiste ainda, de toda forma, na propagação sonora decorrente da vibração restante desta matéria. A *reverberação* em si, por sua vez, consiste na propagação do som decorrente das reflexões desse som no ambiente, reflexões estas independentes da vibração em si da matéria instrumental que deu origem ao som. Em situações excepcionais, como em salas bem reverberantes do tipo de uma igreja ou de uma catedral, percebe-se a reverberação do som já mesmo antes da produção sonora cessar.

Nesse contexto, dois fatores distintos devem ser considerados. O primeiro, concernente à reverberação, diz respeito à qualidade dos materiais circundantes e sua consequente impedância acústica, determinando o quão perdura a propagação do som em um determinado espaço acústico, fator este que define a *taxa* ou *tempo de reverberação* do espaço em questão, o qual pode ser definido como *o tempo que o nível sonoro leva para decair a 60 dB* (em que o som praticamente não é mais percebido). Cada ambiente específico possui um tempo de reverberação que lhe é característico. Em geral, uma acústica perfeita para a escuta de uma obra eletroacústica ou de uma gravação, em estúdio, deve ficar em torno de 0,8". Um espaço com taxa de reverberação menor de 0,8" pode ser considerado como "seco". Já em um estúdio de gravação, uma taxa de 1,2" de reverberação tende a ser avaliada como sendo ideal para a captação de instrumentos acústicos. Espaços que contêm taxas bem maiores de reverberação, como igrejas ou grandes salões, tendem a confundir os sons, pois que novas informações sonoras mesclam-se com a reverberação prolongada de sons já emitidos antes, ou os próprios sons, como relatamos acima, mesclam-se com sua própria reverberação. Por outro lado, os tempos de reverberação desejáveis em salas de concertos de médio porte devem girar em torno de 1,5" a 2".

O segundo fator, concernente aos demais fenômenos abordados neste tópico, diz respeito à diferença de tempo propriamente dita entre o som direto e suas reflexões em um órgão receptivo (ouvido ou microfone). Dessa forma, para uma atmosfera, digamos, "intimista" do espaço acústico, será necessário que esta distância seja, em média, menor que 20 ms. Até uma diferença de 30 ms, o ouvido tenderá a dirigir sua atenção à fonte sonora original, e não às suas reflexões. Porém, se a diferença de tempo entre a fonte original do som e suas reflexões no espaço acústico for maior que cerca de 30 ms com relação à emissão sonora na fonte originária, o som percebido como resultado das reflexões será avaliado como algo de certa forma dissociado do som original, designando-se tal efeito, precisamente nesse limiar de 30 ms, como sendo o "efeito Haas" ou simplesmente *efeito de precedência*. Com um deslocamento temporal de reflexão sonora entre 30 e 100 ms, percebemos um certo *delay* (distância temporal) presente no som original, como se ele tivesse uma espécie de "sombra" ou "dobra acústica". Para se ter a impressão de *ecos* propriamente ditos, será preciso que as primeiras reflexões do som sejam muito pronunciadas e que estejam bem separadas uma da outra, a uma distância temporal de, no mínimo, 100 ms. Por outro lado, poderíamos fazer um curioso paralelo entre o "efeito Haas" e o limiar da percepção rítmico-frequencial: da mesma forma como um som de cerca de 16 Hz se situa em uma região limítrofe entre a percepção rítmica e a frequencial, um som refletido a 30 ms após o som original situa-se no limiar entre a percepção do som original de forma unitária, sem desdobramentos reflexivos, e aquilo que designamos por *delay* ou, em medidas ainda maiores de distância temporal, de eco desse som.

O "efeito Haas", os *delays* e os ecos propriamente ditos – repetições do som original com distâncias temporais a partir de 30 ms com relação ao som original – nada mais são, portanto, que extensões cada vez maiores da distância em duração entre a emissão original do som e suas reflexões, consistindo, assim, em respostas distintas da reverberação do som original nos espaços arquitetônicos (CD 64).

3.4.7. Percepção logarítmica e discriminação das durações

Da mesma forma que para as alturas e para as intensidades, também no domínio perceptivo das durações as curvas logarítmicas desempenham um papel crucial. Ainda que as manipulações sobre os valores das durações tenham se dado, em inúmeras ocasiões ao longo da história musical, de forma "linear", por intermédio da adição ou subtração aritmética de valores unitários – processo este que culminou na organização serial das durações a partir de Messiaen ao final dos anos 1940, com as séries "cromáticas" de valores em geral a partir da unidade mínima de fusa –, é-nos evidente, como observou certa vez o compositor Gérard Grisey (protagonista da chamada *música espectral* francesa) em seu texto *Tempus ex Machina* de 1980, que para que uma sensação equivalente de diferença persista independentemente da dimensão das durações, será necessária uma diferença bem mais pronunciada entre durações longas do que entre durações breves. Ou seja, mínimas diferenças de tempo entre durações bem curtas já podem ser devidamente apreciadas pelo ouvido, enquanto que, para discriminar diferenças substanciais entre durações mais longas, será necessário que tais diferenças de tempo sejam proporcionalmente mais acentuadas. Ao que tudo indica, as manipulações de cunho serial das durações foram produto muito mais de uma especulação abstrata decorrente da própria escrita musical do que de uma abordagem mais fenomenológica do tempo musical – fato porém que não constitui argumento, é necessário que se pontue aqui, para desqualificar tais manipulações, declarando-as como ilegítimas e desconhecendo qualquer resultado em si mesmo fenomenológico que tais especulações possam ter ocasionado, mesmo que de forma indireta.

Nota-se que, em durações de cerca de 8", o ouvido começa a ter dificuldades em perceber pequenas diferenças de durações, por exemplo na ordem de 0,1", diferenças estas que são mais que suficientes para que a percepção se dê conta da distinção entre um som de duração de 1" e um outro de 1,1". Assim é que o ouvido terá enorme dificuldade em distinguir as durações de dois sons contendo, respectivamente, 8" e 8,1". É interessante notarmos, como poderemos verificar mais adiante, que tal duração de 8" constitui justamente o limiar de passagem entre a percepção das durações e a das seções da forma musical, segunda a teoria temporal de Stockhausen (CD 65).

3.4.8. A espessura do "Agora"

Se falamos anteriormente de uma *espessura do presente* (aquele espaço de tempo mínimo necessário – de 50 ms – entre dois sons tônicos para que sua correta sequência no tempo possa ser percebida de forma adequada), é possível, por analogia, criarmos aqui um neologismo e falarmos agora de uma *espessura do "Agora"*, deste *Agora* (*Jetzt*) husserliano, fenomenológico, que se traduz como ponto nevrálgico entre a memória (*retenção*) e a expectativa do porvir (*protenção*, na linguagem de Edmund Husserl, pai da fenomenologia).

Qual seria a dimensão exata do *Agora*?

Não seria preciso ir longe para percebermos que aquilo que designamos como sendo "agora" pode ter dimensões temporais radicalmente distintas. Podemos estar nos referindo ao momento presente, e certamente estamos! Mas qual momento presente? Este dia em que escrevo estas linhas, esse ano que passou, essa década inicial do novo século, essa era da civilização? Ou, ao contrário, esse ínfimo segundo, esse minúsculo pó das durações, esse intangível momento ininterrupto do transcurso do tempo?

Em geral, defrontamo-nos com duas tendências *durativas* opostas na definição ou apreensão do *Agora*: ou o dilatamos radicalmente, estendendo--o da hora à era, ou mergulhamos num caminho sem volta à interioridade do próprio instante, chegando mesmo a desconfiar de sua existência, pois, como diria Messiaen, cada instante pontual é carregado, a um só tempo, de passado e de porvir. Uma sequência de instantes pontuais, afirma-nos Messiaen, é uma perpétua mistura do passado e do futuro, como se o próprio presente em si mesmo não existisse.

Tal fato demonstra-nos a evidência de que as relações possíveis entre *tempo* e *duração* nem sempre são coincidentes, fenômeno que levou Schaeffer a pensar em certas anomalias desta relação dúbia e variável, por ele designadas, no *Tratado dos Objetos Musicais*, por *anamorfoses tempo-duração*. Ele conclui: "A duração é função direta da densidade de informação". Será, pois, o nível de *complexidade* do evento sonoro o fator determinante para a percepção qualitativa da duração.

Ao contrário do que se poderia supor a partir de um pensamento lógico de índole mecanicista, esta relação é, no instante da percepção, *inversamente proporcional*: quanto maior a complexidade do evento, tanto mais curta parecerá ser a duração vivida no instante mesmo de sua recepção, e apenas o próprio passar do tempo é que se incumbirá de resgatar, em termos de duração, as dimensões efetivas da complexidade da experiência, podendo até mesmo ultrapassar suas referências reais e criar a imagem memorial de uma extensão ainda maior do que a de fato experienciada lá atrás, naquele rico momento localizado do passado. Tal conclusão vai de par com as chamadas *leis da duração vivida* de Messiaen, expostas de forma magistral no Tomo I de seu *Traité de Rythme, de Couleur, et d'Ornithologie*:

- 1ª Lei – *sentimento da duração presente*: no presente, quanto mais o tempo for pleno de eventos, mais ele nos parecerá curto – quanto mais for vazio de eventos, mais longo ele nos parecerá;
- 2ª Lei, inversa da precedente – *apreciação retrospectiva do tempo passado*: no passado, quanto mais o tempo tiver sido pleno de eventos, mais ele nos parecerá longo agora – quanto mais tiver sido vazio de eventos, tanto mais ele agora nos parecerá curto.

É por isso que, em geral, "encurtamos" subjetivamente, no momento de sua recepção, o tempo de duração de obras musicais ricas e complexas, que nos envolvem e fazem com que esqueçamos do próprio tempo, enquanto que nos entediamos e tendemos a achar que a duração de uma obra medíocre e pobre de eventos é bem mais longa do que de fato é. Neste último caso, o "tempo não passa"; no primeiro, assustamo-nos com o ocorrido: "Como o tempo passou rápido"! Nisso consiste a diferença qualitativa colossal entre uma poética musical *minimalista* e uma outra de cunho *maximalista* (termo que criei em 1983 quando da estreia de uma de minhas obras no Masp) (CD 66).

A estratégia mais pertinente para o compositor escancara-se assim de modo flagrante e indubitável: é preferível abstrair a noção de tempo no ato de recepção da obra e perdurar o próprio feito na memória do ouvinte – até mesmo na memória auditiva coletiva das civilizações, através dos tempos –, do que entediar a escuta, ocupar o tempo do ouvinte (em geral com parcos recursos de uma periodicidade rítmica elementar) e esvaecer no momento seguinte, perdendo-se na memória juntamente com outros feitos e efeitos insignificantes. Neste último caso, a obra, despretensiosa, é deslocada para o arsenal surdo e cego do esquecimento.

No contexto de um tratado de acústica, essas aparentes divagações podem parecer descabidas, mas elas atentam, na verdade, para o fato de que a duração percebida, atributo mais fundamental dos espectros, segundo Cage, nem sempre corresponde à duração ocorrida de fato e imbui-se de subjetividade. Uma subjetividade, no entanto, bastante determinada – como, aliás, toda subjetividade – por aspectos bem objetivos.

3.4.9. *A Unidade do Tempo Musical: retrospectiva histórica e definição*

Chegamos, por fim, a um aspecto de crucial importância no contexto de uma abordagem das durações sob o prisma da acústica. Historicamente, tanto a música quanto a acústica trilharam o caminho de uma "compartimentalização" dos atributos sonoros, em exercício de abstração que não somente possibilitou o "diagnóstico" apropriado de aspectos relevantes de tal ou qual parâmetro sonoro, como também um notável desenvolvimento da sintaxe musical ao longo da história.

Por inúmeras vezes, defrontamo-nos, no decurso de nossa exposição, com a *interdependência*, presente no cerne dos espectros, entre os distintos atributos do som. Mas se existe um fenômeno no qual tal interdependência orgânica e estrutural se dá de modo clamoroso, este fenômeno diz respeito à íntima relação entre *frequências* e *ritmos*.

Se a história não nos deixa a chance de comprovarmos ou contrariarmos a tese do substituísmo histórico, através da qual diz-se que, se uma determinada personagem da história não tivesse existido, outra pessoa teria desempenhado as mesmas funções e efetuado as mesmas descobertas, é inevitável abordarmos tal relação intrínseca pelas vias daquele que a abordou em primeira instância: Karlheinz Stockhausen. Ainda que o próprio Pierre Schaeffer tenha exposto, com suficiente clareza, as imbricadas inter-relações entre percepção frequencial e percepção rítmica no *Solfège de l'Objet Sonore*, foi Stockhausen quem primeiro abordou a questão, tanto teoricamente quanto no nível prático da composição musical.

É certo que a ideia que sedimenta a "descoberta" de Stockhausen subjaz o pensamento especulativo presente já desde os tempos mais remotos, como no caso de Arquitas de Tarento (430-360 a.C.), que definiu o fenômeno sonoro como sendo o resultado de pulsações do ar que produzem sons cada vez mais agudos quanto mais rápidos forem, deslocando o foco de atenção da fonte geradora do som para o ar e preconizando, ainda em plena Antiguidade, a teoria do compositor alemão, calcada, em última instância, no fenômeno da *vibração* sonora. Por outro lado, o gênio de Helmholtz – que antecipou, em seu tratado histórico *Die Lehre von den Tonempfindungen* (1862), até mesmo os experimentos de Henry Cowell e John Cage que deram origem ao piano preparado – não deixou de contribuir, à sua maneira, para que a ideia que permeia a teoria de Stockhausen viesse à luz cem anos antes, quando afirma, em plena sintonia com o músico alemão, que o campo privilegiado das alturas comporta *7 oitavas*, e que os batimentos nos forneceriam um importante meio de determinação do limite dos sons mais graves e de percebermos certas particularidades da *transição da sensação de pulsos separados de ar à perfeita sensação de um som musical contínuo*!

Digna de nota é também a magnífica exposição visionária de Arnold Schoenberg, que, em seu texto *Composition with Twelve Tones (1)*, de 1941 (publicado em *Style and Idea*), declara que "o espaço bidimensional ou de mais dimensões no qual as ideias musicais são apresentadas constitui uma unidade", afirmando a seguir, de maneira premonitória, que "a unidade do espaço musical demanda uma percepção absoluta e unitária", uma vez que "toda configuração musical, todo movimento de sons deve ser compreendido primeiramente como uma mútua relação de sons, de vibrações oscilatórias, aparecendo em diferentes lugares e tempos"!

De toda forma, a discussão atenta acerca da exposição teórica de Stockhausen nos é de inegável utilidade e atualidade, por ter sido ele quem, pela primeira vez, atentou-nos de forma sistemática para o *continuum* temporal que une a percepção frequencial à rítmica no domínio da própria composição musical. Nesse contexto, permito-me a inclusão, nos próximos parágrafos, de um texto que constituiu a prova escrita de minha Livre-Docência na disciplina Música Eletroacústica junto ao Instituto de Artes da Unesp, tendo sido elaborado de uma só vez em 23 de maio de 1997.

A chamada *Teoria da Unidade do Tempo Musical* de Stockhausen representa indubitavelmente o apogeu da grande revolução operada pela música eletroacústica com relação à confrontação do compositor com o *tempo musical*, ao mesmo tempo em que representa o esgotamento, no seio da música eletrônica, do pensamento estrutural de origem serial.

Nesse sentido, faz-se necessário aqui um breve esboço retrospectivo das abordagens seriais advindas com a generalização do conceito de *série* na música instrumental do final dos anos 1940.

Levando às últimas consequências o pensamento serial, segundo o qual o compositor procurava organizar a estruturação de suas obras a partir da série dodecafônica (aplicada, até então, exclusivamente ao parâmetro organizativo das alturas), Olivier Messiaen, em sua obra pianística *Mode de Valeurs et d'Intensités* (1949), estende aos outros parâmetros sonoros a elaboração serial. Assim sendo, não somente as alturas (frequências), como também as durações, intensidades e até mesmo os modos de ataque (timbre) submeteram-se à organização de tipo serial, na qual o compositor dispunha de valores discretos ordenados numa determinada sequência (*série*), obedecendo-se às manipulações básicas permitidas pela série dodecafônica (tais como inversão, retrogradação, e inversão da retrogradação).

Ainda que tenha resultado um tanto quanto mecânica e automática, a obra de Messiaen logo instigou à especulação jovens compositores que giravam em torno de suas classes de análise, mais precisamente Pierre Boulez e, durante o ano de 1952, Stockhausen.

A enorme precisão dos parâmetros sonoros, contemplada por uma estética de controle total do evento musical, de intenção compositiva no sentido de uma compreensão absolutamente totalizante do fenômeno sonoro, teve como consequência primeira sua própria falência enquanto objeto artístico suscetível de *interpretação*. Por mais exata que uma execução pudesse ser, por mais extraordinariamente precisa que parecesse ser a interpretação de um instrumentista já habituado com o pensamento serial, a total predeterminação dos parâmetros sonoros logo encontrou entrave insuperável na sua realização concreta em concerto. A mão humana revelou-se bastante imprecisa face à precisão microscópica da predeterminação de cunho serial.

O advento da música eletroacústica, na forma da oposição clássica entre *musique concrète* (surgida em Paris em 1948 através de Pierre Schaeffer) e *elektronische Musik* (proveniente dos experimentos de Herbert Eimert junto à Rádio alemã NWDR de Colônia, a partir de 1949), recolocava a questão e tornava acessível, ao compositor serial, a realização mecanizada e hipoteticamente perfeita das estruturações seriais.

Se a música concreta, nesse sentido, nenhum interesse demonstrou pela elaboração serial por parte de seu maior representante, Pierre Schaeffer, pretendendo constituir antes uma ruptura com a então por ele denominada "música abstrata" – qual seja: a música *escrita*, a *escritura musical* e sua evolução histórica, com suas leis sintático-gramaticais –, a música eletrônica logo se mostraria suscetível a consideráveis especulações no terreno da estrutura serial dos parâmetros sonoros.

Tal filiação, a bem da verdade, parecia natural: Herbert Eimert, pai e fundador da *elektronische Musik* ao lado de seu companheiro de rádio Robert Beyer e do linguista e foneticista Werner Meyer-Eppler, foi o pioneiro do pensamento serial em solo alemão, pois que já em 1924 publicara o primeiro tratado sobre a música dodecafônica na Alemanha (*Atonale Musiklehre*), no qual expunha os preceitos schoenberguianos quanto às manipulações seriais.

Curiosamente, entretanto, a música eletrônica alemã iniciaria seu profundo (ainda que temporalmente curto) envolvimento com as técnicas seriais somente quando da chegada de Stockhausen em Colônia em 1953, ano em que iniciava, após um ano de aulas com Messiaen em Paris, seu trabalho junto ao Estúdio de Colônia, a convite de Eimert e ao lado de jovens compositores como Henri Pousseur, Karel Goeyvaerts e Gottfried Michael Koenig, compositores estes defensores da estética serial.

O ano de 1953 representa, pois, o ano de "casamento" entre a música eletrônica e o pensamento serial. Ainda nesta data, Stockhausen realizaria seu primeiro experimento serial-eletrônico, composto integralmente de sons senoidais (sons puros, gerados eletronicamente), baseado numa matriz numérica de 6 dígitos de 6 linhas e 6 colunas e em sua consequente manipulação. Tratava-se de *Studie I*.

A obra, de caráter eminentemente experimental, pretendia ser a conjunção perfeita do pensamento estrutural serial com a totalidade dos parâmetros sonoros, superando os entraves advindos da música serial instrumental, e isto sob dois aspectos cruciais. De um lado, o compositor, deparando-se com os meios de produção sonora eletrônicos, tornava-se independente da imprecisão do gesto interpretativo humano, podendo organizar a estruturação de seu material musical *relacional*, ou seja, dos elementos estruturais que sedimentam a organização temporal de sua obra, com a máxima precisão. Por outro lado, a noção mesma de *material* subdividia-se em duas: para aquém de seu caráter *relacional* enquanto elementos estruturantes da forma musical, o material adquiria caráter *constitutivo*, que dizia respeito à própria organização interna dos espectros sonoros. Em outras palavras, o compositor não mais se limitaria a compor *com* os sons, mas também a compor *os* próprios sons, a determinar a própria composição dos espectros sonoros com os quais teceria a textura de sua obra.

Dessa forma, todos os timbres de *Studie I*, sem exceção, foram derivados da sobreposição de sons senoidais, resultando hipoteticamente, de acordo com a matriz numérica original de 6 sons, em timbres variáveis de 1 som senoidal puro e isolado a sons complexos oriundos da sobreposição de até 6 sons senoidais.

Tal preceito, contudo, demonstrou-se, na prática, um erro teórico. Foi somente após a realização de *Studie I* que a acústica chegara à conclusão de que, para que se tenha a percepção amalgamada e unitária de um timbre resultante da soma de sons senoidais e não simplesmente de uma mera aglomeração acórdica desses mesmos sons senoidais, o ouvido necessitaria de um mínimo de 10 a 12 sons senoidais sobrepostos. Utilizando-se apenas e ao máximo 6 sons, como foi o caso de Stockhausen, a percepção teria como objetos sonoros, no máximo, *acordes* de sons senoidais, individualizando-os no momento de sua audição. Jamais, porém, novos timbres resultantes da composição interna de tais sons.

Aprisionados pela ideologia serial, os compositores que vislumbravam a experiência de Stockhausen como pioneira e bem-sucedida sentiram-se incapazes, na época, de exercer uma profícua crítica aos próprios dogmas. Mas foi o próprio Stockhausen que, de um ponto de vista prático, teria então exercido a própria autocrítica. Em *Studie II*, realizado no estúdio alemão em 1954, Stockhausen parte da organização de sons complexos constituídos invariavelmente de 5 sons senoidais, os quais, em sobreposição uns com os outros, chegam a gerar aglomerados de até 33 frequências distintas e simultâneas no decorrer da peça. Ali, Stockhausen faz uso da ideia de "filtragem" pela duração variada dos aglomerados simultâneos, fazendo desaparecer determinados sons complexos antes de outros que perduram e percorrendo assim, num certo sentido, o caminho inverso de *Studie I*. Se em *Studie I* tratava-se do que fora denominado *síntese aditiva*, a utilização da ideia das filtragens na última obra fazia alusão a uma outra nova forma de *síntese*, a bem da verdade bem mais próxima do *tratamento sonoro* do que da *síntese* propriamente dita: a chamada *síntese subtrativa*.

Como quer que seja, a experiência frustrante com a síntese sonora a partir da sobreposição de um número insuficiente de sons senoidais e o subsequente uso de geradores de impulso e filtros ocasionariam um radical requestionamento com relação à própria essência dos espectros. O compositor recolocava de forma radical a questão em torno da composição dos próprios sons. E, ainda que frustrante do ponto de vista da geração por meio da síntese de novos espectros, o que se questionava era, em essência, não a síntese aditiva em si, mas antes as condições mínimas com as quais o compositor teria de se defrontar para a geração eletrônica de novos sons, para a edificação de novos espectros.

Verificou-se, entre outras coisas, o papel relevante que a dinâmica interna dos componentes senoidais exerceria sobre a própria percepção tímbrica. Um dos fatores decisivos de tal conscientização por parte do compositor foi, sem dúvida, o tratamento ainda rudimentar dado aos valores de intensidade nos aglomerados que compunham o *Studie I* de Stockhausen. Tratados de maneira quase que uniforme, os sons senoidais sobrepostos revelavam-se essencialmente mecânicos, e os espectros (na verdade *acordes* de sons senoidais), monótonos. Percebeu-se, de forma irreversível, que as microvariações dinâmicas dos componentes senoidais de qualquer som no decurso temporal de sua existência revelavam-se muito mais decisivas para a riqueza tímbrica resultante do que poderiam inicialmente pressupor os compositores seriais. E, sob este ponto de vista, o tratamento mecanizado e absolutamente individualizado dos parâmetros sonoros, ainda que regidos por rigorosas especulações seriais, resultaria numa "compartimentalização" do som que destruía, a rigor, o controle sobre o espectro enquanto elemento resultante da *interdependência* de todos esses fatores.

Paradoxalmente, portanto, tem-se que a generalização do conceito de série, levada a cabo no seio da música eletrônica, requestionava a própria essência interdependente dos parâmetros sonoros. O som, "compartimentalizado" historicamente pela escritura musical a partir da articulação mais ou menos independente principalmente de seus aspectos rítmico e frequencial, revelava-se inexoravelmente como algo totalizante, enquanto totalidade de aspectos distintos porém essencialmente interdependentes.

Nesse sentido, podemos afirmar que o pensamento serial oscilou entre a pretensão de generalização dos procedimentos seriais como consequência de uma crescente atenção aos distintos aspectos do som e uma consciência igualmente crescente, no decurso de suas experiências, com relação à interdependência desses mesmos aspectos.

Foi nesse contexto que, após a incorporação do som concreto misturado aos eletrônicos na obra eletroacústica *Gesang der Jünglinge* (1955-1956), o *Cântico dos Adolescentes*, talvez a maior obra eletroacústica dos primeiros dez anos desse novo gênero de composição, Stockhausen irá procurar tecer uma rede de intrincadas relações entre as séries de alturas e as prescrições de *tempo* na obra instrumental *Gruppen* (1955-1957), para três orquestras. Ali, todas as indicações metronômicas seriam derivadas de cálculos proporcionais provenientes da própria organização serial conferida às notas e à sua disposição nos registros.

Stockhausen perseguia, assim – e em plena sintonia com a busca composicional exercida por seus companheiros de viagem (Luciano Berio, Bruno Maderna, Henri Pousseur, dentre outros) –, a ideia de um *continuum* entre os distintos parâmetros sonoros (no caso de *Gruppen*, entre a organização serial das frequências e os valores referentes aos andamentos, ideia preconizada no início do século por Henry Cowell). Procurava, em outras palavras, levar ao universo instrumental parte das revelações de *interdependência* entre os parâmetros sonoros advindas da experiência em estúdio, a partir do trabalho sobre a própria composição dos espectros na música eletroacústica.

E foi nesse contexto que a relação interdependente entre frequência e tempo se demonstrou como a mais curiosa e profícua revelação nos experimentos eletrônicos. A transposição, em *Gruppen*, das relações frequenciais aos valores de andamento revelava-se, a rigor, decorrente das mais modernas aquisições teóricas da acústica, amparadas pelas especulações efetuadas em estúdio e realizadas, na época, com as laboriosas incisões de tesoura sobre a fita magnética. Afinal, como afirmaria Luciano Berio mais tarde, reportando-se às irreversíveis aquisições da música eletroacústica, o compositor podia, enfim, "cortar o tempo com a tesoura".

Os experimentos com a organização microscópica do *impulso eletrônico*, estalido essencialmente curto e de espectro difuso e ruidoso, proveniente do *gerador de impulso* (aparelho eletrônico utilizado originalmente pela rádio), foram, sob tal ângulo, decisivos.

A partir de tal manipulação com cortes de fita magnética contendo impulsos gravados e sua posterior remontagem, Stockhausen chega então à conclusão de que *as diferenças da percepção acústica podem, a rigor, ser reconduzidas às diferenças nas próprias estruturas temporais das vibrações*. Assim sendo, partirá do modelo-símbolo do purismo eletrônico em oposição à *concretude* da vertente francesa de música eletroacústica – qual seja: do som senoidal –, para, após atenta análise de sua constituição, transpor sua estruturação temporal aos próprios recursos de montagem de pedaços de fita. Assim é que o som senoidal, desprovido de outros componentes espectrais, revela uma estrutura essencialmente progressiva, a bem da verdade a mais progressiva possível, traduzindo-se no osciRograma como uma curva perfeita e decorrente da projeção temporalmente sequencial do seno (daí sua denominação senoidal, como vimos ao início deste tratado). Transposta à dimensão temporal na organização da montagem sucessiva de impulsos, uma sequência essencialmente progressiva de *accelerandi* e *rallentandi* deveria traduzir a própria essência do som senoidal.

Dessa forma, Stockhausen procedeu a uma minuciosa colagem de impulsos eletrônicos em distância progressivamente menor (*accelerando*) e, em seguida, progressivamente maior (*rallentando*), completando um *período*. Tal sucessão de eventos, percebida como *accelerando* e *rallentando*, portanto como evento essencialmente *rítmico*, foi então recopiada inúmeras vezes em outro pedaço de fita. A seguir, tal pedaço foi acelerado de forma que um período (equivalente, pois, a uma aceleração e uma desaceleração progressivas de impulsos) durasse apenas 1/440 segundos, ou seja, de forma que tal "célula" rítmica pudesse ser ouvida em 1 fração de 440 avos de segundo. Obteve-se, assim, um período de uma onda sinuosamente progressiva, bem semelhante à senoidal, do Lá 440 Hz, constituído a partir da distribuição temporal de impulsos!

A experiência constituiu, com efeito, uma das etapas mais fundamentais da música contemporânea. A primeira consequência foi, então, que formas distintas de micro-organização dos impulsos, respeitando-se contudo organizações periódicas, resultariam em sons periódicos (de altura definida) de timbres variados (cada vez mais distantes das ondas senoidais). A segunda, de que variando a disposição dos impulsos no tempo de modo radical, em que a distância mínima (mais curta) entre 2 impulsos fosse de 1/16000", e a mais longa, de 1/20", ter-se-ia em hipótese a reconstrução, sempre a partir da micro-organização *rítmica* dos impulsos, de toda a gama de audibilidade humana frequencial (que vai, em média, de cerca de 20 a cerca de 16000 Hz).

Aquilo que constituía em essência uma organização rítmica revelava-
-se, se acelerada consideravelmente, enquanto organização frequencial.
A percepção rítmica, acelerando-se no decurso do tempo, adentrar-se-ia
na percepção das frequências, e duas regiões historicamente delimitadas
em zonas de articulação mais ou menos autônomas demonstravam-se, na
verdade, enquanto duas faces de uma mesma moeda, qual seja: do próprio
tempo musical (CD 67).

A conscientização por parte de Stockhausen e subsequentemente dos
outros compositores seriais e mesmo não-seriais desse fenômeno consistiu,
na virada dos anos 1950 para os anos 1960, talvez na principal aquisição da
primeira década da música eletroacústica. Se a série almejava, já no contexto
instrumental, uma micro-organização unitária que tivesse consequência
direta na organização macroestrutural das obras, tal *continuum* sonoro entre
microtempo e macrotempo musicais foi de fato somente possível a partir
de tais experimentos tipicamente eletroacústicos.

Do ponto de vista teórico, Stockhausen elaboraria então seu texto
fundamental *"Die Einheit der musikalischen Zeit"* ("A Unidade do Tempo Musical", traduzido em meu livro *Música Eletroacústica – História e
Estéticas*), no qual expõe em detalhes sua descoberta e seu pioneirismo.
Tal exposição vem a ser a conceituação teórica mais acabada e madura
de todo o percurso do pensamento serial em seus erros e acertos durante
toda a década de 1950, traduzindo-se como expressão mais adequada do
que o próprio Stockhausen havia procurado realizar em seu texto *"...wie
die Zeit vergeht..."* ("...Como o Tempo Passa..."), concomitante à composição de *Gruppen*.

Em seu texto, Stockhausen irá generalizar a interdependência entre
dimensão rítmica e dimensão frequencial, radicalizando a extensão dos
fenômenos sonoros em direção a uma ainda maior dilatação dos eventos
sonoros no sentido da percepção da própria forma musical, ou vice-versa,
comprimindo-se os eventos no tempo e caminhando-se da percepção formal
à frequencial.

Assim é que, partindo do pressuposto básico de que a oitava corresponde à proporção de *1:2* (ou *2:1*), Stockhausen afirmará que a gama total
de "oitavas" pertinente para a percepção musical equivale a *3 vezes 7 =
21 oitavas*. Considerando as notas do piano (instrumento paradigmático
no que diga respeito à percepção qualificada das articulações efetuadas
sobre a percepção dos intervalos), observa-se que da nota mais aguda
(de 4200 Hz) à mais grave (de 27 Hz) percorrem-se 7 oitavas. Dando-se
continuidade à dilatação temporal dos elementos periódicos, adentra-se
na região perceptiva das durações (dimensão métrico-rítmica), cujo poder
de discriminação da escuta vai de cerca de *1/16"* (quando então a "nota"
musical, extremamente grave, passa a ser percebida como uma sequência

de impulsos periódicos – mais precisamente de 16 impulsos por segundo) a *8"* de duração (quando então a percepção começa a ter dificuldade, como vimos há pouco, em discriminar pequenas variações de duração – o ouvido terá sempre dificuldade, por exemplo, em discernir um som de 7,8" de um outro de 8"). Tal âmbito corresponde igualmente a 7 oitavas:

$$1/16" - 1/8" - 1/4" - 1/2" - 1" - 2" - 4" - 8"$$

E, por fim, levando às últimas consequências tal processo de dilatação dos eventos sonoros no tempo, adentrar-se-ia, segundo Stockhausen, na dimensão da percepção formal e de suas regiões articulatórias. Segundo Stockhausen, também aí a percepção articula-se essencialmente em 7 oitavas (em 7 níveis ou regiões perceptivas discriminatórias), tendo-se, pois:

$$8" - 16" - 32" - 64" - 128" - 256" - 512" - 1024"$$
$$\text{(e talvez ainda 2048")}$$

O âmbito total dos eventos temporais pertinente para a composição musical equivaleria, assim, àquele que vai *de 1/4 200" a aproximadamente 15 minutos*, indo-se da percepção frequencial à percepção formal, passando, a meio caminho, pela dimensão rítmica.

Do ponto de vista prático, a aplicabilidade da *Teoria da Unidade do Tempo Musical* encontra seu exemplo mais notório na obra eletroacústica *Kontakte* (1959-1960). Obra-prima de Stockhausen sob diversos aspectos, *Kontakte* apresenta como momento mais fundamental de sua estruturação formal – momento este particularmente elucidativo com relação à teoria que lhe dá suporte – a passagem na qual o ouvinte transita da percepção frequencial à percepção rítmica através de um elaborado procedimento de desaceleração, e desta última novamente à percepção frequencial através do alongamento reverberante do último impulso. Curiosamente, tal acontecimento se dá a cerca de 17' do início da obra, ou seja, segundo o próprio compositor em sua explanação teórica, no limiar da percepção formal (cerca de 1024" = 7ª oitava da região perceptiva da forma musical). Pode-se indagar em que medida tal elaboração tenha sido proposital ou não. Nenhuma referência explícita pode ser encontrada na literatura de referência sobre o assunto, quer se trate dos textos do próprio Stockhausen, quer se considerem os textos de outros autores relacionados de alguma forma com a questão.

Fato é que, de toda forma, a elaboração teórica e prática da *Teoria da Unidade do Tempo Musical* por Stockhausen fecha com chave de ouro toda a fase concernente ao pensamento serial integral no que diz respeito à sua pretensão original de organicidade totalizante do fato musical. E se assim o faz, isto se deve sobretudo à definitiva liberação, por parte do compositor de índole serial e portanto estruturante, dos preceitos seriais que, muito embora propícios a elaboradas excursões especulativas, demonstravam-se essencialmente inflexíveis e pouco fenomenológicos. A generalização do conceito de série, proveniente sobretudo de um rigor disciplinar bem-intencionado porém distante de uma avaliação mais condizente dos fenômenos perceptivos, encontrou definitiva resposta, assim, somente quando da consciência, por parte do compositor, da *interdependência real* entre as distintas regiões da percepção musical, interdependência esta que, uma vez elucidada pela prática composicional, ocasionou o irreversível adormecimento do cálculo exacerbado em proveito de um "adentramento" perceptivo e estruturante no fato sonoro concreto.

Foi somente a partir daí que a música eletroacústica pôde de fato decolar para o voo sem volta da experimentação com a própria recepção dos eventos sonoros e de suas elaboradas translocações no tempo musical, tempo este que passa irreversivelmente a constituir não mais elemento externo a ser incorporado pela composição, mas sim elemento fundamental e internalizado da própria constituição dos espectros.

O fato de adquirirmos consciência plena da interdependência das percepções frequencial e rítmica, considerando-as como duas faces de uma mesma moeda, é tão fundamental quanto darmo-nos conta da autonomia relativa de suas respectivas funções. Se as reservas de Theodor W. Adorno (1903-1969) quanto à teoria da unidade do tempo musical, expostas em seu texto *Quasi una Fantasia*, ancoravam-se na pertinente observação de que "duração e altura pertencem a terrenos musicais distintos, mesmo se ambas possuem, acusticamente, um denominador comum", o domínio tanto dos níveis de articulação musical de cada uma dessas esferas de organização do fato sonoro (alturas e durações) quanto das possíveis interferências mútuas e transições de um estado a outro da percepção deve ser almejado pelo compositor.

Nesse contexto, será necessário atentarmos para o fato de que o fenômeno de perceber, por exemplo, como frequenciais elementos de estruturação musical que se organizam, em princípio, sobre os pilares de outros aspectos sonoros que não as alturas pode se fazer presente em qualquer experiência que implique as correlações acima abordadas. Tal é o caso, a título de um curioso e instigante exemplo, dos procedimentos de espacialização sonora: um som que perambule pela estereofonia, oscilando de modo cada vez mais rápido entre o canal esquerdo e o direito (efeito que se designa por *panning*), deixa de ser percebido como mobilização do som no espaço para ser percebido como uma frequência grave, paralela à sensação de uma *modulação de amplitude* do som (decorrente de suas amplitudes mais pronunciadas nas caixas acústicas da esquerda e da direita, em oposição à sua imagem sonora mais debilitada ao centro da estereofonia), quando a frequência da oscilação espacial superar 16 vezes por segundo (portanto, 16 Hz). Mais uma prova de que este preceito de cunho aparentemente teórico pode encontrar aplicabilidade prática bem plausível, segundo o contexto sonoro (CD 68).

3.5. A Resultante Enigmática: o Timbre

3.5.1. Da definição clássica à noção atual de timbre

Como vimos anteriormente, *o timbre não constitui um parâmetro do som*, mas consiste antes na *resultante dos demais atributos sonoros (a altura, a intensidade e a duração) inter-relacionados entre si*. Aquilo que designamos por *timbre* de um som traduz-se, na verdade, como a micro--organização interna de um determinado espectro sonoro, o qual, em sua estruturação microscópica, resulta da inter-relação entre as alturas, as amplitudes, as durações e os comportamentos dinâmicos (evolução das amplitudes no tempo) de seus parciais constituintes.

Por isso havíamos afirmado anteriormente que falarmos de timbre significa falarmos da *forma como se constitui um dado espectro composto, complexo ou ruidoso*. Cada som que se situe na região intermediária entre o som mais puro (senoidal) e o mais ruidoso (ruído branco) – nos quais inexiste timbre, seja pela quantidade mínima, seja pela quantidade máxima de informação sonora, respectivamente – organiza-se de um modo especí-fico no que tange à sua constituição espectral, constituindo um espectro tônico (composto, harmônico), complexo (inarmônico) ou um ruído com características específicas. Para tais sons, será o timbre o fator resultante que os distinguirá de quaisquer outros sons de espectro composto, complexo ou ruidoso.

A concepção de timbre, porém, nem sempre correspondeu a esta definição mais abrangente e, digamos, "generosa" com relação aos tipos possíveis de sons existentes. Na verdade, influenciando-se pela concepção mais clássica da acústica e mesmo da composição musical em sua era tonal, para as quais os sons tônicos (de altura definida) constituíam a única espécie de som a ser considerada como esteticamente apreciável, a noção de timbre aparece, historicamente, atada exclusivamente aos sons de altura definida. Foi dessa forma que sua definição primária, formulada por Helmholtz em 1883, veio à luz, referindo-se sobretudo a sons tidos como "estacionários", ou seja, com altura e intensidade aparentemente constantes. Dessa maneira, Helmholtz definiu o timbre como sendo *aquela propriedade que permite a distinção de um som de um outro contendo a mesma altura e intensidade*. Ou seja, aquilo que diferenciava o som de um instrumento emitindo uma nota do som de um outro emitindo a mesma nota com a mesma intensidade era definido como o *timbre* desse instrumento.

Ainda que tenha evidentemente evoluído, esta acepção clássica, formulada por uma autoridade até hoje de valor e notoriedade incontestáveis – uma vez que Helmholtz está para a acústica assim com Freud para a psicanálise –, acaba, em essência, por constituir o que entendemos até hoje por *timbre*: a *qualidade característica* de um som, a qual possibilita sua diferenciação em relação aos demais sons.

Historicamente, no entanto, a noção de timbre não somente evoluiu no que diz respeito à incorporação de todos os tipos de som que não os senoidais e o ruído branco – dos compostos (tônicos) aos ruidosos, passando pelos sons inarmônicos (complexos) –, como também logo abandonou a ingênua crença acerca de uma pretensa "estabilização" dos espectros de altura definida, até então tidos como essencialmente "estacionários". Muitos experimentos demonstraram que, de fato, fatores *transitórios* que ocorrem quando os instrumentos começam a soar desempenham um papel crucial para o cérebro na identificação dos sons desses instrumentos (cf. Stumpf, Winckel, Schaeffer etc.). Do ponto de vista musical, isto significa que o *ataque* não constitui apenas a fase inicial dos sons, como também parte fundamental na própria caracterização e identificação dos espectros.

Assim sendo, pouco a pouco a noção de timbre deixa de se aplicar idealmente às formas "estacionárias" dos espectros para, ao contrário, descrever a combinação de *fatores variáveis* que identificam um determinado som e, no que diz respeito especificamente aos sons tônicos, um instrumento particular *em qualquer altura e intensidade*. Por mais paradoxal que isto possa parecer, na realidade a noção de timbre, com relação aos sons de altura definida, acabou, historicamente, por deslocar seu enfoque quanto à estabilidade espectral do som em si a todos os sons possivelmente emitidos por um determinado instrumento. Ou seja, para definir o timbre de um instrumento, ao mesmo tempo em que se levarão em conta as oscilações internas de um som tônico, responsáveis em grande parte por sua caracterização, será igualmente considerada a *permanência* de tais variações na emissão de sons distintos emitidos por esse mesmo agente instrumental em registros diferentes, conferindo certa unidade (pela permanência estatística de fatores variáveis) aos sons distintos de tal ou qual instrumento. É somente por tal prisma que sons em princípio tão distintos como o de uma nota grave e o de uma nota aguda de um piano podem ser classificados como oriundos de um mesmo "timbre", qual seja: o do piano.

Em suma, a noção de timbre acaba por abarcar tanto os fatores variáveis, na detecção das qualidades específicas de um som, quanto os fatores de permanência (invariáveis), na detecção das identidades que amalgamam sons distintos como sendo provenientes de um mesmo instrumento ou agente instrumental.

Como quer que seja, se algo surge e resiste em meio a esta evolução da concepção mesma de timbre, ao longo da história, é a ideia mesma de que o timbre consiste na resultante dos atributos sonoros, e não em um atributo em si. Se o timbre é um *parâmetro sonoro*, ele não é parâmetro do *som*, mas antes da *composição musical*.

3.5.2. Formas de onda "estacionárias"

A partir da acepção clássica de timbre, tal como enunciada por Helmholtz no século XIX, pode-se perceber a diferença em timbre, por exemplo, entre um som de viola e um de trombone mesmo quando ambos os instrumentos emitem um som de mesmo período (mesma frequência), com amplitudes similares, diferença esta explicitada na distinção entre as formas de onda desses respectivos sons.

Exemplo 97

Modelos vibratórios periódicos ilustrando a variação de pressão no tempo na onda sonora correspondente à nota A_4 tocada em (a), (b) e (c) por uma viola, e em (d), (e) e (f) por um trombone-tenor

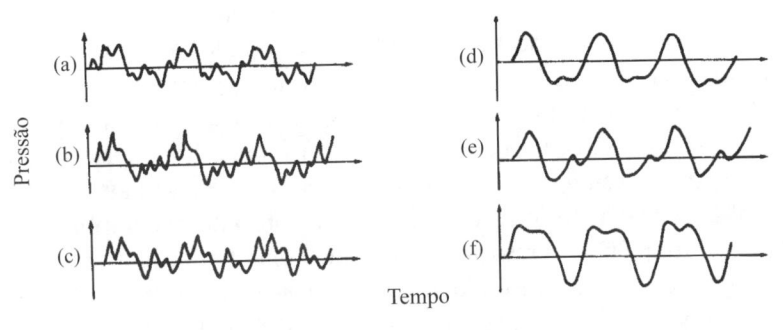

[Cf. Campbell & Greated, "3. Anatomy of a Musical Note", p. 143.] © OUP

Observando o Exemplo 97, temos que, se variarmos a microfonação (localização do microfone na captação sonora) ou ligeiramente a própria maneira de tocar, efetua-se substancial diferenciação entre as formas de onda de cada instrumento, sem que isso resulte, entretanto, necessariamente numa mudança perceptível do timbre de cada instrumento. Ainda que tanto no caso da viola quanto no do trombone as três emissões respectivas tenham mantido praticamente a mesma amplitude e a mesma frequência, notamos o quão a microestrutura de cada espectro pode ser afetada. Nem toda alteração visível no padrão da forma de onda resulta, contudo, numa alteração da qualidade percebida do som resultante. Nesses casos específicos, as informações relativas à periodicidade e à amplitude do espectro revelam-se mais substanciais para a percepção do que as relações de fase entre os parciais, responsáveis pelas alterações ocorridas nas forma de onda.

Foi nesse sentido que se tendeu a classificar tais sons como essencialmente "estacionários". A bem da verdade, no entanto, a relativa estabilidade espectral em espectros tão semelhantes não exclui as flutuações internas que caracterizam e identificam os próprios sons, os quais, mesmo nos casos dos sons periódicos, demonstram-se bem mais *instáveis* do que usualmente eram considerados.

3.5.3. O espectro harmônico

As amplitudes relativas dos componentes harmônicos (parciais em relação de número inteiro entre si) de um som tônico, portanto de altura definida, podem ser representadas através de um *espectro harmônico* (de que já tratamos anteriormente).

A maior "rugosidade" presente nas formas de onda dos sons da viola, no Exemplo 97, revelam um conteúdo harmônico mais pronunciado desses sons em relação aos sons do trombone-tenor nessa mesma amplitude e frequência, fato este comprovado pelo Exemplo 98. A insensibilidade do ouvido em perceber mudanças de timbre pela simples alteração das relações de fase dos componentes espectrais elucida que diferentes formas de onda não implicam necessariamente a percepção de timbres distintos.

As alterações de fase resultam, pois, em alterações nas formas de onda sem resultar necessariamente na percepção de timbres diferenciados, tal como nos mostra o Exemplo 99: com uma simples alteração de 180° do som senoidal (b) em relação ao som senoidal (a), de dobro de sua amplitude e metade de sua frequência – resultando na onda (e) em relação à onda (d) –, tem-se como resultante uma onda bem diversa, se compararmos (c) com (f); é quase como se uma forma de onda fosse a inversão da outra, fato este irrelevante para a percepção, que não é capaz de distinguir os dois sons.

O espectro harmônico é uma forma mais econômica de representação do estado estacionário do timbre de um som do que sua forma de onda, uma vez que toda uma série de formas de onda relacionadas a um mesmo timbre pode, a rigor, ser representada por um único espectro harmônico.

Por fim, nota-se que a variação medida no Exemplo 99 pode ser atribuída a flutuações involuntárias na produção do som, quer seja pelo executante, quer seja pela disposição ligeiramente variada do microfone de captação.

Exemplo 98

Espectros harmônicos correspondentes ao Ex. 97: (a), (b) e (c) = viola
tocando o A_4; (d), (e) e (f) = trombone-tenor tocando a mesma nota

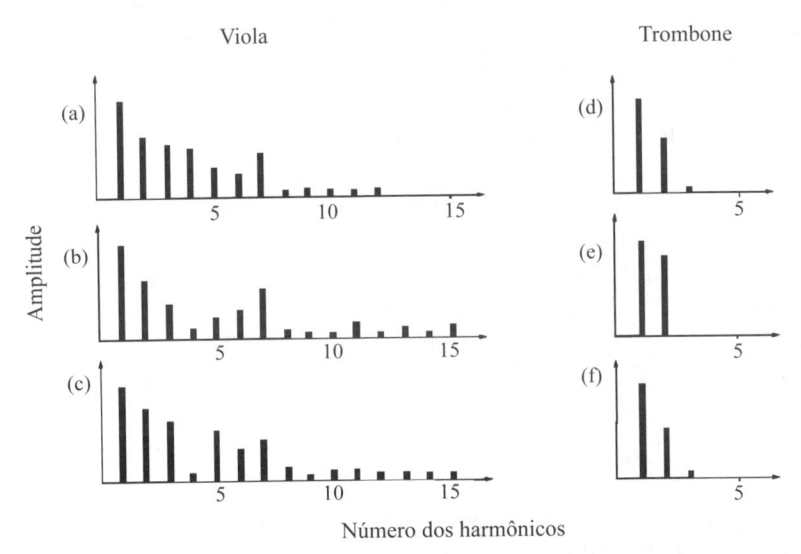

[Cf. Campbell & Greated, "3. Anatomy of a Musical Note", p. 144.] © OUP

Exemplo 99

Combinando-se (a) com (b), tem-se (c); (d) e (e) simplesmente alteram
a relação de fases de (a) e (b), resultando em (f)

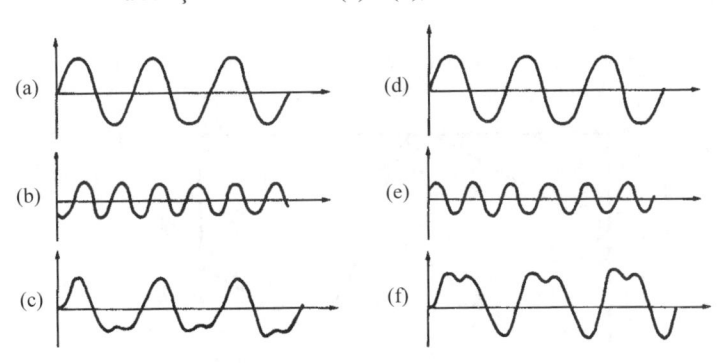

[Cf. Campbell & Greated, "3. Anatomy of a Musical Note", p. 145.] © OUP

No mais, o som não é, como vimos anteriormente, radiado uniformemente em todas as direções, de forma isotrópica, e o padrão de direcionalidade é distinto para os diferentes parciais, podendo resultar em representações sensivelmente distintas de acordo com o posicionamento do microfone.

3.5.4. Espectros harmônicos em salas reverberantes

No caso específico da captação via microfone – que simula, a seu modo, a forma de captação sonora de nossos ouvidos –, o som que chega ao microfone é sempre uma mistura de ondas diretas e ondas refletidas. Existem inúmeros caminhos pelos quais um som pode percorrer até atingir um microfone em uma sala reverberante. Cada um desses caminhos introduz um deslocamento de fase entre as ondas diretas e as refletidas no que tange aos componentes senoidais do espectro, deslocamento este que dependerá do tamanho do caminho e do comprimento de onda do parcial ou harmônico em questão.

Assim sendo, a amplitude de um parcial em particular, tal como medida pelo microfone ou percebida pelo ouvido, dependerá, portanto, de como exatamente as ondas refletidas serão somadas às diretas. Dessa interação entre a "imagem" original e suas reflexões no ambiente é que resulta o timbre percebido do som em questão.

É possível que, de acordo com uma determinada disposição da microfonação na sala, muitas dessas reflexões de um harmônico particular cheguem no microfone ou no ouvido *em fase* com o som proveniente da fonte sonora de forma direta, estabelecendo a chamada *interferência construtiva* de que já falamos, ocasionando um acréscimo de sua amplitude. Mas pode acontecer também de chegarem *em defasagem*, ocasionando *interferência destrutiva* ou, no caso mais radical (em oposição de fase de 180°), *cancelamento de fase*, anulando por completo os parciais correspondentes.

Exemplo 100

Diferentes caminhos percorridos pelo som, via reflexão,
para atingir um microfone ou o ouvido

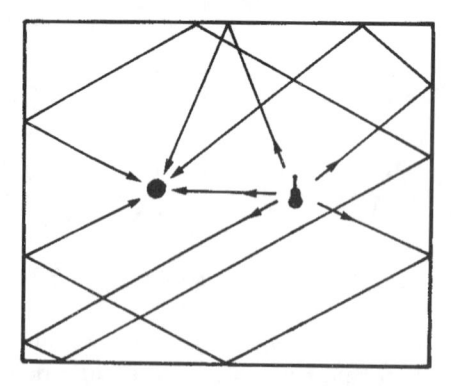

[Cf. Campbell & Greated, "3. Anatomy of a Musical Note", p. 146.] © OUP

Se ambos os fenômenos podem incidir tanto no microfone quanto no ouvido, é necessário pontuarmos que existe aí uma diferença bastante pertinente entre ambas as formas de captação: ainda que o mesmo fenômeno ocorra também com o ouvido humano, o cérebro conta com dois ouvidos contendo sinais, em geral, diferentes entre si. Por tal motivo, um cancelamento de fase e uma consequente alteração mais radical do timbre resultante pode se dar de forma mais comum na forma de captação via microfone do que na mera escuta dos sons pelas vias de nossos órgãos receptores, quais sejam: os ouvidos. Assim é que diferenças entre os espectros harmônicos de um ouvido em relação ao outro são "acertadas" e curiosamente interpretadas pelo cérebro como decorrentes das propriedades da sala, não dos espectros em si. De toda forma, é aconselhável, para julgarmos a captação tímbrica dos sons em determinados ambientes, mantermos a cabeça fixa, uma vez que poderemos, assim, ter uma melhor caracterização dos espectros, minimizando os eventuais efeitos dos deslocamentos de fase.

A melhor representação do timbre sob o ponto de vista do espectro harmônico se dá pela média das informações recebidas. É a forma geral do espectro, na média de sua captação variada, que é significante para o cérebro em sua detecção geral do timbre, e não tanto as amplitudes detalhadas de harmônicos individuais em tal ou qual caso. Tal representação média constitui o *envelope espectral (médio)*, elaborado a partir da análise de várias "tomadas" de som distintas. Se desejarmos representar a importância relativa de cada harmônico do som percebido, precisamos então converter cada amplitude de cada harmônico num nível de volume/intensidade correspondente (fons ou sones): o espectro harmônico será então descrito como *espectro de intensidade* dos harmônicos.

3.5.5. Dimensões e representação do timbre; a questão das escalas de timbre

Altura, intensidade e duração constituem atributos unidimensionais do som: medimos e representamos tais propriedades com números precisos, a partir de medidas correspondentes (Hz, dB, segundos etc.). O timbre, ao contrário, demonstra-se como uma resultante *multidimensional*, decorrente da inter-relação dos demais atributos. Assim é que dois sons podem se diferenciar um do outro numa enorme variedade de aspectos.

Num curioso paralelo com o funcionamento das línguas do ponto de vista da fonologia, nas quais propriedades características dos fonemas constituem, segundo Roman Jakobson, pares de oposição binária que resultam no sistema fonológico de uma determinada língua, o físico acústico Bismarck coletou, em 1974, 69 possíveis pares de termos opostos que podem ser usados corriqueiramente para a caracterização e diferenciação dos timbres, reduzindo-os posteriormente a 28 pares fundamentais, tais como: claro/escuro; agudo/grave; compacto/difuso etc. É altamente improvável, contudo, que possamos um dia afirmar, por isso, que o timbre possui 28 dimensões...

Tentativas existiram até mesmo no sentido de medir os timbres. Pollard e Jansson sugeriram em 1982, por exemplo, que as propriedades salientes de um envelope espectral podem ser reduzidas a três números, representando a intensidade efetiva de três regiões do espectro: a primeira contendo somente a fundamental (1º harmônico); a segunda, os harmônicos 2, 3 e 4; e a terceira região, todos os demais harmônicos superiores. Com isso, elaboraram o que chamaram de *diagrama de três estímulos*, tentativa circunscrita de modo exclusivo à descrição dos sons tônicos.

Exemplo 101

Representação de vários timbres de sons tônicos em estados estacionários no diagrama de três estímulos

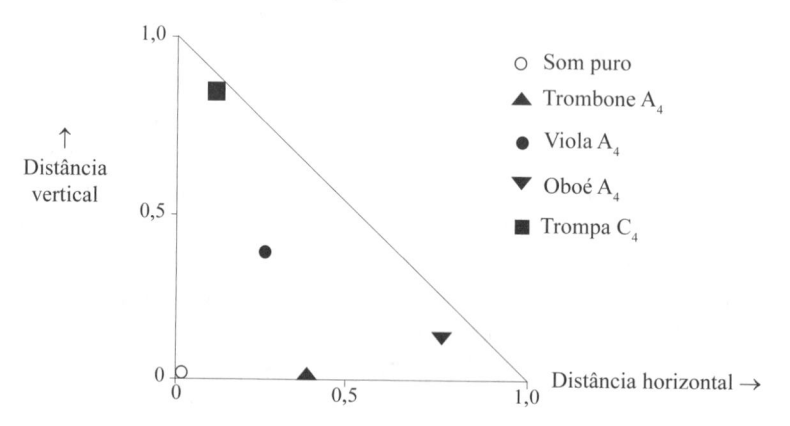

[Cf. Campbell & Greated, "3. Anatomy of a Musical Note", p. 151.] © OUP

Nenhuma dessas tentativas foi, contudo, consensual.

Por tal viés, compreende-se bem a distinção fundamental entre os atributos do som e o timbre enquanto resultante desses mesmos atributos: enquanto que de uma frequência à outra o caminho de transformação é inequívoco (ao agudo ou ao grave), da mesma forma como de uma intensidade à outra (*crescendo* ou *diminuendo*), ou de uma duração à outra (*accelerando* ou *ritardando*), podendo tal percurso de transformação unidimensional variar apenas em "resolução" (relação entre os "passos" de transformação pelos quais se opta e a velocidade da transformação em si, consistindo tal transformação em uma evolução linear ou exponencial), nunca poderemos dizer que a transformação de um timbre em outro se dará inequivocamente por um caminho específico e indiscutível. Ainda que tentativas tenham existido no sentido de configurar a transformação de um timbre em outro de modo orgânico e efetivo, tal como tipicamente o caso da chamada *síntese cruzada* (*cross synthesis*) no contexto da música eletroacústica – em que dados de um espectro são paulatinamente transformados nos dados relativos a um outro espectro sonoro, resultando numa gradual passagem de um timbre a outro (processo este antecipado pelo que Stockhausen designou por *Intermodulation* (*intermodulação*) em sua obra eletroacústica *Telemusik*, de 1966) –, sempre haverá a possibilidade de uma tal transformação ocorrer por um caminho substancialmente diverso, pelo viés da mutação de outros aspectos sonoros. Não existe, assim, unilateralidade e univocidade de percurso transformacional na metamorfose de um timbre em outro, ao contrário dos parâmetros frequencial, de intensidade e de duração dos sons. Repetimo-lo: altura, intensidade e duração são *atributos unidimensionais* e contínuos; timbre, ao contrário, é uma *resultante multidimensional* dos demais atributos (CD 69).

Esta foi, indubitavelmente, uma das razões históricas da dificuldade insuperável da representação gráfica dos timbres pela escrita musical, assim como da incongruência das tentativas de serialização do timbre (dos modos de ataque) efetuadas pelo serialismo integral a partir de Messiaen (ao final dos anos 1940), no contexto da música instrumental e, posteriormente, da própria música eletroacústica. Representar um atributo revela-se tarefa relativamente bem mais fácil do que representar uma resultante da complexa inter-relação dos parâmetros sonoros, pois que, se um atributo pode ser organizado em "escalas", o mesmo não pode ser dito dos timbres. Inexistem "escalas de timbre", pelo simples fato de inexistir univocidade do caminho de transformação entre os infinitos timbres distintos.

3.5.6. Klangfarbenmelodien *(melodias de timbres) e* música espectral

Um caso particularmente interessante de ser citado, ainda que de passagem, no contexto de uma abordagem da noção de timbre, é o da invenção, por parte de Arnold Schoenberg, do que designou, em sua obra teórica *Harmonielehre* (1911), por *Klangfarbenmelodien*, ou seja, *melodias* (*Melodien*) *de timbres* (*Klangfarben = Klang* (som) + *Farben* (cores)), reportando-se à sua própria obra orquestral de dois anos antes, a terceira peça de seus *Fünf Orchesterstücke Op 16* (1909), intitulada precisamente *Farben*. Curiosamente, a invenção teria desdobramentos mais consequentes não pelas mãos de seu próprio inventor, mas sobretudo pelas de um de seus discípulos, Anton Webern.

Grosso modo, podemos dizer que, malgrado a inovação do conceito e os pertinentes resultados que podem ser vislumbrados na prática composicional sobretudo weberniana, as melodias de timbres decorrem, na verdade, da noção mais clássica de timbre, qual seja: aquela que concerne à mera distinção sonora entre sons tônicos emitidos por instrumentos diversos. E, nesse sentido, podem ser divididas em duas espécies:

- melodias de timbres *estáticas*, nas quais se tem a mesma altura "colorida" por instrumentos distintos na diacronia temporal, e que me levou até mesmo a classificá-las como *Klangfarbennoten* ("notas timbradas"), como ocorre, por exemplo, no último compasso da *Primeira Peça para Orquestra Op 10* de Webern, de 1913, no qual um F_4 é instrumentado de quatro maneiras distintas (flauta; flauta e trompete com surdina; trompete com surdina; e celesta); ou ainda na própria peça *Farben* de Schoenberg, inaugural do conceito, com o acorde que lhe é característico e que é quase imutável do início ao fim, sendo instrumentado de modo variado no decorrer da composição;
- melodias de timbres *móveis*, em que uma determinada linha melódica sofre intervenção colorística de instrumentos diversos, como é tipicamente o caso da famosa orquestração de 1935 de Webern do *Ricercar* da *Oferenda Musical* de Bach (CD 70).

Em ambos os casos, é como se o timbre se "melodizasse" de fato, e isto mesmo no caso mais radical dentre eles, no qual as frequências em si permanecem estáticas. Se inexistem escalas de timbres, não se pode dizer o mesmo das "melodias", por mais paradoxal que isto possa parecer, ainda que o emprego deste termo, aplicado à noção de timbre, seja evidentemente metafórico.

E por falar em metáforas, será nesse contexto que uma breve menção à chamada *música espectral* deve ter lugar. Para os compositores adeptos desta estética (Gérard Grisey, Tristan Murail e outros), que teve suas origens na França na década de 1970, será o próprio timbre o objeto da metáfora: análises computacionais da constituição espectral momentânea de um determinado som, eleito pelo compositor, fornecem as bases para a escritura instrumental, a qual consistirá na transposição, no tempo, dos aspectos diagnosticados no corte vertical do espectro. É necessário que se pontue, no entanto, que a estética espectralista incorre no erro, por nós já comentado anteriormente, de encarar o timbre como elemento constituinte, e não resultante do espectro e, como tal, propício a um diagnóstico preponderantemente "vertical", desconsiderando a evolução dinâmica dos atributos que, de fato, se traduzem como constituintes do objeto sonoro. Em que pese o valor musical das obras da música espectral, a metáfora do espectralismo revela-se menos consistente, constatemos, que a operada por Schoenberg e Webern em relação às melodias de timbres.

3.5.7. Formantes; reconhecibilidade das vogais e das palavras; triângulos vocálico e consonantal

Basta analisarmos os espectros de três notas distintas emitidas por um mesmo instrumento – por exemplo, por um trombone – para percebermos que tais sons, apesar de serem provenientes de uma mesma fonte instrumental e de possuírem aspectos bem semelhantes, não são de forma alguma idênticos. Ainda que os classifiquemos, todos os três sons, como sendo provenientes de um mesmo "timbre" (como "tendo o mesmo timbre"), diferenças substanciais se fazem aí presentes. É o que nos revela o Exemplo 102, no qual se tem a constituição do chamado envelope espectral (de que já tratamos anteriormente) para três notas distintas de trombone (exemplo mais uma vez emprestado de Campbell & Greated):

Exemplo 102

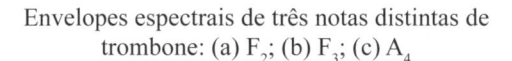
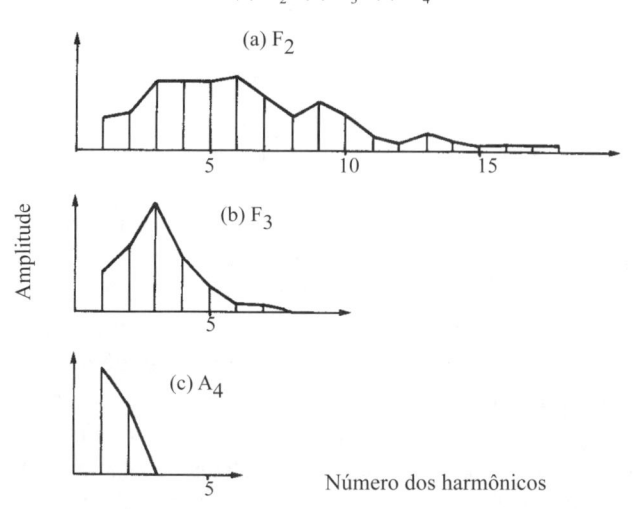

Envelopes espectrais de três notas distintas de trombone: (a) F_2; (b) F_3; (c) A_4

[Cf. Campbell & Greated, "3. Anatomy of a Musical Note", p. 153.] © OUP

Mais acima havíamos falado dos fatores de permanência na qualidade dos espectros oriundos de um mesmo agente instrumental. Apesar da dessemelhança entre os envelopes espectrais médios das notas distintas acima relacionadas, é natural que existam traços unificadores entre esses sons distintos, conferindo-lhes uma certa identidade que poderíamos até mesmo classificar de inconfundível.

Afora a semelhança entre os envelopes dinâmicos dos sons, nos quais as identidades entre seus transientes de ataque e de extinção vêm à tona, seus envelopes espectrais demonstram que existe em todos eles um traço unificador peculiar, o qual se torna evidente quando dispomos os respectivos envelopes não em termos de números de harmônicos, mas em termos das alturas efetivas dos componentes parciais dos espectros com suas respectivas amplitudes, tal como nos revela o Exemplo 103.

Exemplo 103

Espectros do Exemplo 102, reescalonados numa escala de alturas e ilustrando uma *região formântica* por volta do B_4

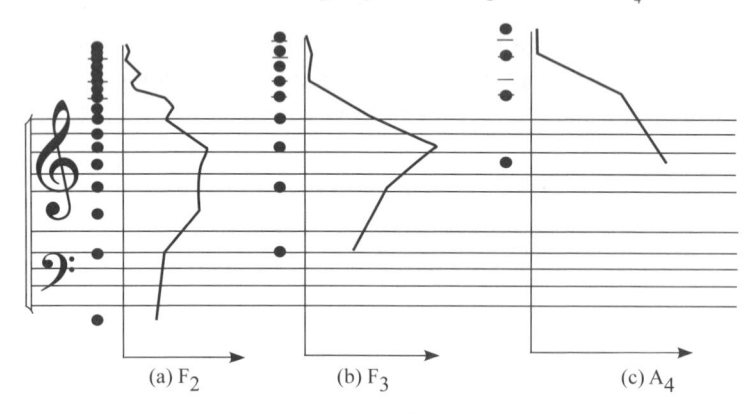

(a) F_2 (b) F_3 (c) A_4

[Cf. Campbell & Greated, "3. Anatomy of a Musical Note", p. 153.] © OUP

Percebe-se, então, uma clara proeminência em amplitude da região da altura relativa à nota B_4 em todos os três espectros, independentemente de suas respectivas fundamentais e independentemente do fato de esta nota B_4 estar ou não presente enquanto parcial harmônico desses espectros compostos. Aliás, nos três casos acima, será a frequência ou do C_5 ou do A_4 que será excitada, frequências vizinhas a B_4. Ou seja, mesmo que a fundamental de cada um desses espectros difira totalmente uma da outra, há uma proeminência ressonântica nos três casos que coincide com a mesma região de frequência (no caso específico do trombone, com a região do B_4, portanto em torno de 494 Hz).

A tal fenômeno específico, ocorrente quando tratamos especificamente de sons tônicos, dá-se o nome de *formante* ou *região formântica*: uma região proeminente ou saliente de frequência (ou altura) na qual o envelope espectral parece possuir um pico de amplitude, e que é relativamente invariável, independendo da fundamental do espectro em questão. Um formante é, portanto, uma ampla região de ressonância que realça os harmônicos que se encontram numa faixa fixa de frequências (CD 71).

Formantes foram observados em espectros de muitos instrumentos, apesar de seu papel na caracterização de um instrumento em particular ainda ser objeto de certa controvérsia. Na verdade, o formante é resultado de todo sistema vibratório (todo corpo) no qual uma fonte de excitação "ressoa por simpatia" através de uma "caixa de ressonância", ou, de acordo com os termos de Helmholtz, de um *ressonador*. Todo ressonador (tubo, cavidade, caixa de ressonância etc.), de acordo com suas propriedades físicas (dimensão, material, conformidade etc.), privilegia a ressonância de determinadas regiões de frequência, produzindo picos de amplitude nos espectros resultantes. Atributos como "brilho" etc. de um som tônico estão relacionados à existência de um ou mais desses picos, ou seja, de um ou mais formantes ou regiões formânticas no som instrumental. Se um som tônico com envelope relativamente fixo torna-se em geral mais "brilhante" ao se aproximar de frequências mais agudas, na medida em que seus harmônicos mais proeminentes também estarão mais agudos, um instrumento que dependa essencialmente de seu formante permanecerá "brilhante" independentemente de sua fundamental variar ou não no registro das alturas, desde que esta permaneça abaixo do formante, ou seja, numa região mais grave do que a da região formântica.

Mas se no contexto instrumental pode-se discutir em que medida os formantes desempenham um papel assim tão crucial na caracterização dos timbres, em uma área da atuação musical e sonora a importância do formante é absolutamente indiscutível: na inteligibilidade das vogais cantadas ou faladas, as quais dependem essencialmente da estrutura formântica de seus espectros.

Historicamente, a noção dos formantes, que nasceu justamente a partir de uma análise acústica das vogais, foi primeiramente enunciada, ainda que de forma inconsistente e sem o emprego desta terminologia, por Wheatstone em 1837, tendo sido posteriormente abordada por Helmholtz, que definiu as vogais como sons produzidos pelas cordas vocais com uma câmara de ressonância, qual seja: a boca, órgão fonador (ressonador) que poderia alterá-las em duração, extensão e altura da ressonância, assim como realçar, em momentos distintos, diferentes parciais. Helmholtz chegou até mesmo a enunciar um quadro das *ressonâncias vocálicas* em seu tratado histórico, tendo citado Donders como tendo sido o primeiro a reconhecer o fato de que a cavidade oral, em suas diversas conformações, gera distintas ressonâncias que caracterizam as vogais. Donders, segundo Helmholtz, teria realizado esta descoberta através do *cochicho*, o qual de fato se revela como sendo um recurso natural de "filtragem" das ressonâncias decorrentes da fundamental da vogal entoada e sua série harmônica, em que apenas os formantes restam audíveis. Entretanto, foi Ludimar Hermann quem, em 1889, denominou esse fenômeno de *formantes* (substantivo que, em português, era originariamente feminino ou masculino, mas que se firmou como masculino nos últimos tempos).

Da mesma forma que os sons instrumentais, os espectros vocálicos apresentam mais de um formante ou região formântica. No caso das vogais, entretanto, são indiscutivelmente as duas primeiras regiões formânticas as maiores responsáveis pelas suas propriedades acústicas, fornecendo ao ouvido os dados essenciais de distinção entre as diferentes cores vocálicas, ainda que uma terceira região formântica e eventualmente ainda outras mais agudas, aparentemente sem relevância, venham a se sobrepor a essas duas primeiras. Para observarmos isso, basta, a título de exemplo, considerarmos as diferenças nas ressonâncias proeminentes das vogais /i/ e /u/:

Exemplo 104

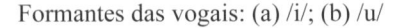

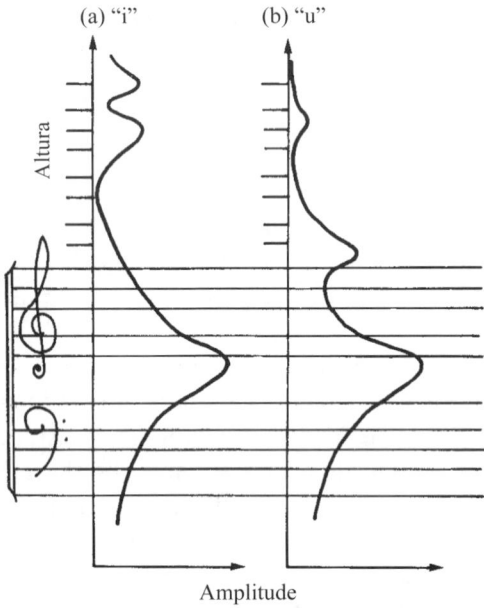

Formantes das vogais: (a) /i/; (b) /u/

[Cf. Campbell & Greated, "3. Anatomy of a Musical Note", p. 155.] © OUP

É fundamental, aqui, a justa compreensão das regiões formânticas distintas das diferentes vogais. Ao observar o exemplo seguinte (Exemplo 105), percebe-se a compacidade da vogal /a/, ao mesmo tempo em que os dois formantes principais (as duas primeiras regiões formânticas) de /i/ e de /u/ encontram-se afastados um do outro (fato também claramente observável no exemplo anterior). Diz-se, daí, que a vogal /a/ é uma vogal *compacta*, e que as vogais /i/ e /u/ são vogais *difusas*. Por outro lado, /i/ distingue-se de /u/ por ser *clara* ou *aberta*, possuindo seu segundo formante em região bem aguda (acima de 2000 Hz), enquanto que a vogal /u/ é considerada uma vogal *escura* ou *fechada*, já que seu segundo formante situa-se entre

800 e 1100 Hz (dependendo do sexo e da idade). É, pois, a região do segundo formante que faz que /i/ e /u/ sejam tão distintos, já que ambas as vogais, tanto /i/ quanto /u/, possuem a primeira região formântica por volta de 200-240 Hz (CD 72).

Exemplo 105

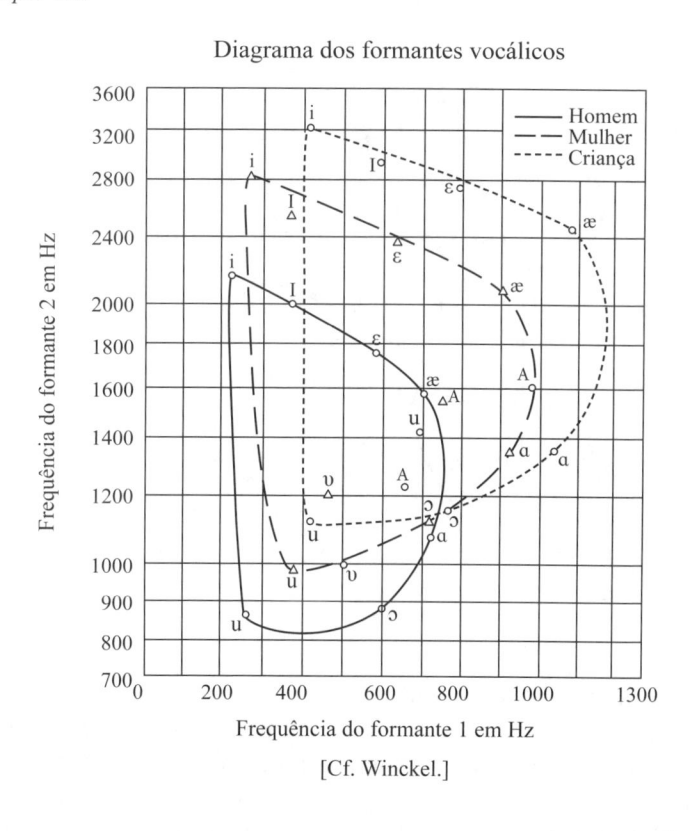

Diagrama dos formantes vocálicos

[Cf. Winckel.]

O Exemplo 105 expõe-nos, no mais, a relativa diferença entre as regiões formânticas para os homens, as mulheres e as crianças. Como se percebe, será sobretudo a *relação* entre as duas primeiras regiões formânticas para cada uma das vogais, comparando cada vogal com as demais a partir de um mesmo emissor (homem, mulher ou criança), que conferirá identidade entre as vogais provenientes de sexos ou idades distintas, uma vez que, objetivamente, as qualidades ressonânticas, por exemplo, dos formantes do /a/ masculino diferem substancialmente das relativas ao /a/ feminino ou ao /a/ infantil. Será, pois, a posição ou *função* da vogal no sistema vocálico relativo ao próprio emissor que possibilitará dizermos que um /a/ emitido por uma criança assemelha-se em essência a um /a/ emitido por uma voz grave masculina, entendendo ambas as vogais como sendo /a/.

No Exemplo 106 temos um "mapeamento" genérico da localização das distintas vogais através de seus respectivos formantes, levando-se em conta suas variabilidades estatísticas de sexo e idade:

Exemplo 106

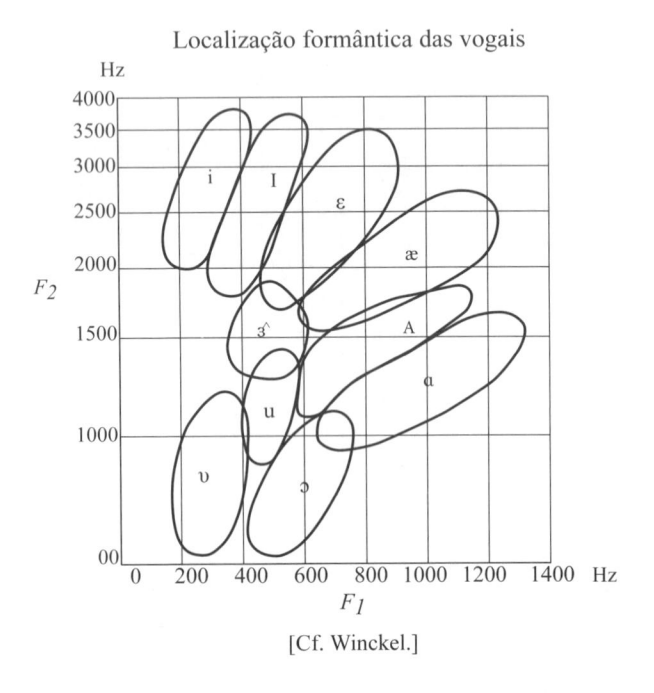

Localização formântica das vogais

[Cf. Winckel.]

O problema da reconhecibilidade ou não das vogais no canto e no repertório histórico da música vocal passa irremediavelmente pelo problema dos formantes. Certamente o desconhecimento desta característica acústica das vogais foi o grande fator responsável por inúmeras passagens na história musical nas quais o ouvinte não pode absolutamente reconhecer o significado da palavra cantada (salvo quando conhece de antemão o texto), pelo fato de que, em certas regiões agudas, as fundamentais das notas cantadas ultrapassam ao menos a primeira região formântica daquela vogal empregada naquele contexto musical. Na prática, não se pode ouvir com facilidade um /o/ numa região aguda de soprano coloratura, por exemplo. Como decorrência deste fato, a maioria das vogais enunciadas adquire, nessa região, uma sonoridade semelhante a um /i/, e a reconhecibilidade das palavras se deteriora, fazendo inclusive com que certos mestres não considerassem a inteligibilidade dos textos como algo assim tão fundamental, como foi o caso tipicamente de Arnold Schoenberg, que, em 1912 (por ocasião de sua genial invenção do *Sprechgesang – canto falado*), declara ser o texto apenas "pre-texto" para as inflexões vocais, não devendo nem o ouvinte, nem o compositor, segundo sua ótica, prestar atenção em demasia ao significado das palavras: o gesto musical deveria, para ele, ter supremacia frente à semântica verbal, elemento apenas subsidiário da música vocal.

A inteligibilidade vocal está, pois, diretamente associada às condições apropriadas de reprodutibilidade das regiões formânticas que caracterizam as vogais. Uma vocalização precisa torna-se inviável com intensidade excessivamente baixa ou inflexões em alturas muito elevadas, uma vez que, em ambos os casos, não se produz um número suficiente de harmônicos no interior das regiões formânticas.

Carl Stumpf provou, em 1922, que as regiões formânticas, ainda que *relativamente* fixas e independentes da mobilização das frequências das respectivas fundamentais dos espectros, podem sofrer pequenas alterações, mobilizando-se, de acordo com a alteração da fundamental, num âmbito estatístico, no máximo, de *terça menor* – intervalo este fundamental na música de Luciano Berio, o compositor, ao lado de Karlheinz Stockhausen, mais atento à voz e suas mais distintas manifestações no século XX, e certamente autor da mais magnífica obra vocal da época atual, fato que me levou a examinar, em meu doutorado sobre Berio (concluído há mais de dez anos), as possíveis influências do fenômeno vocal inclusive em traços pertinentes da escritura *instrumental* beriana, em que a voz se faz ausente, tais como a mobilização relativa dos formantes a que acabamos de nos referir, ou ainda a oposição binária mais fundamental em todas as línguas do mundo, qual seja: a oposição entre som de altura definida (vogal) e ruído (consoante), presente na escritura de Berio como sintomática oposição entre uníssonos e aglomerados harmônicos imediatamente consecutivos. Trata-se de um curioso exemplo de como um instigante fenômeno acústico pode exercer influência na poética de um grande criador.

Da verificação do quadro do Exemplo 106, deriva-se o chamado *triângulo vocálico*, esboçado inicialmente por Hellwag em cerca de 1781, opondo a vogal compacta /a/ às vogais difusas /i/ e /u/, ao mesmo tempo em que opõe a vogal clara /i/ à vogal escura /u/. O triângulo vocálico é essencial para a compreensão de todas as línguas do mundo, constituindo um dos *universais linguísticos* almejados pela fonologia estrutural, bem como da aquisição da linguagem por parte das crianças (independentemente da língua materna) e, inversamente, da perda gradual da capacidade de emissão vocálica por parte do doente afásico, como bem demonstrou o gênio de Roman Jakobson (1896-1982), talvez o maior linguista do século passado.

Ao triângulo vocálico corresponde, no âmbito dos ruídos da fala, o *triângulo consonantal*, no qual o fonema /k/, enquanto fonema oclusivo linguopalatal compacto, está para a vogal /a/, assim como o fonema oclusivo bilabial surdo escuro /p/ está para a vogal /u/, e o fonema oclusivo linguodental claro /t/ está para a vogal /i/. Acoplando então ambos os triângulos, temos o grande triângulo fonêmico em que a vogal /a/, contendo grande emissão de energia, opõe-se às consoantes /p/ e /t/, ambas com pequena emissão de energia, ao mesmo tempo em que /p/, emitindo frequências graves do espectro, opõe-se a /t/, portador de frequências agudas, tendo ao meio a vogal /a/, nem grave, nem aguda.

Exemplo 107

Acima: triângulo vocálico-consonantal; abaixo: triângulo fonêmico completo, incluindo as oposições /a/ *vs.* /u/ *vs.* /i/, e /k/ *vs.* /p/ *vs.* /t/, assim como /a/ *vs.* /p/ *vs.* /t/

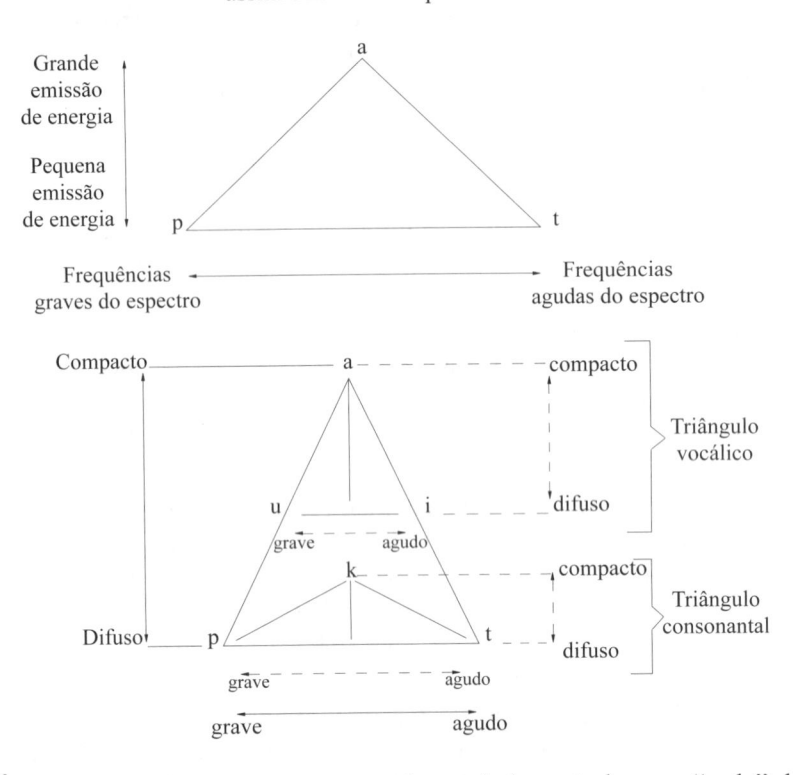

É a partir dos formantes que se pode estabelecer toda uma "rede" de conexões entre todos os fonemas vocálicos existentes, tal como o fizeram notoriamente os "Princípios da Associação Fonética Internacional", de 1949.

Dois usos peculiares e preciosos das qualidades formânticas merecem aqui ser citados em meio à literatura musical do século XX: no mesmo ano de 1968, Berio efetua deslizes de formantes a partir de glissandos de vogais nas vozes ao início de sua *Sinfonia*, enquanto que a partir de sua obra *Stimmung*, para 6 vozes, Stockhausen "perambula" pelo diagrama vocálico dos "Princípios da Associação Fonética Internacional", constituindo seu

Classificação das duas séries de vogais pelos "Princípios da Associação Fonética
Internacional": à esquerda, a série principal das vogais cardinais; à direita, a
série secundária das vogais cardinais, na qual, para cada vogal, a posição
da língua é a mesma, mas varia a posição dos lábios em relação
à sua realização fonêmica na série principal

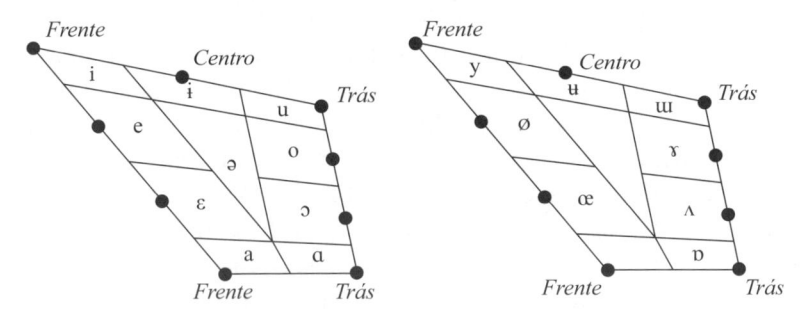

[Cf. *The International Phonetic Association.*] (CD 73)

próprio "quadrado vocálico", com o qual trabalha até os dias de hoje. A
obra de Stockhausen, no mais, prima pela técnica do *canto formântico*, em
que a transição entre as regiões formânticas das distintas vogais revela-se
como mais importante do que as fundamentais entoadas.

Não somente a ordenação dos próprios formantes encontrou aplicação
específica em Stockhausen. O próprio conceito foi, ainda que de maneira
bastante livre e criticada pelos especialistas, utilizado de forma sistemá-

Exemplo 109

Quadrado vocálico de Stockhausen, estabelecido pela
primeira vez em *Stimmung*, de 1968

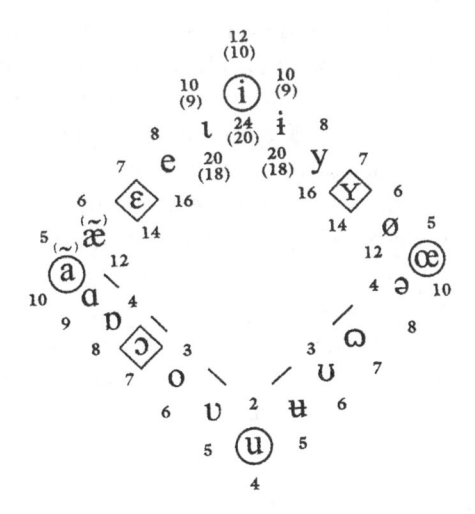

tica em seu importante texto teórico intitulado *"...wie die Zeit vergeht..."* ("...Como o Tempo Passa..."), de 1957, já citado por nós, extrapolando-o inclusive ao domínio rítmico ("formantes rítmicos"), e encontrando aplicabilidade prática em trechos de sua obra monumental *Gruppen* (1955-1957), para três orquestras. Na prática composicional, há que realçar ainda o emprego, na mesma época, por Pierre Boulez do conceito de formante como elemento formal em sua *Troisième Sonate* (1955-1957), para piano.

Nota-se, pois, que o fenômeno dos formantes instigou os criadores no âmbito da música nova, mesmo em se tratando de um fenômeno relacionado exclusivamente aos sons de altura definida. O aspecto irreverente do formante, enquanto "região perturbadora" da ressonância natural, saliência ou proeminência ressonântica, zona de distinção mas ao mesmo tempo de caracterização dos espectros, região ressonântica peculiar e identificadora dos sons, fez com que renomados compositores procurassem transpor as características desse fenômeno espectral aos demais níveis constituintes do dado sonoro e da própria estruturação da composição. Tal é também o caso, bem posterior, de toda uma série de obras de minha autoria intituladas *TransFormantes*, que tiveram início em 1983, nas quais emprego este conceito dando lugar a um evento contrastante, localizado no tempo e bem delimitado, e que paulatinamente caracteriza e transforma a própria forma musical; na série dos *TransFormantes*, os *formantes* da forma caracterizam-se por zonas de nítida distinção do tempo musical em meio às estruturas musicais circundantes. O mesmo se dá na elaboração formal das minhas *formas-pronúncia*, de que já falamos, em que regiões perturbadoras da forma nada mais são que regiões formânticas de um determinado *momento vocálico* projetado no tempo musical (CD 74).

Se os formantes constituem o principal indício na reconhecibilidade das vogais, e se a extensão durativa típica das vogais no canto faz com que, dependendo da região em que se encontra o canto, a palavra não possa ser reconhecida e se comprometa a inteligibilidade semântica do texto musicado, é preciso pontuarmos que a inteligibilidade da palavra falada, no tempo "normal" da fala, depende, todavia, muito mais das consoantes do que das vogais. É claro que sem as vogais a prosódia da língua estaria seriamente ameaçada, mas é pelo viés das distinções entre os diversos ruídos da fala, nos quais consistem as consoantes, que se estrutura fundamentalmente a veiculação do significado da palavra. Para atestarmos tal fato, basta substituirmos todas as consoantes do início de cada sílaba das palavras de uma frase pela primeira consoante que aparece: o significado do texto fica totalmente inacessível. O mesmo não ocorre, porém, se efetuarmos a substituição não das consoantes, mas das vogais, por exemplo pela primeira vogal que surge na mesma frase (o que possibilita a famosa brincadeira infantil de falar "na língua do *a*", ou "do *e*" etc., sem que a criança deixe de comunicar o sentido das frases): a apreensão do significado verbal fica dificultada, mas de toda forma se percebe o que se quis dizer. Levando às últimas consequências este fenômeno, podemos até mesmo excluir as vogais da frase, e as consoantes, únicas informações restantes, seriam suficientes para a restauração de seu significado, ao passo que, se excluirmos todas as consoantes, restando apenas as vogais, a frase não fará nenhum sentido. Eis a comprovação escrita (e sonora) disto:

- Substituição de todas as consoantes iniciais das sílabas pela primeira consoante que aparece na frase (/k/) – significado da frase destruído:
  "Caco coquê croque cocas as concoanques queca criqueica que acaqué-que coquê cão cai enquenquer caca"
- Substituição de todas as vogais pela primeira vogal que aparece na frase (/a/) – significado da frase restaurado:
  "Casa vaça traca tadas as cansaantas pala pramaara ca aparaça vaça nãa vaa antandar nada"
- Eliminação de todas as vogais – o significado da frase tende a resistir à ausência dos sons tônicos da fala:
  "C s v c tr q t d s s c ns nt s p l pr m r q p r c v c n v nt nd r n d"
- Eliminação de todas as consoantes – o significado da frase desaparece totalmente diante da inexistência dos ruídos da fala:
  " a o o ê o e o a a o oa e e a i ei a e a a e e o ê ão ai e e e a a"
  ["Caso você troque todas as consoantes pela primeira que aparece você não vai entender nada"] (CD 75).

3.5.8. Espectros médios prolongados

Os fatores que levam um instrumento musical a ser considerado de alta qualidade não são fáceis de serem definidos, mas de toda forma parece que a disposição no âmbito de frequências e a extensão dos formantes constituem fatores decisivos na determinação da qualidade, por exemplo, dos membros da família dos violinos, e o mesmo aplica-se também a outras classes de instrumentos.

Em geral, espera-se, pois, que se possam obter informações úteis sobre a qualidade sonora de um violino em particular pela identificação de suas estruturas formânticas. A fim de proceder dessa forma, precisamos analisar os espectros de frequência de um vasto número de notas distintas tocadas no instrumento ao longo de sua tessitura.

Um modo conveniente de efetuar tais medições em um amplo âmbito frequencial de notas distintas é obtido através do chamado *espectro médio prolongado*. Esta técnica consiste na gravação dos sons distintos em uma sala reverberante sem acentuação de nenhuma frequência em particular; em uma sala, portanto, de *resposta plana*. Grava-se uma série de escalas, dispondo-se o microfone de forma a evitar a radiação direta do instrumento, captando preponderantemente as ondas refletidas. A gravação é tocada posteriormente com auxílio de filtros, sendo que cada filtro é ajustado de forma a permitir somente a transmissão de um determinado âmbito frequencial que incida em uma banda crítica particular. A intensidade média de cada banda crítica é então calculada, resultando no *espectro médio prolongado*.

Exemplo 110

Espectro médio prolongado: (a) de um grupo de violinos de alta qualidade (curva sólida); (b) de um grupo de violinos de qualidade inferior (curva pontilhada)

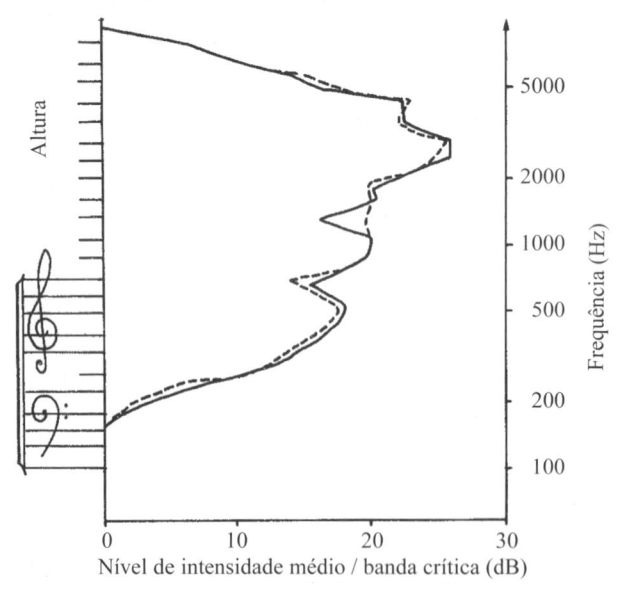

[Cf. Campbell & Greated, "3. Anatomy of a Musical Note", p. 156. Baseado em Gabrielsson e Jansson.] © OUP

3.5.9. Transientes ou transitórios e a importância dos ataques

Quando um instrumento executa um som tônico, sua vibração não começa, como vimos, com a amplitude total, mas, ao contrário, necessita de alguns períodos para atingi-la. A inércia das massas ocasiona um necessário *período de estabelecimento do som*, numa transição do estado de repouso (silêncio) ao vibratório, o qual se estende, em princípio, à totalidade do processo oscilatório. A esta transição que parte do silêncio para chegar ao pico máximo de amplitude no momento inicial do som damos o nome de *transitório* ou *transiente de ataque*.

Todo som composto que não foi gerado eletronicamente possui algum tipo de transiente de ataque em seu começo. O artifício de começar um

Ilustração do transiente de ataque nos primeiros
10 períodos de um G_4 tocado por um oboé

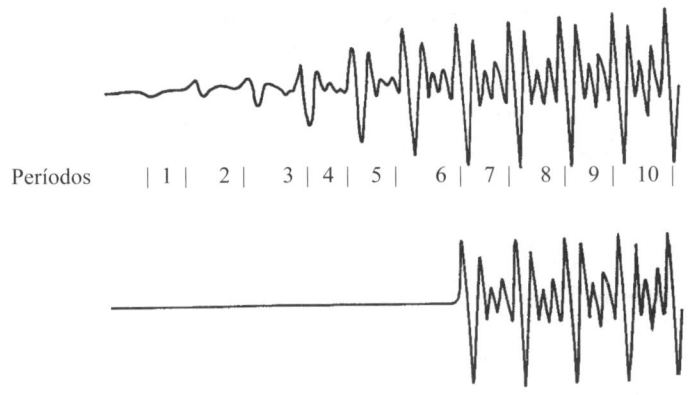

Períodos | 1 | 2 | 3 | 4 | 5 | 6 | 7 | 8 | 9 | 10 |

[Cf. Campbell & Greated, "3. Anatomy of a Musical Note", p. 158.] © OUP

som sem qualquer transiente inicial só pode ser realizado mediante o uso de procedimentos eletroacústicos. A irrupção repentina do som tanto na membrana do alto-falante quanto no aparelho auditivo humano ocasiona, nesse caso, a desagradável sensação de um *click* inicial do som. Ao contrário deste caso específico, a amplitude de um espectro instrumental, emitindo um som tônico, cresce durante os primeiros ciclos, causando substancial mutação na forma de onda resultante. Tal mutação decorre do fato de que componentes distintos do espectro sonoro atuam de forma diferenciada no ataque dos sons.

Helmholtz já havia realçado a importância dos *ruídos parasitas* ou *residuais* na produção dos sons instrumentais como um dos elementos indiciais mais pertinentes na identificação dos timbres, mas se removermos o transiente de ataque dos sons, em geral eliminamos uma característica importantíssima para sua reconhecibilidade, uma vez que, como apontamos anteriormente, o transiente de ataque constitui, via de regra, um dos fatores mais fundamentais na caracterização dos timbres. Para avaliarmos o nível de importância de um ataque, havíamos constatado, de acordo com as pertinentes observações de Schaeffer, que a percepção do ataque não é ligada tanto à *duração* em si do momento inicial do espectro, mas antes sobretudo à *forma geral* do som, ou seja, à sua *evolução energética*. Ou seja, a percepção qualitativa do ataque – o quão o ataque é importante na reconhecibilidade daquele som – é determinada em grande parte pela *dinâmica* do próprio som, e a diversidade dos ataques é condicionada pelas irregularidades do envelope dinâmico dos espectros.

Todo ataque possui uma fisionomia própria, determinada pelo seu "corte", ou seja, pela sua evolução dinâmica – o quão abrupto é o início do som; o quão rápido é o transiente de ataque –, desempenhando, segundo o caso, um papel crucial na identificação do timbre instrumental, papel este por vezes até mesmo mais importante do que o próprio conteúdo harmônico do espectro em questão.

Doce ilusão pensar, no entanto, que a percepção desta fisionomia que caracteriza o ataque se circunscreve unicamente aos momentos iniciais do som: por vezes, a percepção do ataque de um som resulta, isto sim, de uma operação de síntese realizada pelo ouvido, a partir da apreensão de toda a evolução dinâmica e harmônica do som em toda a sua extensão, como bem observara tanto Schaeffer quanto Michel Chion.

Assim é que o ataque se caracteriza quer seja pelo seu *corte* específico, relacionado à sua evolução dinâmica própria, quer seja pela sua *cor*, relacionada com sua evolução harmônica. Para descrever com precisão o transiente de ataque, necessitamos de uma representação que dê conta do envelope dinâmico dos distintos componentes espectrais no início do som. Ao observarmos atentamente o Exemplo 112, notamos que nem todo componente harmônico do espectro começa no mesmo instante, fazendo que a qualidade espectral altere durante o próprio transiente de ataque. De um modo geral, no entanto, a curva resultante do *perfil dinâmico* do ataque (de seu corte), resultante de todas essas alterações decorrentes do comportamento diversificado de cada um dos componentes espectrais durante o ataque, permite que, de acordo com Schaeffer, distingamos 7 tipos básicos de ataque: *abrupto*; *rígido*; *mole*; *plano*; *doce*; *sforzando*; e *nulo* (sem ataque).

Como é de deduzir, o *transiente de extinção*, ao contrário do de ataque, ocorre ao final do som. Helmholtz já havia realçado o fato de que grande parte das peculiaridades de um som se faz notar pela forma como este se inicia e se extingue, pontuando o papel desempenhado tanto pelo ataque quanto pela extinção do som em sua caracterização. A extinção parece ser, entretanto, bem menos importante na caracterização do timbre de um instrumento do que o ataque. Foi devido a tal razão que havíamos já observado que, se a dinâmica do som aproxima-o da dinâmica da própria vida humana, possuindo um nascimento, um desenvolvimento e uma morte, o som distingue-se claramente da vida na medida em que institui uma espécie de "inversão" com relação à importância dos transientes de início e fim de sua existência: no mundo dos sons, ao contrário do mundo dos homens, é mais importante a forma pela qual ele nasce do que pela qual morre.

3.5.10. A noção de grão *sonoro*

Quando falamos de transitórios, não nos restringimos, entretanto, somente aos transientes de ataque. A rigor, toda evolução dinâmica presente

Exemplo 112

Desenvolvimento de componentes harmônicos do transiente de ataque
de um C_4 tocado por um órgão de pipa

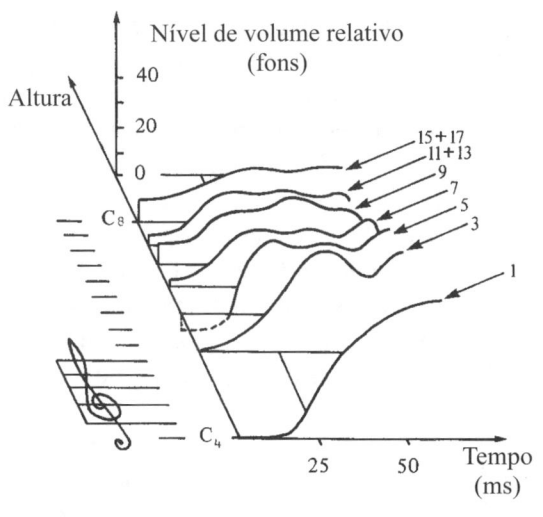

[Cf. Campbell & Greated, "3. Anatomy of a Musical Note", p. 159. Baseado em Pollard e
Jansson.] © OUP

no decurso da vida de um som pode ser caracterizada como sendo um transitório ou transiente. Uma vez que praticamente inexistem sons nem absolutamente periódicos, nem totalmente estáveis do ponto de vista dinâmico (a não ser sons gerados eletronicamente com este propósito), todo som, mesmo em se tratando de um som tônico em regime de sustentação e relativa estabilidade, está imbuído, quase que o tempo todo, de "transientes", os quais revelam-se necessários para a caracterização do timbre, uma vez que, como apontara certa vez Carl Stumpf, um som cujo timbre e intensidade permanecem constantes no tempo perde em certa medida sua característica própria. É como se o som necessitasse de microvariações durante toda a sua existência para que, de alguma forma, mantenha seu interesse (fenômeno que encontra paralelo com um outro de que já tratamos, qual seja: o da *adaptação* com relação às amplitudes, e com as estratégias para que esta seja evitada). Mas não há como negar que os transientes de ataque – os quais automaticamente incluem os de decaimento, enquanto transição natural da liberação energética do ataque à fase de sustentação do som – e de extinção diferem notadamente das alterações dinâmicas estatisticamente bem menos pronunciadas (mas nem por isso menos importantes) do som em seu regime de permanência. Por tal razão, é comum falarmos, sobretudo, de transientes de ataque e de extinção, e não de "transientes de sustentação".

Se falarmos de "transientes de sustentação" pareceria um contrassenso, é porque a percepção das alterações dinâmicas dos momentos inicial e final dos espectros revela-se bem mais evidente que a detecção consciente das microvariações de ordem frequencial ou dinâmica no decurso da sustentação sonora. Não que tal possibilidade seja excluída do regime de permanência dos sons. Ao contrário, boa parte dos objetos sonoros possui uma qualidade oscilatória bem definida em pleno regime de permanência espectral, fenômeno associado, de forma genérica, aos *vibratos* de toda ordem, e que definiremos mais tarde, com Schaeffer, como *flutuações (allures)*. Mas referimo-nos, aqui, às microvariações de percurso de um som, não conscientemente detectáveis pela escuta atenta, mas somente apreciáveis enquanto qualidade tímbrica da *microestrutura* da matéria sonora. Se ínfimas saliências constituem a textura do som, enquanto microfenômenos que se organizam de forma mais ou menos "porosa" ou "lisa", podemos dizer que estamos defronte à constituição "granular" do espectro, em uma palavra, a seus *grãos*.

A noção de *grão* sonoro, introduzida por Schaeffer em seu histórico tratado, está pois associada à maneira pela qual apreendemos a textura do objeto sonoro, globalizando, de forma qualitativa, os microfenômenos "inaudíveis a ouvido nu". Trata-se – como bem pontua Schaeffer – da percepção internalizada de "choques distintos" que constituem a própria textura sonora. Em analogia à visão, é como se olhássemos para uma foto digitalizada em alta definição em uma tela de computador. De modo geral, olhamos para a foto e a apreendemos de modo global apreciando sua textura como extremamente bem definida e de alta qualidade, e pontuando, ainda, os inúmeros detalhes provenientes da alta definição fotográfica. À medida, porém, que ampliamos consideravelmente a foto na tela, concentrando-nos em porções cada vez mais reduzidas da imagem, percebemos cada vez mais os pontos (*pixels*) que de fato a compõem, "estouramos" a imagem na tela e revelamos o quão "grosseiro" é o processo de sua digitalização. O grão revela-se como pertencente a um domínio de atuação sensorial no qual as inúmeras irregularidades de detalhe que afetam a superfície dos objetos ainda são apreendidas por uma percepção global e qualitativa. A noção de grão encerra assim a percepção dos "vestígios rítmicos" presentes na constituição interna dos espectros, percebidos não como eventos rítmicos em si, mas antes como elementos da textura mais ou menos fina ou grossa da matéria sonora.

Como afirmei em minha *Atualidade Estética da Música Eletroacústica* (quando da análise de minha obra *A Dialética da Praia*), a noção de grão evoca uma certa dialética (e diríamos mesmo, quase uma contradição) entre a percepção da textura enquanto somatório estatístico de *partículas sonoras* indiscriminadas e a tendência implícita à percepção isolada de cada um destes eventos "pontuais" que compõem o espectro.

Como tal, a noção aplica-se tanto a sons com uma certa "rugosidade" quanto, de forma extensível, a sons essencialmente lisos e cintilantes, nos quais qualquer radical dilatação do tempo seria praticamente incapaz de revelar qualquer vestígio rítmico. Claro está que, para aqueles sons nos quais as correlações com os tais vestígios se fazem mais evidentes, a noção de grão encontra plena justificativa, evocando inclusive sua acepção mais recente no contexto da música eletroacústica, e que decorre dos procedimentos de *síntese granular*, a qual consiste na densa multiplicação de um minúsculo fragmento sonoro ou *grão* (tão ínfimo que qualquer detecção de frequência fica inviabilizada), constituindo um espectro que consistirá, em essência, na repetição iterativa (portanto rítmica) em um número elevado desta microcélula sonora. Como quer que seja, a noção de grão, tal como pertinentemente relevada por Schaeffer, diz respeito à microconstituição dos espectros, independentemente se tal micro-organização se dá por elementos unitários mais ou menos correlatos a um "grão" propriamente dito ou se esta se encontra desprovida de qualquer associação direta a qualquer unidade mínima do espectro, consistindo basicamente em uma evolução essencialmente "lisa" do som no tempo.

Nesse contexto, é interessante citarmos a classificação schaefferiana dos grãos em *tipos* e *classes*. Schaeffer nomeia três tipos de grãos, cada qual subdividido em três classes distintas:

- *grãos de ressonância* ou *de cintilação*, os quais não possuem sustentação propriamente dita, mas se prolongam por ressonância, subdivididos em: grãos *trêmulos* (*frémissants*); grãos *de formigamento* (*fourmillants*); e grãos *límpidos*;
- *grãos de fricção* (*frottement*), decorrentes do atrito ou fricção do sopro ou do agente de sustentação sonora (por exemplo, arco nos instrumentos de corda), subdivididos em: grãos *rugosos*; *foscos* (*mats*); e *lisos*;
- *grãos de iteração*, decorrentes de sustentações iterativas do tipo de um rufo de tom-tom, subdivididos em: grãos *grossos*; *transparentes* ou *nítidos* (*nets*); e *finos*.

Ainda que a divisão em tipos de grãos seja bem mais clara que suas subdivisões em classes, cujas fronteiras demonstram-se por vezes de difícil definição, a noção de grão na teoria de Schaeffer demonstra-se, em geral, como uma de suas mais pertinentes contribuições para uma avaliação acústico-musical do objeto sonoro (CD 76).

3.5.11. Individuação tímbrica de sons e da fala

Retomando a questão dos ataques, pesquisas recentes têm demonstrado, de mais a mais, que o papel relevante do ataque não se restringe somente à *caracterização* do timbre percebido isoladamente, mas também à *iden-*

tificação de um timbre em meio a outros, fornecendo ferramenta apta à percepção para a *individuação tímbrica* na escuta de sons simultâneos, capacidade esta cujo mecanismo ainda não é de todo explicado pela ciência acústica (como havíamos mencionado quando começamos a falar da forma como ouvimos os sons).

Na escuta de sons simultâneos, parece que o cérebro se demonstra capaz de se concentrar em detalhes peculiares do padrão vibratório de cada fonte sonora em particular, emergentes já no transiente de ataque, mantendo-se "na pista" desses elementos no transcurso da vida do próprio som, decorrendo daí a individuação do timbre em meio ao contexto sonoro no qual se insere.

Numa situação de escuta em uma sala reverberante, na qual exista uma confusa sobreposição dos sons, o dado temporal parece desempenhar um papel considerável nesse processo de individuação. Ao que tudo indica, o *efeito de precedência* ("efeito Haas") revela-se aí essencial: a primeira chegada do som direto fornece as pistas principais, em oposição à sua própria reverberação, às reflexões dele decorrentes e à escuta dos demais sons, para a detecção tímbrica por parte do ouvido humano.

Este engenhoso mecanismo de individuação de um som em meio a tantos outros – fenômeno relacionado ao chamado *fluxo auditivo* (*auditory stream*), discutido pelos físicos acústicos – encontra curioso paralelo naquele que diz respeito à nossa capacidade de concentração na fala de alguém em um ambiente no qual muitas pessoas estejam falando ao mesmo tempo, como num bar ou numa festa. Este fenômeno, conhecido como *efeito festa* (*cocktail-party effect*), revela uma grande habilidade do ouvido em detectar, individuar e se concentrar na percepção de uma dada fonte sonora mesmo quando esta se encontra, de certa forma, emaranhada em meio à simultaneidade de sons bem parecidos uns com os outros, como no caso da fala. Mas em que pese esta semelhança entre a individuação de timbres em um contexto, por exemplo, instrumental (como no caso da escuta de uma obra sinfônica) e a individuação da fala em meio a um agrupamento de pessoas numa festa, é necessário pontuar aqui que a percepção da linguagem verbal é, no entanto, essencialmente diversa da eminentemente musical: mesmo numa festa, procuramos ouvir uma determinada pessoa de forma "monofônica", esforçando-nos bastante para de alguma forma eliminarmos a informação sonora restante e sobreposta à sua fala, enquanto que a história da música revela que, ao contrário, a composição musical trilhou o caminho da busca de uma cada vez maior *simultaneidade* dos sons. Se na música a simultaneidade sonora desempenha papel crucial, e a escuta polifônica e até mesmo heterofônica (de eventos simultâneos) se institui como uma das marcas da contemporaneidade – contribuindo sobremaneira para a constituição da noção de *textura*, tão fundamental no contexto da música nova –, com relação à compreensão da linguagem verbal tem-se uma dificuldade bem pronunciada já quando duas pessoas falam ao mesmo tempo (CD 77).

Talvez este fenômeno tenha relação com a impressionante capacidade do ouvido na caracterização do timbre da voz humana. Em que pesem as eventuais diferenças de timbre entre instrumentos iguais – por exemplo, quando desejamos comprar um instrumento, prestando atenção às distinções entre diversos modelos ou mesmo diversos instrumentos de uma mesma marca, até decidirmos qual deles mais nos agrada –, é inegável que existe uma proximidade muito maior entre os timbres dos instrumentos do mesmo tipo (entre sons de distintos oboés, distintos clarinetes, pianos etc.) do que entre os timbres da voz das pessoas. Tanto é assim que, quando nos defrontamos com uma voz muito parecida com a voz de outra pessoa que conhecemos, logo nos espantamos e notamos a rara semelhança, quando não manifestamos verbalmente nossa perplexidade a esse respeito.

É como se, nesse contexto, houvesse uma espécie de "compensação": se com relação aos sons instrumentais esforçamo-nos bem menos para poder detectar e individuar os sons em meio à simultaneidade sonora, cultuando, aliás, essa concomitância de sons como fenômeno tipicamente musical, mas ao mesmo tempo demonstrando uma capacidade bem mais limitada no discernimento de um timbre do outro quando comparamos instrumentos do mesmo tipo, na escuta da fala, por outro lado, somos capazes de distinguir em detalhes diferenças mínimas entre as vozes de pessoas distintas, conferindo a cada pessoa em particular sua identidade através, entre outras coisas, de sua típica voz (bem reconhecível mesmo na escuta telefônica, na qual se opera uma filtragem considerável do espectro vocal), ao mesmo tempo em que necessitamos de uma escuta clara, inequívoca e preponderantemente "monofônica" para a compreensão da semântica da linguagem verbal.

Um outro aspecto da questão da simultaneidade e da individuação dos sons – que merece ser aqui mencionado, ainda que não se correlacione diretamente ao fenômeno do timbre – diz respeito à capacidade do ouvido em perceber notas distintas em meio a um acorde. Estudos da acústica apontam para o fato de que o cérebro tende, na verdade, a analisar o acorde resultante dessa simultaneidade em pares de notas, confrontando uma com a outra por procedimentos condizentes com o princípio da *oposição binária* (tão importante, segundo Roman Jakobson, para a constituição dos sistemas fonológicos das línguas). Caso isto de fato ocorra – o que é bem provável –, então ter-se-ia efetivamente uma boa comprovação da interessante concepção harmônica de Edmond Costère sobre o *potencial atrativo* dos intervalos, pois que, para Costère, cada par de notas de um aglomerado é avaliado pela escuta com relação a seu grau de *cardinalidade* (que revela sua maior ou menor propensão à *polarização* e à *estabilidade*), resultando daí a percepção de "centros de gravidade" constituídos de determinadas notas num dado contexto musical.

3.5.12. Outros fatores cruciais na caracterização tímbrica

Saliências de detalhe em amplitudes individuais no envelope dinâmico de um som são, pois, relativamente sem importância em sua caracterização tímbrica, ainda que confiram "vida" ao espectro. Tão logo a curva geral do envelope dinâmico for mantida, tais alterações ligeiras não são perceptíveis de modo particular e não afetam substancialmente a diferenciação do timbre.

De importância muito mais pronunciada para a caracterização do próprio timbre é o fato, acima mencionado, de que os sons de altura definida não são estritamente periódicos: os componentes senoidais constituintes do espectro harmônico nem sempre são exatamente múltiplos de uma fundamental fixa, mas se submetem, isto sim, a pequenas flutuações em alturas (em geral acompanhadas de ligeiras alterações de amplitude e ocasionando, assim, pequenos transientes ou transitórios em meio ao regime estacionário "quase-periódico"), e isto durante todo o tempo do som tônico.

Para sintetizar determinados sons, tais fatores variáveis devem ser levados em consideração, dependendo do timbre que se pretenda produzir eletronicamente. Por exemplo, para sintetizar sons de saxofone, essas variações são relevantes, enquanto que para sons de oboé, bem mais estáveis, esses fatores variáveis são negligenciáveis. Este fenômeno explica o porquê da pobreza das primeiras tentativas de síntese computacional de sons instrumentais, efetuadas principalmente na década de 1960: foi somente quando a acústica se apercebeu da relevância dessas microvariações dos espectros – até então tidos como perfeitamente estáveis – é que a síntese começou a gerar frutos mais condizentes com os sons "naturais" dos instrumentos. Mesmo assim, em que pesem todas as evoluções das formas de síntese (incluindo aí a magnífica técnica de síntese por modulação de frequência), dificilmente poder-se-á sintetizar sons instrumentais de forma impecável, o que nos leva à convicção de que os sons sintéticos terão bem mais valia se constituírem sons até hoje inauditos, e não sons já existentes.

Se o "desvio" relativo dos harmônicos no decorrer do envelope dinâmico de um som composto é via de regra discreto, podemos, por outro lado, detectar bem no início dos sons de alguns instrumentos componentes que se situam bem distantes de qualquer aproximação com a série harmônica da nota fundamental em questão. Tais componentes inarmônicos possuem, em geral, amplitudes bem baixas, logo desaparecendo com a estabilização do som em seu regime de permanência. Como quer que seja, esses elementos parecem desempenhar um relevante papel na caracterização do timbre de determinados instrumentos (como, por exemplo, do clarone, do saxofone contralto ou de alguns órgãos de pipa).

Tudo isso leva a discussão acerca da caracterização dos timbres, em especial com relação aos sons de altura definida, a ulteriores conclusões. Assim é que J. M. Grey, em 1977, resume em três os atributos de maior importância na identificação dos timbres:

1) a distribuição geral da energia sonora no regime estacionário (sustentação) do espectro;
2) a presença de frequências bem agudas (possivelmente inarmônicas) e de baixa amplitude no início do ataque; e
3) o quão os componentes agudos no transiente de ataque estão sincronizados entre si – ou seja, se iniciam de forma mais ou menos conjunta ou simultânea.

O primeiro atributo remete-nos à observação de Juan Roederer, segundo a qual a sensação de timbre é controlada sobretudo pela distribuição absoluta de energia sonora nas bandas críticas. Uma discussão, como vemos, que ainda se encontra em plena fase de desenvolvimento.

3.5.13. *Vibratos e a noção de* flutuação *(*allure*) sonora*

Em casos específicos, as variações de frequências dos espectros constitui recurso deliberadamente consciente de caracterização do timbre. Trata-se, aí, de desvios não de certos parciais harmônicos, mas da própria fundamental do espectro. Este é o caso, por exemplo, do canto operístico (no estilo *bel canto*), no qual as variações em altura dos cantores chega por vezes até a 6 Hz de oscilação.

Essas variações são conhecidas como *vibrato*. A extensão do vibrato varia conforme a prática musical e o contexto, sendo que a frequência da variação da frequência – que, a rigor, consiste em uma *modulação de frequência* – varia tipicamente de 1 a 10 Hz, ou seja, num âmbito frequencial aquém do limiar de percepção das alturas (o qual se inicia, como sabemos, por volta de 16 Hz). Se a frequência de variação for imperceptível em si mesma, ela é plenamente percebida enquanto desvio de altura da nota entoada. Curiosamente, porém, nota-se que o vibrato não é, em geral, percebido como uma "variação de altura", mas sim de "timbre" de um som.

De fato, havíamos observado anteriormente que a discriminação de altura é menos acurada para movimentos lentos do que para mudanças abruptas, nas quais o cérebro logo se apercebe das alterações ocorridas. Apesar de as células nervosas poderem responder a mudanças que ocorram em intervalos de tempo de apenas alguns milissegundos, a "sintonia" do cérebro com relação a sons que variam lenta e regularmente acontece de tal forma que o cérebro leva em conta a média das flutuações que ocorrem mais rapidamente do que 10 vezes em um segundo.

Uma possível razão para a existência do vibrato é a própria natureza do mecanismo de produção sonora da voz e de certos instrumentos (notadamente no caso dos instrumentos de arco), para os quais uma certa margem de "flutuação" é quase que inevitável. Nesses casos, o vibrato regulariza, em parte, a instabilidade inerente à própria fonte geradora dos sons.

A alteração em frequência do vibrato acarreta uma direta alteração do próprio timbre, uma vez que altera a relação entre a frequência fundamental variada e reafirmada a seguir e os formantes existentes, pois que enquanto o espectro harmônico flutua, as regiões formânticas permanecem, como vimos, relativamente fixas.

O fenômeno do vibrato, enquanto variação mais ou menos regular e iterativa do som em pleno regime de sustentação, sem que implique uma substancial metamorfose tímbrica (o que resultaria em uma *modulação de timbre*), pode e deve ser generalizado. Na verdade, incontáveis são os tipos de espectros que se submetem a oscilações contínuas e essencialmente *cíclicas* em regime de permanência, principalmente no que tange a seu comportamento frequencial e dinâmico, o que acarreta modulação tanto *de frequência* quanto *de amplitude*. A tais variações regulares e recorrentes da evolução energética do som Schaeffer deu o nome de *flutuação* (possível e aconselhável tradução para o termo francês original *allure*, que significa literalmente *andamento*, vocábulo, todavia, que já possui acepção musical bem definida em nossa língua e por isso não deve ser empregado nesse contexto).

As flutuações, constatemos, implicam sobretudo variações ora no domínio das frequências, ora no das amplitudes, mas são avaliadas pela escuta como elementos de *caracterização tímbrica*, portanto como traços gerais e resultantes das oscilações mais ou menos periódicas às quais se submete um determinado som em meio a seu regime de sustentação. Em uma escala que vai da percepção mais global da evolução energética do som à sua percepção mais particularizada, podemos dizer que três são as instâncias de apreensão auditiva do objeto sonoro:

- o *perfil dinâmico* do som, enquanto sua apreensão global e generalizada, revelado pela curva de envelope dinâmico do espectro;
- a *flutuação* (*allure*), enquanto qualidade oscilatória do som em seu regime de sustentação, em que as variações são detectadas pela escuta como oscilações mais ou menos periódicas e regulares;
- o *grão*, enquanto percepção do tipo estatístico da textura sonora, da microestrutura da matéria sonora, decorrente dos "transientes de sustentação" do espectro e da maneira pela qual um grande número de pequenas

irregularidades afetam e determinam a apreensão global da "superfície" do objeto sonoro.

Assim sendo, a percepção das flutuações situa-se entre a global apreensão do envelope dinâmico do som e sua percepção textural granular. *Grosso modo*, as flutuações podem ser classificadas segundo sua proveniência causal, a qual impinge em suas oscilações certos traços que as caracterizam. Segundo Schaeffer e Chion, elas podem por isso ser entendidas como produto:

- de uma *regularidade mecânica*;
- de uma *periodicidade discreta* que revela um agente vivo; ou ainda
- de uma *irregularidade imprevisível* e aleatória (ligada, em geral, a fenômenos naturais).

Da mesma forma, a *velocidade* (rapidez) com a qual ocorrem as oscilações e o grau de alteração dos parâmetros submetidos às próprias oscilações – em outras palavras, a *amplitude* das próprias oscilações – fazem que tais irregularidades possam ser categorizadas segundo critérios quantitativos que se subdividem, de maneira genérica, em três níveis distintos para cada um desses aspectos variáveis das flutuações. Quanto à *velocidade*, a flutuação pode ser *cerrada*, *"ajustada"*, ou *lasseada*. Já quanto à *amplitude* da flutuação, esta pode ser: *fraca*, *média*, ou *forte*.

3.5.14. O chorus effect

Por fim, faz-se necessário citarmos aqui novamente o *chorus effect*, outra alteração substancial do timbre na prática musical. Este efeito consiste na constante alteração das relações de fase de um determinado componente harmônico produzido simultaneamente por instrumentos afins em uma mesma seção musical. (Cf. o exemplo sonoro em CD 14.)

Quando apenas dois instrumentos estão tocando em uníssono, um alto nível de controle é necessário para que se evite a sensação por vezes desprazível de batimento decorrente da alteração da relação de fase entre ambos. Se ambos utilizam vibratos ligeiramente distintos, este risco é menos proeminente. Como quer que seja, o *chorus effect* torna o contexto complexo a ponto de enriquecer substancialmente a relação de fase entre sons de um mesmo naipe orquestral ou de uma mesma família instrumental. Este efeito é perceptível quando da comparação de uma mesma obra para instrumentos de cordas solistas com sua versão para orquestra de cordas. A versão orquestral "ganha corpo" frente à versão mais "cristalina" para solistas.

No mais, o *chorus effect* é comumente utilizado como um dos procedimentos eletroacústicos de adensamento da textura sonora mediante a drástica alteração da relação de fase entre o som original e suas reflexões simuladas por computador.

4. A ORGANIZAÇÃO CARDINAL DAS ALTURAS: AFINAÇÕES E ESCALAS

Ainda que todo ouvinte, todo compositor e, em primeira e última instância, toda escuta deva estar atenta às sutis variações às quais o som pode se submeter em relação a qualquer um de seus atributos fundamentais, a supremacia das alturas, a que nos referimos anteriormente, se desnuda quando nos apercebemos com que grau de elaboração minuciosa as frequências foram e continuam a ser organizadas, constituindo-se escalas, afinações, temperamentos diversos.

Este capítulo conclusivo tem por objetivo, pois, consagrar todo um espaço para a elucidação dos passos mais fundamentais das civilizações musicais em direção à concepção do chamado *sistema temperado* ou *temperamento igual*, preponderante na prática musical. Não se pretende, contudo, abordar *todas* as escalas e afinações existentes. Longe disso. O presente capítulo não abordará mais que as afinações e escalas que se fizeram notórias como as mais importantes do ponto de vista histórico levando em conta, nesse sentido, essencialmente o contexto da música ocidental, mesmo que algumas delas possam ser encontradas nas práticas musicais do Oriente. Referimo-nos, então, às escalas pitagórica, mesotônica, justa e ao sistema do temperamento igual.

Por outro lado, será somente a partir do entendimento do que é de fato o temperamento igual, e de como ele se constituiu historicamente, que uma plena consciência musical das alturas e de suas possíveis organizações pode ter lugar, inclusive no sentido de superar esse sistema, dentro do âmbito de ação da música contemporânea e, mais especificamente, da música eletroacústica. Mas, mesmo que o músico/leitor não possua tal pretensão, é inaceitável o fato de a maioria dos músicos exercer suas atividades em torno do temperamento igual sem que tenha ciência do que se trata. Certamente um conhecimento acerca da necessidade de seu advento histórico quebrará alguns tabus e contribuirá para uma prática musical mais plena, autêntica e, certamente, segura.

4.1. A História das Escalas e o Advento do Temperamento Igual

4.1.1. Escala, afinação e temperamento

Quando Helmholtz discursou sobre a essência do movimento das alturas na música, pontuando que este se dá por *intervalos*, e não por *movimentos* ou *transições contínuas*, ressaltou, na verdade, o papel da *descontinuidade* na organização cardinal das frequências no âmbito da composição. A bem da verdade, o *glissando*, elemento contínuo (descendente ou ascendente) que efetua um "deslize" das frequências, ganhou peso e relevância somente a partir da metade do século XX, particularmente através de seu uso sistemático na música instrumental por Iannis Xenakis (notadamente com sua obra orquestral *Metastasis*, de 1953-1954), logo em seguida com sua aplicação como fenômeno estatístico e consequentemente rebelde à operação discretiva necessária para as tentativas de serialização do timbre no contexto da música eletrônica, com a obra eletrônica *Glissandi* de György Ligeti, em 1957 – realizações estas que tiveram como precursora a obra de Edgar Varèse no início do século, com seu uso de sons de sirene na orquestra de percussão –, e, posteriormente, com os glissandos paradoxais de Jean-Claude Risset no âmbito da música computacional dos anos 1960. De toda forma, em que pese seu interesse e seu caráter peculiar, o glissando é um fenômeno tão marginal na organização das alturas quanto o é, por exemplo, a onomatopeia na organização do simbolismo sonoro das línguas (que se dá de modo profícuo, como bem observou Roman Jakobson, muito mais por fenômenos de *contiguidade* com os veículos fonológicos e estruturais de que dispõe a língua do que por *similaridade* direta e elementar, ancorada no princípio rudimentar da imitação). O glissando instiga a percepção a apreender o objeto sonoro como algo unitário, ao passo que a discriminação de frequência instaura a percepção de uma *relação*, base para a constituição estrutural dos elementos que sedimentam os significados eminentemente musicais. Assim é que a especulação musical mais consequente optou, histórica e essencialmente, pela *operação discretiva* dos passos de alturas, pela *descontinuidade* e, em última instância, pelo *intervalo musical*, dando vazão à constituição de escalas e afinações.

Nesse contexto, porém, é de notar a confusão histórica com relação aos termos *escala, afinação* e *temperamento*. No que diz respeito aos dois primeiros, em geral usa-se um no lugar do outro sem maiores consequências, como se fossem sinônimos. Mas, na realidade, são termos que deveriam reportar-se a coisas distintas.

Em geral, pode-se afirmar que a afinação de um instrumento é tão antiga quanto a necessidade de uma organização da escala musical, mas, na acepção genericamente conferida à noção de *escala*, a *afinação* em si é bem mais antiga. Por *afinação* entende-se, a rigor, a organização discriminatória das alturas (notas) disponíveis em um certo âmbito frequencial, *cujos intervalos, sem exceção, podem ser expressos por números racionais*. A discriminação se dá pelo fato de que nem todas as frequências existentes em um determinado âmbito frequencial são utilizadas na constituição da afinação. A afinação opta, de acordo com certos preceitos baseados em funções matemáticas, por passos de certos intervalos em detrimento de outros, efetuando, assim, uma seleção das frequências. Por outro lado, a afinação teria como pressuposto fundamental a *equiparação dos passos de intervalo* dentro desse âmbito, fato, entretanto, que só pôde se concretizar de modo eficaz justamente com o advento do temperamento igual. Foi somente quando o temperamento se tornou de fato *igual* é que, a rigor, resolveram-se as incongruências advindas de outras afinações que o precederam.

É nesse contexto que o conceito seguinte vem à tona, qual seja: o de *escala*, em geral sinônimo de *gama*. Por *escala*, entende-se a organização discriminatória de determinadas notas disponíveis em uma dada afinação. A escala é então ainda mais seletiva que a afinação, uma vez que, em geral, não pretende fazer uso de todas as notas constituintes da afinação na qual se baseia, podendo-se inclusive variar ligeiramente a afinação sem que se desorganize a escala da qual se quer fazer uso. Tomando por base o sistema tonal, entende-se bem a diferença entre os dois conceitos: a escala de Dó Maior utiliza-se de 7 notas dentre as 12 possíveis da afinação do sistema temperado (presumivelmente do temperamento igual), quais sejam: das notas Dó, Ré, Mi, Fá, Sol, Lá, e Si; enquanto que a de Mi Maior, por exemplo, utiliza-se de um outro conjunto de 7 notas, no qual algumas são utilizadas pela escala de Dó Maior, e outras, não, quais sejam: Mi, Fá sustenido, Sol sustenido, Lá, Si, Dó sustenido e Ré sustenido. No contexto da tonalidade e do sistema temperado (igual), apenas a *escala cromática* fará uso de todas as notas constituintes da própria afinação.

Ao que parece, os primeiros teóricos, tais como Pitágoras, procuraram inicialmente constituir *afinações*, e somente numa fase subsequente, com a evolução da própria linguagem musical, é que as tentativas de constituir afinações foram dando lugar à constituição das *escalas*.

Em meio a tal incongruência histórica, decorrente da incapacidade em organizar o domínio das frequências de modo a constituir passos intervalares mínimos iguais das notas – o que veio justamente a ocorrer apenas com o advento do temperamento igual –, surgiram diversas tentativas de *temperamento*, ou seja, de equacionamento das disparidades entre as notas advindas das tentativas malsucedidas de constituição das afinações, *cujos intervalos, ou alguns dentre eles, não podem ser expressos por números racionais*, ao contrário do que ocorre com as *afinações*. "Temperar" implica, de algum modo, *atenuação* ou *moderação* de alguns intervalos. Historicamente, no entanto, diversos temperamentos *não-iguais* antecederam o chamado *temperamento igual* ou *sistema temperado*, como comumente é chamada a afinação da grande maioria de nossos instrumentos musicais.

4.1.2. Escala pitagórica

Ainda que Helmholtz tenha relatado que a invenção da *escala de 7 notas* tenha ocorrido pelas mãos de um príncipe chinês da Antiguidade, chamado Tsay-yu, reportando-se igualmente à divisão preconizadora da oitava em 12 partes iguais na China antiga (apesar da predominância incontestável do *pentatonismo* na cultura chinesa), o advento da *escala heptatônica* ou simplesmente *diatônica* está historicamente associado ao filósofo e matemático grego Pitágoras (que viveu de 570 a cerca de 490 a.C.).

A partir da experiência de subdivisão da corda de um monocórdio, instrumento de medição intervalar presumivelmente por ele inventado, Pitágoras chegou à conclusão de que as combinações tidas na época como "consonantes" e correspondentes ao que hoje designamos por *oitava, quinta, quarta* e *uníssono* estão, respectivamente, nas proporções:

$$2{:}1,\ 3{:}2,\ 4{:}3,\ 1{:}1$$

A rigor, a elaboração da afinação por Pitágoras ancorou-se na *oitava* e na *quinta*, ou seja, nos dois primeiros intervalos da série harmônica, sendo a quarta (enquanto inversão da quinta) e o uníssono decorrências naturais desses intervalos de base. A construção de toda a *escala diatônica pitagórica* deu-se através da indução de suas proporções a partir dessas primeiras, relativas aos intervalos consonantes.

A partir de então, o termo *intervalo* deve ser entendido em duas acepções distintas:

A divisão pitagórica no monocórdio, tal como ilustrada por Guido d'Arezzo,
incluindo não só os intervalos tidos como "consonantes",
como também o tom-inteiro pitagórico

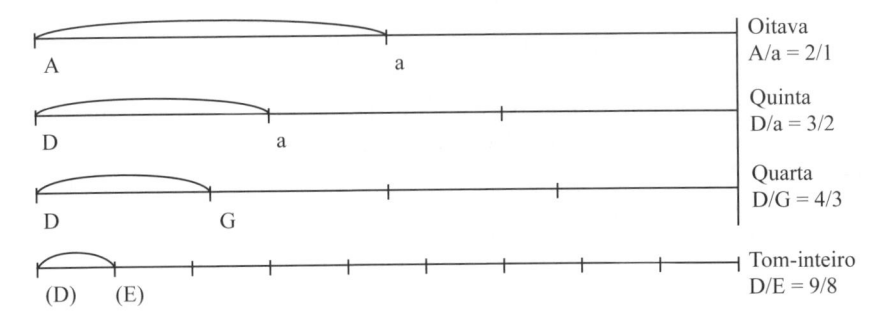

1) *musicalmente*, o termo implica uma *diferença*, como o espaço entre dois
pontos em um teclado;
2) *fisicamente*, um intervalo nada mais é que uma *proporção* (ou *razão*)
entre frequências e nada tem que ver com diferenças entre elas.

De tal divisão da noção mesma de intervalo tem-se que, se *somarmos*
musicalmente dois intervalos, fisicamente *multiplicamos* suas razões. Consequentemente, é a proporção *2:1* que define a percepção oitavante, e não
a diferença entre duas frequências que constituem o intervalo de oitava:
25 Hz e 50 Hz constituem uma oitava assim como 2 500 Hz e 5000 Hz,
ainda que a diferença aritmética entre as frequências do primeiro par seja
consideravelmente menor do que a do segundo par de frequências.

A ordem pela qual exprimimos tais proporções é irrelevante no que
tange aos intervalos absolutos, sendo importante apenas no que diz respeito
à sua direção (ao agudo ou ao grave). A oitava pode ser expressa tanto pela
razão *2:1* quanto pela razão *1:2*; dobrando-se acima a oitava, multiplica-se
por *2*, efetuando-se o passo de uma oitava abaixo, divide-se por *2* (o que
matematicamente significa o mesmo que multiplicar, respectivamente,
por *2:1* e *1:2*). Assim sendo, a razão *2:1* corresponde a uma oitava acima,
enquanto que *1:2* implica uma oitava abaixo, e assim com os demais intervalos e razões. Por exemplo (onde f = *frequência*):

- quinta acima = $f\left(\dfrac{3}{2}\right)$

- quinta abaixo = $f\left(\dfrac{2}{3}\right)$

Para obter uma quinta acima de uma determinada frequência, tem-se: *(3/2)f*; para obter uma quarta acima desta quinta, tem-se então:

$$\left(\frac{4}{3}\right)\left(\frac{3}{2}\right)f = \left(\frac{12}{6}\right)f = 2f$$

[o que corresponde a uma oitava acima]

Se dois intervalos somados resultam numa oitava, tem-se que um intervalo é a *inversão* do outro. Para encontrar a razão da inversão de um intervalo, multiplica-se a menor figura da razão desse intervalo de partida por 2. Por exemplo: a quinta – na razão *(2/3)* – tem como inversão a quarta, já que:

$$2\left(\frac{2}{3}\right) = \frac{4}{3}$$

Como havíamos observado logo acima, adicionar dois intervalos equivale, pois, a multiplicar suas razões. Assim é que somar uma quinta com uma quarta resulta na oitava, já que:

$$\text{quarta} + \text{quinta} = \text{oitava} \Leftrightarrow \left(\frac{4}{3}\right)\left(\frac{3}{2}\right) = \frac{12}{6} = 2$$

A partir desses pressupostos, Pitágoras pôde constituir sua escala diatônica, realizada por meio da utilização de tais proporções simples, seguindo as etapas abaixo:

1) da frequência *f*, tem-se a oitava acima *2f* (*C* e *C2*);
2) quinta abaixo de *2f* (ou quarta acima de *f*), tem-se *F*, ou *(4/3)f*;
3) quinta acima de *f* (*C*), tem-se *(3/2)f* (= *G*);
4) quarta abaixo de *G*, tem-se *D*, na razão:

$$\left(\frac{3}{4}\right)\left(\frac{3}{2}\right)f = \left(\frac{9}{8}\right)f$$

5) quinta acima de *D*, tem-se *A*, na razão:

$$\left(\frac{3}{2}\right)\left(\frac{9}{8}\right)f = \left(\frac{27}{16}\right)f$$

[até então, temos uma típica *escala pentatônica*, comum a inúmeras culturas musicais não necessariamente relacionadas entre si, e oriundas desta "manipulação" básica de quartas e quintas:

C	D	F	G	A	C
f	$9/8f$	$4/3f$	$3/2f$	$27/16f$	$2f,$

podendo-se substituir f simplesmente por 1]

6) completando a escala, tem-se quarta abaixo de A, ou seja E, na razão:

$$\left(\frac{3}{4}\right)\left(\frac{27}{16}\right) = \frac{81}{64}$$

e quinta acima de E, ou seja, B, na razão:

$$\left(\frac{3}{2}\right)\left(\frac{81}{64}\right) = \frac{243}{128}$$

Como resultante, tem-se então:

	C	D	E	F	G	A	B	C
	1	9/8	81/64	4/3	3/2	27/16	243/128	2f
intervalos:	$\downarrow$	$\downarrow$	$\downarrow$	$\downarrow$	$\downarrow$	$\downarrow$		$\downarrow$
		9/8	9/8	256/243	9/8	9/8	9/8	256/243

As razões referentes aos intervalos entre as notas adjacentes desta escala diatônica pitagórica são obtidas pela divisão da razão da nota superior pela razão da nota inferior quando tais números superiores são maiores que os inferiores comparados absolutamente (numerador com numerador, denominador com denominador), e, no caso de serem menores, pela multiplicação cruzada entre tais razões, invertendo a razão da nota inferior (o que matematicamente significa a mesma coisa). Por exemplo:

$$
\begin{array}{cc}
D & E \\
9/8 & 81/64
\end{array}
= \frac{\left(\dfrac{81}{9}\right)}{\left(\dfrac{64}{8}\right)} = \frac{9}{8}
$$

[e assim entre as notas C e D; G e A; A e B]

$$
\begin{array}{cc}
E & F \\
81/64 & 4/3
\end{array}
= \frac{(64 \cdot 4)}{(81 \cdot 3)} = \frac{256}{243}
$$

$$F \qquad G$$
$$4/3 \qquad 3/2 \quad = \frac{(3 \cdot 3)}{(4 \cdot 2)} = \frac{9}{8}$$

$$B \qquad C$$
$$243/128 \quad 2/1 \quad = \frac{(128 \cdot 2)}{(243 \cdot 1)} = \frac{256}{243}$$

Têm-se então duas razões de intervalos:

1) $9/8 = 1,125 \rightarrow$ *tom-inteiro pitagórico*; e
2) $256/243 = 1,053(49794238) \rightarrow$ *semitom diatônico pitagórico*

Prosseguindo com a propagação de quartas ou quintas, a fim de completar cromaticamente a escala diatônica pitagórica pelas vias do menor intervalo até então encontrado (qual seja: o do semitom diatônico pitagórico), tem-se a quarta abaixo de $B = F^{\#}$, na razão:

$$\left(\frac{3}{4}\right)\left(\frac{243}{128}\right) = \frac{729}{512}$$

Percebe-se, já aí, que os números das razões tornam-se cada vez maiores, processo este que não finda nesta etapa de dedução dos intervalos pitagóricos.

O intervalo $F^{\#}$-G, na razão:

$$\frac{\left(\dfrac{3}{2}\right)}{\left(\dfrac{729}{512}\right)} = \frac{(3 \cdot 512)}{(2 \cdot 729)} = \frac{1536}{1458} = \frac{256}{243}$$

corresponde, pois, exatamente ao *semitom diatônico pitagórico*.

Entretanto, se se obtém a razão entre F e $F^{\#}$, ou seja:

$$\frac{\left(\dfrac{729}{512}\right)}{\left(\dfrac{4}{3}\right)} = \frac{(729 \cdot 3)}{(512 \cdot 4)} = \frac{2187}{2048}$$

tem-se uma outra razão para o semitom, então chamado de *semitom cromático pitagórico*, o qual revela-se como sendo um pouco maior que o *semitom diatônico pitagórico*, pois que:

1) *semitom diatônico pitagórico* $\rightarrow 256/243 = 1,053$;
2) *semitom cromático pitagórico* $\rightarrow 2187/2048 = 1,067$

Continuando este cálculo, obter-se-ia, através da razão *9/8* do tom-inteiro, a nota $B^\#$, enarmônica de *C* oitava acima, nas etapas abaixo:

A)

	C	D
intervalo:	↓	
	9/8	

B)

	C	D	E
intervalos:	↓	↓	
	9/8	9/8	

ou seja:

$$\left(\frac{9}{8}\right)\left(\frac{9}{8}\right) = \frac{81}{64} = \left(\frac{9}{8}\right)^2$$

C)

	C	D	E	F$^\#$
intervalos:			↓	↓
			81/64	9/8

ou seja:

$$\left(\frac{9}{8}\right)\left(\frac{9}{8}\right)\left(\frac{9}{8}\right) = \frac{729}{512} = \left(\frac{9}{8}\right)^3$$

D) até $B^\# =$

$$\left(\frac{9}{8}\right)^6$$

Como *C* oitava acima está na razão *2*, a razão entre $B^\#$ e *C2* deveria ser:

$$\frac{\left(\frac{9}{8}\right)^6}{2} = 1$$

No entanto, tem-se que:

$$\frac{\left(\frac{9}{8}\right)^6}{2} = \frac{\left(\frac{531441}{262144}\right)}{2} = \frac{(531441 \cdot 1)}{(262144 \cdot 2)} = \frac{531441}{524288}$$

O resultado não será *1*, mas sim: *1,01364326477*, já que $B^{\#} =$

$$\frac{531441}{262144} = 2,02728652954$$

Resulta, portanto, que de acordo com as propagações das razões básicas da escala pitagórica, a nota $B^{\#}$, que deveria ser enarmônica de *C* oitava acima, é, na realidade, mais alta que *C2* (que o *C* na oitava superior).

Por outro lado, a razão

$$\frac{531441}{524288}$$

– diferença entre os "enarmônicos" $B^{\#}$ e *C2* – é curiosamente a mesma diferença entre as razões dos semitons cromático e diatônico pitagóricos. Ou seja, se:

- semitom cromático pitagórico = 2187/2048; e
- semitom diatônico pitagórico = 256/243

então:

$$\frac{\left(\dfrac{2187}{2048}\right)}{\left(\dfrac{256}{243}\right)} = \frac{(2187 \cdot 243)}{(2048 \cdot 256)} = \frac{531441}{524288}$$

A razão da diferença entre os semitons diatônico e cromático pitagóricos, ou entre a oitava (na razão *2*) e sua presumível enarmonia pelos passos da sobreposição do tom-inteiro pitagórico ("enarmonia" esta na razão *(9/8)⁶*), é o que se designa por *coma pitagórica* ou *ditônica*. Dessa forma, se sobrepusermos por 6 vezes o tom-inteiro sobre si mesmo, o resultado, matematicamente, será o mesmo que se efetuarmos esse mesmo número de sobreposição (6 vezes) com a diferença entre os dois tipos de semitom da escala pitagórica, pois que ultrapassamos, em ambos os procedimentos, o âmbito de oitava (*2*):

$$\left(\frac{9}{8}\right)^{6} = \left[\left(\frac{256}{243}\right)\left(\frac{2187}{2048}\right)\right]^{6} = 2,02728652954$$

Desta feita, a coma pitagórica pode também ser vista como sendo a diferença entre a sobreposição de 12 quintas pitagóricas (ou também justas, como veremos) e 7 oitavas, cujos passos deveriam ser coincidentes (= *1*), mas não são, já que:

$$\frac{\left(\frac{3}{2}\right)^{12}}{2^7} = 1,01364326477$$

A razão da coma pitagórica (que, como logo veremos, possui *24 cents*) pode ser simplificada aproximativamente pela razão *74:73*, já que:

$$\frac{531441}{524288} = 1,01364$$

é praticamente igual a:

$$\frac{74}{73} = 1,0137$$

A coma pitagórica foi a responsável pelas limitações históricas que a escala pitagórica demonstrou possuir ao longo da história, incompatibilizando seu uso sistemático no decorrer da evolução da própria linguagem musical pela incongruência das notas supostamente enarmônicas. Como afirmei em meu livro *Música Eletroacústica – História e Estéticas*, a existência de duas razões matemáticas para o semitom – que deveria constituir um único e coeso intervalo, enquanto mínimo divisor comum da escala – constituiu o principal problema da escala pitagórica. Muitos sistemas de organização das alturas se sucederam às tentativas de Pitágoras e dos pitagóricos, a fim de evitar essas incongruências e com a finalidade de permitir o exercício livre, especulativo e sem barreiras de procedimentos composicionais fundamentais na música, quais sejam: o princípio da *transposição* e o da *modulação*. Se até a Idade Média a gama diatônica (de 7 notas) era utilizada para o cantochão, baseando-se nos modos inspirados na tradição grega, o problema da transposição ao órgão de acompanhamento constituiu, ao que parece, um dos argumentos decisivos para que esta gama fosse completada por graus cromáticos, processo este que leva o nome de *cromatização* e para o qual a escala pitagórica demonstrou-se inadequada.

4.1.3. Cents

Para compreendermos as escalas e podermos compará-las, efetuaremos um salto na história e faremos por ora uso de uma medida que, embora bem posterior à era pitagórica e de idade relativamente recente, constitui uma subdivisão bastante prática do semitom temperado em *100 unidades* logaritmicamente iguais. Chamamos essa unidade de medida de *cent*. Como veremos logo adiante, a segunda maior temperada contém *200 cents*; a quinta justa temperada, *700 cents*; a oitava, possuindo 12 semitons temperados, *1 200 cents*; e assim por diante.

O cálculo de *cents* de qualquer intervalo musical dá-se pela multiplicação de *1200* (número de *cents* da oitava) pela razão entre o logaritmo da razão do intervalo e o logaritmo de *2* (razão da oitava), portanto pela fórmula seguinte, na qual *n = número de cents*, e *R = razão do intervalo* em questão:

$$n = 1200 \, \frac{\log R}{\log 2} = 3986 \log R$$

Assim é que para a quinta pitagórica, na razão *3/2*, tem-se, por exemplo:

$$\log R = \log\left(\frac{3}{2}\right) = \log 3 - \log 2 = 0{,}477 - 0{,}301 = 0{,}176$$

Por conseguinte, pode-se deduzir quantos *cents* possui a quinta pitagórica:

$$n = 3986 \cdot 0{,}176 = 702c$$

Ou seja, a quinta pitagórica possui *702 cents* (ao invés de *700 cents*, como no caso da quinta temperada). Diz-se, então, que a quinta pitagórica é "mais alta" que a quinta temperada.

Com relação ao tom-inteiro pitagórico, na razão de *9/8*, ter-se-ão *204 cents*, portanto *4 cents* a mais que a segunda maior temperada. Já o semitom diatônico pitagórico terá *90 cents*, *10 cents* abaixo do semitom temperado. O semitom cromático pitagórico, na razão de *2187/2048*, possui *114 cents*, *14 cents* acima do semitom temperado. Assim sendo, percebe-se que o semitom temperado (com *100 cents*) situa-se entre os semitons diatônico e cromático pitagóricos; ele é "mais alto" que o semitom diatônico pitagórico, e "mais baixo" que o cromático pitagórico.

A partir da medição em *cents*, pode-se compreender a grandeza de intervalos específicos, oriundos da escala pitagórica, como é o caso, por exemplo, da *limma pitagórica*, de *90 cents*, que consiste no "defeito" de dois tons-inteiros pitagóricos somados (= *408 cents*) em relação à quarta pitagórica (de *498 cents*), o que equivale a dizer que a *limma pitagórica* nada mais é que o próprio *semitom diatônico pitagórico*, já que:

$$3986 \log\left(\frac{243}{256}\right) = 90{,}2c$$

A coma pitagórica, na razão de *531441/524288*, resulta tendo *24 cents*, ou seja, praticamente *1/8 de tom temperado*, uma vez que *25 cents* equivalem a *1/4 de semitom temperado*. O quadro abaixo expõe-nos os valores em *cents* da escala pitagórica.

Exemplo 114

A escala pitagórica iniciando-se em C_4 e suas relações em *cents*

Nota	C_4	D_4	E_4	F_4	G_4	A_4	B_4	C_5
Razão de frequência em relação a C_4	1	$\frac{9}{8}$	$\frac{81}{64}$	$\frac{4}{3}$	$\frac{3}{2}$	$\frac{27}{16}$	$\frac{243}{128}$	2
Número de *cents* acima de C_4	0	204	408	498	702	906	1110	1200
Intervalos em *cents* entre notas adjacentes	204		204	90	204	204	204	90

[Cf. Campbell & Greated, "4. Playing in Tune", p. 171.] © OUP (CD 78)

Dependendo da região frequencial, a subdivisão em *cents* situa-se aquém da capacidade de discernimento perceptivo das frequências. Sabe-se, por exemplo, que na frequência de cerca de 1 000 Hz, um bom ouvido tem capacidade de perceber a sutil variação sequencial de apenas 3 Hz, cuja razão *1003/1000* resulta em somente 1,003 Hz. Este intervalo corresponde a *5 cents*. Aquém desses *5 cents* (desvios de 4, 3, 2, ou 1 cent), o ouvido permanece, neste registro, insensível às variações de frequência. A subdivisão em *cents* acaba sendo, de acordo com a região de frequências, até mesmo mais minuciosa do que a capacidade de detecção de desvios frequenciais por parte da escuta, demonstrando ser, por isso, um instrumento de medição bastante acurado (CD 79).

Além disso, a comodidade das operações com *cents* é evidenciada pelo fato de que com *cents* simplesmente *somamos*, evitando assim as multiplicações e divisões entre as razões dos intervalos. Assim sendo, os *114 cents* do semitom cromático pitagórico menos os *90 cents* do semitom diatônico pitagórico resultam em *24 cents* da coma pitagórica, como o complicado cálculo anterior nos havia mostrado.

Através da constatação da coma pitagórica, perceberemos que, quanto mais calcularmos propagações de quartas e de quintas pitagóricas, tanto mais nos distanciaremos do ponto de partida C, onde $F^{\#\#}$ será diferente de G; $C^{\#\#}$ diferente de D; e assim por diante. A seguir, expomos um quadro bastante completo da geração da escala pitagórica pela sobreposição de quintas ou quartas pitagóricas, apresentando as diversas razões matemáticas aí implicadas e os respectivos valores em *cents*:

Exemplo 115

Geração da gama (ou escala) pitagórica: quanto mais derivado o
intervalo, maiores os números de suas razões

Notas por quintas	Relação com C	Relação com C na oitava			
		$3^n/2^m$ ou $2^n/3^m$	Razão	Decimal	*Cents*
$B^\#$	$(3/2)^{12}$	$3^{12}/2^{19}$	531441/524288	1,0136	23,46
$E^\#$	$(3/2)^{11}$	$3^{11}/2^{17}$	177147/131072	1,352	521,51
$A^\#$	$(3/2)^{10}$	$3^{10}/2^{15}$	59049/32768	1,802	1019,56
$D^\#$	$(3/2)^{9}$	$3^{9}/2^{14}$	19683/16384	1,201	317,60
$G^\#$	$(3/2)^{8}$	$3^{8}/2^{12}$	6561/4096	1,602	815,64
$C^\#$	$(3/2)^{7}$	$3^{7}/2^{11}$	2187/2048	1,068	113,69
$F^\#$	$(3/2)^{6}$	$3^{6}/2^{9}$	729/512	1,424	611,73
B	$(3/2)^{5}$	$3^{5}/2^{7}$	243/128	1,898	1109,78
E	$(3/2)^{4}$	$3^{4}/2^{6}$	81/64	1,266	407,82
A	$(3/2)^{3}$	$3^{3}/2^{4}$	27/16	1,687	905,87
D	$(3/2)^{2}$	$3^{2}/2^{3}$	9/8	1,125	203,91
G	3/2	3/2	3/2	1,500	701,96
C	1			1	0
F	2/3	$2^{2}/3$	4/3	1,333	498,05
B^b	$(2/3)^{2}$	$2^{4}/3^{2}$	16/9	1,778	996,10
E^b	$(2/3)^{3}$	$2^{5}/3^{3}$	32/27	1,185	294,14
A^b	$(2/3)^{4}$	$2^{7}/3^{4}$	128/81	1,580	792,18
D^b	$(2/3)^{5}$	$2^{8}/3^{5}$	256/243	1,053	90,23
G^b	$(2/3)^{6}$	$2^{10}/3^{6}$	1024/729	1,405	588,27
C^b	$(2/3)^{7}$	$2^{12}/3^{7}$	4096/2187	1,873	1086,32
F^b	$(2/3)^{8}$	$2^{13}/3^{8}$	8192/6561	1,249	384,36
B^{bb}	$(2/3)^{9}$	$2^{15}/3^{9}$	32768/19683	1,665	882,41
E^{bb}	$(2/3)^{10}$	$2^{16}/3^{10}$	65536/59049	1,110	180,45
A^{bb}	$(2/3)^{11}$	$2^{18}/3^{11}$	262144/177147	1,480	678,50
D^{bb}	$(2/3)^{12}$	$2^{20}/3^{12}$	1048576/531441	1,973	1176,54

[Cf. Lattard.]

4.1.4. Coma sintônica

Com a utilização de quartas e quintas, a escala pitagórica demonstrou ser, até certo ponto, suficiente. Porém, com a inclusão de novas "consonâncias" ao longo dos tempos, tais como notadamente a *terça maior* e a *terça menor*, nas razões, respectivamente, de *5/4* e *6/5*, e com suas respectivas inversões de *sexta menor*, na razão:

$$\frac{4}{5}2 = \frac{8}{5}$$

e *sexta maior*, na razão:

$$\frac{5}{6}2 = \frac{10}{6} = \frac{5}{3}$$

a escala pitagórica precisou dar lugar a escalas mais diversificadas, que utilizassem os intervalos ditos *justos*, derivados da ressonância da série harmônica natural.

Examinando a escala pitagórica, vê-se que ela não contém nenhuma *terça justa*, nem maior, nem menor, já que todas as suas relações de terça apresentam algum desvio em relação às terças da escala justa (que examinaremos mais adiante). A terça maior pitagórica *C-E*, por exemplo, está, como vimos, na razão *81/64*. Já a terça menor pitagórica *D-F*, soma de um tom-inteiro pitagórico com um semitom diatônico pitagórico, resulta na razão:

$$\left(\frac{9}{8}\right)\left(\frac{256}{243}\right) = \frac{2304}{1944} = \frac{32}{27}$$

Tem-se então que:

A) a *terça maior pitagórica* está na razão *81/64 = 1,265625*; enquanto que a *terça maior justa* está na razão *5/4 = 1,25*. Assim sendo, a *terça maior pitagórica* é *maior* ou "mais alta" que a *terça maior justa* na razão de *81/80*, já que:

$$\frac{\left(\frac{81}{64}\right)}{\left(\frac{5}{4}\right)} = \frac{324}{320} = \frac{81}{80}$$

B) a *terça menor pitagórica* está na razão *32/27 = 1,185185*; enquanto que a *terça menor justa* está na razão *6/5 = 1,2*. Ou seja, a *terça menor pitagórica* é *menor* ou "mais baixa" que a *terça menor justa* exatamente na mesma razão de *81/80*, já que:

$$\frac{\left(\dfrac{6}{5}\right)}{\left(\dfrac{32}{27}\right)} = \frac{162}{160} = \frac{81}{80}$$

Dessa forma, observa-se que as terças justas situam-se, por assim dizer, "entre" as terças pitagóricas (a *terça menor justa* é um pouco *maior* que a *terça menor pitagórica*, e a *terça maior justa* é um pouco *menor* que a *terça maior pitagórica*). Este intervalo ou razão de *81/80* (= *1,0125*) é chamado de *coma sintônica* ou *coma de Didymus*, equivalente a *22 cents*, e representa, pois, a diferença entre as *terças maiores pitagórica* e *justa*, ou a diferença entre as *terças menores pitagórica* e *justa*. Em geral, é à coma sintônica que se refere quando nenhuma designação adjacente é empregada ao termo *coma*. Ela pode ser igualmente chamada, como veremos, de *coma zarliniana*, por expressar a diferença entre os dois tons-inteiros da escala justa ou gama de Zarlino.

A *terça maior pitagórica*, na razão de *81/64*, soma *408 cents* (enquanto adição de dois tons-inteiros pitagóricos); a *terça maior justa* possui *386 cents*; e a diferença entre ambas essas terças é justamente de *22 cents*. Da mesma forma, a *terça menor pitagórica* (soma de um tom-inteiro pitagórico de *204 cents* e um semitom diatônico pitagórico de *90 cents*) totaliza *294 cents*; enquanto que a *terça menor justa* tem *316 cents*; e tal diferença é também de *22 cents*, equivalentes, pois, à *coma sintônica*.

4.1.5. Escala mesotônica

As dificuldades insuperáveis provenientes da escala pitagórica deram origem a uma outra afinação, usada durante bom tempo nos órgãos de pipa até cerca de metade do século XIX, e que prevaleceu em todo o continente europeu e no Reino Unido durante séculos, chamada *afinação mesotônica de 1/4 de coma* ou simplesmente *escala mesotônica*. Existem indicações de que esta afinação desapareceu dos teclados na Inglaterra entre 1840 e 1846.

Atribui-se a esta escala e à escala pitagórica a base em que consistiu as primeiras formas de notação musical, mas as informações acerca de sua aparição são contraditórias. Lattard afirma, por exemplo, que seu princípio teria sido elucidado presumivelmente pela primeira vez em uma obra teórica veneziana de 1523, portanto em época posterior ao advento da notação musical.

As alterações da escala mesotônica a partir da escala pitagórica deram-se pela inconveniência das terças pitagóricas, que soavam, como vimos, ou "muito baixas", ou "muito altas" em relação à sua "justa" afinação. Como logo veremos, com o advento da *escala justa*, explanada teoricamente em detalhes já na época de Zarlino, o ouvido já pressentia a afinidade das terças justas com a ressonância da série harmônica natural, mas as tentativas de correção das "imperfeições" das terças pitagóricas não se restringem àquelas que originaram a escala justa, dando lugar igualmente à escala mesotônica.

O caminho que primeiramente pareceu mais lógico foi o de obter a terça *C-E* através de quatro quintas sobrepostas em sentido ascendente acima de *C* para, em seguida, efetuar uma "queda" descendente de duas oi-tavas:

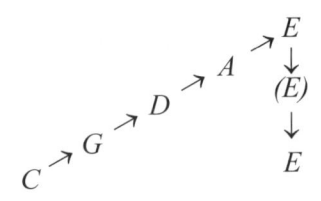

Uma vez que a terça maior pitagórica é uma coma sintônica maior que a terça maior justa, se cada uma dessas quintas fosse rebaixada em *1/4 de coma sintônica*, ter-se-ia, ao final, o rebaixamento de *uma coma sintônica* ao final da transposição de duas oitavas abaixo do *E*, e a terça maior tornar--se-ia *terça maior justa*. Foi a isto que se consagrou a elaboração mesotônica. Devido a tal rebaixamento por passos de 1/4 de coma, mas também ao fato de que a nota *D*, a meio caminho (duas quintas acima de *C*), foi igualmente rebaixada (em meia coma), designou-se esta escala de *afinação mesotônica de 1/4 de coma*. O termo "1/4 de coma" refere-se, portanto, aos passos do rebaixamento de coma, enquanto que o termo "mesotônico" refere-se à nota *D*, situada exatamente entre as notas *C* e *E* corrigida, ou seja, bem ao meio da terça maior "ajustada". Dessa forma, nesta escala os intervalos *C-D* e *D-E* são ambos tons-inteiros pitagóricos rebaixados cada qual de 1/2 coma sintônica.

A fim de comparar a escala mesotônica com a pitagórica, utilizam--se, por comodidade, expoentes, através dos quais explicita-se o grau de variação de cada nota referente às alterações de coma sintônica efetuadas na segunda escala (mesotônica) em relação à primeira (pitagórica). Tem--se, pois:

a) Escala pitagórica $\quad = \quad C^0 \quad D^0 \quad\ E^0 \quad\ F^0 \quad\ G^0 \quad A^0 \quad B^0 \quad C2^0$

b) Escala mesotônica $\quad = \quad C^0 \quad D^{-1/2} \quad E^{-1} \quad F^{+1/4} \quad G^{-1/4} \quad A^{-3/4} \quad B^{-5/4} \quad C2^0$

Observamos, assim, que na escala mesotônica, da qual existem outras variantes, menos relevantes, a nota *G* é rebaixada em *1/4 de coma*, de forma que a quinta *C-G* é mais baixa do que a quinta justa. Tal rebaixamento das quintas permitiu, como já mencionado, que se obtivesse a terça justa *C-E*, rebaixada precisamente em *uma coma sintônica*. A nota *F* foi suspendida em *1/4 de coma*, e a quarta *C-F* é, pois, *maior* que a quarta justa (*4/3*). As terças *C-E*, *F-A*, e *G-B* foram todas rebaixadas de *uma coma*, o que as tornou, ao contrário das terças maiores pitagóricas, *terças maiores justas*. E, por fim, as terças menores *D-F*, *A-C2*, e *B-D2* foram todas suspendidas em *3/4 de coma*; ou seja, embora não tenham sido ainda perfeitamente "ajustadas", elas se aproximam mais das terças menores justas que as terças menores pitagóricas.

Por tal viés, percebemos uma maior relevância da *terça maior justa* em relação à *terça menor justa*. Ao menos do ponto de vista histórico, uma maior importância lhe foi atribuída pelo ouvido coletivo das civilizações, fato este condizente com a escuta das primeiras ressonâncias da série harmônica natural, em que a terça *maior* justa aparece antes que a terça *menor* justa, além de a terça maior justa ter como nota mais grave a própria fundamental do espectro tônico (ao contrário da terça menor justa, que consiste da relação intervalar entre a terça e a quinta da fundamental).

Em termos de *cents*, sabíamos que a quinta justa (*3/2*) continha *702 cents*. *1/4 de coma sintônica* é pouco mais que *5 cents*, de forma que a quinta na escala mesotônica possui aproximadamente *697 cents*. A terça maior justa é igual à terça maior da escala mesotônica, contendo ambas *386 cents*. Por sua vez, a terça menor da escala mesotônica possui *294 + 17 = 311 cents* (ou seja: *294 cents* da terça menor pitagórica + *17 cents* da suspensão em *3/4 de coma* da terça menor na escala mesotônica).

As notas cromáticas da escala mesotônica são obtidas pela sobreposição de quintas rebaixadas em 1/4 de coma, em sentido ascendente para os sustenidos, e descendente para os bemóis, atingindo, por exemplo, a seguinte configuração:

$$C^{\#\,-7/4} \qquad E^{b\,+3/4} \qquad\qquad F^{\#\,-3/2} \quad G^{\#\,-2} \qquad B^{b\,+1/2}$$

$$C^0 \qquad D^{-1/2} \quad E^{-1} \quad F^{+1/4} \qquad G^{-1/4} \updownarrow A^{-3/4} \qquad B^{-5/4} \qquad C2^0$$

$$A^{b\,+1}$$

Foi comum utilizarem-se nesta escala até 3 sustenidos e 2 bemóis. Porém, para além desse uso, e mesmo no primeiro processo de cromatização da escala, têm-se sérios problemas. Senão vejamos: o enarmônico de $G^{\#}$ é A^b, obtido pela quinta abaixo de E^b (ou seja: $E^{b+3/4}$ acrescentado de *1/4 de coma* para o A^b quinta abaixo = $A^{b+4/4} = A^{b+1}$). Como se observa, no entanto, A^b é *uma coma sintônica* ou *22 cents* "mais alto" que o A^b *pitagórico*, enquanto que $G^{\#}$ é *duas comas* ou *44 cents* "mais baixo" que o $G^{\#}$ *pitagórico*.

Mais acima, constatou-se que $G^\#$ na escala pitagórica continha *24 cents*, sendo *uma coma pitagórica* "mais alto" que o A^b pitagórico, resultando daí que:

$$G^\# \text{ na escala mesotônica} = 44 + 22 - 24 = 42 \text{ cents}$$
$$\text{abaixo do } A^b \text{ na própria escala mesotônica}$$

Esta enorme diferença entre dois sons que supostamente deveriam ser enarmônicos na mesma escala é de quase *50 cents*, ou seja, de quase *1/4 de tom temperado* ou de quase *1/2 semitom temperado*, bastante significativa e perceptível pelo ouvido, e é chamada de *diesis* (literalmente "separação") ou *coma enarmônica*, uma vez que consiste no intervalo que separa o sustenido de uma nota do bemol da nota superior em um tom menor da gama de Zarlino (ou escala justa).

Por conseguinte, o intervalo $G^\#$-E^b, quinta no nosso piano temperado (contendo portanto *700 cents*), é na realidade de:

$$697 \text{ (quinta na escala mesotônica)} + 42 \text{ (diesis)} = 739 \text{ cents}$$

Ou seja, esta quinta é, na verdade, mais que *1/3 de semitom temperado* acima da quinta justa temperada, sendo percebida por tal razão como uma quinta bastante "desafinada" e designada por *quinta do lobo* (*wolf fifth*). Devido à sua imperfeição e ao contraste em relação às demais quintas, este intervalo foi evitado ao máximo possível na história desta escala (CD 80).

Na medida em que $G^\#$ e A^b diferem um do outro pelo intervalo de diesis, foi razoável prover nos teclados duas teclas distintas, uma para cada nota em questão (dependendo do caminho adotado pela condução harmônica da obra em questão), as quais, no órgão, eram conectadas a duas pipas distintas. Da mesma forma agiu-se com relação a E^b e $D^\#$, e diversos órgãos chegaram a ser construídos dessa forma, fato este que fez que a interpretação em tais instrumentos logo se tornasse impraticável e extremamente dificultosa.

Na página seguinte, expomos um quadro com os valores em *cents* da escala mesotônica.

4.1.6. Escala justa ou gama de Zarlino

Ainda que a derivação da chamada *escala justa* não tenha se dado de maneira diretamente correlata à propagação dos primeiros intervalos da série harmônica natural, mas sobretudo a partir de uma percepção coletiva, consciente ou inconsciente, desse fenômeno, as razões de seus intervalos estão diretamente relacionadas às razões entre os primeiros harmônicos de um som tônico, tal como nos demonstra o Exemplo 117:

A escala mesotônica e suas relações em *cents*

Nota	C_4	D_4	E_4	F_4	G_4	A_4	B_4	C_5
Número de *cents* acima de C_4	0	193	386	503,5	696,5	889,5	1082,5	1200
Intervalos em *cents* entre notas adjacentes		193	193	117,5	193	193	193	117,5

[Cf. Campbell & Greated, "4. Playing in Tune", p. 176.] © OUP

Exemplo 117

O início da série harmônica natural do Lá = 110 Hz e a derivação
das razões da escala justa

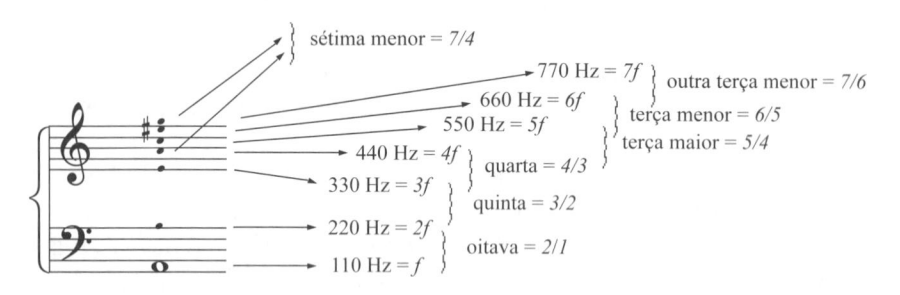

Gioseffo Zarlino (1517-1590) foi quem, ao que parece, consagrou esta escala, baseando-se no pressuposto de que existe uma afinidade notável entre sons cujas frequências são proporcionais à sequência dos números inteiros *1, 2, 3, 4, 5* e *6*. A correlação do *numero senario*, que expressa esses 6 algarismos, por ele defendido e exaltado em sua paradigmática obra teórica *Le Istitutioni Harmoniche*, de 1558, com a própria relação entre uma fundamental e seus harmônicos mais próximos é incontestável. Daí poder-se designar a escala justa também por *gama de Zarlino*.

Assim é que a propagação dos primeiros harmônicos de, por exemplo, uma frequência fundamental *A* (de 110 Hz) até a aparição da sétima *G* (região a partir da qual os harmônicos tendem a incidir em uma mesma banda crítica, como vimos) fornece todas as razões necessárias para a constituição da escala justa. Os intervalos derivados dessas relações em número inteiro a partir da constituição da série harmônica natural de um som composto (*f, 2f, 3f, 4f* etc.) são, por isso, chamados de *intervalos justos*, e toda razão matemática relativa a quaisquer intervalos justos equivale sempre às relações derivadas de seus harmônicos correspondentes na ressonância natural de uma série harmônica (tal como ocorre, por exemplo, com a sétima, na razão *7/4* etc.). A discrepância entre as duas possíveis razões para a terça menor – respectivamente na razão *6/5* para a terça menor entre a terça maior e a quinta da fundamental, e *7/6* entre a sétima menor e a quinta da fundamental – é irrelevante: de fato, a escala justa opta pela primeira aparição do intervalo em questão, privilegiando a razão *6/5*, ainda que a razão *7/6* forneça uma aproximação bastante razoável para o intervalo em questão.

É matéria controversa em que medida os intervalos justos encontram aplicabilidade nos contextos e práticas musicais, pois que, com exceção da oitava, nenhum outro intervalo justo é encontrado na afinação temperada. A quinta e a quarta justas contêm, respectivamente, as mesmas razões das quinta e quarta pitagóricas, e as terças maior e menor são distintas das terças maior e menor temperadas, uma vez que o temperamento efetuará um desvio de frequência já mesmo com relação a esses primeiros harmônicos: considerando-se estas mesmas frequências a partir de uma suposta fundamental A de 110 Hz, o sistema temperado apresentará um $C^{\#}$, por exemplo, com 554 Hz, ao invés de 550 Hz, e um G com 784 Hz, ao invés de 770 Hz. O desvio com relação à sétima é, nota-se de passagem, bem mais pronunciado do que aquele ocorrido em relação à terça maior da fundamental, e por tal razão se diz em geral que a sétima da série harmônica natural é bem "mais baixa" que a sétima temperada.

Como quer que seja, será a admissão das *terças* no reino dos intervalos *consonantes* – fato ocorrido apenas no tempo de Franco de Colônia, ao término do século XII, e que levou Helmholtz a classificá-las como *consonâncias imperfeitas*, ao contrário das *consonâncias perfeitas* de quinta e quarta – a grande motivadora para a constituição de uma escala efetivamente "mais justa".

Porém é de notar que a problemática envolvendo os intervalos ditos "justos" remonta a épocas bem remotas. Arquitas de Tarento (430-360 a.C.), discípulo de Pitágoras, já havia especulado de modo bastante insistente sobre a peculiaridade comum às razões dos intervalos de oitava (*2:1*), quinta (*3:2*) e quarta (*4:3*), na razão:

$$\frac{(n+1)}{n}$$

tendo proposto a subdivisão da quarta em três intervalos que respondessem ao mesmo critério. Assim é que propôs, para tanto, as razões *9:8*, *10:9* e *16:15*, as quais resultam na razão da quarta (*4:3*), já que:

$$1\frac{9}{8}\ \frac{10}{9}\ \frac{16}{15} = \frac{4}{3}$$

Dessa forma, como veremos, emerge o intervalo de *terça* – de terça *justa* (ao contrário da terça pitagórica), intervalo, portanto, proibido na era pitagórica –, chegando à conclusão de que *a terça reparte a quinta na mesma proporção em que a quinta reparte a oitava*, e instituindo, em plena era pré-cristã, o que viria a ser bem mais tarde a *tríade perfeita maior*.

Um pouco mais tarde, Aristóxeno de Tarento (360-280 a.C.) começa, então, a considerar como consonâncias, além da oitava, os intervalos de *quinta*, *quarta* e *terça* (que começava a ser admitida, ao menos no plano teórico), pregando a constituição da gama pela justaposição de *dois tetracordes*, baseados nas exposições teóricas de Arquitas, e antecipando, assim, a escala justa tal como a conheceremos em época bem posterior.

Assim sendo, o emprego das terças como intervalos consonantes na prática musical na tardia Idade Média e Renascença resultou num desenvolvimento fundamentalmente calcado numa combinação de 3 notas: acrescentando à *terça maior justa* (*5/4*) uma *terça menor justa* (*6/5*), obtém-se uma combinação cujas frequências relativas estão na proporção *4:5:6*, constituindo a referida *tríade (perfeita) maior*. Toda combinação de 3 notas cujas frequências estão em tal proporção constitui uma tríade maior – por exemplo, *200:250:300*, sendo redutível a *4:5:6* pelo divisor comum *50*. De forma inversa, multiplicando todos os três algarismos *4:5:6* por um mesmo número, obtêm-se tríades maiores diversas. (Cf. o exemplo sonoro CD 67.) Semelhantemente, pode-se enunciar a tríade maior através da relação entre a fundamental e as respectivas razões para sua terça maior e sua quinta:

$$\frac{1}{\dfrac{\left(\dfrac{5}{4}\right)}{\left(\dfrac{3}{2}\right)}}$$

A partir da sobreposição de tríades maiores, tem-se a constituição da *escala diatônica justa*, tendo como ponto de partida uma tríade maior central, tal como o fez Zarlino:

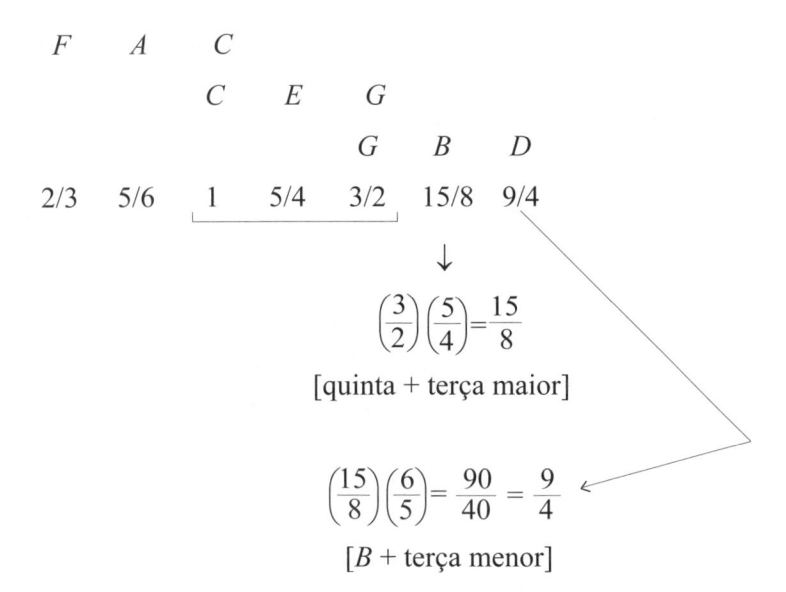

Transpondo uma oitava acima *F* e *A*, e uma oitava abaixo *D*, e dobrando a nota fundamental da escala *C*, tem-se então:

- *F* oitava acima:

$$\left(\frac{2}{3}\right) 2 = \frac{4}{3}$$

- *A* oitava acima:

$$\left(\frac{5}{6}\right) 2 = \frac{10}{6} = \frac{5}{3}$$

- *D* oitava abaixo:

$$\frac{\left(\frac{9}{4}\right)}{2} = \left(\frac{9}{4}\right)\left(\frac{1}{2}\right) = \frac{9}{8}$$

- *C* oitava acima = *2*.

Dessa forma, têm-se todas as razões das notas da escala justa:

	C	D	E	F	G	A	B	C
	1	9/8	5/4	4/3	3/2	5/3	15/8	2

intervalos:

	9/8	10/9	16/15	9/8	10/9	9/8	16/15

$$\frac{\left(\dfrac{5}{4}\right)}{\left(\dfrac{9}{8}\right)} = \left(\frac{5}{4}\right)\left(\frac{8}{9}\right) = \frac{(5\cdot 8)}{(4\cdot 9)} = \frac{40}{36} = \frac{10}{9}$$

$$\frac{\left(\dfrac{4}{3}\right)}{\left(\dfrac{5}{4}\right)} = \frac{(4\cdot 4)}{(3\cdot 5)} = \frac{16}{15}$$

Examinando tal escala, vemos a aparição de mais outras duas tríades:

• a tríade *E-G-B*, na proporção *10:12:15*, correspondente a:

$$\frac{\left(\dfrac{5}{4}\right)}{\dfrac{\left(\dfrac{3}{2}\right)}{\left(\dfrac{15}{8}\right)}}$$

Já que:

$$\frac{\left(\dfrac{5}{4}\right)}{\left(\dfrac{3}{2}\right)} = \frac{(5\cdot 2)}{(4\cdot 3)} = \frac{10}{12}$$

E já que:

$$\frac{\left(\dfrac{3}{2}\right)}{\left(\dfrac{15}{8}\right)} = \frac{(3\cdot 8)}{(2\cdot 15)} = \frac{24}{30} = \frac{12}{15}$$

FLO MENEZES

- e a tríade *A-C-E* (com *E* na oitava superior), igualmente na proporção *10:12:15*, correspondente a:

$$\frac{\left(\dfrac{5}{3}\right)}{2} \quad \rightarrow \quad E \text{ oitava acima: } \left(\frac{5}{4}\right)2 = \frac{10}{4} = \frac{5}{2}$$

Já que:

$$\frac{\left(\dfrac{5}{3}\right)}{2} = \frac{(5\cdot1)}{(3\cdot2)} = \frac{5}{6}$$

E já que:

$$\frac{2}{\left(\dfrac{5}{2}\right)} = \frac{(2\cdot2)}{(1\cdot5)} = \frac{4}{5}$$

Sendo que *5/6* está para *10/12* assim como *4/5* está para *12/15*.

Observa-se que o intervalo inferior é de *5/6*, portanto uma *terça menor*, e o superior, de *4/5*, portanto uma *terça maior*, tendo-se a familiar *tríade perfeita menor*, inversão da tríade perfeita maior.

A aparição da tríade menor não só se justifica pelas tríades acima referidas (*E-G-B* e *A-C-E*), como também, como relata Helmholtz, pela brilhante constatação de Rameau e de d'Alembert acerca da ressonância das séries harmônicas naturais das fundamentais de uma tríade menor, por exemplo *C-E^b-G*, as quais, ao contrário das séries harmônicas relativas às notas da tríade maior *C-E-G*, *possuem um harmônico em comum*, mais precisamente o *G*, quinta da tríade, como bem demonstra o Exemplo 118 (na página seguinte). Se a tríade maior revela-se enquanto produto da ressonância natural da série harmônica de uma determinada fundamental, a tríade menor advém, por sua vez, da afinidade, pelo viés da coincidência de um de seus primeiros harmônicos, entre as fundamentais de suas notas constitutivas.

Até aqui, a escala parece ser bem satisfatória, apresentando três tríades maiores e duas tríades menores, com todos os seus intervalos *justos*, em-

A coincidência de um harmônico entre as séries harmônicas das fundamentais da
tríade perfeita menor, segundo Rameau, d'Alembert e Helmholtz

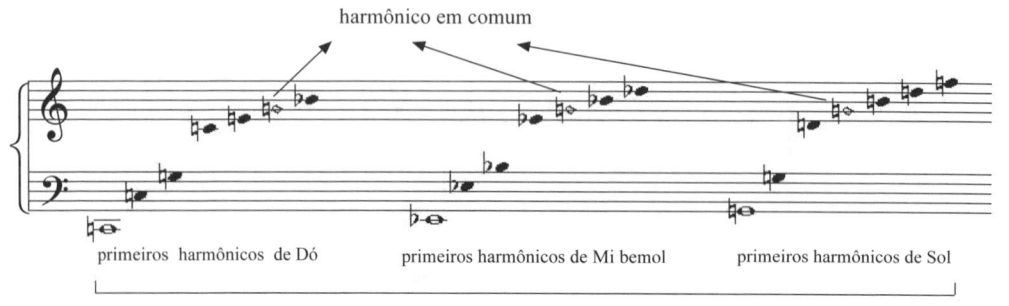

harmônico em comum

primeiros harmônicos de Dó   primeiros harmônicos de Mi bemol   primeiros harmônicos de Sol

Tríade Perfeita Menor

prestando por isso a denominação à própria escala de *escala justa*. Porém,
o intervalo entre as notas *D-A*, na razão *27/40*, já que:

$$\frac{\left(\frac{5}{3}\right)}{\left(\frac{9}{8}\right)} = \frac{(9\cdot3)}{(5\cdot8)} = \frac{27}{40}$$

não forma uma *quinta justa*, mas antes uma *quinta rebaixada de uma coma*.
E o intervalo *D-F*, na razão de *27/32*, já que:

$$\frac{\left(\frac{4}{3}\right)}{\left(\frac{9}{8}\right)} = \frac{(9\cdot3)}{(4\cdot8)} = \frac{27}{32}$$

é uma *terça menor pitagórica* em vez de uma *terça menor justa*. Consequentemente, a "tríade menor" *D-F-A* está totalmente fora da afinação justa,
revelando uma primeira incongruência grave no seio da própria escala.

Na escala justa, como já havia observado, à sua maneira, Arquitas de
Tarento, os intervalos entre notas adjacentes apresentam a particularidade
de o número do numerador ser sempre superior em *1* ao número do denominador: *9/8*; *10/9*; *16/15*. O semitom, na razão de *16/15*, apresenta *112
cents*, sendo chamado de *semitom diatônico justo* ou *zarliniano*, a partir de
seu detalhamento teórico por Gioseffo Zarlino.

Têm-se, por outro lado, duas razões para o tom-inteiro:

• a primeira razão, de *9/8*, é igual ao tom-inteiro pitagórico e possui, pois,
  204 cents;

- a outra razão, de *10/9*, contém *182 cents*.

A diferença que separa um tom-inteiro do outro resulta, pois, numa *coma sintônica*, de *22 cents*. Ou seja, a mesma diferença entre as *terças maiores pitagórica* e *justa*, ou entre as *terças menores pitagórica* e *justa*, é aqui expressa na diferença entre ambos os tons-inteiros da gama de Zarlino, e por tal razão a coma sintônica pode, como havíamos observado anteriormente, também ser chamada de *coma zarliniana*, uma vez que:

$$\frac{\left(\frac{9}{8}\right)}{\left(\frac{10}{9}\right)} = \frac{81}{80} = 1,0125$$

Com tal variação discrepante, ter-se-ão complicações similares às da escala mesotônica quando de sua complementação cromática, a qual pode ser realizada de diversas maneiras. Se se quer, por exemplo, *D-F#* como *terça maior justa* (uma coma pitagórica *abaixo* da *terça maior pitagórica*), e se se quer que as tríades menores com as fundamentais em *C* e *G* – fazendo que a *terça menor justa* seja uma coma *acima* da *terça menor pitagórica* – e as tríades maiores com fundamentais em *E* e *A* sejam *justas*, tem-se o quadro seguinte, em que os expoentes indicam, novamente, as variações em coma pitagórica face à escala pitagórica:

$$C^{\#-2} \qquad E^{b+1} \qquad\qquad F^{\#-1} \quad G^{\#-2} \qquad B^{b+1}$$

$$C^0 \qquad D^0 \qquad E^{-1} \qquad F^0 \qquad G^0 \quad\updownarrow\quad A^{-1} \qquad B^{-1} \qquad C2^0$$

$$A^{b+1}$$

Nessa escala, constatemos, as *quintas justas* existentes deveriam conter sempre expoentes iguais, e já que a *terça maior justa* é uma coma abaixo da *pitagórica*, o expoente da nota central de qualquer tríade maior deveria conter invariavelmente o expoente *-1* em relação ao expoente das notas extremas que formam a quinta, como tipicamente o caso em:

$$C^0 \ E^{-1} \ G^0$$

Da mesma forma, o expoente da nota central de uma tríade menor deveria ter invariavelmente o valor *+1* em relação ao expoente das notas extremas da tríade, já que a *terça menor justa* é uma coma acima da *pitagórica*, como tipicamente o caso em:

$$E^{-1} \ G^0 \ B^{-1}$$

No entanto, se aplicarmos este raciocínio à tríade menor F^0-$G^{\#-2}$-C^0, vemos que a nota central é *3 comas pitagóricas* abaixo do esperado, necessitando-se de uma nota A^{b+1} para corrigirmos este erro. Assim sendo, duas notas "enarmônicas" possuem aqui o mesmo erro de *diesis* que tinha sido relatado quando abordamos a escala mesotônica.

Outras dificuldades somam-se a isso: o tetracorde básico *C-D-E-F*, com expoentes na relação *0, 0, -1, 0*, deveria poder ser transposto a qualquer lugar da escala. Mas uma vez transposto a *G*, tem-se no entanto a seguinte ordem dos expoentes: *0, -1, -1, 0*, e necessitamos de um outro *A* uma coma acima. Transposto a *F*, tem-se: *0, 0, -1, +1*, e necessitamos de um novo B^b uma coma abaixo. Transposto a *F#*, temos: *-1, -2, +1, -1*, onde não somente $G^{\#}$ é uma coma abaixo, mas também B^b (no lugar de $A^{\#}$) é 3 comas acima do esperado, com novo erro de diesis.

Devido a essas enormes dificuldades, a escala justa nunca teve, de fato, uso prático considerável, fornecendo historicamente mera atração numerológica e teórica, e possuindo bem poucos adeptos desde os primórdios do século XVII, ao contrário da afinação mesotônica, que encontrou bem mais respaldo na prática musical histórica. Tendo sido mesmo assim batizada de escala "natural" e tendo sido defendida veementemente por Helmholtz (que possuía um harmonium contendo 2 manuais com 24 notas separadas que permitiam senão todas, ao menos muitas transposições exatas da escala justa), a escala justa suscitou a construção de diversos teclados com muitas teclas. Tal dificuldade, aliás, fazia-se presente sempre que o teclado de um instrumento não fosse afinado pelo temperamento igual de que logo trataremos, num aumento considerável do número total de teclas para que se satisfizesse a necessidade de uma correta execução musical das pretensas enarmonias no processo de modulação. Como narra Barbour, a primeira referência a teclas dobradas para uma relação enarmônica se deu em 1484, com o órgão da igreja de São Martinho de Lucca, tendo-se notícias de outros instrumentos com esta característica na Espanha e na Alemanha que datavam do mesmo período ou que foram construídos um pouco mais tarde. Ao que parece, Händel teria tocado em órgãos ingleses com teclas dobradas.

O Exemplo 119 apresenta a escala justa e suas relações em *cents* (CD 81).

Concluindo este tópico, apresentamos no Exemplo 120 as razões de todos os intervalos fundamentais da escala pitagórica e justa, tais como relatadas respectivamente por Pitágoras e Zarlino, com seus respectivos valores em *cents*.

4.1.7. O temperamento igual

Com a evolução do código musical em direção a uma maior liberdade e flexibilidade harmônicas, as especulações em torno da linguagem musical

Exemplo 119

A escala justa e suas relações em *cents*

Nota	C_4	D_4	E_4	F_4	G_4	A_4	B_4	C_5
Razão a partir de C_4	1	$\frac{9}{8}$	$\frac{5}{4}$	$\frac{4}{3}$	$\frac{3}{2}$	$\frac{5}{3}$	$\frac{15}{8}$	2
Número de *cents* acima de C_4	0	204	386	498	702	884	1088	1200
Intervalos em *cents* entre notas adjacentes	204		182	112	204	182	204	112

[Cf. Campbell & Greated, "4. Playing in Tune", p. 173.] © OUP

Exemplo 120

Principais intervalos de acordo com Pitágoras (P) e Zarlino (Z)

INTERVALOS PUROS			
Intervalo	Nome	Razão	*Cent*/C
C-C# (Z)	meio-tom menor	25/24	70,67
E-F (Z)	meio-tom maior	16/15	111,73
D-E (Z)	tom-inteiro menor	10/9	182,40
C-D (P)	tom-inteiro maior	9/8	203,91
C-E♭ (Z)	terça menor	6/5	315,64
C-E (Z)	terça maior	5/4	386,31
C-F (PZ)	quarta	4/3	498,05
C-G (PZ)	quinta	3/2	701,96
C-A♭ (Z)	sexta menor	8/5	813,69
C-A (Z)	sexta maior	5/3	884,36
C-B♭ (P)	sétima menor	16/9	996,10
C-B♭ (Z)	sétima menor	9/5	1017,60
C-B (Z)	sétima maior	15/8	1088,27
C-C2	oitava	2/1	1200

[Cf. Lattard.]

logo fizeram do princípio da *modulação* estratégia fundamental da composição, explorando tonalidades cada vez mais remotas. Para tal fim, todas as tentativas de constituição escalar até então elaboradas ou esboçadas – incluindo aí tanto a escala mesotônica quanto a justa – tornaram-se bastante restritivas, necessitando-se da instituição de um sistema mais apropriado de afinação das alturas e, consequentemente, de constituição escalar.

Tentativas bem remotas no tempo, nesse sentido, não são, contudo, inexistentes. Helmholtz relata, além de sua referência à antiga música chinesa a que já nos referimos, a introdução histórica por Aristóxeno da divisão da oitava em 12 semitons. Na realidade, como esclarece Barbour, Aristóxeno, ao invés de fazer uso de razões, efetuou uma divisão do *tetracorde* em *30 partes*, em que cada tom era composto de 12 partes, e o semitom, de 6 partes. Dessa forma, o pensador grego teria descrito, de fato, a primeira espécie de "temperamento igual", porém com uma subdivisão distinta da usada pelo temperamento que conhecemos. Por outro lado, Barbour afirma que, de fato, a primeira aproximação numérica do temperamento igual aconteceu na China, com Ho Tchheng-thyen, em cerca de 400 a.C., e que uma brilhante solução para a questão do temperamento igual ocorreu pelas mãos do príncipe Tsay-yu (a que se refere Helmholtz) cerca de mil anos mais tarde.

Nicola Vicentino havia defendido, em 1555, a pertinente ideia de que, a rigor, o temperamento igual sempre teria existido na afinação dos instrumentos com hastes (do tipo do violão), e Zarlino afirmara, nessa mesma época, que o temperamento igual, observando-se os instrumentos de teclado, é tão antigo quanto a completa escala cromática. De fato, ainda que Lattard afirme que a escala pitagórica tenha prevalecido nos instrumentos de teclado provavelmente até fins do século XVI, a história do temperamento igual é, como bem afirma Barbour, basicamente a história de sua adoção pelos instrumentos de tecla. Helmholtz, de certa forma, não deixou de aproveitar esta constatação para promulgar juízo a favor da escala justa, condenando os batimentos indesejáveis causados pelas ressonâncias das notas sujeitas ao temperamento igual: na medida em que o pianoforte caracterizava-se, como observara Helmholtz, por sons cuja dinâmica pronunciada limitava- -se aos momentos iniciais de seu envelope dinâmico (próximos do ataque), diminuindo sua amplitude de modo considerável logo a seguir, os efeitos "desagradáveis" advindos do temperamento igual na ressonância duradoura dos sons conjuntos seriam menosprezados pela audição, favorecendo a adoção do temperamento igual nos teclados.

Por outro lado, Hugo Riemann descobriu que a primeira menção ao temperamento se dá na obra teórica *Practica Musica*, de Franchinus Gafurius, publicada em Milão em 1496, e as primeiras regras de afinação que podem ser interpretadas como referentes ao temperamento igual foram formuladas na obra teórica *Scintille de Musica*, de Giovanni Maria Lanfranco, publicada em Brescia em 1533, as quais eram destinadas sobretudo ao cravo e ao órgão, mas que podiam ser estendidas, segundo o próprio autor, igualmente aos instrumentos mais comuns de corda de seu tempo.

Será, contudo, Marin Mersenne o autor da mais detalhada exposição histórica teórica sobre afinação e temperamento, com minuciosa discussão acerca do temperamento igual, do qual se destaca sobretudo sua *Harmonie Universelle*, publicada em Paris em 1636/1637. No entanto, a primeira aproximação prática da afinação temperada tal como a conhecemos hoje foi elaborada cerca de 50 anos antes pelo visionário Vicenzo Galilei, pai do físico e astrônomo e discípulo de Zarlino, de quem discordava quanto à constituição das escalas pelo fato de pregar igualdade absoluta dos semitons, que, em número de 12, deveriam constituir a oitava. Para Galilei, a razão do semitom deveria ser de *17:18*, ou, de forma ainda mais precisa, de *168/178*, aproximando-se enormemente, como logo veremos, do que viria a ser o semitom do temperamento igual, pois que:

$$\frac{168}{178} = 0,94382$$

Como quer que seja, o temperamento igual somente entra em voga e se firma na prática musical a partir da metade do século XIX, segundo a afirmação de Lattard. Ao contrário do que geralmente se afirma – tendo-se por base a obra teórica *Critica Musica* de Johann Mattheson, publicada em 1722/1723 –, não foram, portanto, nem Johann George Neidhardt, com seu livro *Beste und leichteste Temperatur des Monochordi* (1706), nem Andreas Werckmeister, como sua obra teórica *Musikalische Temperatur* (1691), os responsáveis pela introdução pioneira da ideia do temperamento igual. Apesar do valor incontestável de tais escritos, tal engano se deveu acima de tudo pelo título evocativo e sugestivo deste último trabalho, de Werckmeister. No entanto, como bem observa Barbour, a língua alemã já dispunha naquela época de uma terminologia bastante precisa para o fenômeno do temperamento igual: *"die gleichschwebende Temperatur"*, ou seja, "temperamento de batimentos iguais", em possível tradução para o português, o que nos leva a crer, inclusive, que o título da genial obra de Bach, *Das wohltemperierte Clavier*, não se referia necessariamente à afinação do temperamento igual, mas simplesmente a algo que pudesse ser traduzido, por exemplo, por *O Teclado Bem Temperado*. A qual temperamento se referia o gênio de Bach, entretanto, é matéria controversa. As evidências estruturais da obra de Bach, com sua rica dinâmica de modulações – as quais implicariam fortes dissonâncias caso fossem realizadas em qualquer outro tipo de afinação que não a do temperamento igual, como bem afirma Barbour –, apontam para o fato de que, apesar da imprecisão terminológica do título desta sua obra, Bach tenha de fato baseado sua concepção musical no temperamento igual, mas é bem possível que ele tenha se permitido o uso de outros temperamentos "desiguais" que lhe propiciassem ao menos uma razoável e admissível execução e estruturação musical em todos os tons, em oposição à afinação mesotônica utilizada até então.

Como quer que seja, algo é aqui incontestável e digno de nota: o sistema temperado é de toda forma bem mais recente que o sistema tonal, o qual teve de conviver com outras afinações antes que o temperamento igual fosse consensualmente adotado – o que prova, no mais, que a precondição de existência do sistema tonal não reside na precisão absoluta da entonação das frequências, mas antes (e sobretudo) nas *funções estruturais de suas relações harmônicas*, para falarmos com Schoenberg.

Em que consiste, pois, o temperamento igual?

Seu pressuposto básico é o de resolver de uma vez por todas o problema da *divisão da oitava em partes iguais*, tendo por base o passo intervalar de segunda menor como "átomo" do sistema, partindo do fato de que a maioria das escalas históricas de grande relevância chegou a constituir divisões da oitava em *12 partes* e abolindo, como *conditio sine qua non*, as incongruências entre os sons enarmônicos.

Dessa maneira, todo e qualquer semitom (menor intervalo da escala) deveria ter invariavelmente *a mesma razão*, de forma que se obtivessem exatamente as 12 subdivisões da oitava sem os desvios de comas que vieram à tona nas experiências antecedentes, e de modo que os sons enarmônicos fossem de fato idênticos.

Admitindo-se mais uma vez C com frequência *1*, $C^{\#}$ (ou D^b) teria a frequência relativa a; D, a frequência *a multiplicada por ela mesma*, ou seja, a^2; $D^{\#}$ (ou E^b) seria equivalente a a^3; e assim por diante.

A fim de determinar o intervalo a, tem-se que após 12 passos intervalares dever-se-ia atingir a *oitava*, a qual deverá corresponder exatamente à razão *2:1* – aliás, única coincidência entre todas as escalas –, o que acarreta:

$$a^{12} = 2$$

onde a será o *12º avo de 2*, ou:

$$a = (2)^{1/12} = 1,05946309$$

ou ainda:

$$\sqrt[12]{2} = 1,0594$$

ou simplesmente *1,06*.

Este intervalo de *1,0594* de frequência constitui a razão para a obtenção do *semitom temperado* acima ou abaixo de qualquer nota, conforme, respectivamente, se multiplique ou se divida a frequência desta nota por este número, constituindo assim a chamada *afinação temperada*. Cada frequência *multiplicada por 1,0594* resulta em seu semitom superior; cada frequência *dividida por 1,0594* resulta em seu semitom inferior. A razão do semitom temperado é, de modo muito aproximativo, equivalente a:

$$\frac{84}{89} = 0,94382$$

idêntica à proposta por Galilei (como vimos acima), uma vez que a unidade *1* dividida por *1,0594* resulta num valor muito próximo:

$$\frac{1}{1,0594} = 0,94393$$

Tem-se assim o seguinte quadro: (CD 82)

D^b	E^b			G^b	A^b	B^b	
$C^{\#}$	$D^{\#}$			$F^{\#}$	$G^{\#}$	$A^{\#}$	
C	D	E	F	G	A	B	$C2^0$
a	a^3			a^6	a^8	a^{10}	
1	a^2	a^4	a^5	a^7	a^9	a^{11}	a^{12}

razões relativas:

	1,059	1,189		1,335	1,498	1,682	1,888
1,000	1,122	1,260		1,414	1,587	1,782	2,000

Tendo por base as razões relativas aos 12 intervalos que compreendem a oitava no temperamento igual, pode-se obter qualquer intervalo a partir de qualquer frequência. Por exemplo:

$$415 \text{ Hz} \quad X \quad 1,414 = 586,810 = 587 \text{ Hz}$$
$$G^{\#} \qquad \text{seu trítono} \qquad D$$

Na afinação temperada, a *quinta justa*, de *702 cents*, passa a ter redondos *700 cents* (ainda que esta diferença de apenas *2 cents* seja, como vimos, negligenciável pela escuta). A *quarta justa*, de *498 cents*, passa a ter *500 cents* (diferença também negligenciável para o ouvido). Essa mesma diferença existente, respectivamente, entre as *quintas justa* e *temperada* e entre as *quartas justa* e *temperada* dá lugar à denominação *schisma*, equivalente às razões aproximativas:

$$\frac{32768}{32805} = 0,998872$$

ou ainda:

$$\frac{885}{886} = 0,998871$$

Consistindo em apenas *2 cents*, o intervalo de *schisma* pode ser considerado, então, como sendo *1/12 da coma pitagórica* (de 24 *cents*). Ele é para a coma pitagórica o que o semitom temperado é para a oitava.

Mas com relação às *terças*, ocorrem alterações mais drásticas e perceptíveis. A *terça maior*, na razão de *1,260*, "ajusta" a *terça maior justa*, na razão *5/4 = 1,250*, e a *terça menor justa*, ainda mais distante da *terça menor temperada*, também é sensivelmente alterada. Assim sendo, temos que:

- a *terça maior justa*, de *386 cents*, passa a ter *400 cents*;
- e a *terça menor justa*, de *316 cents*, passa a ter *300 cents*.

Tais variações de *14 cents* acima e de *16 cents* abaixo, respectivamente, *não* são negligenciáveis para a audição, e por tal razão aqueles que defendiam as propriedades da escala justa chegaram a acusar a afinação temperada por estar presumivelmente "fora da afinação". A praticidade composicional, interpretativa e de construção dos instrumentos da afinação temperada face às demais escalas e afinações fez que, entretanto, ela prevalecesse já por quase 200 anos (CD 83).

O *cent*, enquanto unidade de medição bastante propício, entre outras coisas, à comparação entre as escalas, constitui, na verdade, a unidade de subdivisão do semitom temperado em *100 partes iguais*, e pode ser traduzido como sendo *1/100 de semitom*. Isto equivale a dizer que se adicionam *100 cents* para se obter um único semitom temperado, ou multiplica-se a razão intervalar do *cent* por ela mesma 100 vezes para se obter o semitom temperado acima da nota da qual se parte.

Se *c* é a razão para o *cent*, tem-se que:

$$c^{100} = (2)^{1/12} = (2)^{1/1200} = 1,00057779$$

Assim é que este número (*1,00057779*) é a razão frequencial relativa a *1 cent*. Se considerarmos, a título de exemplificação, as duas razões aproximativas do *schisma*, expostas mais acima, teremos que, ao dividirmos o valor *1* duas vezes consecutivas pela razão do *cent* – equivalendo, pois, à diferença de *2 cents* –, chegaremos a um valor bem próximo aos expostos anteriormente para esse mesmo intervalo:

$$\frac{\left(\dfrac{1}{1,00057779}\right)}{1,00057779} = 0,998845$$

A razão aproximativa para o *cent* é, pois:

$$\frac{1730}{1731} = 0,999422$$

muito próxima, portanto, da unidade *1* dividida pelo valor *1,00057779*:

$$\frac{1}{1,00057779} = 0,999423$$

No mais, tem-se que a progressão de semitons temperados na razão de *1,0594* é uma progressão aritmética, linear, enquanto que seu resultado em frequências é, ao contrário, *logarítmico, exponencial*.

A seguir, expomos a tabela em valores de *cents* da afinação temperada no interior de uma oitava, contendo o valor em *cents* dos intervalos adjacentes (*200 cents* para o tom-inteiro; *100 cents* para o meio-tom):

Exemplo 121

A afinação temperada e suas relações em *cents*

Nota	C_4	D_4	E_4	F_4	G_4	A_4	B_4	C_5
Número de *cents* acima de C_4	0	200	400	500	700	900	1100	1200
Intervalos em *cents* entre notas adjacentes	200	200	100	200	200	200	100	

[Cf. Campbell & Greated, "4. Playing in Tune", p. 177.] © OUP

Antes de discutirmos alguns aspectos da prática musical e o papel do temperamento igual nos contextos musicais – discussão esta que constituirá o último tópico do presente trabalho –, é oportuno apresentarmos uma tabela com as frequências em Hz da afinação temperada no âmbito que cobre a maior parte de nossa prática musical, tendo por base o Lá central $(A_4) = 440$ Hz.

Exemplo 122

Tabela das frequências temperadas, tendo-se $A_4 = 440$ Hz

Oitava	0	1	2	3	4	5	6	7	8
B	30,87	61,74	123,5	246,9	493,9	987,8	1976	3951	7902
A$^{\#}$	29,14	58,27	116,5	233,1	466,2	932,3	1865	3729	7459
A	27,50	55,00	110,0	220,0	440,0	880,0	1760	3520	7040
G$^{\#}$	25,96	51,91	103,8	207,7	415,3	830,6	1661	3322	6645
G	24,50	49,00	98,00	196,0	392,0	784,0	1568	3136	6272
F$^{\#}$	23,12	46,25	92,50	185,0	370,0	740,0	1480	2960	5920
F	21,83	43,65	87,31	174,6	349,2	698,5	1397	2794	5588
E	20,60	41,20	82,41	164,8	329,6	659,3	1319	2637	5274
D$^{\#}$	19,45	38,89	77,78	155,6	311,1	622,3	1245	2489	4978
D	18,35	36,71	73,42	146,8	293,7	587,3	1175	2349	4699
C$^{\#}$	17,32	34,65	69,30	138,6	277,2	554,4	1109	2217	4435
C	16,35	32,70	65,41	130,8	261,6	523,3	1047	2093	4186

[Cf. Campbell & Greated, "4. Playing in Tune", p. 178.] © OUP

4.2. O Temperamento Igual na Prática Musical e a Afinação das Oitavas

4.2.1. A entonação na performance

Um dos argumentos a favor da escala justa promulgados por Helmholtz, para quem a superioridade dessa escala era evidente, dizia respeito ao fato de que os violinistas ou instrumentistas de cordas (arco) em geral efetuariam, na prática musical, constantes desvios do sistema temperado executando intervalos *justos* e não temperados. Equipamentos modernos de medição auxiliaram os cientistas a um exame mais preciso e chegou-se à conclusão, porém, de que tais desvios do temperamento igual na *performance*, de fato existentes ocasional e circunstancialmente, dão-se no sentido de se executarem antes de tudo intervalos *pitagóricos*.

Assim é que, por exemplo, ao invés de rebaixar a *terça maior tempe-rada* no sentido de executar uma *terça maior justa*, tem-se ao contrário a tendência, por parte do violinista, a *suspender* um pouco a *terça maior*, tornando-a *pitagórica*; e ao invés de suspender um pouco a *terça menor temperada* em direção à *terça menor justa*, tende-se antes a rebaixá-la em direção à *terça menor pitagórica*. Este mesmo fenômeno ocorre igualmente com o canto coral, prática na qual a *terça maior* pode ser suspendida e a *terça menor*, rebaixada.

Isto prova a incongruência de argumentos em torno de uma afinação mais "pura" ou "natural". Por mais que as razões da escala justa estejam diretamente relacionadas à propagação dos primeiros harmônicos de um som tônico, instituir uma ordenação das alturas que dê conta de um vasto âmbito frequencial apto ao exercício estrutural da harmonia implica necessariamente organizar o domínio das alturas com uma inescapável artificialidade, essencial para a atividade artística.

A história da constituição das afinações e das escalas o provou: mais cedo ou mais tarde, necessitou-se de uma afinação de base para a referência geral das frequências sem que se incorresse em incongruências gritantes entre as próprias notas estruturalmente correlacionadas em um mesmo contexto musical, e o sistema temperado – artificial tanto quanto os outros – demonstrou-se indubitavelmente como o modo mais propício de organização das alturas.

Mas este fato não significa que o músico seja obrigado implacavelmente a reproduzir com absoluta exatidão as frequências decorrentes do temperamento igual, nem que ele execute exclusivamente notas temperadas o tempo todo mesmo em um contexto determinado pelo temperamento igual, e a *entonação* das frequências (como aliás também é o caso da entonação na prosódia da fala) acarreta ocasionalmente inevitáveis variações em torno de um "eixo de frequência" referencial de base para cada nota, este, sim, determinado, na maioria das vezes, pelo temperamento igual.

No mais, como bem afirmou John Backus, é impossível construir um instrumento de sopro no qual absolutamente *todas* as notas estejam afinadas de acordo com o temperamento igual. Se havíamos pontuado, de acordo com as observações de Helmholtz, que um tubo reproduzirá a série harmônica natural de uma determinada fundamental, é de esperar que desvios bem proeminentes se façam presentes em certas passagens do contexto musical, desvios estes que, nos instrumentos de sopro, podem ser eventualmente minimizados ou evitados mediante o uso das chaves desses instrumentos. Nesse contexto, aliás, a própria necessidade prática de usar o mesmo orifício ou a mesma chave para mais de uma nota em um determinado instrumento exige certos compromissos no que tange à entonação, e a emissão exata da frequência temperada é por vezes sacrificada.

Desta feita, duas conclusões devem ser aqui pronunciadas:

1) se os números integrais regem a relação matemática entre os parciais harmônicos de uma determinada série harmônica natural de um som

composto, os conceitos de *consonância* e *dissonância* revelam-se como sendo conceitos essencialmente *culturais*, *estruturais* (de acordo com a estética de tal ou qual obra ou de tal ou qual período histórico), e não propriamente *acústicos*; *consonância* e *dissonância* não são conceitos determinados diretamente por propriedades acústicas, mas sim pela forma através da qual certas propriedades (por exemplo, os batimentos provenientes da concomitância de dois ou mais sons – fenômeno que serviu de base para a argumentação de Helmholtz acerca desses conceitos) serviram à estruturação da linguagem musical em determinado período da história;

2) com o advento do temperamento igual, igualaram-se totalmente as tonalidades, e as transposições passam a ser meramente "arbitrárias", não havendo motivo algum para dizer, por exemplo, que uma certa tonalidade é mais "solene e triste" que uma outra. A utilização, por exemplo, de *todas* as tonalidades do temperamento igual no *Cravo Bem Temperado* de Bach é antes de tudo *estrutural*.

Dessa forma, alguns importantes tabus devem ser abolidos pelo músico e pelo ouvinte atento. E um outro tabu – além do acima mencionado, de que haveria distinções essenciais entre tonalidades distintas – deve ser quebrado: o temperamento igual consiste em uma maravilhosa e engenhosa invenção, que se firmou ao longo dos tempos de modo coletivo e que resolveu grande parte dos problemas mais prementes do fenômeno da entonação das frequências na música, mas ele não foi, não é e nem nunca será totalmente hegemônico nos contextos musicais. Se o temperamento existe, ele existe para poder admitir, de livre e espontânea vontade ou forçado por circunstâncias específicas, desvios em relação a suas próprias amarras. Assim é nossa prática musical, e assim se dá com nossa escuta.

Ao que parece, mais uma vez a música nos dá uma lição de vida: a validade de um sistema não se dá pelo fato de se instituir algo como presumivelmente hegemônico e absoluto, mas sim pelo fato de possibilitar um exercício mais seguro e flexível das atividades humanas, em que "desvios" estão necessariamente implicados e até mesmo subentendidos. As excentricidades fazem parte, por assim dizer, do rol de atuação do próprio sistema.

4.2.2. O standard *de altura*

Na medida em que a afinação temperada determina aritmeticamente (pelas sobreposições do semitom temperado) suas frequências, pode-se partir, em princípio, de qualquer ponto do âmbito das alturas para constituí-la.

Durante séculos, elegeu-se o *A* acima do *C central* como referência básica para a elaboração das escalas, mas a frequência deste *A* não era consensual. Foi somente após a invenção do *diapasão* (*tuning fork*) por John Shore, contemporâneo de Händel, na metade do século XVIII, que se estipulou a frequência do *A*. Mesmo assim, nota-se que por essa época o *A* variava de *415 Hz* (= $G^\#$ de hoje) a *428 Hz*. O diapasão de Händel, por exemplo, tinha *422,5 Hz*. Ou seja, as obras desse período barroco eram executadas em um âmbito frequencial mais grave do que o são nos dias de hoje, soando cerca de meio-tom abaixo do que estamos acostumados!

Com o passar do tempo, o *A* foi sendo suspendido, por razões acusticamente inexplicáveis. Provavelmente tal fato deveu-se à procura de um maior "brilho" dos instrumentos de cordas, realçando-se figurações ligeiramente mais agudas. Ao final do século XIX, a Inglaterra chegou a ter o *A* com *455 Hz*, e os EUA, com *461 Hz* (ou seja, quase como um $A^\#$ de hoje, de *466 Hz*). Durante um certo período, instrumentos (de madeira) construídos a partir de uma afinação baseada em um determinado eixo frequencial não podiam executar obras em outra afinação que destoasse daquela na qual se baseou sua engenhosa construção.

A necessidade óbvia de chegar a um consenso internacional com relação a um "ponto de partida" das frequências tendo em vista a construção dos instrumentos fez que a Organização Internacional de Standards recomendasse, em 1953, a adoção internacional do *A* como tendo *440 Hz*. Este acontecimento constitui prova inexorável de que o que define em essência o sistema temperado é sua *razão* aritmética e sua progressão logarítmica, e não a tabela atual de frequências na qual em geral se baseia.

Infelizmente, contudo, tal adoção não foi respeitada com rigor. A Los Angeles Philharmonic Orchestra, por exemplo, adota o *A* com *442 Hz*, e nos EUA tem-se já o *A* com *444 Hz*. Tal diferença, de 440 Hz a 444 Hz, implica uma considerável variação de *16 cents*, de modo algum negligenciável pelo ouvido.

Esses desvios podem ocasionar situações bastante problemáticas: os cantores das obras de Mozart e Beethoven cantam, na verdade, cerca de meio-tom acima dos cantores da época em que tais obras foram escritas – pense-se, por exemplo, na ária da Rainha da Noite da *Flauta Mágica*, com suas notas extremamente agudas –, e mesmo os violinos necessitam de cerca de 6% de variação de frequência em direção ao agudo na execução atual de obras desse período, o que acarreta cerca de 12% de tensão a mais nas cordas, resultando daí consideráveis readaptações nos violinos dos grandes mestres italianos da Antiguidade. Por tais razões, a adoção permanente do *A central* (A_4) contendo *440 Hz* é altamente recomendável, do ponto de vista da acústica.

4.2.3. Outros "temperamentos" contemporâneos

Justamente em 1953 – época, como vimos, em que se procurava chegar a um consenso internacional em relação à frequência standard do A_4 –, a música chegava à sua fase de manipulação microtonal, de cunho serial, no âmbito da chamada *música eletrônica* (vertente alemã dos primórdios da música eletroacústica). Se o temperamento igual demonstrava-se – como aliás ainda o faz – apto e propício a uma organização cardinal das alturas que permita um rico intercâmbio entre as diversas comunidades musicais do planeta na prática interpretativa da música histórica, nem por isso esse sistema constitui verdade irrevogável no domínio da criação. Ainda que continue, ao contrário do que muitos possam pensar, plenamente válido para a composição (uma vez que as especulações intervalares não se esgotaram e nada indique que irão se esgotar, mesmo no âmbito do temperamento igual), o contexto da música contemporânea induziu naturalmente os criadores a especulações acerca de novas formas de constituição do espaço frequencial, fenômeno não exclusivo à música eletroacústica, porém fortemente incentivado pelos recursos eletrônicos.

Citemos, como exemplo, a estruturação intervalar a que se submetem as frequências na obra-prima eletrônica de Stockhausen *Studie II*, de 1954, da qual já falamos. (Cf. o exemplo sonoro CD 39.) Nesta obra, o compositor alemão institui seu próprio "temperamento igual", a partir da frequência grave de 100 Hz, tendo como base o número 5 (elemento serial fundamental na organização de todo o material da peça: seções formais, número de parciais que compõem cada aglomerado harmônico etc.).

Dessa forma, partiu da seguinte fórmula:

$$\sqrt[25]{5} \quad = \quad 1,06649$$

Isto significa que, ao invés da *raiz décima segunda de 2*, que significava a divisão da oitava (*2*) em *12 partes iguais* (*raiz décima segunda*), é um âmbito de *duas oitavas e uma terça maior* (equivalente ao 5º harmônico da série harmônica natural = *5*) que se submete a uma divisão logarítmica em *25 partes iguais* (*raiz vigésima quinta*), resultando, assim, na *raiz vigésima quinta de 5*.

Considerando-se a razão do temperamento igual, deduz-se que, se a oitava é dividida em 12 partes iguais, *2 oitavas serão divididas em 24 partes iguais*, divisão esta equivalente à fórmula:

$$\sqrt[24]{4} \quad = \quad 1,0594$$

Dessa forma, podemos deduzir que o âmbito escolhido por Stockhausen, de *duas oitavas e uma terça maior* (= 5), é dividido, no temperamento igual, por 28 intervalos iguais, cuja fórmula é:

$$\sqrt[28]{5} = 1,0591$$

A pequena diferença no resultado, entre *1,0594* e *1,0591*, deve-se ao fato de que, como vimos anteriormente, será justamente a partir do 5º harmônico da série harmônica natural que notamos um pequeno desvio do temperamento igual com relação às frequências oriundas da propagação dos harmônicos de uma série harmônica natural. Se efetuarmos, assim, uma substituição dos termos da razão, substituindo o valor 5 pela razão entre as frequências de uma fundamental f em relação à frequência da nota duas oitavas e uma terça maior acima, veremos que o resultado entre ambas as fórmulas se iguala. Assim é que, tendo por base a fundamental $A = 110$ *Hz*, e a nota duas oitavas mais uma terça maior acima o $C^{\#} = 554,4$ *Hz* (de acordo com nosso Exemplo 122, ao contrário do valor desse $C^{\#}$ como 5º harmônico dessa fundamental, que seria de *550 Hz*), temos:

$$\sqrt[28]{\frac{554,4}{110}} = 1,0594$$

Vemos, então, que o que Stockhausen realiza, na verdade, é a constituição de uma escala, a partir da frequência de 100 Hz, com passos intervalares um pouco maiores do que o semitom temperado (*1,06649* ao invés de *1,0594*). Multiplicando *100 Hz* por *1,06649*, chega-se à frequência imediatamente acima, de *106,6 Hz* ou, em valor arredondado, de *107 Hz*; multiplicando *107 Hz* por *1,06649*, chega-se ao valor arredondado de *114 Hz*; e assim por diante, até a última frequência mais aguda utilizada na obra, de *17 200 Hz* (CD 84).

Se no caso de *Studie II* Stockhausen elabora uma constituição escalar que serve de base para toda a obra, nem por isso uma mesma composição necessita se ater a uma única afinação. Na metade dos anos 1980, concebi uma técnica complementar a meus *módulos cíclicos* (em geral restritos ao domínio do temperamento igual), através da qual posso efetuar *concreções* ou *expansões* do espaço frequencial *no decurso de uma mesma composição*, procedimento a que dei o nome de *projeções proporcionais*. (Ambas essas técnicas são elucidadas em detalhes em meus livros *Atualidade Estética da Música Eletroacústica* e *Apoteose de Schoenberg**.)

Assim é que, em *Profils Écartelés*, de 1988, para piano e sons eletroacústicos quadrifônicos, realizo na parte eletroacústica, por exemplo em sua

---

* Publicado pela Ateliê Editorial em 2002.

parte final, diversas concreções de um mesmo *perfil* intervalar, primeiramente com *43 subdivisões* da quarta central entre o *D* de *294 Hz* (em valores arredondados com relação à tabela do Exemplo 122, e cujos motivos não convém aqui explicar) e o *G* de *392 Hz*, o que equivale à razão:

$$\sqrt[43]{\frac{392}{294}} = 1,00671$$

Multiplicando *294 Hz* por *1,00671*, obtém-se a frequência seguinte acima do *D*, de precisos *295,97 Hz*; multiplicando este último valor novamente por *1,00671*, chega-se a *297,96 Hz*; e assim por diante, até atingirmos os *392 Hz* do *G*, após 43 intervalos iguais.

Mas logo após quatro de suas repetições, o mesmo perfil vasculha um espaço sensivelmente mais amplo, com *43 subdivisões da sétima maior que vai do B de 247 Hz ao A# de 466 Hz*, o que equivale matematicamente à fórmula:

$$\sqrt[43]{\frac{466}{247}} = 1,01487$$

Tem-se, então, uma ligeira expansão do passo intervalar mínimo. A frequência imediatamente superior a 247 Hz é a de *250,67 Hz* etc. O perfil ainda percorre o espaço frequencial por mais quatro outros âmbitos distintos, até atingir o espaço do sistema temperado baseado no *A* a *440 Hz*, nas razões:

- 43 subdivisões iguais entre *G# = 208 Hz* e *C# = 554 Hz*:

$$\sqrt[43]{\frac{554}{208}} = 1,02304$$

- 43 subdivisões iguais entre *F = 175 Hz* e *E = 659 Hz*:

$$\sqrt[43]{\frac{659}{175}} = 1,03132$$

- 43 subdivisões iguais entre *C# = 139 Hz* e *G = 784 Hz*:

$$\sqrt[43]{\frac{784}{139}} = 1,04105$$

- 43 subdivisões iguais entre *A = 110 Hz* e *A# = 932 Hz*:

$$\sqrt[43]{\frac{932}{110}} = 1,05095$$

- Sistema temperado: 43 subdivisões iguais entre $F^\# = 92,5\,Hz$ e $C^\# = 1109$ *Hz*:

$$\sqrt[43]{\frac{1109}{92,5}} = 1,0594$$

O que se tem, como resultado desse processo, é um fenômeno de *direcionalidade* na qual o campo intervalar pouco a pouco se dilata no espaçotempo (espaço em relação ao âmbito frequencial, intervalar; tempo em relação às durações, que igualmente se expandem), processo em meio ao qual o ouvinte é conduzido à percepção dessa expansão pela identidade dos perfis (CD 85).

Concluindo nossa exposição, será oportuno fornecer ao leitor algumas fórmulas bastante práticas para o cálculo de intervalos ou frequências, instigando-o a suas próprias especulações. Se sabemos que o temperamento igual equivale à razão:

$$\sqrt[12]{2}$$

então podemos deduzir qualquer frequência a partir de uma frequência inicial, optando por qualquer intervalo de base (na fórmula acima, a *oitava*, na razão *2*), por qualquer subdivisão desse intervalo (na fórmula acima, a raiz *12*), e por quantos passos se quiserem dessa subdivisão a partir da frequência inicial. Se f_x = frequência final; f_y = frequência inicial; e n = número de semitons, então tem-se a seguinte fórmula, considerando o temperamento igual:

$$f_x = f_y \; (\sqrt[12]{2})^n$$

Se decidirmos, por exemplo, que a partir da frequência 440 Hz desejamos o semitom imediatamente acima, então temos a frequência do B^b:

$$440 \, (\sqrt[12]{2})^1 = 466,164 \text{ Hz}$$

Para o sentido descendente do intervalo, basta efetuarmos a divisão seguinte, obtendo a frequência do $G^\#$:

$$\frac{440}{(\sqrt[12]{2})^1} = 415,305 \text{ Hz}$$

Será fácil, procedendo dessa maneira, sabermos logo a frequência de qualquer intervalo no interior do sistema temperado. Por exemplo, tendo como partida a frequência de 1 435 Hz, podemos deduzir a frequência da nota que se situa, digamos, 15 semitons temperados abaixo:

$$\frac{1435}{(\sqrt[12]{2})^{15}} = 603{,}343 \text{ Hz}$$

Mas podemos também variar os passos mínimos intervalares, variando o temperamento. Assim é que, partindo por exemplo da frequência 50 Hz, podemos saber a frequência, digamos, da nota situada a 23 passos acima da subdivisão em 21 partes iguais da razão *3* (ao invés da oitava *2*):

$$50 \, (\sqrt[21]{3})^{23} = 166{,}545 \text{ Hz}$$

Por outro lado, a equação seguinte nos possibilita deduzir quantos *cents* possui um dado intervalo entre duas frequências. No exemplo que se segue, vemos que entre 466,164 Hz do B^b e 440 Hz do *A* na oitava central temos praticamente *100 cents*:

$$\frac{\log_2\left(\dfrac{466{,}164}{440}\right)}{\log_2(\sqrt[1200]{2})} = 100{,}001c$$

Alterando a fórmula, podemos investigar relações bem menos previsíveis, como no caso arbitrário seguinte, no qual deduzimos que existem *128,186 quartos de tom* (*raiz 24 de 2*) entre 88 Hz e 3567 Hz:

$$\frac{\log_2\left(\dfrac{3567}{88}\right)}{\log_2(\sqrt[24]{2})} = 128{,}186$$

Assim sendo, temos o firme propósito de que o leitor possa, ao longo de nosso exame, ter adquirido consciência de que o conhecimento dos fenômenos acústicos, longe de limitar o exercício musical ou de permanecer distante do fazer artístico, deve na verdade, acima de tudo, aprimorar a escuta e, no caso específico da composição musical, instigar o pensamento a novas especulações, condizentes com a invenção que sedimenta cada ato de criação.

Que as informações contidas nesse volume sirvam a uma nova *escuta,* diversa da que normalmente temos e definitivamente mais desperta para os fenômenos sonoros!

BIBLIOGRAFIA BÁSICA*

ABDOUNUR, Oscar João. *Matemática e Música – O Pensamento Analógico na Construção de Significados*. São Paulo, Escrituras Editora, 1999.

BACKUS, John. *The Acoustical Foundations of Music*. New York, W. W. Norton & Company Inc., 1968.

BARBOUR, J. Murray. *Tuning and Temperament – A Historical Survey*. Michigan, Michigan State College Press, 1953.

BENADE, Arthur H. *Sopros, Cordas & Harmonia – A Ciência dos Sons Agradáveis*. São Paulo, Edart, 1967.

———. *Fundamentals of Musical Acoustics*. New York, Dover Publications, 1976.

BLAUERT, Jens. *Spatial Hearing – The Psychophysics of Human Sound Localization*. Cambridge (Massachusetts)/London, The MIT Press, 2001.

CAMPBELL, Murray & GREATED, Clive. *The Musician's Guide to Acoustics*. New York, Oxford University Press, 2001.

CHION, Michel. *Guide des Objets Sonores – Pierre Schaeffer et la Recherche Musicale*. Paris, Buchet/Chastel & INA/GRM, 1983.

COOK, Perry R. et al. *Music, Cognition, and Computerized Sound – An Introduction to Psychoacoustics*. Cambridge (Massachusetts)/London, The MIT Press, 1999. (Com CD).

DODGE, Charles & JERSE, Thomas A. *Computer Music – Synthesis, Composition, and Performance*. New York, Schirmer Books, 1997.

EIMERT, Herbert & HUMPERT, Hans Ulrich. *Das Lexikon der elektronischen Musik*. Regensburg, Gustav Bosse, 1973.

---

* As referências nos exemplos a autores que não se encontram nesta bibliografia reportam-se a dados extraídos do compêndio de Campbell & Greated.

GREENE, Brian. *O Universo Elegante – Supercordas, Dimensões Ocultas e a Busca da Teoria Definitiva*. São Paulo, Companhia das Letras, 2001.

HALL, Donald E. *Musikalische Akustik – Ein Handbuch*. Mainz, Schott, 1997.

HELMHOLTZ, Herrmann. *On the Sensations of Tone (Die Lehre von den Tonempfindungen – 1862)*. New York, Dover Publications, 1954.

HOWARD, David M. & ANGUS, James. *Acoustics and Psychoacoustics*. Oxford, Focal Press, 1999.

LATTARD, Jean. *Musique: Gammes et Tempéraments – De Pythagore aux Simulations Informatiques*. Paris/New York, Diderot Editeur, Arts et Sciences, 1997.

MATRAS, Jean-Jacques. *O Som*. São Paulo, Martins Fontes, 1991.

MENEZES, Flo. *Música Eletroacústica – História e Estéticas*. São Paulo, Edusp, 1996. (Acompanha CD).

———. *Atualidade Estética da Música Eletroacústica*. São Paulo, Editora da Unesp (FEU), 1999. (Acompanha CD e duas partituras).

———. *Apoteose de Schoenberg – Tratado sobre as Entidades Harmônicas*. 2. ed. São Paulo, Ateliê Editorial, 2002.

MEYER-EPPLER, Werner. "Zur Systematik der elektrischen Klangtransformationen", *Darmstädter Beiträge zur Neuen Musik*, Mainz, B. Schott's Söhne, 1960, pp. 73-86.

PIERCE, John R. *The Science of Musical Sound*. New York, W. H. Freeman and Company, 1983.

ROEDERER, Juan G. *Introdução à Física e Psicofísica da Música*. São Paulo, Edusp, 1998.

ROADS, Curtis. *The Computer Music Tutorial*. Cambridge, The MIT Press, 1998.

SCHAEFFER, Pierre. *Traité des Objets Musicaux – Essai Interdisciplines*. Paris, Éditions du Seuil, 1966.

———. *Solfège de l'Objet Sonore* (1967), livro + 3 CDs. Paris, INA/GRM, 1998.

———. *Tratado dos Objetos Musicais*. Brasília, Editora da Universidade de Brasília, 1993.

SMALLEY, Denis. "Spectromorphology: Explaining Sound-Shapes", *Organised Sound 2 (2)*, Cambridge University Press, 1997, pp. 107-126.

STUMPF, Carl. *Die Sprachlaute – Experimentell-phonetische Untersuchungen*. Berlin, Verlag von Julius Springer, 1926.

The Principles of the International Phonetic Association (1949). London, 1984.

WINCKEL, Fritz. *Vues Nouvelles sur le Monde des Sons*. Paris, Dunod, 1960.

———. *Music, Sound and Sensation – A Modern Exposition*. New York, Dover Publications, 1967.

ÍNDICE REMISSIVO*

---

* As referências abaixo não dizem respeito a *todas*, mas antes às *principais* aparições conceituais
dos respectivos tópicos.

Fusão tônica – 17, 98, 110 e ss., 130 e ss., 182

Gama de Zarlino (ver: escala justa)
Grão (sonoro) – 131, 222 e ss., 230
Grupo nodal – 27
Grupo tônico – 27

Harmonia – 97
Harmonia das esferas – 19, 51
Harmonicidade – 26
Harmônico – 24, 38, 39, 97, 106 e ss.
Harmônicos aurais – 91 e ss.
Harmônicos dominantes – 119 e ss.
Hertz (Hz) – 21

Impedância – 69 e ss.
Impulso (ou pulso) eletrônico – 194 e ss.
Inarmonicidade – 26
Intensidade – 94 e ss., 103, 133 e ss., 163 e ss.
Interferências – 55 e ss., 204
Intermodulação – 207
Inversão – 175

Klangfarbenmelodien (ver: melodias de timbres)

"Lei da distância" – 147
Leis da duração vivida – 188
Leis das percepções dos ataques – 179 e ss.
Limiar de audibilidade em intensidade – 150 e ss.
Limiar de mascaramento – 160
Limiar temporal de discriminação dos eventos sonoros – 181 e ss.
Limiar temporal de reconhecibilidade das alturas – 183 e ss.
Limiar temporal de reconhecibilidade dos timbres – 183 e ss.
Limite máximo de audibilidade frequencial – 76
Limite mínimo de audibilidade frequencial – 76

Mascaramento – 135, 158 e ss.
Massa – 25, 26, 126 e ss., 182
Massa complexa – 98
Massa tônica – 17, 98

Material (musical) constitutivo – 192
Material (musical) relacional – 192
Maximalismo – 188
Mel – 156 e ss.
Melodias de timbres – 207 e ss.
Meio-tempo de decaimento – 32
Milissegundo (ms) – 20
Modelo harmônico – 112 e ss.
Modulação – 243
Modulação de amplitude – 59 e ss., 199, 230
Modulação de frequência – 228 e ss.
Modulação de timbre – 17, 126 e ss., 131 e ss., 230
Módulos cíclicos (técnica harmônica de Flo Menezes) – 273
Motivo-BACH – 176
Music V – 103
Música concreta – 15, 22, 27, 174, 191
Música eletroacústica – 174, 191
Música eletrônica – 22, 27, 114, 174, 191, 272
Música espectral – 186, 207 e ss.
Música serial – 27
Musique concrète (ver: música concreta)

Nível de intensidade – 148
Nó (ver: som nodal)
Normalização – 168
Notação (escrita) musical – 93 e ss., 191

Objeto sonoro – 15, 93 e ss.
Onda sonora – 44
Oposição de fase – 35, 56, 204
Ouvido absoluto – 124
Ouvido externo – 66 e ss.
Ouvido interno – 66 e ss.
Ouvido médio – 66 e ss.

Panning – 61, 198
"Paradoxo do ataque" – 178
Parcial – 24, 43
Percussão/ressonância (ataque/ressonância) – 179 e ss.
Perfil dinâmico (do ataque) – 222 e ss., 230
Perfis – 126 e ss., 175, 274 e ss.
Periodicidade – 21 e ss.
Período – 20
Peso (das alturas) – 115 e ss., 125

Tom-piloto – 134
Tongemisch (ver: som complexo ou mistura)
Tonicidade (ver: taxa de harmonicidade)
Trama – 131
Transientes (transitórios) – 29 e ss., 131, 180, 200, 220 e ss., 223
"Transientes de sustentação" – 223 e ss., 230
Transitórios (ver: transientes)
Transposição – 243
Tratamento (sonoro; processamento sonoro) – 193
Triângulo consonantal – 209 e ss.

Triângulo vocálico – 209 e ss.

Velocity – 133
Vibração periódica – 20
Velocidade do som – 46 e ss.
Vibratos – 131, 224, 229 e ss.
Vogais – 93, 211 e ss.
Volume – 150 e ss.

Wolf fifth (ver: quinta do lobo)

Zusammengesetzte Klänge (ver: som composto)

ÍNDICE ONOMÁSTICO

CONTEÚDO DAS FAIXAS DO CD*

Introdução: sobre o uso do CD

Antes de iniciar a reprodução do CD, veja como você pode utilizá-lo: a rigor, este CD pode ser ouvido tanto a partir da leitura do livro, interrompendo o fluxo de leitura na medida em que as faixas do CD a serem ouvidas são indicadas, em geral, ao final dos respectivos parágrafos, quanto de modo autônomo, sem se preocupar com o corpo do texto teórico. Mas em ambos os casos, deve-se ter à mão, de preferência, a descrição de cada faixa no texto que segue abaixo.

No caso de escuta do CD *durante* a leitura do livro, pule a cada nova faixa para estas páginas ao final do volume e leia a descrição detalhada de cada exemplo sonoro. É aconselhável, de toda forma, que a cada término de faixa o leitor-ouvinte acione a "pausa" em seu toca-CDs e interrompa a reprodução do CD até que se torne ciente do conteúdo da próxima faixa. Entre o conteúdo sonoro de cada faixa há uma pausa de 5", plenamente suficiente para que se pressione calmamente o botão de "pausa" do respectivo aparelho.

Mas atenção: antes de iniciar a reprodução do CD, "calibre" seu sistema sonoro (amplificador e caixas)!

---

* Os exemplos sonoros foram produzidos no *Studio PANaroma de Música Eletroacústica da Unesp*. A voz utilizada como guia dos principais tópicos no CD, gradativamente transformada, é do próprio Flo Menezes, e são de sua autoria todas as composições das quais o CD se utiliza nos exemplos musicais, com exceção das referências claramente apontadas nas faixas respectivas.

Para tanto, selecione *a penúltima faixa do CD* (de número *86*), que contém o tom-piloto senoidal de 1 000 Hz a –12 dB, e ajuste o nível de reprodução em sua sala e/ou fone de ouvido de modo a ouvir esse som com intensidade *forte*, porém ainda de modo plenamente suportável para seus ouvidos. A partir daí, é aconselhável não mais mexer no nível de volume do sistema sonoro.

Alguns exemplos serão mais bem apreciados se ouvidos com fone de ouvido, outros não. Em casos precisos, há indicação a esse respeito. Procure se sentar tendo as caixas da estereofonia frontal de seu sistema de som num ângulo de 60° em relação à sua escuta central (posição ideal para a escuta estereofônica e a justa avaliação de muitos efeitos).

Por fim, ainda que diversas obras tenham servido de ilustração para fenômenos acústico-musicais, nada como uma escuta integral: na última faixa (de número *87*), temos a primeira edição em CD de uma de minhas recentes obras eletroacústicas, *Stream from outer space* (abril de 2001), de apenas 6 minutos de duração – obra estreada naquele ano em Bourges (França), e que foi realizada no *Studio PANaroma* em São Paulo a partir do final do material eletroacústico de *Pulsares* (1998-2000) e de *Harmonia das Esferas* (2000).

Que a experiência de escuta seja das mais interessantes, tanto do ponto de vista acústico quanto estético!

Descrição de cada uma das faixas do CD

O Som, sua Tipologia e seus Itinerários

1 - A escuta do silêncio.

2 - 3 sons tônicos:
   • Celesta tocando A_6.
   • Marimba tocando $C^{\#}_4$.
   • Saxofone contralto tocando $D^{\#}_3$.

3 - 3 sons senoidais, nas mesmas frequências do exemplo anterior:
   • 1760 Hz.
   • 277,18 Hz.
   • 155,56 Hz.

4 - Sons tônicos:
   • Um som do tipo de um oboé com 8 parciais harmônicos; em seguida esses parciais entrando um a um e se sobrepondo gradualmente; ao final, o mesmo som inicial.
   • Um outro espectro tônico, porém com entradas ainda mais amenas dos parciais harmônicos, aproximando-se ao final do timbre de um oboé.

5 - Sons complexos:
   • Uma mistura de 8 parciais inarmônicos; em seguida esses parciais entrando um a um e se sobrepondo gradualmente; ao final, a mesma mistura inicial.

- Um outro espectro complexo, porém com entradas ainda mais amenas dos parciais inarmônicos, aproximando-se ao final do timbre da mistura anterior.

6 - Possíveis gradações entre as misturas e o ruído branco, em 13 etapas [este exemplo, construído com o programa *OpenMusic* do IRCAM, contou com a colaboração de Ignacio de Campos]:
- 8 parciais de 476 a 4789 Hz.
- 12 parciais de 435 a 5899 Hz.
- 18 parciais de 395 a 7009 Hz.
- 27 parciais de 354 a 8119 Hz.
- 40 parciais de 313 a 9229 Hz.
- 61 parciais de 273 a 10339 Hz.
- 91 parciais de 232 a 11449 Hz.
- 137 parciais de 192 a 12559 Hz.
- 205 parciais de 151 a 13669 Hz.
- 308 parciais de 111 a 14779 Hz.
- 461 parciais de 70 a 15889 Hz.
- 692 parciais de 30 a 17000 Hz.
- Ruído branco.

7 - Ruído branco filtrado por 2 vezes e ruído rosa:
- Faixa de ruído a partir da filtragem do ruído branco: de 570 a 900 Hz.
- Processo de filtragem dinâmica (variável) do ruído branco à faixa de ruído com banda de frequência entre 10200 e 10800 Hz.
- Ruído rosa a $-$ 14dB.

8 - Um exemplo de cada tipo de som $-$ do som mais puro (senoidal) ao mais ruidoso (ruído branco):
- Som senoidal de 783,99 Hz (= G_5).
- Som tônico: F_5 (698,43 Hz) de um oboé.
- Mistura eletrônica (derivada do *Studie II* de Stockhausen).
- Ruído branco.

9 - Grupo tônico (acorde ao piano: entidade harmônica *PAN*, presente em inúmeras de minhas obras).

10 - *Cluster*, som nodal ou simplesmente nó, ao piano: escuta de tipo estatística.

11 - Grupo nodal: 2 *clusters* ao piano.

12 - Estria ao piano: um *cluster* somado a uma nota mais grave, que se sobressai.

13 - Tipos de curvas de envelope distintos:
- Som de violoncelo (C_2).
- O mesmo som sintético por modulação de frequência com 2 curvas de envelope distintas.
- Som de prato.
- Som de trompete (C_5).

14 - *Chorus effect*:
- Um som de violoncelo sozinho ($F^{\#}_4$).
- A mesma nota tocada por uma orquestra de câmara (relações distintas de fase entre os instrumentos).
- O mesmo som de violoncelo sozinho com tratamento eletroacústico por *chorus effect*.

15 - Série harmônica natural de D_2 (74,66 Hz) ao piano:
- A nota D_2 (74,66 Hz) ao piano.
- Processo de filtragem por computador em que se ouvem os parciais harmônicos um a um varrendo o espectro até o 21° harmônico.
- A nota D_2 (74,66 Hz) ao piano, novamente.

16 - Ressonâncias diversas e ressonadores:
- O piano como caixa de ressonância: ao final de *TransFormantes II* (1995), para piano e clarinete, o clarinetista (no princípio à direita) caminha em direção ao piano, situado na esquerda, e toca seus últimos sons dentro da caixa de ressonância do piano.
- Objetos raspados na superfície de um tam-tam e amplificados com ressonadores diversos (tubos e similares), aos moldes do que ocorre em passagens de *Mikrophonie I* (1964) de Stockhausen.

17 - O interesse pelos fenômenos de ataque/ressonância na música contemporânea:
- Trecho central de *A Dialética da Praia* (1993) para cerca de 70 instrumentos de percussão (2 percussionistas) e sons eletroacústicos estereofônicos, com ressonâncias metálicas dos instrumentos e dos sons eletroacústicos.
- Momentos iniciais de *L'Itinéraire des Résonances* (*O Itinerário das Ressonâncias*) (2001), para flauta em Sol, piccolo, 2 percussionistas, sons eletroacústicos quadrifônicos (aqui em redução estereofônica) e eletrônica em tempo real (*live-electronics*), com eventos de grandes ataques e ressonâncias.

18 - 3 simulações ao computador de reflexões diversas de um mesmo som (um D_2 ao piano) por absorvedores de materiais distintos e dimensões de sala variadas.

19 - Maior facilidade de localização espacial dos sons agudos e onipresença espacial dos sons graves:
- Mobilidade (bem audível) de sons agudos nos sons eletroacústicos que acompanham a flauta ao final de *Parcours de l'Entité* (1994), para flauta em Dó, flauta em Sol, flauta-baixo em Dó, percussões de metal e sons eletroacústicos estereofônicos.
- Mobilização (bem menos audível) de sons graves em uma passagem de *Sinfonias* (1997-1998), para sons eletroacústicos octofônicos (aqui em redução estereofônica).

20 - Efeitos de defasagem entre dois sons senoidais da mesma frequência e mesma amplitude, até a total oposição de fase:
- Um som senoidal de 440 Hz com amplitude constante.
- O outro som senoidal com a mesma frequência e a mesma amplitude do anterior.

- Ambos soando juntos, em fase: ouve-se o mesmo som senoidal, na mesma frequência, com o dobro de amplitude.
- Ambos soando juntos, porém com defasagem de 45° de um para o outro: 92% da energia sonora total de quando soavam em fase.
- Ambos soando juntos, porém com defasagem de 90° de um para o outro: 70% da energia sonora total de quando soavam em fase.
- Ambos soando juntos, porém com defasagem de 180° de um para o outro (= oposição de fase): 0% da energia sonora total de quando soavam em fase; ambos se anulam na escuta.

21 - Batimentos:
- 2 sons senoidais inicialmente de mesma frequência (Lá de 220 Hz) começam a fazer batimentos de 1,3 Hz, depois de 16 Hz, 24 Hz e 40 Hz, até se bifurcarem definitivamente num intervalo de trítono entre o Lá 220 Hz e o Mi^b acima, de 311,12 Hz; em meio ao processo, a percepção passa de uma sensação de som único à sensação de aspereza, para então começar a perceber os dois sons separados, acrescidos, contudo, de um som diferencial grave.
- A mesma coisa uma oitava acima: os sons graves diferenciais, os quais delineiam um glissando ascendente na medida em que a diferença em Hz entre os 2 sons se acentua, ficam mais evidentes, por estarem mais separados da região das frequências envolvidas.

22 - Deslocamento espacial do som e seus efeitos [melhor ouvir com fone de ouvido]:
- Um som (raspado, agudo, com modulação de amplitude; derivado do material da composição *Harmonia das Esferas*) à esquerda e, depois, à direita.
- O mesmo som indo da esquerda para a direita e retornando à esquerda (*panning*): exatamente ao meio do caminho entre as duas caixas da estereofonia, nota-se uma ligeira perda de sinal (decréscimo de cerca de 30% de sua amplitude), percebida mesmo em se tratando de um som com forte modulação de amplitude.
- Vários ciclos de ida e volta no espaço desse som: o som oscila entre esquerda e direita numa velocidade inicial de cerca de 5 ciclos por segundo (cps ou Hz – aqui com relação à frequência do *panning* entre esquerda e direita), acelera na oscilação até cerca de 17 Hz e desacelera ao final até atingir cerca de 3 Hz. (Confira também o exemplo sonoro da faixa *68*.)

23 - "Efeitos Doppler" com e sem alteração de altura; exemplos de tal fenômeno na música contemporânea:
- Trechos do início de *ATLAS FOLISIPELIS* (1996-1997), para oboé, corne inglês, *oboe d'amore*, percussão de peles (2 percussionistas), sons eletroacústicos quadrifônicos (aqui em redução estereofônica) e eletrônica em tempo real (*ad libitum*): "efeito Doppler" com alteração de altura percebida em sons de percussão tratados eletroacusticamente, que soam simultaneamente a peles tocados na estereofonia pelos 2 percussionistas.
- Trecho do final de *Sinfonias*: "efeito Doppler" com manipulação eletroacústica sem alteração de altura percebida.

24 - Localização espacial dos sons – efeitos de espacialização e rotação: trecho com sons rotativos em *Harmonia das Esferas* (2000), para sons eletroacústicos octofônicos (aqui em redução estereofônica) [melhor ouvir com fone de ouvido].

25 - Grau variável de "aspereza" dos intervalos e sensibilidade do ouvido para intervalos com sons senoidais:
- Quanto menor for o intervalo, mais áspero: diminuição intervalar feita com sons dentes-de-serra, partindo-se de 2 oitavas (intervalo nada "áspero") entre o C_3 de 130,81 Hz e o C_5 de 523,25 Hz e chegando paulatinamente à segunda menor (bastante "áspera") entre o B_3 de 246,94 Hz e o C_4 de 261,63 Hz.
- Exemplo de como a capacidade de distinção de 2 sons senoidais simultâneos se deteriora conforme se chega à região mais grave das frequências: um mesmo intervalo de segunda menor varrendo oitavas descendentemente; quanto mais ao grave, menos se percebem os dois sons individualmente e mais se tende a ouvir um único som de frequência intermediária com modulação de amplitude (correspondente ao batimento entre as duas frequências).

26 - Um som senoidal grave e fixo de 118 Hz acrescido de um outro som senoidal vindo do agudo em direção ao grave (partindo do C_6 de 1046,5 Hz e chegando no B^b_2 de 116,54 Hz) por saltos intervalares de terça menor e, quando se aproxima da frequência grave, de segunda menor: ao se aproximarem, ambos os sons ocasionam na percepção uma crescente e paulatina sensação de maior aspereza e, quando a diferença entre ambas as frequências passar decrescentemente o limite de cerca de 16 Hz, a sensação de batimentos, fixando-se ao final em um batimento de 1,46 Hz.

27 - Capacidade de percepção de sons senoidais simultânea e sucessivamente (reprodução do Exemplo 50):
- Dois sons senoidais tocados juntos (de 65 e 98 Hz, respectivamente), gerando a percepção de um único som senoidal intermediário (de 82 Hz).
- Os dois sons tocados sucessivamente, percebidos, respectivamente, como som mais grave e som mais agudo do que o som intermediário ouvido quando ambos soavam simultaneamente.
- Em seguida (conforme Exemplo 47c), exemplificação da capacidade do ouvido em detectar variações de apenas 2 Hz em sons sucessivos por volta de 500 Hz, ouvindo-se sucessivamente: 500, 502, 504, 506 Hz, e depois de novo 500 Hz.

28 - Sensibilidade do ouvido para a distinção das frequências e resposta variada do ouvido às sensações de intervalos conforme a região das alturas (a partir do Exemplo 51; sempre com sons senoidais):
- Um som de 500 Hz; em seguida um outro som de 520 Hz acrescido ao primeiro, resultando em percepção de um único som com batimentos (de 20 Hz); em seguida, o som de 500 Hz mais outro de 540 Hz: os batimentos desaparecem, pois a diferença de 40 Hz na região de cerca de 500 Hz já é suficiente para que ambos os sons sejam percebidos independentemente, como dois sons distintos soando simultaneamente.

- O mesmo processo numa região bem mais aguda: um som de 3000 Hz junto com outro de 3040 Hz (mesma diferença que permitia a distinção dos dois sons na região de 500 Hz) resultam aqui ainda na percepção de um único som; em seguida, ouvem-se 3000 Hz + 3200 Hz, e mesmo assim não se consegue distinguir bem os dois sons; apenas com uma diferença de cerca de 310 Hz (3000 Hz junto com 3310 Hz) é que ambos os sons são percebidos autonomamente.
- Uma mesma diferença em número de Hz (aqui de 300 Hz) ocasiona percepções intervalares distintas conforme a região em que se encontre: 5000 Hz e 5300 Hz resultam aproximativamente numa segunda menor; enquanto que 1500 Hz e 1800 Hz, aproximativamente numa terça menor.

29 - Sons diferenciais simples do Exemplo 52: ouça a série de 4 sons descendentes e depois procure ouvi-los como sons diferenciais (simples) na combinação dos intervalos cada vez menores que soam em seguida.

30 - Sons diferenciais cúbicos do Exemplo 53: ouça a série de 4 sons ascendentes e depois procure ouvi-los como sons diferenciais (cúbicos) na combinação dos intervalos cada vez menores que soam em seguida.

31 - Sons diferenciais no contexto da música contemporânea, em especial na música eletroacústica: trecho da parte inicial de *PAN: Laceramento della Parola (Omaggio a Trotskji)* (1987-1988), para sons eletroacústicos quadrifônicos (aqui em redução estereofônica).

As Alturas e seus Paradoxos

32 - A percepção da frequência resistindo ao máximo à atomização do som: apenas os primeiros 10 ms de duas notas ao piano, C_3 de 130,81 Hz e $C^{\#}_5$ de 554,37 Hz, já são suficientes para que se percebam suas respectivas alturas (elucidadas a seguir por dois sons senoidais nessas mesmas frequências), ainda que o timbre do piano fique totalmente irreconhecível. (Voltaremos a esse tópico no exemplo sonoro 63.)

33 - Diferença entre ciclos em Hz e intervalos:
- O mesmo intervalo musical em regiões distintas de frequência apresenta grande disparidade em número de períodos por segundo (Hz): a quinta C_3-G_3 possui 65,19 Hz de diferença, enquanto que a quinta C_6-G_6 possui a diferença de 521,5 Hz.
- A mesma diferença em Hz em regiões distintas de frequência gera grande disparidade de intervalos musicais: uma mesma diferença de 75 Hz causa a percepção de uma sexta maior entre o A_2 e o $F^{\#}_3$, enquanto que causa um intervalo menor que o semitom temperado entre o $F^{\#}_6$ e o G_6 "mais baixo".

34 - Correlação amplitude/timbre – nos instrumentos de sopro de metal, uma maior amplitude resulta num som mais rico em parciais, fenômeno aqui exemplificado através de um trompete:

- Um Lá$_4$ em *crescendo*, com o timbre "se abrindo" conforme o som fica mais forte – quanto maior a intensidade do som, mais componentes frequenciais adentram o espectro, tornando o som cada vez mais brilhante.
- Uma extensão temporal da parte mais brilhante desse som feita no computador (*time stretching* dinâmico).
- Uma filtragem desse som, na qual os harmônicos graves são atenuados em –12 dB e os harmônicos agudos ainda mais realçados pela mesma medida (+12 dB): parece que o trompete foi tocado com surdina, apesar de tal efeito decorrer da mera transformação pelo computador.

35 - Correlação altura/amplitude (reprodução do Exemplo 59) – sons senoidais percorrendo a nota Sol em 4 oitavas, do G$_2$ ao G$_5$, nas respectivas frequências 98, 196, 392 e 784 Hz, efetuando sempre um crescendo: a sensação de altura do som senoidal varia conforme sua variação em amplitude, sendo a magnitude de tal variação dependente da região de frequência em que ele se encontra.

36 - Escuta individualizada de parciais harmônicos na composição de um som tônico executado ao piano, a partir da escuta antecipada das frequências desses parciais por sons senoidais. (Reprodução do Exemplo 60.)

37 - Rastreamento de fundamental a partir de 6 harmônicos (reprodução do Exemplo 64):
- Os 6 harmônicos juntos.
- Apenas o primeiro harmônico ou fundamental.
- Apenas os harmônicos de 2 a 5, deduzindo-se mesmo assim a presença da fundamental (*fundamental oculta* ou *subjetiva*), agora com timbre mais "nasalado".

38 - Modelo harmônico: rastreamento de fundamental a partir de uma composição espectral não-harmônica, porém muito próxima da composição harmônica em relação de números inteiros entre os parciais do espectro (pequeno desvio de frequência dos componentes senoidais – reprodução do Exemplo 66):
- Ouve-se um som de 200 Hz; em seguida, a paulatina constituição da série harmônica de fundamental a 200 Hz a partir do 3º harmônico; ao final, novamente a fundamental de 200 Hz.
- Depois, ouve-se um som um pouco mais agudo, de 220 Hz; em seguida, a mesma série harmônica anterior de uma vez só, porém com acréscimo de 80 Hz em cada parcial, fazendo com que a série torne-se, a rigor, "inarmônica", mas muito próximo de uma harmônica; em seguida, esta série é explicitada com a entrada gradual de cada parcial: na medida em que vão surgindo os parciais, a diferença entre os pares adjacentes gera um som diferencial de 200 Hz, porém, com o número cada vez maior de parciais acumulados, o cérebro começa a procurar um modelo mais adequado a tais proporções de parciais, e a altura de 220 Hz parece a mais provável para o papel de "fundamental" desta série; ao final, ouve-se a confirmação desta fundamental" com o som senoidal de 220 Hz.

39 - *Studie II* (1954) de Karlheinz Stockhausen: nova realização em estúdio (produzida em março de 1999 por Flo Menezes no *Studio PANaroma*, através do programa

computacional *CSound*, e aprovada pessoalmente pelo compositor alemão). (Não se trata aqui da obra original, cuja realização histórica deve ser ouvida, mas de uma versão atual, realizada com rigor absoluto a partir da detalhada partitura da obra – a primeira partitura da história da música eletroacústica.)

40 - Atributos fundamentais da percepção das alturas – croma e peso:
- Som paradoxal: "escala de Shepard" ascendente que não sai do mesmo lugar, pois na medida em que as notas vão se tornando mais agudas, realçam-se harmônicos mais graves progressivamente, fazendo a figuração emergir novamente a partir das regiões mais graves.
- Som paradoxal de Jean-Claude Risset: um glissando de 3 oitavas descendentes que não sai do lugar e que acaba soando, ao final, muito mais agudo, na medida em que o centro de gravidade frequencial vai se deslocando pelo controle individual da amplitude dos parciais, cada vez mais ao agudo.
- Som paradoxal em glissando descendente que, a rigor, também não sai do mesmo lugar, porém com uma clara modulação de timbre: ao início, trata--se de um som tônico, mas logo em seguida percebem-se batimentos entre parciais agudos e o espectro vai se tornando, pouco a pouco, inarmônico.
- Exemplo de som paradoxal no contexto da música eletroacústica: trecho de *Harmonia das Esferas* no qual, em meio a outras camadas sonoras, ouve-se um glissando descendente que não sai do lugar (existe nessa obra um outro momento, em que um glissando paradoxal ascendente é usado).

41 - Avaliação alterada da altura de um som senoidal grave e de um agudo, todos os dois estáveis em frequência, quando ambos são contrastados entre si e alterados dinamicamente:
- Um C_2 de 65,4 Hz variando em amplitude (mas não em frequência!) juntamente com um C_7 de 2093 Hz estável tanto em frequência quanto em amplitude.
- Um C_7 de 2093 Hz variando em amplitude (mas não em frequência!) juntamente com um C_2 de 65,4 Hz estável tanto em frequência quanto em amplitude.

42 - Poder da escuta na discriminação das alturas sucessivas conforme a região de frequência:
- Pouca habilidade da escuta na discriminação intervalar de sons senoidais na região grave: a diferença de 2 Hz é ineficiente para a discriminação de alturas entre A_0 (= 27,5 Hz) e B^b_0 (= 29,13 Hz) – aliás, praticamente imperceptíveis de tão graves –, ainda que plenamente suficiente para a discriminação de alturas entre B_4 (= 493,88 Hz) e "B_4 mais alto" (= 495,88 Hz).
- As mesmas frequências graves passam a ser claramente percebidas e discriminadas se seus espectros forem mais ricos (aqui em dente-de-serra), uma vez que possuem diversos parciais na região dominante de percepção das alturas.
- 16 intervalos iguais entre C_6 (1046,5 Hz) e $C^\#_6$ (1108,73 Hz) podem ser discriminados pela audição: ouve-se primeiramente o intervalo de segunda menor e, em seguida, 16 subdivisões desse mesmo intervalo (com sons senoidais).

43 - Clara sensação de altura dos ruídos:
- Em um ruído cuja banda de frequência por ele ocupada é de 20% de sua frequência central (= boa definição de altura).
- Em um ruído cuja banda de frequência por ele ocupada é de 5% de sua frequência central (= ótima definição de altura).
- Através do perfil melódico descontínuo (por saltos) do ruído anterior perfazendo uma tríade perfeita maior.

44 - Exemplos de modulação de timbre (confira também o terceiro som paradoxal da faixa *40*):
- Pela variação de coloração do timbre harmônico em um som tônico (com fusão tônica).
- Pela variação de espessura através de síntese por modulação de frequência em um som complexo (com massa complexa), o qual torna-se mais brilhante e, em seguida, diminui de espessura até desprender-se da própria percepção do timbre, tornando-se um som senoidal ao final.
- Pela variação de espessura (crescente) através de filtros em um ruído.

A Percepção dos Sons pelo Prisma das Intensidades

45 - Um som senoidal curto de 1000 Hz repetido em diminuição gradual de intensidade, de 100 dB (*fff*) a 30 dB (*ppp*), por 71 passos decrescentes de 1 dB – um ótimo teste para a sensibilidade de seus ouvidos às variações dinâmicas.

46 - Variabilidade da percepção do volume de um som senoidal variável em frequência, porém com amplitude constante: um som senoidal percorrendo 8 oitavas do agudo ao grave (de 4186,01 Hz a 16,35 Hz), sempre com 60 dB, e que será percebido com alterações de dinâmica até que desapareça totalmente na região grave. (Reprodução do Exemplo 82.)

47 - Maior sensibilidade para as variações dos graus dinâmicos musicais na região grave: um som grave necessita de mais volume sonoro que um som agudo para começar a ser percebido, mas uma menor variação em dB na região grave resulta em distinções mais claras dos níveis dinâmicos, fenômeno aqui ilustrado com um som senoidal bastante grave ($C_1 = 32,7$ Hz) variando a passos dinâmicos de apenas em 7 dB para ir do *ppp* ao *fff*.

48 - Mascaramento: um som forte tende a encobrir ou mascarar sons mais agudos que sejam mais fracos em intensidade, mas deixa intacta a percepção de sons bem mais graves de intensidade baixa (reprodução do Exemplo 87):
- Ouve-se um som senoidal de 1000 Hz de intensidade fraca e logo em seguida de intensidade forte.
- Ouve-se um som senoidal de 1000 Hz de intensidade forte que decresce, e quando a intensidade diminui, percebe-se que um som mais agudo, de 2000 Hz, estava soando com intensidade bem mais baixa, totalmente encoberto pelo som mais agudo de 1000 Hz.

- Ouve-se um som senoidal de 1000 Hz de intensidade forte que decresce, mas desde o início percebe-se que ele é acompanhado de outro som, mais grave (de 500 Hz), que soa com intensidade bem mais baixa, mas que nem por isso é encoberto pelo som mais agudo, justamente por se situar em região mais grave das alturas.

49 - Mascaramento:
- Um som senoidal forte de 500 Hz (a 0 dB) mascarando parcialmente sons mais graves a − 40 dB, de 300, 320, 340, 360, 380, 400, 420, 440, 460 e 480 Hz, aumentando seu potencial de mascaramento quanto mais as frequências mais graves se aproximarem dele.
- Um som senoidal forte de 500 Hz (a 0 dB = *fff*) mascarando pronunciadamente sons mais agudos a − 40 dB: 1700, 1580, 1460, 1340, 1220, 1100, 980, 860, 740 e 620 Hz.

50 - Um glissando senoidal do grave ao extremo agudo com amplitude constante, em seguida o mesmo glissando sobreposto a um som tônico produzido inicialmente com 10 parciais a 70 dB cada: conforme o glissando caminha em direção ao agudo, a sensação subjetiva de sua intensidade, quando contraposto ao som tônico, decresce substancialmente, encoberto (mascarado) por esse som tônico.

51 - Capacidade da escuta em detectar pequenas mudanças em intensidade:
- Som senoidal *mf* (a 70 dB) variando para mais a amplitude na ordem de 1,5 dB.
- Som senoidal *ff* (a 90 dB) variando para menos a amplitude na ordem de 0,5 dB.
- Som tônico bem forte (de corne inglês) variando a amplitude para menos na ordem de apenas 0,2 dB.
- Ruído bem forte (de chuva) variando a amplitude para menos na ordem de apenas 0,2 dB.

52 - Exemplo do instrumento *sixxen* (inventado por Iannis Xenakis) transformado e mesclado com outros instrumentos do tipo percussão/ressonância ao início de *L'Itinéraire des Résonances* (cujo trecho fora concebido na época da morte de Xenakis).

53 - Adaptação dinâmica – exemplificação de como se pode evitar este fenômeno através de trinados e trêmulos ou de como se pode utilizar a adaptação na composição:
- Passagem com trêmulos em *A Dialética da Praia*.
- Passagem com trinado em *L'Itinéraire des Résonances*.
- Passagem em *ATLAS FOLISIPELIS* em que a adaptação dinâmica de um som forte de oboé, precedido por uma oscilação microtonal e um curto trinado, e cada vez mais estável em amplitude (com vibrato decrescente), serve à fusão entre o universo acústico e os sons eletroacústicos.
- Passagem ao final de *ATLAS FOLISIPELIS*, na qual o trinado é usado como ponto de fusão e transferência do universo acústico (*oboe d'amore*) ao eletroacústico (oboé reconstruído e espacializado).

O Tempo na Escuta e a Escuta do Tempo

54 - Retrogradação de um evento sonoro do tipo percussão/ressonância de um dos momentos de *L'Itinéraire des Résonances*:
- O evento em seu transcurso normal: o ataque é percebido como momento inicial e claramente distinto da ressonância que se segue.
- O evento revertido no tempo (de trás para diante – tal como não ocorre na obra original): aquilo que possuía nítidas fases distintas de ataque e ressonância passa a ser percebido como um evento contínuo e bastante excêntrico, devido à ausência de qualquer extinção ao final da retrogradação.

55 - Anamorfose temporal – cortes do ataque na mesma medida de tempo efetuados em registros distintos do piano, ocasionando percepções qualitativas diferenciadas devido à evolução energética diferenciada dos espectros (quanto mais grave for o som, mais resistente será a percepção de seu ataque a eventuais cortes em seu início):
- Som grave original (um A_0 de 27,5 Hz).
- Corte de 1,5" ao início deste som grave: percepção (sensação) de ataque preservada.
- Som agudo original (um A_5 de 880 Hz).
- Corte de 1,5" ao início deste som agudo: percepção de ataque suprimida.

56 - 1ª Lei da percepção dos ataques segundo Pierre Schaeffer, em relação aos sons contínuos (com regime de sustentação):
- Um ataque que se situa entre 3 e 10 ms: percebido como um "estalido" breve (aqui, trata-se de 6 ms de um $C^{\#}_3$ de marimba – ainda que não se trate aqui de um som com regime de sustentação –, nota ouvida sem corte logo em seguida).
- Dois ataques entre 10 e 50 ms (um C_3 de fagote seguido de um $D^{\#}_5$ de flauta): percepção diferenciada desses ataques com relação à sua rigidez (ataques mais ou menos rígidos), mas indiferenciada com relação à sua coloração.
- Um ataque bem superior a 50 ms (um D_3 sintético): percepção do som como se não houvesse nele qualquer ataque em sentido estrito.

57 - 2ª Lei da percepção dos ataques segundo Pierre Schaeffer, em relação aos sons do tipo ataque/ressonância (sem regime de sustentação): quanto mais rápido for o decaimento entre o ataque e a ressonância da extinção, tanto mais abrupto parecerá ser o ataque – aqui explicitado com um C_6 de Glockenspiel, primeiramente ouvido sem corte, depois ouvindo-se apenas seu rígido ataque.

58 - Constante de tempo do ouvido: um som senoidal de 40 Hz, cujo período dura 25 ms, necessita de 2 a 3 períodos (entre 50 e 75 ms de som) para que seja percebido; ouvem-se, aqui, apenas 2 períodos (ou seja, cerca de 50 ms de som).

59 - Percepção da fala no tempo através do tempo da fala:
- Fala bem acelerada: confusão dos sentidos.
- O começo da mesma frase, com fala bem estendida: irreconhecibilidade dos significados.

- A mesma fala – de uma criança num tempo médio normal (voz de meu filho menor, Rafael, aos quase 7 anos, falando uma frase em si mesma meio sem sentido: "Vi eu falando mesmo junto, que nem você fala junto!") –, agora plenamente inteligível.

60 - Utilização musical deste fenômeno de extensão: *forma-pronúncia* (por mim inventada em 1985) exemplificada em suas menores dimensões de extensão temporal:
  - Ouça a palavra *speranza* (minha própria voz), radicalmente estendida, em *Contesture IV – Monteverdi Altrimenti* (1990-1993), para trompete solista, conjunto e sons eletroacústicos (em duas camadas estereofônicas independentes), em meio a outras camadas sonoras e com final encurtado por *fade out*.
  - Ouça a palavra *poesia* (voz de meu irmão, o poeta Philadelpho Menezes), ainda mais radicalmente estendida, em *Colores (Phila: In Praesentia)* (2000), réquiem em sua memória para clarinete em Si bemol, clarone, 1 percussionista, sons eletroacústicos e eletrônica em tempo real, em meio a outras camadas sonoras e com final encurtado por *fade out*.

61 - Limiar temporal de discriminação dos sons:
  - 2 sons tônicos de timbres distintos, porém de mesma altura ($C^{\#}_4$ no trompete e depois no oboé), situados a mais de 60 ms de distância temporal um do outro (mais precisamente, a 90 ms): ambos são ouvidos como 2 sons distintos.
  - Os mesmos 2 sons tônicos de timbres distintos de mesma altura, situados, porém, a 30 ms de distância temporal um do outro (portanto a menos de 60 ms): ambos são ouvidos como um único som.
  - 2 sons tônicos de timbres distintos, porém de alturas distintas ($C^{\#}_4$ no trompete e depois G_4 no oboé), situados a 30 ms de distância temporal um do outro (portanto a menos de 60 ms): apesar da curta distância temporal entre eles, ambos são ouvidos novamente como 2 sons distintos, devido à diferença entre suas frequências.

62 - Espessura do presente:
  - Inúmeros sons de alturas distintas, porém com distância temporal tão pequena entre eles que são ouvidos como uma "nuvem de sons" (como um único evento sonoro), sem termos clara consciência da ordem exata dos sons: nuvem de sons pontuais ao início de *Contextures I (Hommage à Berio)* (1988-1989), para sons eletroacústicos quadrifônicos (aqui em redução estereofônica).
  - Perfil principal de *Profils Écartelés* (1988), para piano e sons eletroacústicos quadrifônicos, em sua velocidade normal (em um trecho do final da obra, no piano acompanhado dos sons eletroacústicos), em que a ordem das notas é claramente percebida, apesar de se tratar de um trecho de notas rápidas; em seguida, sua aceleração ao extremo (aquém de 50 ms entre cada nota), processo repetido sequencialmente inúmeras vezes e no qual a ordem dos sons não é mais captada claramente pela escuta (no momento inicial da obra, como transformação do piano nos sons eletroacústicos).

63 - Limiar temporal de reconhecibilidade das alturas e dos timbres:
- Um som de oboé (G_4) com apenas 5 ms de seu início: som ouvido como um "estalido" indiferenciado.
- Este som de oboé com 10 ms de seu início: percebe-se já sua altura.
- Este mesmo som de oboé com 50 ms de seu início: começa-se a perceber seu timbre.
- O mesmo som com 100 ms de seu início: o timbre torna-se claramente reconhecível.
- O mesmo som de oboé com 100 ms de seu meio (de seu regime de sustentação, e não de seu ataque): o timbre torna-se menos reconhecível do que quando ouvido com seu ataque inicial.

64 - O som e seus retardos:
- Um som (de buzina) sem qualquer reverberação.
- Esse som com três reverberações distintas.
- "Efeito Haas": esse som sem reverberação, porém com um retardo de 30 ms – aqui realçado na estereofonia, uma vez que o som começa à direita e após somente 30 ms soa também à esquerda. [Melhor ouvir com fone de ouvido.]
- *Delay*: o mesmo som com um retardo entre 30 e 100 ms (mais precisamente, com retardo em distância temporal de 70 ms).
- Ecos: o som com retardos na estereofonia (efeito ping-pong) de mais de 100 ms de reflexão (retardos de 180 ms).

65 - A percepção logarítmica das durações:
- Um som curto (sempre um glissando paradoxal descendente) de 1" de duração.
- O mesmo som com 1,1" de duração (portanto 10% mais longo): percebe-se a diferença em duração entre ambas as apresentações do som, sendo que sua primeira execução é percebida como sendo um pouco mais curta que sua segunda execução.
- O mesmo som com 8" de duração.
- Este mesmo som com 8,1" de duração (portanto com um acréscimo da mesma ordem aritmética que o ocorrido anteriormente): tem-se uma enorme dificuldade em perceber qual dos dois sons é o mais longo, se o de 8" ou o de 8,1".
- Este mesmo som com 8,8" de duração (portanto com um acréscimo de 10% em sua duração original): agora sim pode-se perceber que sua duração de fato aumentou.

66 - Elogio da complexidade e do *maximalismo* – quanto mais complexa e rica a textura sonora, menor será aparentemente sua duração vivida no presente, e maior será sua lembrança no futuro: trecho de alta densidade de *Harmonia das Esferas*.

67 - A Unidade do Tempo Musical: exemplos construídos no programa computacional Max/MSP do *continuum* da percepção rítmica à percepção frequencial, e vice-versa, incluindo tríades perfeitas maior e menor, realizados a partir da aceleração e desaceleração de impulsos (ou pulsos):

- Impulsos periódicos lentos, percebidos inicialmente como ritmo a 1 impulso por segundo, aceleram-se a 16 (região limítrofe entre ritmos e alturas), depois a 29, até chegarem a 300 impulsos por segundo (300 Hz), fazendo com que a percepção transite progressivamente da região rítmica à frequencial; em seguida, o caminho contrário: as alturas sonoras vão se tornando cada vez mais graves (pelo processo de desaceleração dos impulsos), até serem novamente percebidas como ritmos isolados na velocidade de 1 impulso por segundo (a rigor, 1 Hz).
- Três camadas de impulsos, na proporção 4:5:6, resultam, uma vez aceleradas proporcionalmente, na percepção de uma tríade maior – aqui aceleradas até constituírem a tríade maior entre 400, 500 e 600 Hz, após o que desaceleram-se e voltam a ser percebidas como impulsos.
- Três camadas de impulsos, na proporção 10:12:15, resultam, uma vez aceleradas proporcionalmente, na percepção de uma tríade menor – aqui aceleradas até constituírem a tríade menor entre 500, 600 e 750 Hz, após o que desaceleram-se e voltam a ser percebidas como impulsos.

68 - Transição da percepção rítmica à frequencial através da espacialização sonora (confira também o exemplo sonoro da faixa *22*):
- Um som raspado de prato transitando no *panning* em aceleração até o limiar de 16 oscilações por segundo e em seguida ultrapassando este limiar até atingir 30 oscilações por segundo entre o canal esquerdo e o direito: a partir da oscilação de 16 Hz entre os canais, começam-se a escutar sons diferenciais supergraves (de 16 a 30 Hz), como uma "sombra grave", resultante da velocidade das oscilações do *panning*.
- Exemplo deste fenômeno ao final de *Harmonia das Esferas*, em que a rotação de uma das camadas é ao início muito rápida, desacelera-se e em seguida se acelera muitíssimo até chegar a rodar 233 vezes por segundo no espaço, causando um som resultante de 233 Hz, após o que desacelera-se rapidamente até a rotação de cerca de 2,5 Hz.

O Timbre e seus Enigmas

69 - Exemplos de transformações de um timbre em outro nos sons eletroacústicos (ilustrados aqui sempre de uma certa maneira – tal como ocorre nessas obras especificamente –, sendo possíveis inúmeras outros caminhos de transformação):
- Passagem de sons ruidosos a timbres semelhantes ao das cordas em *Contextures I (Hommage à Berio)*.
- Trecho inicial de *Parcours de l'Entité*, em que se tem a passagem de um som metálico do tipo ataque/ressonância a um som de flauta.
- Passagem, nos sons eletroacústicos concomitantes ao *oboe d'amore* e às percussões, de camadas de sons de fricção a uma nuvem de sons granulares e, depois, a sons pontuais de *oboe d'amore* em *ATLAS FOLISIPELIS*.

70 - Melodias de timbre:
- Do tipo estático: nota F_4 no último compasso da primeira peça para orquestra das *Fünf Orchesterstücke Op 10* (1913), de Anton Webern.

- Do tipo móvel: melodia inicial do *Ricercar* da *Oferenda Musical* de Bach orquestrado por Webern em 1935.
- Uma mesma nota repetida pelo clarinete entoada logo a seguir também pelo piano em *TransFormantes II* (1995), para clarinete e piano: ao mesmo tempo em que a mesma nota é "timbrada" diversamente, o trecho realça a diferença entre ambos os timbres pela saliência do timbre do martelo do piano, o qual sem o clarinete não seria percebido de forma tão percussiva.

71 - Uma nota de trombone (C_4) filtrada no computador na região de sua primeira região formântica (B_4): mesmo sendo seu segundo harmônico pouco acima da região formântica em questão, o timbre torna-se menos reconhecível (o trombone parece estar com uma espécie de surdina).

72 - Formantes: distintas vogais sendo explicitadas em seus formantes por sons senoidais nas regiões formânticas seguidos imediatamente dessas vogais pronunciadas por uma voz masculina.

73 - Formantes: exemplo de canto formântico (tal como utilizado em *Stimmung* (1968), para 6 solistas vocais, de Stockhausen, ou ao início de *Sinfonia* (1968), para vozes e orquestra, de Luciano Berio) em um excerto de música étnica vocal da região asiática de Tuva.

74 - O fenômeno dos formantes transposto à forma musical:
- No contexto eletroacústico: em *PAN: Laceramento della Parola (Omaggio a Trotskji)*, em meio ao Momento /a/ de sua forma-pronúncia, com 2 formantes próximos um do outro como perturbações ou saliências da forma (tempo) musical, traduzindo no tempo da forma musical a compacidade da vogal /a/.
- Em *TransFormantes II*, como perturbação figural da textura.

75 - Exemplo da importância fundamental das consoantes na significação das palavras, sempre a partir da mesma frase:
- Substituição de todas as consoantes iniciais das sílabas pela primeira consoante que aparece na frase (/k/) – significado da frase destruído pela ausência da diversidade das consoantes:
  "Caco coquê croque cocas as concoanques queca criqueica que acaquéque coquê cão cai enquenquer caca"
- Substituição de todas as vogais pela primeira vogal que aparece na frase (/a/) – significado da frase restaurado pela diversidade das consoantes:
  "Casa vaça traca tadas as cansaantas pala pramaara ca aparaça vaça nãa vaa antandar nada"
- Eliminação de todas as vogais – o significado da frase tende a resistir à ausência dos sons tônicos da fala:
  "Cs vc trq tds s cnsnts pl prm rq prc vc n v ntndr n d"
- Eliminação de todas as consoantes – o significado da frase desaparece totalmente diante da inexistência dos ruídos da fala:
  "ao oê oe oa a o oa e ea iei a e aaee oê ão ai e e e aa".

- A frase falada normalmente: "Caso você troque todas as consoantes pela primeira que aparece você não vai entender nada".

76 - Exemplo de um trecho musical em que os grãos de um pau-de-chuva, acompanhados por caixa com esteira e maracas, são claramente percebidos como "vestígios rítmicos" nos sons eletroacústicos que, dilatando-se no tempo, transformam-se pouco a pouco em sons pontuais isolados (grãos percebidos individualmente): trecho final de *A Dialética da Praia*.

77 - A escuta da simultaneidade na música e na linguagem verbal:
- A escuta essencialmente monofônica da fala – duas pessoas falando ao mesmo tempo (eu e meu filho mais velho, Murilo), acarretando grandes dificuldades de compreensão da linguagem verbal, a partir das frases: "Quando duas pessoas tentam falar ao mesmo tempo"; e: "Ninguém entende direito o que estão falando".
- A escuta essencialmente complexa, do tipo polifônico ou heterofônico, cada vez mais almejada pela música: exemplo de "heterofonia" ou até mesmo do que poderíamos chamar de *disfonia* ao início de *Contesture IV – Monteverdi Altrimenti*.

A Supremacia das Alturas através de sua Organização Cardinal em Escalas e Afinações

78 - A escala pitagórica de C_4 (= 261,62 Hz) a C_5 (= 523,25 Hz) com sons dentes-de-serra.

79 - Sensibilidade do ouvido a pequenos desvios em *cents*:
- Variação de 1 000 Hz a 1003 Hz com sons senoidais sucessivos como claramente perceptível.
- Variação de 1000 Hz a 1002 Hz com sons senoidais sucessivos como não perceptível.
- Variação de 1 000 Hz a 1002 Hz com sons senoidais simultâneos perceptível como batimentos de 2 Hz.

80 - Escala mesotônica e "quinta do lobo":
- A escala mesotônica de C_4 (= 261,62 Hz) a C_5 (= 523,25 Hz) com sons dentes-de-serra.
- Algumas diferenças gritantes: entre o Lá temperado (440 Hz) e o Lá mesotônico (437,34 Hz) e entre o Si temperado (493,88 Hz) e o Si mesotônico (488,92 Hz).
- Uma quinta temperada entre um $Lá^b$ 415,3 Hz e um E^b de 622,25 Hz seguida de uma "quinta do lobo", bastante desafinada, entre este mesmo $Lá^b$ e um E^b alto de 636,42 Hz.

81 - Escala justa:
- A escala justa de C_4 (= 261,62 Hz) a C_5 (= 523,25 Hz) com sons dentes-de-serra.

- As duas segundas maiores da escala justa a partir do C_4: primeiramente a de 182 *cents*, depois a de 204 *cents* acima do C_4.

82 - O temperamento igual no total cromático de C_4 (= 261,62 Hz) a C_5 (= 523,25 Hz) com sons dentes-de-serra.

83 - Uma mesma tríade perfeita maior de Dó Maior no temperamento igual, na escala justa e na escala mesotônica.

84 - O "temperamento igual" que serve de base à obra eletrônica *Studie II* de Stockhausen, em que cada passo é um pouco maior que o semitom temperado.

85 - Novos temperamentos possivelmente presentes em uma única composição, com exemplo extraído da parte final de *Profils Écartelés*:
- Perfil principal da obra, tocado ao piano (afinado, como usualmente, em sistema temperado) na parte final da obra e mesclado com sons eletrônicos.
- Passagem dos sons eletroacústicos quadrifônicos (aqui em redução estereofônica e sem a parte do piano) que parte da concreção do perfil e o expande até o temperamento igual.
- A mesma passagem juntamente com a parte instrumental (piano), que percorre o caminho contrário, da máxima expansão no teclado (em valores arredondados para as expansões calculadas dos intervalos, adaptados ao temperamento igual do instrumento) à sua aparição original, mais contraída. Tem-se, aos poucos, uma direcionalidade à coincidência entre a escritura instrumental e os sons eletroacústicos, que se dá no temperamento igual. (Apresentação de todo o trecho conclusivo da obra, no qual o piano dá prosseguimento ao processo de concreção intervalar até "resumir" todo o perfil em uma única nota ao centro do instrumento – $C^{\#}_4$.)

86 - Tom-piloto de 1000 Hz a –12 dB para o "calibre" (ajuste) do seu sistema de som.

87 - Flo Menezes: *Stream from outer space* (abril de 2001; 6') – obra eletroacústica quadrifônica ou estereofônica realizada no *Studio PANaroma*, aqui em sua versão estereofônica.

Referências Discográficas e Interpretativas das Obras de Flo Menezes Supracitadas, em Ordem Cronológica de Composição:

- *PAN: Laceramento della Parola (Omaggio a Trotskji)* (1987-1988), para sons eletroacústicos quadrifônicos (aqui em redução estereofônica) → CD "Música Maximalista • Maximal Music", Vol. 1, *Studio PANaroma*, São Paulo, 1996.
- *Profils Écartelés* (1988), para piano e sons eletroacústicos quadrifônicos → CD "Música Maximalista • Maximal Music", Vol. 1, *Studio PANaroma*, São Paulo, 1996. Intérpretes: Paulo Álvares (piano); Flo Menezes (difusão eletroacústica).
- *Contextures I (Hommage à Berio)* (1988-1989), para sons eletroacústicos quadrifônicos (aqui em redução estereofônica) → CD "Música Maximalista • Maximal Music", Vol. 1, *Studio PANaroma*, São Paulo, 1996.

- *Contesture IV – Monteverdi Altrimenti* (1990-1993), para trompete solista, conjunto e sons eletroacústicos (em duas camadas estereofônicas independentes) → CD "Música Maximalista • Maximal Music", Vol. 5, *Studio PANaroma*, São Paulo, 1999. Intérpretes: Carlos Sulpício (trompete solista); Grupo Novo Horizonte, sob a regência de Graham Griffiths; Flo Menezes (difusão eletroacústica).
- *A Dialética da Praia* (1993) para cerca de 70 instrumentos de percussão (2 percussionistas) e sons eletroacústicos estereofônicos → CD "Música Maximalista • Maximal Music", Vol. 5, *Studio PANaroma*, São Paulo, 1999. Intérpretes: Carlos Tarcha e Joaquim Abreu (percussão); Flo Menezes (difusão eletroacústica).
- *Parcours de l'Entité* (1994), para flauta em Dó, flauta em Sol, flauta-baixo em Dó, percussões de metal e sons eletroacústicos estereofônicos → CD "Música Maximalista • Maximal Music", Vol. 1, *Studio PANaroma*, São Paulo, 1996. Intérpretes: Antonio Carlos Carrasqueira (flautas); Eduardo Gianesella (percussão); Flo Menezes (difusão eletroacústica).
- *TransFormantes II* (1995), para clarinete e piano → gravação ainda inédita. Intérpretes da gravação aqui utilizada: Guido Arbonelli (clarinete); Paulo Álvares (piano).
- *ATLAS FOLISIPELIS* (1996-1997), para oboé, corne inglês, *oboe d'amore*, percussão de peles (2 percussionistas), sons eletroacústicos quadrifônicos (aqui em redução estereofônica) e eletrônica em tempo real (*ad libitum*) → CD "Música Maximalista • Maximal Music", Vol. 5, *Studio PANaroma*, São Paulo, 1999. Intérpretes: Piet van Bockstal (oboés); Eduardo Gianesella e Joaquim Abreu (percussão); Flo Menezes (difusão eletroacústica).
- *Sinfonias* (1997-1998), para sons eletroacústicos octofônicos (aqui em redução estereofônica) → CD "Música Maximalista • Maximal Music", Vol. 7, *Studio PANaroma*, São Paulo, 2001.
- *Harmonia das Esferas* (2000), para sons eletroacústicos octofônicos (aqui em redução estereofônica) → CD "Música Maximalista • Maximal Music", Vol. 7, *Studio PANaroma*, São Paulo, 2001.
- *Colores (Phila: In Praesentia)* (2000), para clarinete em Si bemol, clarone, 1 percussionista, sons eletroacústicos e eletrônica em tempo real → gravação ainda inédita. Intérpretes da gravação aqui utilizada: Paulo Passos (clarinetes); Joaquim Abreu (percussão); Flo Menezes (difusão eletroacústica e *live-electronics*).
- *Stream from outer space* (2001), para sons eletroacústicos quadrifônicos ou estereofônicos → versão estereofônica editada pela primeira vez como faixa 87 do CD que acompanha este livro.
- *L'Itinéraire des Résonances* (*O Itinerário das Ressonâncias*) (2001), para flauta em Sol, piccolo, 2 percussionistas, sons eletroacústicos quadrifônicos (aqui em redução estereofônica) e eletrônica em tempo real (*live-electronics*) → gravação ainda inédita. Intérpretes da gravação aqui utilizada: Verena Bosshart (flautas); Eduardo Leandro e Ricardo Bologna (percussão); Flo Menezes (difusão eletroacústica e *live-electronics*).

Título	A Acústica Musical em Palavras e Sons
Autor	Flo Menezes
Editor	Plinio Martins Filho
Produção Editorial	Aline Sato
Capa	Ricardo Assis
Editoração Eletrônica	Aline Sato
	Camyle Cosentino
Revisão	Geraldo Gerson de Souza
Formato	16 x 23 cm
Tipologia	Times New Roman
Papel de Miolo	Offset 75 g/m^2
Papel de Capa	Cartão Supremo 250 g/m^2
Número de Páginas	312
Impressão e Acabamento	Gráfica Vida e Consciência